国家社科基金后期资助项目

# 《白虎通》义理声训研究

The Research on Confucian Phonetic Gloss in *Baihutong*

刘青松　著

2018年·北京

图书在版编目(CIP)数据

《白虎通》义理声训研究/刘青松著.—北京:商务印书馆,2018
ISBN 978-7-100-16193-0

Ⅰ.①白⋯　Ⅱ.①刘⋯　Ⅲ.①《白虎通义》—研究　Ⅳ.①B234.995

中国版本图书馆 CIP 数据核字(2018)第 108375 号

**权利保留,侵权必究。**

《白虎通》义理声训研究
刘青松　著

商　务　印　书　馆　出　版
(北京王府井大街36号　邮政编码100710)
商　务　印　书　馆　发　行
北京市艺辉印刷有限公司印刷
ISBN 978-7-100-16193-0

| 2018年7月第1版 | 开本 787×1092　1/16 |
| --- | --- |
| 2018年7月北京第1次印刷 | 印张 26¼ |

定价:78.00元

# 国家社科基金后期资助项目
# 出版说明

后期资助项目是国家社科基金设立的一类重要项目，旨在鼓励广大社科研究者潜心治学，支持基础研究多出优秀成果。它是经过严格评审，从接近完成的科研成果中遴选立项的。为扩大后期资助项目的影响，更好地推动学术发展，促进成果转化，全国哲学社会科学规划办公室按照"统一设计、统一标识、统一版式、形成系列"的总体要求，组织出版国家社科基金后期资助项目成果。

全国哲学社会科学规划办公室

# 序

王宁

  古代训诂的"声训",是一种很特别的训释方式,这种训释的特点是训释词与被训词有古音相同或相近的关系。前代学者以为这种训释反映了"音近义通"的语言事实,往往用以作为研究音韵和训诂的有效材料。20世纪50年代,语言学界接受了西方"音义关系任意性"的理念,而且把这种理念绝对化,因此把"音近义通"和"声训"都当成"唯心主义"进行批判。在那时,"唯心主义"不是一顶小帽子,传统训诂学的"声训"就这样被完全否定。在批判"声训"的潮流中,有两部书首当其冲,一部是《释名》,一部是《白虎通》。

  20世纪80年代,我们对遗产问题有过很多反思,经过梳理,对在历史上曾被屡屡关注的汉语词源学的科学性和现实性,有了初步的认识。梳理汉语词源学的发展历史、继承前人对汉字、汉语音近义通现象的描写与解释,必须从声训开始。《毛诗诂训传》等先秦文献随文释义中勾稽出的声训材料,以及《尔雅》《说文解字》的声训,进入我们的视野。在这个工作中,《释名》《白虎通》是两部绕不开的专书。章黄在讲解《说文》训释体例的时候,把声训称作"推因",当然是把声训和汉语词源联系在一起;但是《释名》和《白虎通》的声训有些的确不符合推源的原则,语音关系牵强一些还好说,尤其是训释词和被训释词的意义关系,拿汉语的词源意义来解释,很多是扞格难通的。既然那些声训存在汉语词源音近义通的反证,就要严肃对待,这是我们的原则。不能"鸵鸟思想",藏身不顾尾,明明另一些语言事实不支持论断,却由着别人去说,丝毫不以为意。

  《释名》的问题比较容易解决。刘熙在《释名序》里说:"夫名之于实,各有义类,百姓日称而不知其所以之意,故撰天地、阴阳、四时、邦国、都鄙、车服、丧纪,下及民庶应用之器,论叙指归,谓之释名。"这就明确宣称他要探讨的是普通生活用品与自然人文现象的名实关系,他所说的"义类",大体相当于今天所说的"词源意义",用现代学术来定位,这部书大致是俗词源之作,这就有相当成分属于语言学的命题。民间的推测,即使微观上有些牵强,也情有可原;何况很多命名来源的探求,诸如"粉,分也""饼,并也""桌,卓也"等等,就是咬定"音近义通"是"唯心主义"的人,也很难轻易否定。我们将《释名》定名为"民俗声训",是因为俗词源不仅仅对语言研究有价值,即使不符合语言规律的那部分,对人类学、民俗学、社会学也有参考和验证的价值。

　　《白虎通》就不同了,它是东汉建初四年(公元79年)朝廷组织的、由汉章帝亲自主持的一次全国性的白虎观经学讨论会的成果汇编,据说是由历史学家班固整理编辑成的。经书本来就是古代封建帝制环境下的思想教科书,汉代罢黜百家,独尊儒术,是想利用儒家思想强化"大一统"的政纲;可是到了汉章帝时,经学的流派已经很乱,不但有今文经、古文经之分,同一部经还有南、北讲解的区别;经过春秋战国的思想纷争,诸子之间也互相吸收,哪里还有纯粹的儒家经说!统治者要按自己的意思使用儒家经典,就要"思想治乱",白虎观会议就是要制定官方经学标准答案的。为什么叫"通",就是经今古文合流,思想道德统一口径。这么一部官方"正统"的书,当然会有很多封建糟粕,许多思想今天是要拿来批判的。这部书在经学盛行的汉代影响很大,因而在经学、史学研究上有重要的史料价值,但要从思想内容来说,的确难以平反。语言虽是客观的,理解却是主观的,《白虎通》声训背离汉语词源规律的地方实在太多,已经不能看成是微观问题。

　　但是,《白虎通》的声训量很大,显然不是偶然现象。白虎观会议是汉代统治术的一个部分,古文经的宗旨是以"小学"通经,还原历史;今文经则是发扬旧说,服务现政,今文经学的思想必然占上风。《白虎通》还有一个名字叫《白虎通德论》,书名后挂着"德论"二字,内容也多半是与古代社会制度和思想文化相关的术语,声训只是为了申述当时的义理,显然不是为"名源"问题量身定做的。因此,我们将它定义为义理声训。义理声训不止一部《白虎通》,散见在其他书里还有不少,可以成为一类。有些人用它来作为词源声训的反证,从而批判汉语词源的"音近义通"原理,显然是混淆了两种性质不同的东西,违背了逻辑的同一律。

　　情况弄清楚后,我们从《白虎通》得到两个收获:

　　第一,是如何理解声训的来源。古代声训很早就有,黄季刚先生认为《大戴礼记》记载:"虞史伯夷曰:'明,孟也。幽,幼也'。"就是文献可征的早期训诂,这也就是声训。但声训的大量使用应与汉代经学有关。从汉语语言学史的角度,早期的声训既然并没有探讨词源的明确意识,那么,用汉语词汇的声音关系做成训释,是基于什么样的起因和动机呢?黄季刚先生不止一次特别强调:要想获得更真实的史料,不止要注意正史,还要关注野史;不止要取材经书,还要阅读纬书。《四库全书提要》有一段话说:"(《白虎通》)书中征引六经传记,而外涉及纬谶,乃东汉习尚使然。又有王度记、三正记、别名记、亲属记,则礼之逸篇。方汉时崇尚经学,咸兢兢守其师承,古义旧闻多存乎是,洵治经者所宜从事也。"读了这段话,反观古代的纬书,声训的来源就比较清楚了。西汉盛行的谶纬之学,是古代神秘主义思想被统治者利用后的成果。纬与经都是解释儒家典籍的,但纬书的说法来自师承家法,比之经过权威整理的"国学",当然会有很大的随意性,这种随意性并非只是因为杜撰和刻意伪造,也有很多是来源于生活,来源于对自然现象和人间逢遇的不理解,有神秘主义在其中是必然的。经过文人的记录,受到当时学风的影响,变为迷信妄说也不奇怪。谶是出于不同目的造出来的虚幻预言,有图谶,也有语谶。造谶有各种目的,不论是自己相信再说给别人听,还是自己并不相信只想要别人相信,神秘色彩或是一种必然,或是一种手段。值得注意的是,同源词之间声音相同或相近,毕竟是一种语言事实,孳乳造词又是汉以前主要的造词方式,不但口耳相传的今文经学不难有所发现,民间当然也会有所感觉。在音近义通没有科学解释之前,本身就带有神秘色彩,所以,声训就成为纬书和造谶的手段之一。义理声训的初衷虽在宣教道德,目的是要建构汉代伦理说教的思想体系,但采用声训并非完全没有事实基础,《白虎通》里的有些声训不自觉地符合了汉语词源,也就毫不奇怪了。

人们对很多问题的认识是逐步提高的,被称为"人类童年期文化"的神话传说,世界各个古老国家早期的历史和文学中都不乏见。这些神话传说在流传中后来虽不免被曲解,但也同时可以被历史学家和社会科学家用正确的观点解读。一种现象被发现,大多有一个从迷茫到清醒的过程,经过梳理和深入探究后,才会从神秘主义走向理性主义。汉语词源学发展历史十分曲折,对音义关系的感觉虽然很早,但直到宋代,才开始关注"右文"现象,刚刚沾上一点词源的边儿,还依然不得要领。到清代黄承吉的"字义起于右旁之声"说、陈澧的"声肖乎意"说、刘师培的"意象"说,才对音与义关系的可论定性有了一些比较理性的思考,渐渐接近了问题的实质。章黄的"孳乳"说、"推因"说,才直接进入了音近义通原理的探讨。章黄把声训定名为"推因",应当是专指《说文》用声训说明汉字本义的那个有限范围,跨出一步就会成为谬误。太炎先生的《文始》首次建构了汉语同源词的音义关系体系,王力先生的《同源字典》有了更为现代化的同源词描述,我们才能在前人基础上梳理汉语词源学的理念,分辨相关的术语,声训的原理日渐清晰,早期那些不自觉的声训的来历所含的合理性，也就明确了。

第二，研究《白虎通》还有另一个很大的收获，那就是义理声训从反面让我们特别注意了同源词系连的意义关系，词源意义是造词的理据，来源于人对意象的感知，既不等于词汇意义，更不能附会道德义理。论定同源词不能只注意语音关系，更要注意造词意象的相通。《荀子》"同状异所""异状同所"的理念，太炎在《文始》中用"同状"和"同所"为条例论证同源词意义关系的做法，是传统语言学的精髓，是应当好好学习的。

我简要叙述《白虎通》与汉语词源学的一些重要理念，是为了说明刘青松《〈白虎通〉义理声训研究》这部书的选题价值。他的这部书就是上述理念的阐释和延展；是在有人全面否定《白虎通》声训的基础上，对其进行再度的研究。这部书明确了《白虎通》声训属于"义理声训"的性质，弄清《白虎通》一书的历史文化特质，分清它与词源声训本质上的区别。该说明的问题，都做了比较详尽和深入的说明。

青松研究《白虎通》的思路是严谨的、方法是科学的。面对那么多对传统词源学的质疑，面对20世纪50年代曾被语言学界批得体无完肤的这部书，他选择研究《白虎通》这个题目，接受论证"义理声训"的任务，不但需要勇气，更需要全神贯注、十分小心。他先确定了广义声训的标准，按照这个标准从《白虎通》一书中勾稽出360多条声训材料，证明了这些声训的目的不是解释语言，而是阐明义理，即使少数与词源声训偶然相合，也是以讲解义理为直接目的的。同时，他又将经书和纬书的声训与《白虎通》声训加以对比，从《白虎通》的声训来源，揭示了古人关注词源问题的历史文化原因和语言本体原因。这样做，不但还原了《白虎通》典籍的原貌，确定了它的学术定位，而且，将《白虎通》排除在词源声训之外，也厘清了对词源声训的误解，指出一些人仅仅从词源学的角度来衡量《白虎通》并以偏概全来否定汉语词源学的荒谬，维护了从声训起步的传统词源学的科学价值。他说明了，声训并不神秘，除了先秦的"正名"思想对声训的形成有较大的影响外，汉代学者口耳相传的问学特色和民间的语言禁忌与谐声比附引起的一种求源的习惯，就是词源声训产生的深层原因。这些探讨，对科学的汉语词源学的研究，提供了新的资源与思路。

在年轻学者中，青松是属于有学术追求的一类。毕业后，他花了数年时间，对《白虎通》一书进行了悉心地校注，有不少新的发现。读了他的书稿，我发现，他读了更多的典籍，认识有所加深，并已经认真核对了引文，改正了多处6年前的失误，古音的标记也重新核实过了。青松是在匀速前行，在不断提高水平的基础上不离不弃地推进自己的研究。《白虎通》是研究汉代经学很重要的材料,以小学通经史又以经史通语言文字是乾嘉学者和章黄先贤留下的研究风气。希望再过几年,青松的根柢更为过硬,学识和理论水平又有提高,研究课题也逐步加宽以后,在语言学和语言史的研究上,还会有新的创获。

2018 年 3 月 25 日<br>
北师大

# 目 录

## 上编 《白虎通》义理声训研究

绪论 …………………………………………………………………… 3
  第一节 《白虎通》及其声训方式 …………………………………… 4
    一、《白虎通》的经学属性 ……………………………………… 4
    二、《白虎通》声训的表述方式 ………………………………… 6
    三、《白虎通》声训的性质 ……………………………………… 11
  第二节 义理声训研究综述 ………………………………………… 12
    一、义理声训研究史 …………………………………………… 13
    二、本书的研究目的 …………………………………………… 22
  第三节 《白虎通》版本的择定 …………………………………… 26
    一、《白虎通》的定名与流传 …………………………………… 26
    二、抱经堂本《白虎通》的优缺点 …………………………… 27

第一章 《白虎通》义理声训的特点 ………………………………… 35
  第一节 《白虎通》声训的分类及其主观性 ……………………… 35
    一、《白虎通》声训的分类 ……………………………………… 35
    二、《白虎通》声训的主观性 …………………………………… 39
  第二节 《白虎通》声训的义理属性 ……………………………… 43
    一、《白虎通》名物的义理属性 ………………………………… 43
    二、《白虎通》同源声训的义理属性 …………………………… 47
  第三节 《白虎通》声训语音关系的杂糅性 ……………………… 50
    一、《白虎通》声训语音关系杂糅性的表现 …………………… 51
    二、《白虎通》声训语音关系杂糅性的原因 …………………… 55
  本章小结 ……………………………………………………………… 57

第二章 《白虎通》义理声训的历史背景 …………………………… 58
  第一节 《白虎通》声训的社会背景 ……………………………… 58

目 录

  一、先秦两汉的语言崇拜 …………………………………… 59
  二、先秦两汉的"正名"思潮 ………………………………… 62
 第二节 《白虎通》声训的思想背景 ……………………………… 69
  一、先秦两汉类比框架的形成及发展 ……………………… 69
  二、《白虎通》的类比框架及其特点 ………………………… 75
 第三节 《白虎通》声训的学术背景 ……………………………… 82
  一、谶纬是《白虎通》声训的思想来源 …………………… 83
  二、训诂、章句是《白虎通》声训的基础 ………………… 89
 本章小结 …………………………………………………………… 98

第三章 《白虎通》义理声训与两汉故训的关系 ……………… 99
 第一节 先秦两汉义理声训概况 ………………………………… 99
  一、数量庞大，各家分歧 …………………………………… 100
  二、随文释义，主观性强 …………………………………… 102
  三、配合别字，内容零散 …………………………………… 103
 第二节 《白虎通》对故训的整合 ………………………………… 106
  一、《白虎通》对故训的继承 ………………………………… 106
  二、《白虎通》对声训的创新 ………………………………… 110
 第三节 《白虎通》对故训的整合标准 …………………………… 116
  一、语音方面以义理为标准 ………………………………… 116
  二、语义方面以义理为标准 ………………………………… 119
 本章小结 …………………………………………………………… 121

第四章 《白虎通》义理声训的思想文化分析 ………………… 122
 第一节 《白虎通》声训对阴阳五行的配合 ……………………… 123
  一、五行与自然 ……………………………………………… 124
  二、五行与人体 ……………………………………………… 132
 第二节 《白虎通》声训对伦理观念的反映 ……………………… 136
  一、君臣 ……………………………………………………… 137
  二、父子 ……………………………………………………… 142
  三、夫妇 ……………………………………………………… 144
 第三节 《白虎通》声训对上古历史的构建 ……………………… 148
  一、三皇、五帝、三王、五霸的定名 ……………………… 148
  二、三王出身的神圣化 ……………………………………… 158
 第四节 《白虎通》声训对理想社会的构拟 ……………………… 163
  一、爵位 ……………………………………………………… 164
  二、典章制度 ………………………………………………… 167

本章小结 ················································· 183
第五章 《白虎通》义理声训的影响 ························· 185
　　第一节 《白虎通》声训的实践是词源学的发端 ······· 185
　　　　一、《白虎通》声训对《说文》的影响 ················· 186
　　　　二、《白虎通》声训对郑玄经注的影响 ················· 188
　　第二节 《白虎通》声训的观念对词源学具有积极影响 ··· 191
　　　　一、焦循以假借说《易》举例 ························· 191
　　　　二、焦循与汉代章句之学 ····························· 195
　　　　三、焦循对因声求义的启发 ··························· 197
　　本章小结 ················································· 198

# 下编　《白虎通》义理声训疏证

凡例 ··························································· 201
卷一 ··························································· 202
卷二 ··························································· 227
卷三 ··························································· 258
卷四 ··························································· 276
阙文 ··························································· 292
附录　先秦两汉义理声训疏证 ······························· 301
　　释天第一 ················································· 301
　　释地第二 ················································· 310
　　释山第三 ················································· 312
　　释水第四 ················································· 314
　　释州国第五 ··············································· 318
　　释爵秩第六 ··············································· 323
　　释礼乐第七 ··············································· 325
　　释政令第八 ··············································· 331
　　释形体第九 ··············································· 334
　　释长幼第十 ··············································· 335
　　释亲属第十一 ············································· 337
　　释言语第十二 ············································· 338
　　释草木第十三 ············································· 342
　　释禽虫第十四 ············································· 344
　　释饮食第十五 ············································· 346

## 目录

释衣服第十六 …………………………………………… 353
释宫室第十七 …………………………………………… 355
释床帐第十八 …………………………………………… 361
释书契第十九 …………………………………………… 363
释典艺第二十 …………………………………………… 366
释兵戈第二十一 ………………………………………… 375
释道路第二十二 ………………………………………… 379
释祭祀第二十三 ………………………………………… 380
释丧制第二十四 ………………………………………… 391

**参考文献** ………………………………………………… 395
**后记** ……………………………………………………… 404

# 上　编
## 《白虎通》义理声训研究

# 绪　　论

声训是一种重要的训诂方法,对它的界定有广义与狭义之分:广义的声训包括被训词与训释词之间所有音同、音近的训诂,而狭义的声训只包括被训词与训释词之间音近义通的训诂。前者侧重被训词与训释词外在的语音形式,后者侧重被训词与训释词音义之间的联系与理据。20世纪中后期,语言音义关系任意性的说法相当流行,认为音义关系任意性是唯物主义,理据性是唯心主义,一些学者将声训现象不加选择地批判为"唯心主义",以《白虎通》为代表的汉代声训遭到了前所未有的批判。[①] 从语言学角度看,这种批判是有道理的,因为广义的声训中有很大一部分材料是不符合语言规律的,但据此得出"声训是应该批判的"的结论则有些以偏概全,因为这个结论否定了语言中存在音近义通的客观规律。约定俗成是音义关系的总规律,音近义通则是词汇发展所造成的局部规律,二者各有其合理性。早期声训的语言学意义在于:实践上,系联了一部分同源词,尽管为数不多,但却是科学词源学的发端;理论上,认为音义之间具有必然的联系,尽管有失绝对,但促使人们考虑音义之间的联系,具有积极意义。

据我们统计,《白虎通》一书有声训363条,涉及典章制度、社会生活、伦理道德等各个方面。这些声训大部分不符合音近义通的规律,而是以声音为手段阐述义理,即义理声训。先秦两汉声训皆在义理声训范围之内,狭义的声训因符合音近义通的规律而从广义的声训中脱颖而出,成为科学词源学的发端,但这并不意味着广义声训因此而成为一无是处的糟粕,它依然有其语言学及语言学以外的价值,值得我们去思考。

---

[①] 这一时期,批判声训成为一种风气,王宁先生在《古代语言学遗产的继承与语言学的自主创新》中提到"50—70年代是语言学大批判的高峰",其中的第一个批判就是声训。但我们现在能见到的只有王力先生的《中国语言学史》,就此笔者问过王宁先生其中的原因,先生说,在当时的特殊时代,很多这方面的材料并未正式发表。

## 第一节 《白虎通》及其声训方式

东汉建初元年(76)，兰台校书郎杨终鉴于当时章句学者离析经义，导致各家严重分歧的现象，上疏章帝仿效宣帝博征群儒论定五经于石渠阁故事，以协调日益激烈的学术纷争。建初四年(79)冬，章帝召诸儒于白虎观，讲议五经同异，"五官中郎将魏应承制问，侍中淳于恭奏，帝亲称制临决"[①]，最终命班固撰辑而成《白虎通义》(后世简称"白虎通")一书。"通"以通经为旨，"义"取释义为名，因此，可以说《白虎通》是一部"钦定的经学概论"[②]。《白虎通》的行文方式是以设问提出问题，回答者从五经中寻找证据应对，兼存异说。全书条理清晰，义旨简要，时人评为"通经释义，其事优大，文武之道，所宜从之"[③]，强调其对实践的指导作用。后人云："群经家法具在，抉择亦精，诚六艺之总龟也。"[④]则侧重其学术史的价值。

《白虎通》是汉代经学的代表性著作，它的特点是以声训的方式申说义理，不但吸收了先秦两汉经、纬著作中的大量声训，还依据当时的需要进行了创新，成为上古义理声训的集大成者。

### 一、《白虎通》的经学属性

汉代经学分为两途，一为古文，一为今文。关于《白虎通》的经学倾向，大多以为倾向今文经学，如皮锡瑞以为《白虎通》"集今学之大成，十四博士所传，赖此一书稍窥崖略"[⑤]。金春峰则倾向古文经学，他认为白虎观会议的参与者班固、贾逵是古文学者，有"殿中无双丁孝公"之誉的丁鸿，从桓荣受欧阳《尚书》，又授杨伦《古文尚书》，亦兼通今古文，特别是章帝爱好古文，因此"《白虎通》中古文经学者的观点更有相当大的影响"[⑥]。这两种说法中，前者占据上风。实际上，经今、古文之争是政治利益之争，经义只是他们斗争的工具。二者互相影响，既相互排斥又相互吸收对方有利于己的成分，

---

[①] 《后汉书·章帝纪》。
[②] 顾颉刚《中国上古史研究讲义》，322页，中华书局，1988年。
[③] 《后汉书·蔡邕传》。
[④] 谭献《复堂日记》卷一，《丛书集成续编》217册，692页，新文丰出版公司，1989年。
[⑤] 皮锡瑞撰、周予同注释《经学历史·经学极盛时代》，77页，中华书局，2004年。
[⑥] 金春峰《汉代思想史》，414页，中国社会科学出版社，2006年。

并非势同水火,如后世夸大其辞者。① 二者的区别在于,古文重经典之古义,故以训诂通经;今文重经典对当代的意义,故重章句阐发。后人每以"致用""求真"强生今古文之分,此又不然,吕思勉云:"志在经世,古人皆然;纯粹求真之主义,近日科学始有之;前此今文家固不知,古文家亦未有也。"②因此,我们认为《白虎通》作为通论,在思想上,倾向于今文实用主义的价值评判,但在具体内容上,亦不偏废古文以文本为基础的语言训诂,它的"通",在于对经今古文的协调。

前人对《白虎通》在经学方面的价值给予了高度评价,刘勰《文心雕龙》云:

> 石渠论艺,白虎讲聚,述圣通经,论家之正体也。③

刘勰认为,在体裁方面,《白虎通》是"论家之正体"。朱一新《无邪堂答问》云:

> 求之汉儒,惟董生之言最精;求之《六经》,惟《春秋》改制之说最易附会。且西汉今文之学久绝,……独《公羊》全书幸存,《繁露》《白虎通》诸书,又多与何注相出入,其学派甚古,其陈义甚高,足以压倒东汉以下儒者。④

朱一新认为,在内容方面,《白虎通》保存了古说,其价值甚高。皮锡瑞《经学历史》云:

> 非天子不议礼,不制度,不考文;议礼、制度、考文,皆以经义为本。后世右文之主,不过与其臣宴饮赋诗,追《卷阿》"矢音"之盛事,未有能

---

① 钱穆认为,经今古文之说,乃清儒张皇过甚之辞,诸经率皆有古文,即博士今学诸经亦然,经学之分今古,皆不指经籍与文字言。"汉人仅言'古学',不言'古文学',仅言'古文',不言'今文',更无论有所谓'今文学'。后世强造新名,谓古人如此,宁有是理!"(钱穆《两汉博士家法考》,见《两汉经学今古文平议》,258页,商务印书馆,2001年)葛兆光认为:"关于今古文经学的争论,更多的是其能否立于学官的问题,虽然他们之间有学术风格与技术上的不同,但是在汉代思想史的角度说,并不存在太重要的意义,今古文的学术之争在思想史上产生实质性影响的,实际上是在清代。"(《中国思想史》(第一卷),295页,复旦大学出版社,2001年)
② 吕思勉《论经学今古文之别》,见《吕思勉读史札记》,726页,上海古籍出版社,2005年。
③ 据《太平御览》(以下简称"御览")卷五百九十五引。
④ 朱一新《无邪堂答问》卷一,《续修四库全书》1164册,475页,上海古籍出版社,2002年。

讲经议礼者。惟汉宣帝博征群儒,论定五经于石渠阁。章帝大会诸儒于白虎观,考详同异,连月乃罢,亲临称制,如石渠故事,顾命史臣,著为《通义》,为旷世一见之典。①

皮锡瑞认为,无论在会议规模与重视程度上,《白虎通》皆为"旷世一见之典"。

历代目录著作除《四库全书》将《白虎通》归入"子部杂家类"之外,其余均将之归入经部,说明了历史对《白虎通》的定位。② 通过对《白虎通》内容的具体分析,我们认为,《白虎通》属于经学范畴,其内容是以皇帝的名义确定下来的经学结论,其义理是一种抽象的价值标准,并不具备切实的强制力,前人以《白虎通》为"法典"的结论,并不符合实际情况。③ 这一点,在本书以后的章节中会有进一步地论述。

## 二、《白虎通》声训的表述方式

《白虎通》的行文方式是通过设问的方式来提出问题,——此为公羊家解经之法——回答者以声训的方式对其中涉及的名物进行解释,然后从经典中寻找证据,以增强说服力,如《礼乐篇》云:

> 君臣者,何谓也? 君,群也,群下之所归心也;臣者,缠也,坚也,属志自坚固也。④《春秋传》曰"君处此,臣请归"也。父子者,何谓也? 父者,矩也,以法度教子也;子者,孳也,孳孳无已也。故《孝经》曰:"父有争子,则身不陷于不义。"夫妇者,何谓也? 夫者,扶也,以道扶接也;妇者,服也,以礼屈服也。《昏礼》曰:"夫亲脱妇之缨。"《传》曰:"夫妇判合也。"朋友者,何谓也? 朋者,党也;友者,有也。《礼记》曰:"同门曰朋,同志曰友。"

---

① 皮锡瑞撰、周予同注释《经学历史》,77 页,中华书局,2004 年。
② 对于《白虎通》,《隋书·经籍志》《崇文总目》归入经部论语类,《旧唐书·经籍志》归入经部经纬类,《新唐书·艺文志》《宋史·艺文志》《郡斋读书志》《直斋书录解题》归入经部经解类。《四库全书》归入子部杂家类,但这一分类方式并未成为定论,如谭献《复堂日记》以《白虎通》为"礼经总义,不当为子部杂家"(光绪庚辰),张之洞《书目答问》仍将《白虎通》归入经部礼类"三礼总义"。
③ 侯外庐、赵纪彬、杜国庠、邱汉生著《中国思想通史》(第二卷)认为《白虎通》是"完整的法典""谶纬国教化的法典"(224、225 页,人民出版社,1957 年)任继愈主编《中国哲学发展史》(秦汉卷)认为《白虎通》是"一部简明扼要的经学法典","是一种制度化了的思想,起着法典的作用"。(473—474 页,人民出版社,1985 年)。周予同认为"法典"说"罪不容诛",(《中国经学史讲义》,见《周予同经学史论著选集》,885 页,上海人民出版社,1996 年)其言虽过激,其说未为不可从。
④ "缠也坚也"本作"缠坚也",据刘师培说补,详《〈白虎通义〉校释》。

其中对君、臣、父、子、夫、妇的定义皆为声训。刘师培对《白虎通》的训释体例做过总结：

> 《白虎通》……虽为释典礼之书，然一字必穷其义。其例有三：一曰以他字释本字，非系声同即系声近。如公者，通也；侯者，候也；伯者，白也；子者，孳也；男者，任也是。一曰既以他字释本字，复据他字之义以伸之，以明本字所含之义。如卿之为言章也，章善明理也；大夫之为言大扶，扶进人者也是。一曰舍字义而释微言，以明其所以然之故。如爵人于朝者，示不私人也；封诸侯于庙者，示不自专也是。以上三例，咸可援类而求。盖一字而深穷其义，汉代之书未有若《白虎通》之甚者也。虽间流于穿凿，然保存古训之功，岂可没欤？①

刘师培之论《白虎通》训诂条例，其中两条涉及声训：一是音同或音近相训，二是在音同或音近相训的基础上进一步解释。《白虎通》声训的训释词与被训词的语音关系较为宽泛（见本书第一章），所以我们对《白虎通》声训的选择是宽式的，即音同或音近的解释形式都归入声训。《白虎通》的声训方式有如下几种：

（一）某者，某也

"某者，某也"式声训多数为单音词相训，少数为双音词相训，偶有双音词训单音词者。

1.单音词相训。例如：

（1）男者，任也。（《爵篇》）
（2）更者，更也，所更历者众也。（《乡射篇》）
（3）谏者，间也，更也，是非相间，革更其行也。（《诤谏篇》）

单音词相训中有一种特殊情况，被训词与训释词之间看似义训，但实际上是一种特殊的声训，因为训释词义是被训词的假借义，因此记录被训词的字与假借字之间也应看作一种声训，即同音替代。例如：

（4）虞者，乐也，言天下有道，人皆乐也。（《号篇》）

---

① 刘师培《中国文学教科书·训诂书释例下》，见《刘申叔遗书》，2174页，凤凰出版社，1997年。

《说文·虍部》:"虞,驺虞也,白虎黑文,尾长于身,仁兽也,食自死之肉。""虞者,乐也"者,"虞"为"娱"之借,娱者,乐也。段玉裁云:"凡云乐也、安也者,娱之假借也。"①《孟子·尽心》:"驩虞如也。"《孟子音义》引丁公著云:"义当作欢娱,古字通用耳。"

(5)七月律谓之夷则何? 夷,伤也;则,法也。言万物始伤,被刑法也。(《五行篇》)

《说文·大部》:"夷,东方之人也。""夷,伤也"者,"夷"为"痍"之借,痍者,伤也。段玉裁云:"凡注家云'夷,伤也'者,谓'夷'即'痍'之假借也。"②《汉书·刘敬传》:"伤夷者未起。"注:"夷,创也,音痍。"此说假借也。

(6)九月律谓之无射何? 射者,终也。言万物随阳而终,当复随阴而起,无有终已也。(《五行篇》)

《说文·矢部》:"射,弓弩发于身而中于远也。""射者,终也"者,"射"为"斁"之借,斁,厌也,终也。段玉裁云:"经典亦假'射'为'斁'。"③《广雅·释诂》:"绎,终也。"王念孙《疏证》引《白虎通》此条并扬雄《剧秦美新》"神歇灵绎"、《续汉书·天文志》注引张衡《灵宪》"神歇精斁",云:"斁、绎、射并通。"④——此并《白虎通》声训之变例。

2.双音词训单音词。例如:

(1)唐,荡荡也,荡荡者,道德至大之貌也。(《号篇》)
(2)阙者何? 阙疑也。(《阙文》)

例(1)为叠音词训单音词,叠音词做训释词往往为形容某种状态。例(2)为普通双音词训单音词,这种情况一般是被训词为一个多义项的词语,训释词用双音词的方式使其义项单一化,其形式往往是被训词在训释词中占一个语素的位置。

---

① 段玉裁《说文解字注》,209页,上海古籍出版社,1988年。
② 同上书,493页。
③ 同上书,124页。
④ 王念孙《〈广雅〉疏证》,129页,中华书局,2004年。

3.双音词相训。例如：

(1)清明者,清芒也。(《八风篇》)
(2)图,令也;圉,举也。令其思愆举罪。(《五刑篇》)
(3)南方者,任养之方,万物怀任也。(《五行篇》)

单音词相训自古有之,双音词相训始于《尔雅》,至汉代而大行。

(二)某之(为)言某也

"某之(为)言某也"声训多数为单音词相训,少数为双音词相训,偶有双音词训单音词者。

1.单音词相训。例如：

(1)秋之为言愁也。(《五行篇》)
(2)庠之言详也,言所以详礼仪之所也。(《辟雍篇》)
(3)柩之为言究也,久也,久不复变也。(《崩薨篇》)

2.为双音词作声训。例如：

(1)辟之为言积也,积天下之道德。雍之为言壅也,壅天下之残贼,故谓之辟雍也。(《辟雍篇》)

双音词"之为言""之言"式声训为数不多,均为将双音词拆开,分别为之训释,组合起来表示训释义。

3.双音词训单音词。例如：

(1)虎之为言搏讨也。(《五行篇》)
(2)火之为言委随也,言万物布施。(《五行篇》)

双音词训单音词一般为合音现象,为数不多。

(三)某犹某也

"某犹某也"式声训多为单音词相训,偶有双音词训单音词者。例如：

(1)征犹正也,欲言其正也。(《诛伐篇》)
(2)霸犹迫也,把也,迫胁诸侯,把持其政。(《号篇》)

9

(3)谓之尧者何？尧犹嶢嶢也,至高之貌。(《号篇》)

"某犹某也"式声训均有进一步说解。

(四)零格式

"零格式"声训指的是没有固定术语与格式的声训,其训释词蕴含在说解中。例如：

(1)地者,人所任也。(《考黜篇》)
(2)能决嫌疑则配玦。(《衣裳篇》)
(3)天子之妃谓之后何？后者,君也。天子妃至尊,故谓后也。明配至尊,为海内小君,天下尊之,故系王言之曰王后也。(《嫁娶篇》)

以上数例均无固定术语与格式,但仔细观察不难发现,其中的主训词与被训词构成了隐形声训,例(1)以"任"训"地"。例(2)以"决"训"玦"。例(3)没有出现训释词,但很显然是以前后之"後"训"后",《礼记·曲礼下》"天子之妃曰后"注："后之言後也。"《释名·释亲属》："天子之妃曰后,后,後也,言在後,不敢以副言也。"《白虎通》之"系王言之曰王后"即"后者,後也"之义。又,"系"《礼记·曲礼下》疏引作"继",似于义更合。

《白虎通》声训中或杂以义训,以补声训之不足,因此,我们的提取标准除了外在的训诂形式外,还依据已经成为定论的汉代语音关系(以罗常培、周祖谟《汉魏晋南北朝韵部演变研究》的结论为标准)对其中的义训予以剔除,以免对进一步研究造成干扰。例如：

(1)圣者,通也,道也,声也。道无所不通,明无所不照,闻声知情,与天地合德,日月合明,四时合序,鬼神合吉凶。(《圣人篇》)
(2)笙之言施也,牙也,在正月,万物始施而牙；笙者,太簇之气,象万物之生,故曰笙。(《礼乐篇》)
(3)谓之朝何？朝者,见也,五年一朝,备文德而明礼义也。因用朝时见,故谓之朝,言诸侯当时朝于天子。(《阙文》)

例(1)中"圣"(书、耕)的训释有三个："通"(透、东)、"道"(定、幽)、"声"(书、耕)。其中与"道"与"圣"语音关系较远,属于义训,刘师培甚至怀疑"道也"二字衍文。[①] 例(2)中"笙"(山、耕)的训释有三个："施"(书、歌)、"牙"

---

① 刘师培《〈白虎通义〉斠补》卷下,见《刘申叔遗书》,1083页,凤凰出版社,1997年。

(疑、鱼)、"生"(山、耕),其中"牙"与"笙"语音关系较远,属于义训。例(3)以清晨之"朝"训朝聘之"朝",为声训,"见"为义训。这些义训在研究中是要剔除的。

根据以上原则,我们搜集《白虎通》义理声训363条,作为本研究的基本材料。

## 三、《白虎通》声训的性质

先秦并没有独立的语言学,流传下来的语言学材料与结论是当时"名学"论争的副产品。而声训则是儒家"正名"的一种语言表达方式,并非出于语言学的目的。儒家认为"名"与"实"的关系是必然的,圣人所定,不能改易。当现实中的事物随着社会的发展逐渐背离了它的"名",寻求二者的切合点,协调各个学派的不同认识,从而构建新的社会秩序,就成了儒家的责任。在儒家建立的社会秩序中,出现名不副实的状况时,只能在不改变"名"的外在语音形式的前提下,将符合其道德内涵的同音词的含义附着在它身上,以此达到"名"与"实"的一致。将传统的符号、价值观进行改造,使之获得新的发展方向,同时又要保持文化认同,排除传统解体的危险,声训就成了最佳的选择。如王力所说:"孔子、孟子之所以搞声训,并不是为了语文学的目的,而是为了阐明自己的政治主张。"[①]声训之法所以可行,是因为先秦两汉时期的知识传播以口耳相传为主,人们更看重声音的关联,而非文字符号的记录功能。

作为"名"的术语的功能会根据历史的发展、新的社会因素的注入而发生不同程度的磨损与位移,因此,在使用过程中,"名"可能同时呈现出多角度、多层次的内涵。而中国古代的思想家很少用定义,更多的是用举例的方式来阐述术语的内涵,这种方式导致同一个术语在不同的环境、不同的接受者那里,其内涵与外延往往有所不同。只有深入的考察,才能究其义理,从而使名来指挥实,因此董仲舒有"深察名号"之说,深察名号之"深察"本身就是一种对义理的思考。董仲舒在深察名号时常用"合某科以一言"的术语,即把几个特征用一个语音形式来表达,以达到正名的目的。因此,正名的方式不是同义相训的单训,也不是以若干词汇加以界定的义界,而是音同或音近的声训。董仲舒在《春秋繁露·深察名号》一篇中举例云:

深察君号之大意,其中亦有五科:元科、原科、权科、温科、群科:合

---

[①] 王力《中国语言学史》,2页,山西人民出版社,1981年。

此五科以一言,谓之"君"。君者,元也;君者,原也;君者,权也;君者,温也;君者,群也。是故君意不比于元,则动而失本;动而失本,则所为不立;所为不立,则不效于原;不效于原,则自委舍;自委舍,则化不行;用权于变,则失中适之宜;失中适之宜,则道不平、德不温;道不平、德不温,则众不亲安;众不亲安,则离散不群;离散不群,则不全于君。

在对"君"之名的考察中,群(群、文)、温(影、文)与君(见、文)声纽相近、叠韵,元(疑、元)、原(疑、元)权(群、元)与君声纽相近、韵部旁转。将这五个特点用一个"君"的语音形式表达,"合此五科以一言,谓之君"。只有"君"具备了"元"(元本)"原"(不息)"权"(权变)"温"(温和)"群"(群聚)这五种内涵,才算是名副其实,失去其中的一个特点也不是一个合格的君主,即"君不君"。因此,君之"名"是君之"实"的行为规范。这样的训诂方式,"不仅一字能涵多意,抑且数意可以同时并用,'合诸科'于'一言'。"①因此,以"正名"为目的的声训是对义理的思索,而非对语言规律的探求。

客观地讲,名与实的关系是,先有实后有名,实是第一位的,名是实的附属。但儒家循名责实,即以理想中的名来指挥多变的实,试图使多变的世界变得有章可循,倒置了名与实的关系。但从积极的角度看,明确的概念对指导社会实践是有一定积极意义的。孔子的"正名"的理想未能实现,《白虎通》则在大一统的政治环境下,以国家意志来实现"正名"的原则。因此,《白虎通》所解释的名词均为确定其内涵、象征意义,并以此统帅形形色色的"实",有其强烈的目的性。"汉代人的声训仍然没有脱离孔子'政者正也'的用意,仍然是以声训为手段,宣传儒家的政治思想。"②

## 第二节　义理声训研究综述

清代之前,对《白虎通》声训多是引其成说为经学服务,偶有零散论及,不成系统。民国时,沈兼士首先系统论述声训,并看到了不符合语言规律的声训的价值。20世纪中期以来,理论方面,对《白虎通》声训的批判占了上风;专题研究方面,大多侧重于声训反映的汉代语音状况和同源词研究。

---

① 钱锺书《管锥编》,1页,中华书局,1986年。
② 王力《中国语言学史》,48页,山西人民出版社,1981年。

## 一、义理声训研究史

### （一）清代之前的义理声训研究

王先谦对先秦两汉的声训源流做过描述，其《〈释名疏证补〉序》云：

> 流，求；伃，贰；例启于周公。乾，健；坤，顺；说畅于孔子。仁者，人也；谊者，宜也，偏旁依声以起训。刑者，侀也；侀者，成也；辗转积声以求通。此声教之大凡也。侵寻乎汉世，间见于纬书。韩婴解《诗》，班固辑《论》，率用斯体，宏阐经术。许、郑、高、张之伦，弥广厥恉。逮刘成国之《释名》出，以声为书，遂为经说之归墟，实亦儒门之奥键已。①

王先谦以为声训始于《尔雅》《周易》诸经，至汉代而大兴，《韩诗外传》《白虎通》《释名》都以声训为特点。尽管他统言声训源流，并未区分《白虎通》与《释名》这两种出发点不同的声训，但认为先秦两汉声训的目的是"声教"，即以声音为工具"宏阐经术"，这是对先秦两汉声训的本质认识。清代之前对声训的认识沿着两条线索发展，一是对声训反映的语言规律的把握，认识到了声训的附会之弊，尽管其间也有将声训等同义训的错误认识，但高明之士已经看出二者是不同层次的问题，声训的目的是推源，而不是释义，这是难能可贵的见解。二是对声训语言学价值之外的宏观把握，将文学、民俗上的观念用于声训的阐释，开辟了经学研究的新领域。

唐代之前，学者大多引述《白虎通》成语解经，较早对《白虎通》声训结论做出评判的是孔颖达，孔颖达对声训有着清醒的认识，如《诗·召南·驺虞》"彼茁者葭"传："茁，出也。"疏："谓草生茁茁然出，故云'茁，出也'，非训为'出'。"孔颖达认为毛传"茁，出也"不是训"茁"为"出"，而是解释"茁"得名于"出"。又《诗·小雅·巧言》"君子信盗"，毛传："盗，逃也。"疏："文十八年《左传》曰'窃贿为盗'，则盗者，窃物之名，毛解名曰盗意也，《风俗通》亦云'盗，逃也'言其昼伏夜奔，逃避人也。"孔颖达认为"盗""窃"同义，见于《左传》，毛传"盗，逃也"是解释"盗"命名的原因。他认识到了声训是寻求词源意义，不是词汇意义。孔颖达《五经正义》引用《白虎通》结论三十余次，其中有两处论及《白虎通》声训：

（1）《尚书·舜典》："岁二月东巡守，至于岱宗柴。"疏："《白虎通》

---

① 王先谦《〈释名疏证补〉序》，《续修四库全书》190 册，42 页，上海古籍出版社，2002 年。

云:'王者所以巡狩者也,巡者,循也,狩者,收①也,为天子循收养人。'彼因名以附说,不如晏子之言得其本也。"

(2)《礼记·礼器》疏:"案《书说》'禅者,除地为墠'而《白虎通》云'以禅让有德',其义非也。"

孔颖达认为《白虎通》某些声训是不合理的,例(1)"晏子之言"即《孟子·梁惠王下》晏子对齐景公云"天子适诸侯曰巡狩,巡狩者,巡所守也",孔颖达以为《白虎通》之说不如晏子之说为善。按,《白虎通》之说亦先儒旧说,《文选·东都赋》"省方巡狩"李善注引《礼记》逸《礼》云:"巡狩者何?巡者,循也。狩者,牧也。谓天子巡行守牧也。"是出于对天子的尊崇而做的声训,孔疏不当一概否定。例(2)孔疏所引《书说》乃《尚书纬》文,所引《白虎通》之语今本作"言禅者,明以成功相传也"(《封禅篇》),孔颖达认为"禅"得名于"除地为墠",是正确的声训,而《白虎通》认为"禅"得名于"禅让有德",是错误的。按,"禅"得名于"除地为墠",符合词源,是正确的。《白虎通》认为"禅"得名于"禅让有德",则属于对三皇五帝封禅的道德总结,在语言学上是不正确的,但有其义理价值。孔颖达批评《白虎通》声训,是对《白虎通》的偏见导致的,他对《白虎通》总的评价是"虽名'通义',义不通也"②,宋代吕南公以《白虎通》为"哗惑聋瞽书"③,与此不无干系。

明代学者始关注《白虎通》声训的语言学特点,尽管统言无别、泛泛而论,但可见《白虎通》的声训方式已引起当时学者的关注。如焦竑云:

> 汉儒郑玄、贾逵、杜预④、刘向、班固、刘熙诸人,皆号称博洽,其所训注经史,往往多不得古人制字之意。姑以释亲言之,如云父,矩也,以法度教子也;母,牧也,言育养子也;兄,况也,况父法也;弟,悌也,心顺行笃也;子,孜也,以孝事父,常孜孜也;孙,顺也,顺于祖也;男,任也,任功业也;女,如也,从如人也;姑,故也,言尊如故也;姊,咨也,言可咨问也;夫,扶也,以道扶接也;妇,服也,以礼屈服也;妻,齐也,与夫齐体也;妾,接也,以时接见也。凡此率以己意牵合,岂知古人命名立意固简而易尽乎!……细玩篆文,其义立见,乃漫不之省,辄为之附会,其说亦凿

---

① "收"为"牧"之讹,下同。
② 《左传·隐公五年》疏。
③ 吕南公《灌园集》卷十七《读〈白虎通〉》。
④ 按:杜预晋人,非汉人。

矣哉！①

　　以"群"释"君"，以"往"释"王"，以"先醒"释"先生"，至如司马迁、班固、郑康成、应劭、刘熙之徒，诸所训注，此类非一，则徒以声之相近者而强释之，初不考六书之本意，其误后人甚矣。②

焦竑以为声训"不得古人制字之意"，"不考六书之本意"，其论述混淆语言与文字，姑置不论，其"以声之相近者而强释之"，却看到了汉代声训随意性的缺点。其后学者方以智云：

　　古人解字皆属借义，如歌诗断章，自左氏"止戈"已然，不必责以正体也。若周末至汉，皆以韵解之，如韩婴曰："君，群也""王，往也""先生，先醒也"。郑玄、贾逵、刘向、班固、刘熙、杜预诸人皆袭此以为正训，如"父，矩也""母，牧也""兄，况也""弟，悌也""子，孜也""孙，顺也""男，任也""女，如也""姑，故也""姊，咨也""夫，扶也""妻，齐也""妾，接也""宫，中也""商，章也""角，触也""征，祉也""羽，宇也""冬，终也""夏，假也""秋，愁也、蘬也""春，蠢也""德，得也""祖，且也""舍，舒也""寅，螾然也""卯，茂也""辰，蜄也""巳，阳气已尽也"。率以己意牵合，此弱侯之所以痛恨也。③

方以智变焦竑"以声之相近者而强释之"为"以韵解之"，认为声训的缺点是"率以己意牵合"。焦竑与方以智都是站在语言学的角度看待《白虎通》声训，对其随意性的缺点产生了初步认识。但二人并以同义代换的解释方式看待推源的声训，认为声训"率以己意牵合"，并没有看到声训与义训的本质不同，在这一点上他们尚不如唐代的孔颖达。

清代学者认识到声训是有条件的，并非任何一个词都可以声训。如江永云：

　　古人训义多以同音或相似之音释之，仁者，人也；义者，宜也；义、宜古音皆为俄。彻者，彻也；助者，藉也；藉字当与助叶。庠者，养也；校者，教也；序者，射也。皆以相近之音训义。射有当故切之音，《诗》"叔

---

① 焦竑《焦氏笔乘》卷六《汉儒失制字之意》，《续修四库全书》1129册，602—603页，上海古籍出版社，2002年。
② 焦竑《焦氏笔乘》卷六《韩诗误解字》，《续修四库全书》1129册，603页，上海古籍出版社，2002年。
③ 方以智《通雅》卷二《疑始·以韵训字不可执一》，26—27页，中国书店，1990年。

善射忌,又良御忌",《大戴》"以燕以射,则燕则誉"是也。《乡射记》"豫则钩楹内",则序又为豫;然豫又或为榭,则射字本音亦可谐,皆无室之屋也。《中庸》:"诚者,自成也,而道自道也。"则古人以成训诚,后人始以实训诚,然非字字可以音训义也。《白虎通》《释名》学之,亦有牵强者矣。①

江永认为古人多以音同、音近为训诂,是因为上古语言具备音近义通的条件,随着语言的发展,后世释义以义训为主。而《白虎通》《释名》刻意效法前贤,因此有牵强之弊。

历史上有误声训为义训的做法,如清代的洪颐煊解释《礼记·缁衣》"苟有车,必见其轼;苟有衣,必见其敝"云:

> 颐煊案:"敝"古通作"蔽"字,谓蔽膝也,蔽膝谓之韨,亦作芾,《玉藻》:"一命缊韨幽衡。"郑注:"韨之言亦蔽也。"《白虎通·绋冕篇》:"绋者,蔽也。"轼,车前横木;蔽膝亦在衣前,其义一也。②

洪颐煊将《礼记·玉藻》注"韨之言亦蔽也"、《白虎通·绋冕篇》"绋者,蔽也"这样的声训误作义训,据此同义替换,导致了错误的结论,这是不明白词源意义与词汇意义的区别而导致的失误。这种错误认识在王引之那里得到了彻底的纠正,王引之云:"蔽膝不可但谓之蔽,'韨之言蔽也'、'绋者,蔽也'皆释其命名之义如此,非谓韨一名蔽也。'绖也者,实也',不可谓绖为实,'祊之为言倞也',又岂可谓祊为倞乎?"③王引之以为"韨之言亦蔽也""绋者,蔽也"并不是以"蔽"解释"韨"(同"绋")的词义,而是"释其命名之义",即"蔽"是"韨"得名的原因。同样《礼记·檀弓上》"绖也者,实也",意思是绖得名于实。④《礼记·郊特牲》"祊之为言倞也",意思是"祊"得名于求索。⑤ 至此,语言声训的本质得到了极为透彻的阐述。⑥

焦循扩大了声训的研究范围,他将同音、音近为训的现象概称为"假借",其《〈周易〉用假借论》云:

---

① 江永《群经补义》卷五,《皇清经解》本。
② 洪颐煊《读书丛录》卷四《必见其敝》,《续修四库全书》1157册,592页,上海古籍出版社,2002年。
③ 王引之《经义述闻》卷十六《苟有衣必见其敝》,389页,江苏古籍出版社,2000年。
④ 《仪礼·丧服》"苴绖杖绞带"注:"麻在首在要皆曰绖,绖之言实也,明孝子有忠实之心。"
⑤ 郑玄注:"倞犹索也。"
⑥ 至于现代某些大型字书列声训为义项,则属于不明语言原理,求多求全所致。

近者学《易》十许年,悟得比例引申之妙,乃知彼此相借,全为《易》辞而设。假此以就彼处之辞,亦假彼以就此处之辞,如豹、祊为同声,与虎连类而言则借祊为豹;与祭连类而言,则借豹为祊;沛绂为同声,以其刚掩于困下,则借沛为绂;以其成兑于丰上,则借绂为沛:各随其文以相贯,而声近则以借而通。盖本无此字而假借者,作六书之法也,本有此字而假借者,用六书之法也。古者命名辨物,近其声即通其义,如天之为颠,日之为实(《说文》)。春之为蠢,秋之为愁(《乡饮酒义》)。岳之为觕,岱之为代,华之为获(《白虎通》)。子之为滋,丑之为纽(《律书》)。卯之为冒,辰之为振(《律志》)。仁之为人,义之为我(《春秋繁露》)。礼之为体(《礼器》)。富之为福(《郊特牲》)。铭之为名(《祭统》)。及之为汲(《公羊传》)。桑之为丧(《士丧礼注》)。栗之为栗(《白虎通》)。踟蹰之为蜘蛛(《啸赋》)。汍澜之为芄兰(息夫躬《绝命辞》)。无不以声之通,而为字形之借。故闻其名即知其实,用其物即思其义。欲其夷也,则以雉名官;欲其勾聚也,则以鸠名官;欲其户止也,则以扈名官(左传)。以曲文其直,以隐蕴其显,其用本至精而至神。施诸《易》辞之比例,引申尤切要矣。是故柏人之过,警于迫人;秭归之地,原于姊归(《后汉书·和帝纪》注)。发忽蒜而知算尽(慕容绍宗事),展露卯而识阴谋(《晋书·五行志》)。即杨之通于扬,娣之通于稊也。梁简文、沈约等集有药名、将军名、郡名等诗。唐权德舆诗云:藩宣秉戎寄,衡石崇位势,年纪信不留,弛张良自愧。宣秉、石崇、纪信、张良,即箕子、帝乙之借也。陆龟蒙诗:佳句成来谁不伏,神丹偷去亦须防,风前莫怪携诗稿,本是吴吟荡桨郎。伏神、防风、稿本即蒺藜、苋陆之借也。温飞卿诗:井底点灯深烛伊,共郎长行莫围棋,玲珑投子安红豆,入骨相思知不知。借烛为嘱,借围棋为违期,即借蚌为邦、借鲋为附之遗也。相思为红豆之名,长行为双陆之名,借为男之行女之思,即高尚其事为逸民,匪躬之故为臣节,借为当位之高失道之匪也。合艮手坤母而为拇,合坎弓艮瓜而为弧,即孔融之离合也。樽酒为尊卑之尊,蒺藜为迟疾之疾,即《子夜》之双关也。文周系《易》之例,晦于经师,尚扬其波存其迹于文人诗客之口。其辞借,其义则质,知其借而通之,了乎明确乎实也。"[1]

焦循所谓的"假借"包含几种情况:一类如天、颠,日、实,春、蠢等,属于语言声训;一类如豹、祊、沛、绂等,属于文字的假借;还有一类如桑、丧,栗、

---

[1] 焦循《〈易〉话》下,《续修四库全书》27册,582—583页,上海古籍出版社,2002年。

僳,秭归、姊归、蒜、算等,属于谐声寓意。焦循能从经学、文学、民俗的角度正确地对待声训,而不是因为这些声训不符合语言规律便一概抹杀,这是难能可贵的。焦循的方法被当时的汉学家批评为穿凿,但阮元支持焦循的看法,其《江都焦氏雕菰楼易学序》云:"或曰:《通释》(笔者按,焦循《易通释》)多因假借而引申之,不几凿乎? 元曰:古无文字,先有言有意。言与意立乎文字未造以前,……故口言'遯'而'遯'与'豚'同意,口言'疾'而'疾'与'蒺'同意。《传》谓'书不尽言,言不尽意'即此道也。浅识者立乎其后而分执之,盖未知声音文字之本矣。藉曰非也,虞翻何以'豚鱼'为'遯鱼',《韩诗外传》何以'蕨薇'为'据疾'哉?"①阮元认为声音与文字的矛盾是造成这种"假借"现象的原因,文字落后于声音,文字对声音的记录势必是不完整的,因此,读古书当循音解义,而不是依字形解义。我们认为,焦循将文字上的假借、训诂上的声训、修辞上的双关等笼统归结为"假借",是研究《周易》时的操作概念,并非不知道它们的区别,在乾嘉时代,焦循敢于突破汉学字字株守的成法,将文学、民俗上的观念用于解经,堪称卓见。阮元的解释看似支持焦循,实际上又倒退回文字本身,反倒降低了焦循的境界。

首先提出"声训"一词的是朱骏声,其《说文通训定声》开篇"东"字下以《白虎通》为例而定义声训:

> 《白虎通·五行》"东方者,动方也,万物始动生也",此古声训之法,刘熙《释名》全书皆然,音相近则谊相通,亦训诂之一道。②

《说文通训定声》复于每字下特标举"声训"一门,朱氏谓:

> 训诂之旨,与声音同条共贯。'共用'为'勇',称自狼瞫;'咨亲'为'询',释于叔豹;'射'言'绎',或言'舍',《礼经》著其文;'刑'为'侀',即为'成',《王制》明其义;'嘉祉殿富',子晋谈姒姓之初;'考神纳宾',州鸠说姑洗之恉。'孙'为'奔'讳,公羊之解经;'散'与'涣'同,孔子之序卦;'枏'名'耗'而'魏'名'大',述之邱明;'忠'自'中'而'信'自'身',陈于叔肸;石癸表'吉人'之训,行父传毁则之辞,究厥雅言,罔非古谊。孟坚《通德》,成国《释名》,此其恉也。③

---

① 见焦循《〈易〉章句》序,《续修四库全书》27册,43页,上海古籍出版社,2002年。
② 朱骏声《〈说文〉通训定声》,30页,武汉古籍出版社,1983年。
③ 同上书,13—14页。

朱骏声认为声训包括合音为释、音近为释、谐声寓意、同音假借为释、避讳为释几种现象,尽管这种分类不是同一个层面的问题,但可以看出朱骏声的声训研究较之前人明显细化了。《说文通训定声》又于每字下标举"假借",说明朱骏声将文字假借排斥出了声训的范畴。

(二)近现代的义理声训研究

最早对声训做出系统研究的是沈兼士,1933 年,沈兼士作《右文说在训诂学上之沿革及其推阐》一文,认为:"夫训诂之法有客观的与主观的区别。前者为以凡通语释古语及方言,如《尔雅》《方言》之属是也。后者为训诂家本个人之观察,用声训之法,以一音近之字绅绎某一事物之义象,如《白虎通》《释名》之属是也。"[①]沈兼士认为声训是主观的训释,并不是从经典中总结出的客观词义。1941 年沈兼士作《声训论》,从外部形态上将声训分成六种情况:一曰相同,二曰相等,三曰相通,四曰相近,五曰相连,六曰相借。这六种情况又分为三类,一、二两类略相当于太炎先生《文始》中的"变易",三、四、五三类,略相当于《文始》中的"孳乳",第六类"貌似声训而实非声训",是假借字。[②] 这是受《说文通训定声》的影响得出的结论。沈兼士认为有一种解释"貌似声训而义类未必相近者",此类声训"恐皆为同音语之心理的联想作用,无与于先天性之义类者也。"[③]这就是我们所说的义理声训。沈兼士并没有忽视这类声训材料,他认为:"此类颇有关于习俗风尚,学者倘能旁搜博讨,著为专篇,其于古代社会民俗之研究或可得一新启示乎?"[④]但沈兼士提出的问题并没有得到相应的重视,其后很长的一段时间内,声训面临的是前所未有的批判。1971 年龙宇纯发表《论声训》一文,以为上古声训具有各家歧异、一词多训、因方音而异、以转语或引申义为声训等缺点,因此"古人所为声训类不可取"[⑤]。龙宇纯看到了上古声训的随意性导致其结论在语言学意义上价值不大,这是正确的见解。20 世纪中后期,中国大陆音义关系任意性的观念流行,声训中"音近义通"的观念受到冲击。1981 年,王力出版《中国语言学史》,对汉代的声训持否定态度,认为"声训作为一个学术体系,是必须批判的,因为声音和意义的自然联系事

---

[①] 沈兼士《右文说在训诂学上之沿革及其推阐》,见《沈兼士学术论文集》,78 页,中华书局,1986 年。
[②] 沈兼士《声训论》,见《沈兼士学术论文集》,263—264 页,中华书局,1986 年。
[③] 同上书,275 页。
[④] 同上书,276 页。
[⑤] 龙宇纯《丝竹轩小学论集》,355 页,中华书局,2009 年。

上是不存在的。"①"(汉代的声训)越来越明显地寻求'真诠',即追究事物所以得名的真正解释。这种做法跟荀子'名无固宜,约定俗成谓之宜'的理论是背道而驰的。"②"声训,是以同音或音近的字作为训诂,这是古人寻求语源的一种方法。声训多数是唯心主义的,其中还有许多是宣扬封建礼教的,应该予以排斥。"③尽管先秦两汉声训的结论在语言学上价值不大,但它反映了古人寻找词源的努力,业虽不盛,功未可没,当看作科学词源学的发端。此外,上古声训有其语言学之外的意义,将其价值一概否定也是武断的。首先对否定声训的观点进行回应的是台湾学者张以仁,1981年张以仁发表《声训的发展与儒家的关系》一文,认为早期声训是与儒家"正名"紧密相连的,其作用不在于探求语源,而是以声训为手段,宣传儒家思想,因此,"我们似乎不必固执于以求语源的观念批评一切声训的资料"④。张以仁认为不能以是否符合音近义通作为评判一切声训的标准。在台湾与大陆共同声讨声训的氛围中,能够保持独立的思考,是难能可贵的。1985年王玉堂发表《声训琐议》一文,将声训分为五种情况:一是依声立说,二是主观附会,三是以声训明假借,四是沟通方言古语,五是依据声音推求词的由来。只有第五种才是作为汉代训诂方法之一的声训,这类声训不但没有与荀子的理论背道而驰,反而是对荀子理论的积极补充。"谈论汉代声训体系,决不能把它的非本质部分当成它的全部,从而来个简单否定"⑤。王玉堂从语言学的角度对声训进行了具体分析,肯定了音近义通声训的价值,是很有见地的。

  自20世纪90年代始,中国传统语言学对声训问题重新梳理,1992年卢烈红发表《〈白虎通〉对训诂学的贡献》,认为《白虎通》声训并非一无是处,宏观上,《白虎通》声训在训诂发展史上有一席之地,微观上,《白虎通》声训的某些具体结论也是可信的,因此"近几十年来训诂学界对它们不加分析地一概否定是有失偏颇的"⑥。1995年刘又辛、李茂康出版《训诂学新论》认为王力对声训的批评"失之绝对化",声训之所以有许多错误的结论,错在使用者,而不在声训本身,"只要运用得当,声训仍不失为一种较重要的训诂方

---

① 王力《中国语言学史》,51页,山西人民出版社,1981年。
② 同上书,43页。
③ 王力《同源字典》,10页,商务印书馆,1982年。
④ 张以仁《声训的发展与儒家的关系》,见《中国语文学论集》,78页,东升出版事业公司,1980年。
⑤ 见湖南师范学院古汉语教研室编《古汉语论集》(第一辑),265—266页,湖南教育出版社,1985年。
⑥ 卢烈红《〈白虎通〉对训诂学的贡献》,《武汉大学学报》(哲社版),1992年第5期。

式"①。2007年吴泽顺发表《〈白虎通义〉声训疏证》,将《白虎通》140条的声训来源做了勾稽,肯定了《白虎通》声训传承性及其语言学价值,"某些学者以偶然的巧合来解释《白虎通义》中这部分有价值的声训材料,忽视了《白虎通义》与许、郑声训甚至整个汉代声训相同的一面,显然与事实不符。"②王宁先生对前人的研究成果进一步理论化,她在2006年所撰《古代语言学遗产的继承与语言学的自主创新》一文中把声训从来源上分为四类:语言声训、字用声训、民俗声训、义理声训。语言声训指的是同源词互训,是我们探讨词源学的基础;字用声训是前人混淆字词,将破假借看作声训而产生的误解;民俗声训是对百姓日用事物名源的推测,接近底层文化,着眼点较为质朴,因此客观性较强,有相当程度的语言学价值,其代表作是《释名》。义理声训是利用一般人对文字崇拜的心理,用声训来进行说教,接近上层文化,因此主观性较强,义理声训的目的不是语言学,但其部分结论与词源学偶合,其代表作是《白虎通》。"这么复杂的问题不加清理,不从本质上区分,凭着一顶'唯心主义'的大帽子,从千万个语例中挑上几十个与汉语词源不一致的例子,就把古人发现的一个真实的语言文字现象和合理的科学命题给否了,把一些对后代很有启发的书一否到底,实在是难以服人的。"③王宁先生对声训的分类是从还原历史的角度做出的,既要看到声训符合语言规律的一面,从而因声求义,进行科学的词源学研究。又要看到其不符合语言规律的一面具有经学、民俗学方面的价值,而不是不加区分的一概否定。实际上音义关系任意性与音近义通是语言发展的两个阶段,任意性是音义关系的总规律,而音近义通则是语言发展到一定阶段,由于语词的孳乳造成的,二者并不矛盾。以声训具体结论的失误来否定声训这个科学的训诂方法是以偏概全的。

除了理论方面的研究,近年来对《白虎通》声训的专题研究有以下著作:1989年北京师范大学任明的硕士论文《〈白虎通〉声训研究》,概括性地从声训形式在先秦两汉的发展、《白虎通》与其前后声训的异同,及其声训形式和内容等方面加以介绍,指出其价值所在。1993年台湾玄奘大学柯响峰的硕士论文《〈白虎通义〉音训研究》主要是以《白虎通》声训为线索考察汉代语音的变迁。2004年华中师范大学王丽俊的硕士论文《〈白虎通义〉声训研究》,从文化方面对《白虎通》声训词的构词理据进行研究,并对《白虎通》声训的

---

① 刘又辛、李茂康《训诂学新论》,179页,巴蜀书社,1995年。
② 吴泽顺《〈白虎通义〉声训疏证》,《励耘学刊》(语言卷),2007年第1期。
③ 王宁《古代语言学遗产的继承与语言学的自主创新》,《语言科学》,2006年第2期。

价值与不足做了分析。2006年广西师范大学郭向敏的硕士论文《〈白虎通〉声训词研究》关注训释词与被训释词之间的音义关系，及声训反映的汉代语音状况，侧重于音韵分析及同源词的研究。2008年扬州大学羊霞的硕士论文《东汉声训理据研究》以《白虎通》与《释名》为例，从声训反映的文化与同源词的角度对《白虎通》声训做出了初步分析。以上研究集中在三个方面：第一探讨汉代的语音状况，第二分析《白虎通》中同源词情况，第三分析声训反映的文化现象。这些研究是对客观事实的平面分析，其中存在以下问题：首先，《白虎通》声训是一个主观的选择，存在很多声音迁就义理的情况，并不是客观的语音现实，因此以《白虎通》声训为基础研究汉代语音状况，其结论的客观性不足。其次，《白虎通》不是语言学著作，从语言学的角度研究其中的同源词，材料稀少，价值不大。再次，《白虎通》声训反映的文化现象有一个巨大的思想背景，不仅仅是泛泛的文化分析就能解决的，这种"伪词源"涉及语言的人文性、语言的阶级特点、语言学与文学的关系、解释的主观性与客观性的问题，需要更进一步的挖掘。

## 二、本书的研究目的

在我们这个时代，站在科学语言学的立场上批评《白虎通》声训，认为它不但具有主观随意性，而且包含着极多的荒谬成分，从语言发展史的角度来看，这是很自然的事。我们研究《白虎通》声训也不是做翻案文章。首先，《白虎通》声训被训词和训释词的语音关系不是平面的，其中有古音、时音甚至方音的利用，并不是客观的语音现实，因此，我们的工作不是《白虎通》声训语音状况的描写。其次，《白虎通》声训中同源词的比例很低，在《白虎通》的363条声训中，符合语言规律的声训只占14.6%，因此，我们的工作也不是《白虎通》的同源词研究。我们是在前人对《白虎通》暨汉代声训不公正评价的基础上进行再研究，目的有二：一是理论方面，对声训这种现象所映射出的语言学理论进行深入的挖掘；二是材料方面，对《白虎通》声训的这种语言现象从不同的角度予以探讨，从而对以《白虎通》为代表的上古声训做一个全面深入的评价。

（一）《白虎通》声训的语言学理论探讨

语言学上的"约定论"与"本质论"是对立的，约定论主张音义关系的偶然性，本质论主张音义关系的必然性。声训所反映的音义关系必然性是本质论的范畴，《白虎通》声训大都属于义理层面，在训诂学方面的价值不大。但从其大规模使用声训来看，其中反映了古人对音义关系必然性规律的坚持。

自从索绪尔在《语言学教程》中提出任意性的观点以来，音义关系的任意性被看作是语言的基本特征之一，并且成为语言研究的基本假设。但随着认知科学的发展,语言符号任意性的观点受到了质疑,人们认识到,语言符号在发生学的层面存在一定的任意性,但在以后的引申过程中表现出明显的理据性。从而对语言任意性的原则是否具有普遍性表示怀疑,"大有要推翻或否定索绪尔的任意性理论的势头"①。我们认为,认知语言学家对索绪尔的批判片面夸大了忽视了其理据性其任意性的方面,而索绪尔并没有否认语言理据性的存在,他所谓的任意性是发生学的角度,并未否认语言发展中表现出理据性的事实。"约定俗成是音义关系的总规律,音近义通则是词汇发展某一种方式所造成的局部规律,二者在理论上是不能列入同一层次看待的。"②反对语言任意性的观点尽管有些偏激,但说明在语言的研究领域有一种观点,认为语言符号与现实存在着必然的联系。

上述两种观念,在中国古代的典籍中各有其根源,以"正名"为目的的声训传达的语言观是名与实的必然联系,然而与此同时,名实关系约定性的观念也在发展,如庄子《齐物论》的"以指喻指之非指,不若以非指喻指之非指也""道行之而成,物谓之而然",公孙龙子《指物篇》的"物莫非指,而指非指""天下无指,物无可以谓物"其中已经含有"名无固宜"的约定论语言观。语言约定论对正名思想是不利的,有学者甚至怀疑这些观点是针对儒家的正名主义而发。③ 荀子在这种情况下依然提倡正名,不得不提出与庄子、公孙龙子相同的"名无固宜""名无固实"的观点,而同时又补充上"名有固善"的理论,一方面承认名与实的约定性,一方面又认为部分的名与实是有联系的。二者看似矛盾,实际上却是互补的。因此,龙宇纯认为对于荀子来说,"名有固善"才是最重要的,不然正名主义便失去了理论支撑。④ 汉代儒家的代表人物董仲舒延续了正名主义,他在《春秋繁露·深察名号篇》中说:"名之为言鸣与命也,号之为言謞而效也。""古之圣人,謞而效天地谓之号,名而施命谓之名。"董仲舒认为名是外在的语音符号("鸣""謞")与事物本质的结合("命""效"),因此"名"具有双重身份,一是语音形式,二是它所代表的实际意义。名与实之间不是约定俗成的,而是"圣人"使之结合到了一起的,圣人制名以体现事物,圣人是上天的代表,名号是上天之意。⑤ 因此名

---

① 刘润清《西方语言学流派》,104 页,外语教学与研究出版社,2013 年。
② 陆宗达、王宁《论字源学与同源字》,见张之强、许嘉璐编《古汉语论集》,湖南教育出版社,1988 年。
③ 张以仁《声训的发展与儒家的关系》,见《中国语文学论集》,73 页,东升出版事业公司,1980 年。
④ 龙宇纯《荀子正名篇重要语理论阐述——从学术背景说明"名无固宜"说之由来及"名有固善"说之积极意义》,见《荀子论集》,台湾学生书局,1987 年。
⑤ 《春秋繁露·深察名号》:"名者,圣人之所以真物也,名之为言真也。""是非之正,取之逆顺,逆顺之正,取之名号,名号之正,取之天地,天地为名号之大义也。"

和实的联系是必然的。董仲舒云：

> 是非之正，取之逆顺；逆顺之正，取之名号；名号之正，取之天地；天地为名号之大义也。古之圣人，謞而效天地，谓之号；鸣而施命，谓之名。名之为言鸣与命也，号之为言謞而效也。謞而效天地者为号，鸣而命者为名，名号异声而同本，皆鸣号而达天意者也。天不言，使人发其意；弗为，使人行其中；名则圣人所发天意，不可不深观也。（《春秋繁露·深察名号》）

董仲舒认为"名"是圣人依照天意所定，以调整天下秩序者，因此正名即是正万物所应当具备的秩序。而这个秩序，是上天早已规定的。因此徐复观认为，董仲舒的"深察名号"之说"把名还原到原始社会中的咒语上去了"①，但这恰恰是音义关系必然性的反映。陈汉生（ChadHansen）认为，在中国古代学者看来，语言功能是"调节性"的，而不像西方哲学那样，认为语言功能是"描述性"的。"中国思想家把语言的这一特征看成是有魔力的、凌驾于自然之上的。"②原始社会常把语言当成具体实体，因此语言具有魔术般的力量，音义关系的必然性是语言崇拜的真实动因。

西方语言学中的本质论（Logos，音译为"逻各斯"，意译为"道"）同中国古代的语言本质论一样，认为名与物是一体的，名是事物客观存在的标志和界限。但二者的不同在于，在西方，名实问题的讨论仅限于哲学领域；而在中国，名实问题一开始就指向社会政治问题，③这决定了二者的不同走向，这种观念在《白虎通》声训中得到了淋漓尽致的体现。《白虎通》声训失之绝对化，这是不可否认的，但它反映出来的音义关系的必然性，却是对音义关系"任意性"的一种反动。这说明古人在长期的语言实践中，曾经有过对音义关系的本质论、约定论的双重思考，尽管其目的不是语言学方面的，但客观上为我们提供了有用的材料，从而成为语言学研究的起点，值得重视。仅以音义关系约定论为准绳，将《白虎通》声训不加分析地全盘否定，在理论上是

---

① 徐复观《先秦儒家思想的转折及天的哲学的完成》，见《两汉思想史》（二），341 页，九州出版社，2014 年。
② [美]陈汉生（ChadHansen）著，周云之等译《中国古代的语言和逻辑》，75 页，社会科学文献出版社，1998 年。
③ 姚小平《Logos 与"道"——中西古代语言哲学观同异谈》，《外语教学与研究》，1992 年第 1 期。徐复观认为"逻辑所追求的是思维的世界，而名学所追求的是行为的世界。"（《公孙龙子讲疏·代序·先秦名学与名家》，7 页，台湾学生书局，1984 年）

有失偏颇的。许国璋说:"在讨论语言的'任意性'的时候,中国过去的学问家、哲学家、语言学家就汉语的词与物之间的论证还不时引起我们的遐思。"①

(二)《白虎通》声训词的分析与评价

研究语言史,对于在某个时代产生过重大影响的语言资料都不应该忽视。尽管《白虎通》不是语言学著作,但其声训与语言学存在着千丝万缕的联系,因此在语言学史上是一个不可忽略的命题,具有独立的研究价值。《白虎通》是一部经学著作,其使用声训有其社会政治因素,从先秦时代诸子百家论述中零星出现的声训,到汉代有意识的运用声训解经,说明了人们对语言的积极把握。但无论先秦的声训还是《白虎通》的声训,都是为政治服务,不是单单是为了解决文献阅读问题,所以对《白虎通》声训不能仅从语言学的角度予以批判,要综合各方面的因素对它的价值进行重新估定。比如义理声训的表现是什么?在《白虎通》的行文中,为什么选择了声训这种方式来说明问题?这些声训的来源是什么?从语言角度看,义理声训很多属于"伪词源",怎样看待用自然语言表述的伪命题?这涉及声训的性质、声训的原因、声训的来源,声训反映的思想认识等一系列的问题。

我们以广义范围来界定《白虎通》声训,在穷尽性地分析《白虎通》每条声训之后,寻找其来源,归纳其条例,明确其经学性质。将符合语言规律的部分吸收到科学的语言研究中,对其不符合语言规律的部分做出合理的解释。我们的工作首先是通过研究义理声训为科学的语言声训正名,把义理声训从科学的词源学中剔除,以免将它混淆于词源学的研究,导致种种误解。其次发掘义理声训在语言学之外的独特价值,站在客观文化、思想史的角度去探索义理声训发生的必然性及意义所在。将这类有关于习俗风尚的声训搜集到一起,探讨其源流及其反映的古代社会民俗,对20世纪三四十年代沈兼士所提出的问题,做一个明确的答复。如张以仁所说:"如果我们将若干声训的实例,摆回它原来的历史的位置上去,然后理出它们发展的线索,或者能对这种特殊的现象提出另外的解释也不一定。那么,我们可能不以为它们是任意的、轻率的,甚至胡闹的、荒谬的了。"②

我们还应该看到,从社会学、民俗学的角度看,《白虎通》声训背后的这种观念,在现代社会中依然有不同程度的残留,并反映在对语言的运用与思

---

① 许国璋《语言符号的任意性问题——语言哲学的探索》,见《许国璋论语言》,37页,外语教学与研究出版社,1991年。

② 张以仁《声训的发展与儒家的关系》,见《中国语文学论集》,64页,东升出版事业公司,1980年。

考中,如赌咒发誓、谐音避讳、测字算命等活动,在社会各个阶层依然存在,这便是本研究的当代价值所在。

## 第三节 《白虎通》版本的择定

《白虎通》是汉儒以经学治国思想的体现,但这一理想主义的理论构建,自章帝之后就鲜有提及者,汉家所遵循的依然是宣帝的主张:"汉家自有制度,本以霸王道杂之,奈何纯任德教用周政乎!"①因此,《白虎通》自成书起,流传便不甚广,如庄述祖所云:"石渠论既亡逸,而《白虎议奏》当时已颇珍秘,晋以来学者罕能言之,使后之人概无以见两代正经义、厉学官之故事。"②仅题名就有"白虎通义""白虎议奏""白虎通德论""白虎通"等不同名目,以至或以"白虎通"为"姓白名虎通"③者。其版本,自元代以来,不下十数种,各有优劣。择定善本是《白虎通》义理声训研究的第一步。

### 一、《白虎通》的定名与流传

清代以前,除汪士汉本名"白虎通义"外,是书均名"白虎通德论",而前代引文多称"白虎通",卢文弨抱经堂本据周广业的意见改为"白虎通"。周广业认为,唐宋之前史志、传及释经、集类之书引此书不下数百条,皆曰"白虎通","白虎通德论"之名始于宋《崇文总目》,《后汉书》所谓"白虎通德论"之名是班固的《白虎通》与《功德论》误连在一起而脱"功"字造成的,后世以"白虎通德论"为名并不正确,故抱经堂本名为"白虎通",题"汉玄武司马班固等奉诏撰"。孙诒让以为《白虎议奏》中有专论一经与杂论五经之别,而《白虎通义》是杂论五经部分,诸经议奏撰自诸儒,《白虎通义》撰自班氏,后《白虎议奏》佚,独留《白虎通义》,而"白虎通德论"是班固《白虎通》之外,别有《德论》之作(抑或《功德论》而《后汉书》脱"功"字),后人误合为一书,而"白虎通"则是援引省文。④ 刘师培认为名为"白虎通义"是正确的,但不同意孙诒让认为《通义》是《奏议》的一部分的结论,他认为《通义》与《奏议》是各自独立的,《通义》是对《奏议》的总结性记录,而《通义》的作者也不是班固

---

① 《汉书·元帝纪》。
② 庄述祖《〈白虎通义〉考》,见抱经堂本《白虎通》。
③ 栖复《法华经玄赞要集》卷二十引又云:"此是人姓白名虎通,造《玉篇》也。"
④ 孙诒让《籀庼述林》卷四《〈白虎通义〉考》上、下,《续修四库全书》1164 册,194—197 页,上海古籍出版社,2002 年。

一人,而是集体的撰论。①

《白虎通》隋唐以来目录所载多不相同,《隋书·经籍志》载《白虎通》六卷,不著撰人。《唐书·艺文志》载《白虎通义》六卷,始题"班固"之名。宋《崇文总目》载《白虎通德论》十卷,凡十四篇②。陈振孙《直斋书录解题》亦作十卷,云凡四十四门。然流传不广,直到元大德九年(1305),无锡州守刘世常以家藏本镂板以广流传,是为无锡州学刻大德本《白虎通德论》。大德本分十卷,四十四篇,与《直斋书录解题》所言相符。稍后尚有小字二卷本《白虎通德论》,然流传不广,于是,"大德本"便成为后世《白虎通》的祖本。"大德本"明清递有翻刻,其中以抱经堂校本《白虎通》最为善本。抱经堂本《白虎通》是卢文弨于乾隆四十九年甲辰(1784)综合众本的校订本,所据底本是明何允中《广汉魏丛书》本,对勘的版本包括傅钥本、吴管本、程荣本、胡文焕本。抱经堂本以唐宋类书、经史注疏及其他学术著作的征引作为他校材料,如《艺文类聚》(以下简称"类聚")《北堂书钞》(以下简称"书钞")、《太平御览》《十三经注疏》、《史记》三家注、《文选注》等,这些材料对《白虎通》的征引数量繁多,对纠正《白虎通》存在的衍、脱、讹等问题具有很大的参考价值。其后附有庄述祖从上述各书中所辑《白虎通》阙文一卷。

除了校订本文外,抱经堂本还对《白虎通》的卷目做了一定程度的更改,明本《白虎通》为四卷本,抱经堂本每卷复分上下,又根据庄述祖的意见将《白虎通》的四十三篇每篇分成若干章,标明章旨,共三百零八章。

## 二、抱经堂本《白虎通》的优缺点

抱经堂本《白虎通》在清代便被推为善本,莫友芝云:"抱经堂校本补正脱讹甚夥,佳。"③孙诒让以为抱经堂本"校雠精审,未尝不为善本"④。卢文弨对此本亦相当自信,自序云:"凡所改正,咸有据依,于是元明以来讹谬之相沿者,几十去八九焉。"但受历史条件所限,无论在判断还是在材料选取方面,抱经堂本依然留些了很多遗漏。李慈铭认为抱经堂本《白虎通》"今校正者十得六七"⑤,刘师培以为"卢校或丧本真"⑥,而其原因在于"务为创通,每

---

① 刘师培《〈白虎通义〉源流考》,见《刘申叔遗书》,1122—1123页,凤凰出版社,1997年。
② "十四"盖"四十四"之脱文。
③ 莫友芝撰、傅增湘订补《藏园订补邵亭知见传本书目》,678页,中华书局,2009年。
④ 孙诒让《籀庼述林》卷四《〈白虎通义〉考下》,《续修四库全书》1164册,197页,上海古籍出版社,2002年。
⑤ 李慈铭《越缦堂读书记》,41页,上海书店出版社,2000年。
⑥ 刘师培《〈白虎通义〉斠补·序》,见《刘申叔遗书》,1060页,凤凰出版社,1997年。

多臆必"[①]。我们总结抱经堂本《白虎通》失误表现在以下几个方面:

(一)校勘方面

1. 后得元本,对校轻率。

抱经堂本所据底本以何允中《广汉魏丛书》本为主,何本所依据的是程荣《汉魏丛书》本,程本为翻刻明嘉靖元年辽阳傅钥本,而傅钥本依据的是元大德本。但卢文弨在校勘之前并未见到大德本,抱经堂本付梓将竣,始从吴骞、朱文游处得到元小字本,其后又从朱文游处借得元大德本,持此数本比照一过,方知何本之谬,只得将结论附于《校勘补遗》中,望"将来改刻宜以此为定本"。由于时间紧迫,抱经堂本当校而未校者甚多,例如:

(1)君薨,适夫人无子,有育遗腹,必待其产立之何?专适重正也。(《封公侯篇》)

卢云:"'专适'或疑'尊适'。"按:大德本、小字本正作"尊适",当据改。

(2)《尚书大传》曰:"改衣服制度为畔,畔者君讨,有功者赏之。"(《巡狩篇》)

抱经堂所据何本如此,卢注:"《大传》'制度'在'衣服'前。"按:"衣服制度"大德本、小字本并作"制度衣服"(其余程本、吴本、杨本并同),同《尚书大传》,当据改。

(3)阳立于五,极于九。(《八风篇》)

抱经堂本所据底本"立"作"生",梁处素据《周礼·保章氏》疏引《春秋考异邮》(以下简称"考异邮")改作"立",卢从之。按:大德本、小字本并作"立",当据改。

这些校勘通过仔细对照大德本和小字本都可以改正,但抱经堂本或存疑,或据他书征引纬书改动原本,是未精心对校之过。由于《白虎通》多引经传,一些文字差别涉及的可能是不同学派的观念,因此,《白虎通》的校勘不仅是简单的文字比对,而是经今古文的问题。抱经堂对此问题未做深究,掩

―――――――――
① 任铭善《籀庼〈白虎通德论〉校文题记》,《无受室文存》,214 页,浙江大学出版社,2005 年。

盖了汉代经学传承的多样性。例如：

(1)《诗》云:"凯弟君子,民之父母。"(《号篇》)

此引《诗》为《大雅·泂酌》文,"凯弟"大德本、小字本、吴本、杨本并如此,卢本从何本作"恺弟",盖据《汉书·刑法志》引改,程本作"恺悌"盖据韩诗、鲁诗改。按:此当从旧本作"凯弟",为韩诗。《白虎通》引诗不主一家,《三家诗遗说考》以《白虎通》引为鲁诗,为先入之见。毛诗作"岂弟",韩诗作"恺悌",见《韩诗外传》卷六,鲁诗作"恺悌",见《荀子·礼论》①,齐诗或作"凯弟",见《礼记·孔子闲居》引,或作"恺悌",见《大戴礼记·卫将军文子篇》引。《礼记》释文:"'凯'本又作'恺','弟'本又作'悌'。"②然则《白虎通》所引为齐诗,卢本不当据《汉书·刑法志》引齐诗异文改旧文。

(2)《诗》云:"蔽芾甘棠,勿剪勿伐,邵伯所茇。"(《封公侯篇》)

此引《诗》为《召南·甘棠》文,"邵"卢从明诸本作"召",按:此当从大德本、小字本作"邵",为鲁诗。《汉书·韦玄成传》刘歆庙议云:"蔽芾甘棠,勿髡勿伐,邵伯所茇。"③是作"邵"为鲁诗。又蔡邕《刘镇南碑颂》:"蔽芾甘棠,召公听颂,周人勿划,我赖其桢。"(蔡邕《熹平石经》书《鲁诗》)是鲁诗或同毛诗作"召",然则旧本不当改。

(3)《诗》云:"即有邰家室。"(《京师篇》)

此引《诗》为《大雅·生民》文,"台"卢从明诸本作"邰",同毛诗。按:当从大德本、小字本作"台",为韩诗。赵晔《吴越春秋》云:"后稷,其母有台氏之女。"赵晔习韩诗。陈乔枞云:"据王氏《诗考》作'台'字,知宋时本尚未讹也,《吴越春秋》云:'后稷,其母有台氏之女。'则鲁(笔者按:陈氏以《白虎通》为鲁诗,故有此说)、韩诗本作'台'字,诸所引作'邰'者,皆后人传写为加'邑'旁耳。"④

---

① 鲁诗传授者申公为荀子再传弟子,见《汉书·楚元王传》。
② 《礼记》作者戴圣、《大戴礼记》作者戴德并齐诗传授者辕固生三传弟子。
③ 玄成为韦贤少子,治鲁《诗》,见《汉书·韦贤传》《汉书·儒林传》。
④ 陈乔枞《三家诗遗说考》卷五,《续修四库全书》76册,262页,上海古籍出版社,2002年。

2.笃信旁证,证据不足。

抱经堂本根据类书与经史注疏征引校勘《白虎通》,创获颇多,但卢文弨过于笃信群书征引,多以旁证擅改原文,导致误改。例如:

(1)故《传》曰:"进贤达能,谓之大夫也。"(《爵篇》)

"大夫也",卢据《孝经·卿大夫章》疏引改作"卿大夫"。按:"卿"字不当增,《书钞》卷五十六引无"卿"字,《说苑·修文篇》:"传曰:进贤达能,谓之大夫。"亦无"卿"字。所引《传》盖汉时师说,《白虎通》《说苑》各自述所闻耳。是《孝经》疏引误,抱经堂复据误本改原书,不可从。

(2)"钟"者,动也,言阳气动于黄泉之下,动养万物也。(《五行篇》)

"阳气"下"动"字,抱经堂本据《史记正义》引删。孙诒让云:"王泾《大唐郊祀录》二引'阳气'下有'潜藏动'三字,则今本盖挩'潜藏'二字,'动'字非衍文,下'动'字属'养万物也'为句,卢读言'阳气于黄泉之下动'句,非。"① 按:孙说是,"动"字非衍文,《玉烛宝典》(以下简称"宝典")卷十一引亦有"动"字,是《史记正义》引脱文,抱经堂据误本改原书,不可从。

(3)所以必于泰山何?万物所交代之处也。(《封禅篇》)

"所",卢云据《礼记·王制》疏、《御览》引改"之始"。刘师培《斠补》云:"今考《御览》五百三十六引作'之所',《礼器》疏、《书钞》九十一、《通志》礼略二并同。《时迈》疏及《路史·禅通纪》注并引作'万物交代之处',《说文系传》十八又引作'万物更代之处',均无'之始'二字,则旧本未可径改矣。(又《通典》礼十四云:'封禅必于泰山者,万物交代,封增其高,顺其类也。'亦无'之始'二字)"抱经堂本据《礼记·王制》疏、《御览》引将"万物所"改为"万物之始",刘师培重新考察了其所据的材料,首先发现《御览》引《白虎通》并不作"之始"而是作"之所",纠正了卢文弨的疏漏。其次又增加了《礼器》疏、《书钞》《通志》的征引材料(并引作"之所"),说明旧本不可径改。再次刘师培考察《时迈》疏、《路史·禅通纪》注、《说文系传》《通典》诸书引并无'之始'二字,则卢文弨所据《礼记·王制》疏引为单文孤证,不足以改旧本。

———————
① 孙诒让《札迻》,《续修四库全书》1164册,110页,上海古籍出版社,2002年。

以上皆笃信旁证之过,陆心源云:"卢校尽依群书所引增改,且有诸本所无、群书无证而改易者,未免笃于信旁证,果于疑原书矣。"①

3.潜改旧文,臆定无征。

刘师培言抱经堂本"或损益旧文,出自潜改"②。抱经堂本除于句末臆增虚词外,常臆改本文。例如:

(1)《王制》云"上大夫卿也"。(《爵篇》)

此句各本无,卢无说明。此盖据《孝经注疏》引补,《孝经·卿大夫章》疏云:"《白虎通》云:'卿之为言章也,章善明理也。大夫之为言大扶,扶进人者也。故传云:进贤达能谓之卿大夫。'《王制》云:'上大夫卿也。'"按:"王制云上大夫卿也"八字乃《孝经》疏引文,非《白虎通》语,卢误以为《白虎通》引《王制》语,增入本文。北京大学《十三经注疏》整理本《孝经注疏》亦不以"王制云"以下为《白虎通》文。

(2)父之昆弟,不俱谓之世叔,父之女昆弟,俱谓之姑,何也?(《三纲六纪篇》)

"世叔"卢改"世父"。刘师培云:"此谓父之昆弟不均称世父,亦不均称叔父也。卢本改为'世父',非。"按:"世"即世父,"叔"即叔父。《尔雅·释亲》:"父之晜弟,先生为世父,后生为叔父。"按:"世"即世父,"叔"即叔父,"世、叔"即世父与叔父。《尔雅·释亲》:"父之晜(同昆)弟,先生为世父,后生为叔父。"卢文弨不知"世叔"即世父与叔父,将其改为"世父",使"父之晜弟"的"世父"与"叔父"失去照应。

(3)以其进止有节,德绥民,路车乘马,以安其身;言成章,行成规,卷龙之衣服,表显其德,长于教诲,内怀至仁,则赐时王乐,以化其民。居处修治,房内节,男女时配,贵贱有别,则赐朱户以明其德,列尊贤达德,动作有礼,赐之纳陛,以安其体。威武有秩,严仁坚强,赐以虎贲,以备非常。喜怒有节,诛伐刑,赐以鈇钺,使得专杀。好恶无私,执义不倾,赐以弓矢,使得专征;孝道之美,百行之本也,故赐以玉瓒,得专为赐

---

① 陆心源《仪顾堂续跋》卷十,《续修四库全书》930册,302页,上海古籍出版社,2002年。
② 刘师培《〈白虎通义〉斠补·序》,见《刘申叔遗书》,1060页,凤凰出版社,1997年。

也。(《考黜篇》)

故本多脱讹,抱经堂本改为:

以其进退有节,行步有度,赐以车马,以代其步;言成文章,行成法则,赐以衣服,以表其德;长于教诲,内怀至仁,赐以乐则,以化其民;居处修治,房内不泄,赐以朱户,以明其别;尊贤达德,动作有礼,赐以纳陛,以安其体;勇猛劲疾,执义坚强,赐以虎贲,以备非常;抗阳威武,志在宿卫,赐以斧钺,使得专杀;内怀仁德,执义不倾,赐以弓矢,使得专征;孝慈父母,赐以秬鬯,使之祭祀。

卢云:"今所以不从旧本者,以此皆有韵,旧本颇为后人所乱,故不可从。"卢文弨未明言何据,但很明显,此文出自《诗·大雅·棫朴》疏、《公羊传·庄公元年》疏引《礼含文嘉》(以下简称"含文嘉")宋均注,卢文弨所改无任何版本依据,因此陈立深以为非,作《疏证》时从大德本。孙诒让云:"宋均魏人,孟坚不必袭其语,要之此条不无误夺,特未可全据纬注改正。"[1]

### (二)分章方面

旧本《白虎通》四卷四十三篇,无章节,自抱经堂本始分每篇为若干章,标明章旨,共三百零八章。陈立为作疏证,成事不说。今按:抱经堂本分章,使《白虎通》每篇眉目清楚,开卷了然,有助于《白虎通》的流传,但其分章存在一些问题,尤其是一些断句的失误,导致了割裂全篇的后果。例如:

(1)《钩命诀》曰:"三皇步,五帝骤,三王驰,五霸骛。或称'天子',或称'帝王'何?以为接上称天子者,明以爵事天也;接下称'帝'、'王'者,明位号天下至尊之称,以号令臣下也。"(《号篇》)

抱经堂本于"五霸骛"下分章,名曰《论皇、帝、王之号》,"或称天子"下属。盖据《后汉书·曹褒传》注引《钩命诀》:"三皇步,五帝骤,三王驰。"按:《后汉书》注引《钩命诀》为节引,《御览》卷七十六引《钩命诀》云:"三皇步,五帝骤,三王驰,五霸骛。或称帝王,接上称天子,明以爵事天;接下称帝王,明以号令臣下。"然则《钩命诀》语当至"以号令臣下也",是此处不当割裂《钩命诀》语而分章明矣。

---

[1] 孙诒让《白虎通校补》,《籀庼遗著辑存》,103页,齐鲁书社,1987年。

(2)《援神契》曰:"仲秋获禾,报社祭稷。① 以三牲何？重功故也。"《尚书》曰:'乃社于新邑,牛一,羊一,豕一。'"(《社稷篇》)

抱经堂本于"报社祭稷"下分章,名之曰《论岁再祭》,"以三牲何"上补"祭社稷"三字,至"羊一,豕一"属下《天子诸侯祭社稷所用牲章》。盖据刘昭注《续汉书·祭祀志》引补。按:刘注为节引,不可从。《书钞》卷八十七引《援神契》云:"仲春获禾,报社祭稷,以三牲何？重功故也。"则此语并为《援神契》文,《仪礼经传通解续》卷二十三引《白虎通》作"《援神契》曰:'仲春获禾,报祭社稷,以三牲。'"亦以此为《援神契》文,卢离析为二,又以"以三牲何"无主语,乃以意增"祭社稷"三字,不可从。

(3)地者,元气之所生,万物之祖也,地之言施也,谛也,应施变化,审谛不设,敬始重终,故谓之地也。万物怀任,交易变化,始起先有太初,然后有太始,形兆既成,名曰太素。(《天地篇》)

"地者,元气之所生,万物之祖也,地之言施也,谛也,应施变化,审谛不设,敬始重终,故谓之地也"各本作"地者,易也,言养万物,怀任交易变化也",抱经堂本据《初学记》卷五与《御览》卷三十六改。且于此分章,名曰《释天地之名》,又移旧本之"万物怀任,交易变化"至下章句首,卢云:"'万物怀任,交易变化始起'乃下节发端语,《御览》载在五行类中,旧本以为释地,误也。"陈立以《御览》支离踳驳,不足以定此,故依旧本作"地者,易也。万物怀任,交易变化。"刘师培以为"万物怀任,交易变化"亦释地语,卢本割裂之,大误。"《尔雅·释地》疏引此文云:'地者,易也,言养万物,怀任佼易变化。'《翻译名义集·八部篇》引此文云:'地者,易也,言生万物,怀任交易变化也。'则北宋各本又以'万物'二语属上节,昭然甚明,此《御览》所引之误也。"是二人并以卢为轻信《御览》引文,割裂旧本。按:"地"与"任""易"并为声训,符合《白虎通》以声训解释词义的习惯。又《御览》卷三十六引《元命苞》:"地者,易也,言养物怀任,交易变化,含吐应节,故其立字,'土''力'于'一'者为地。"是"万物怀任,交易变化"当上属之旁证。

综上所述,抱经堂本《白虎通》亦非善本,故自抱经堂本出,洪熙煊(《读书丛录》卷一六)、孙诒让(《〈白虎通〉校补辑补》)、刘师培(《〈白虎通义〉斠

---

① "仲秋获禾"各本作"仲春获禾",卢改为"仲春祈谷,仲秋获禾",今据陈寿祺说改,详《〈白虎通义〉校释》。

补》《〈白虎通德论〉补释》)皆有匡正之作。我们认为,尽管抱经堂本存在若干失误,但依然有其不可替代的价值,其后虽有陈立《〈白虎通〉疏证》之作,版本方面并未后出转精,其自序亦云"只取疏通,无资辨难",在文字方面又有很多的漏洞,任铭善云:"陈氏治《白虎通》略于校雠,徒取卢氏之本,而往往舍精得麄(同粗),未为善择。"①其后孙诒让的《〈白虎通〉校补辑补》仅有校文,而无全本;刘师培的《〈白虎通义〉定本》仅至《礼乐篇》而止,未及全书三分之一。中华书局1994年出版点校本《白虎通疏证》,发行量巨大,多为今人所据,然而此本以淮南书局本为底本,没有选择较好的南菁书院本,对陈立的失误不但没有纠正,反而于无疑处生疑,叠床架屋,较之底本讹谬更甚。② 因此,抱经堂本依然是目前最好的《白虎通》版本。我们的研究以抱经堂本为据,必要的地方参照拙作《〈白虎通义〉校释》③(未刊稿),以脚注的形式做为补充。其声训讹误处,于下篇《白虎通义理声训疏证》处出校,其他讹误,皆于正文出校。

---

① 任铭善《籀顾〈白虎通德论〉校文题记》,见《无受室文存》,213页,浙江大学出版社,2005年。
② 详拙文《〈白虎通疏证〉白文句读失误例析》《〈白虎通疏证〉白文句读失误例析续》(《励耘学刊》,2013年第一、二辑)《〈白虎通疏证〉点校本校勘失误例析》(《河北大学学报》,2014年第三期)。
③ 中国博士后科学基金特别资助项目(编号:2016T90212)。

# 第一章 《白虎通》义理声训的特点

《白虎通》的声训是义理声训，它对训释词的选择并不以语言规律，而是以义理为标准，其语音、语义关系均为义理服务，当语音、语义与义理产生矛盾时，以义理为首选。因此，《白虎通》声训中的语音、语义关系是一种主观选择，不是语言规律上的客观必然。据我们考察，《白虎通》声训中的语音关系是古音、时音甚至方音的杂糅，并不能反映汉代实际的语音系统；而其语义关系也不是音近义通的同源，即使少数符合语言规律的声训，也是义理说教下的偶合。本章对《白虎通》声训被训词与训释词之间的音义关系进行归纳，其目的并非进行汉代语音描写和同源词研究，而是表明《白虎通》义理声训是不能简单地以是否符合语言规律来衡量的。

## 第一节 《白虎通》声训的分类及其主观性

《白虎通》声训的着眼点是义理，但其中有一部分是符合音近义通规律的，这是因为尽管《白虎通》声训在讲义理，但这些声训是用语言表述的，而语言中客观存在着"音近义通"的规律，所以义理声训中存在部分语言声训也在情理之中。尽管如此，《白虎通》的关注点并不是词源，即使符合语言规律的声训，也仍然是讲述义理。也就是说，《白虎通》中的声训无论是否符合语言规律，都属于义理声训。

### 一、《白虎通》声训的分类

《白虎通》声训的依据不是"名之于实，各有义类"的科学规律，而是谐声寓意，即沈兼士所谓"貌似声训而义类未必相近者"[①]，这种声训不是寻求词源，而是通过谐音的方式把训释词的含义附着于被训词，从而达到申说义理

---

① 沈兼士《声训论》，见《沈兼士学术论文集》，275页，中华书局，1986年。

的目的。也就是说,尽管《白虎通》声训使用的是训诂的方法,但其指向却是修辞。在这种思想指导下,《白虎通》声训可以分为以下四类:

(一) 依声立说

"依声立说"指在特定的语境中,以被训词的声音为线索,为之附会符合此语境的涵义。"依声立说"是王玉堂的提法,王氏据《春秋繁露·深察名号》"君者,元也;君者,原也;君者,权也;君者,温也;君者,群也"认为:"作者根本不是在解释作为语词的君,而是依据语音关系来申说为君之道。这类声训,只能算作依声立说,不应当算在语言学所说的声训之内。"①《白虎通》声训以此为大宗,例如:

(1) 商者,张也,阴气开张,阳气始降也。(《礼乐篇》)
(2) 水之为言准也,养物平均,有准则也。(《五行篇》)
(3) 璜者,横也,质尊之命也,阳气横于黄泉,故曰璜。璜之为言光也,阳光所及,莫不动也。(《瑞贽篇》)

例(1)五声"商"之得名属于"绝缘无佐证",《白虎通》比附阴阳五行,以为秋天之声,故训为"张",其义为"阴气开张"。例(2)"水"恰恰得名于"准",且符合五行中水"养物平均,有准则"的特点,故训为"准",既符合义理的说解又符合语言规律。例(3)是为五瑞之"璜"作声训,"璜"于五方属北,于四季属冬,《白虎通·瑞贽篇》云:"璜者,半璧,位在北方,北阴极而阳始起,故象半阴。"从阴阳消长的角度讲,此时阴极而阳起,"阳气横于黄泉",故璜训"横";然从阳气与万物关系的角度讲,阳光所及,万物复苏,故璜复训"光"。侧重阴阳二气关系时,训为"横";侧重阳气与万物的关系时,训为"光"。

"依声立说"以其灵活性而被广泛使用,从而造成了大量的义理声训。同一个对象,不同的人、不同的语境都会形成不同的声训,这是一词多训的重要原因。不可否认的是,有些词的词源恰恰符合该语境,因此这一类声训中会有符合语言规律的声训。

(二) 取名为义

"取名为义"指因某物的名称与某形容词声音相同或相近,便附会某物也具有该形容词的含义,并引以为戒惧或信仰。"取名为义"源自郑玄的"取

---

① 王玉堂《声训琐议》,见湖南师范学院古汉语教研室编《古汉语论集》(第一辑),262页,湖南教育出版社,1985年。

名以为戒"①。"取名为义"声训的被训词均为名词,被训词和训释词仅仅是声音相同或相近,并没有意义上的关联。张克强认为这种联想是声训的"变例","盖古人欲暗示某种意义,乃以某种事物,其名与此意义语音相同者,以象征之。"②例如:

(1)赐之环则还,赐之玦则去,明君子重耻也。(《谏诤篇》)
(2)名之为侯者何?明诸侯有不朝者,则当射之。(《乡射篇》)
(3)后夫人以枣栗腶脩者,凡内修阴也。枣取其早起,栗,战慄自正也。(《瑞贽篇》)

例(1)以"还"训"环",认为"环"含"还"义,"赐之玦则去"虽未明言声训,亦以"玦"含"决"义。例(2)以诸侯之"侯"训射侯之"侯",侯乃箭靶名,故射侯暗含惩罚不服王命诸侯之意。《论衡·乱龙篇》云:"名布为侯,示射无道诸侯也。……名布为侯,礼贵意象,示义取名也。"例(3)以"早"训"枣",以战慄之"栗"训"栗",枣、栗为后夫人相见贽礼,妇有屈服义(《白虎通·三纲六纪篇》:"妇者,服也,以礼屈服也。")故附会其贽礼亦有"早起""战慄自正"义。

"取名为义"以语音为线索,将名物附会出道德寓意,从而使人产生出信仰与禁忌。这种寓意对名物词来说,完全是主观的附加物。但这种寓意是民族积习的产物,一旦发生就具有很强的稳定性,而且会随着语言的发展而发展。如中国传统民俗中的"蝠"与"福"、"猴"与"侯"、"猫蝶"与"耄耋"以及现代民俗的"四"与"死"、"八"与"发"等的心理关联,都是这种观念的遗留。在一个民族的语音系统中,听到一个音从而联想到另一个与之相同或相近的音,并认为二者有一定的联系,几乎是世界语言使用中共有的特点。

(三)嵌字为训

"嵌字为训"指的是在解释名号的时候,把名号本身的语素放到训释语中,将名号延伸为一句完整的叙述,使其中的语素在具体语境中具备相应的道德含义。由于不同的经师对同一个词的理解不同,这种做法也是一种变相的声训。《释名》中多有其例,如《释丘》:"亩丘,丘体满一亩之地也。"《释衣服》:"帕腹,横帕其腹也。"《释床帐》:"蒲平,以蒲作之,其体平也。"并其

---

① 《诗·召南·采蘋》"于以采蘋?南涧之滨"笺:"蘋之言宾也,藻之言澡也,妇人之行尚柔顺,自洁清,故取名以为戒。"
② 张克强《声训学杂论》,见《张建木文选》,153—154页,宗教文化出版社,1996年。

比。《白虎通》中的"嵌字为训"如：

(1)爵所以称天子者何？王者父天母地,为天之子也。(《爵篇》)
(2)神农因天之时,分地之利,制耒耜,教民农作。神而化之,使民宜之,故谓之神农也。(《号篇》)
(3)堲周,谓堲木相周,无胶漆之用也。(《崩薨篇》)

例(1)将"天子"理解为定中结构"天之子",这个解释我们现在看来是个常识,但在当时却有不同的解释,如《春秋繁露·顺命篇》:"皇天右而子之,号称天子。"《春秋保乾图》:"天子……天爱之、子之。"(《御览》卷七十六引)此处的"天子"是主谓结构"天子之"。这两个解释涉及的是对"子"的不同理解。例(2)将"神农"理解为"神化农事",为动宾结构。此前有训"信浓"者,如《风俗通义·皇霸篇》引《含文嘉》:"神者,信也;农者,浓也。始作耒耜,教民耕种,美其衣食,德浓厚若神,故为神农也。""信浓"即"德行浓厚",为主谓结构。这两个解释涉及对"神""农"二字的不同解释。有时不同的解释,语法结构相同,但由于嵌入到了不同的语境,增加的成分不同,导致了不同的含义。如例(3)将"堲周"解为"堲木相周",将"堲"解为"垐"之古文,《说文》:"垐,以土增大道上。从土,次声。堲,古文垐从土、即。"引申为增益义,即于瓦棺外以木围之。而《礼记·檀弓上》:"夏后氏堲周。"注:"火熟曰'堲',烧土冶以周于棺也。或谓之土周。"依注义,"堲周"为"堲土相周",于瓦棺外烧土以围之。这两个解释涉及的是对"堲"这个词的不同认识。

这些解释均是将被训词中的语素嵌入训释语中,以求其具体含义,实际上是探求合成词的内部结构。顾颉刚把这种训释叫作"硬嵌字","好像现在商铺里一定要把店号嵌入门联里一样,不管它通不通"[①]。

(四)推测名源

"推测名源"指的是在义理说解过程中,较朴素地推测词的得名之由。《白虎通》中这类例子不多,例如:

(1)婚者,昏时行礼,故曰婚。(《嫁娶篇》)
(2)绋者,蔽也,行以蔽前者。(《绋冕篇》)
(3)四时据物为名,春当生,冬当终,皆以正为时也。(《四时篇》)

---

[①] 顾颉刚《中国上古史研究讲义》,320页,中华书局,1988年。

以上三例均为推测一个词得名的缘由,并未刻意牵扯义理,例(1)被训词本身就和义理相关,并非有意。这样的声训关注点较为朴素,因此偶有符合语言规律者,尽管为数不多,但已有后世《释名》的萌芽。

"依声立说""取名为义""嵌字为训""推测名源"四种方法的灵活运用,导致《白虎通》声训带有很强的主观人为性。如果按照语言学标准把"声训"看作"推源"和"系源",则《白虎通》声训中只有"依声立说"与"推测名源"中的少数例子属于语言声训,大量的声训都不符合这个标准。因此《白虎通》声训是超出语言学范围的。

## 二、《白虎通》声训的主观性

由于音同与音近没有一定的标准(比如时音、古音、方音),《白虎通》声训操作起来有很大的运转空间,又由于《白虎通》是群体讨论的产物,着眼点不同,便会产生不同的声训,因此,《白虎通》声训带有很强的主观性。其主观性表现在以下几个方面:

(一)一词多训

从词源学的角度来说,一个词只能有一个词源,一词多训即一个词同时具有几个词源是不可能的。但同一个词会有不同角度的词义特点,究竟哪个特点是被训词的词源并不是《白虎通》关心的问题。《白虎通》关注的是哪个特点更符合义理。一词多训有以下几种表现:

1. 不同语境中声训各不相同。《白虎通》的声训方法决定了其训释词选择是随着语境变化而变化的,因此,同一个词,当参照物产生变化时,其内涵也会发生变化,其训释词自然也会随之变化。例如:

(1)木之为言触也,阳气动跃,触地而出也。(《五行篇》)
(2)肝者,木之精也,木之为言牧也。(《情性篇》)

上二例并为"木"作声训,例(1)以"触"训"木",因木于五方属东,于四时属春,东之为言动也,春之为言蠢也,春时万物动生,故东方之"木"训"触"也。例(2)以"牧"训"木",因木于五脏属肝,肝主疏泄、藏血,主疏泄表现在调节情志,促进消化吸收,维持气血、津液运行;主藏血表现在当人情绪稳定时,机体的需血量减少,血液贮藏于肝;当情绪激动时,机体的需血量增加,肝排出其所储藏的血液,以供应机体活动的需要,此即"牧"也,取其调节义。木于五方属东,东方生,仁者好生,"木"训"牧",即"肝主仁"之义。"木"训"触"是从五行对应五方的角度所作的训释,"木"训"牧"则是从五行对应五脏的角度所作的训释。再如:

(3)地者，人所任也。(《考黜篇》)

(4)地之言易也,谛也,言养万物怀任,交易变化,审谛不误,敬始重终,故谓之地也。(《天地篇》)

上二例并为"地"作声训,例(3)之"地"为封地,针对爵而言,是政治概念,封地乃职责所在,故训"任"。例(4)之"地"为土地,针对天而言,是自然概念,土地使万物"交易变化,审谛不误",故训"易""谛"。又如:

(5)赐之环则还,赐之玦则去,明君子重耻也。(《谏诤篇》)

(6)循道无穷则配环,能决嫌疑则配玦。(《衣裳篇》)

上二例并释环、玦,例(5)以君赐臣为言,以"还"训"环","赐之玦则去"虽未明言声训,亦以"玦"含"决"义,古者绝人以玦,反绝以环,隐晦地表达君臣绝交之礼。而例(6)以配饰为言,以"循"训"环","循"之宾语为"道";以"决"训"玦","决"之宾语为"嫌疑",是为道德之说。

2. 同一语境中具有多个声训。由于白虎观会议参与者的着眼点的不同,对同一事物的命名缘由、象征意义有不同的关注点,《白虎通》并存其说,使得一个词产生了不同的声训。例如:

(1)卿之为言章也,章善明理也。卿,向也,言为人所归向也。(《爵篇》)

(2)霸者,伯也。行方伯之职,会诸侯,朝天子,不失人臣之义,故圣人与之。……霸犹迫也,把也,迫胁诸侯,把持其政。(《号篇》)

(3)辟者,象璧圆,法天;雍者,雍之以水,象教化流行。辟之为言积也,积天下之道德。雍之为言壅也,壅天下之残贼,故谓之辟雍也。(《辟雍篇》)

例(1)为"卿"作声训,自卿本身而言,卿当具有章善明理的能力,故训为"章";自卿理政而言,卿当具有为人所归向的凝聚力,故训为"向"。例(2)为"霸"作声训,自霸主与天子而言,霸能行方伯之职①,聚会诸侯以朝天子,故

---

① 方伯为一州诸侯之长,位在诸侯上,《礼记·王制》:"千里之外设方伯,……二百一十国以为州,州有伯,八州八伯。"古分天下为九州,天子居中央一州,不设伯,故八伯,八伯各领一方,故曰方伯。

训"伯";自霸主与诸侯而言,霸迫胁不朝之诸侯,把持其政,使之归向于天子,故训为"迫""把"。例(3)为"辟雍"作声训,自外形言,辟雍环之以水,似璧之圆,故训"璧雍",义为如璧之圆而雍之以水,象教化流行;自其作用而言,辟雍为培养国子之处,故其名含有"积天下之道德""雍天下之残贼"的象征意义。

对比《说文》《淮南子》《史记·律书》《汉书·律历志》关于十二支的声训,就会发现,同为汉人之说,声训各不相同,"子丑之同音字如有一百,即可有一百种异说成立"①。可见一词多训不是根本观念的冲突,而是着眼点的不同,在寻求义理方面,一词多训反倒能够起到互补的作用。

(二)标准不定

一系列相关的事物属于同一个范畴,它们的命名缘由及其象征意义应该是系统的,但《白虎通》为这些相关事物名称作声训时,常常出现理据标准不一致的现象,这也是其声训主观性的体现。例如《五行篇》中关于天干的声训:

> 甲者,万物孚甲也。乙者,物蕃屈有节欲出。丙者,其物炳明。丁者,强也。戊者,茂也。己者,抑屈起。庚者,物更也。辛者,阴始成。壬者,阴始任。癸者,揆度也。

从以上的声训可以看出,十天干的声训,甲、乙、丙、丁、戊、己、庚、癸均自万物为说,而辛、壬则自阴阳立论,这是《白虎通》声训标准不定的表现。十天干完全从同一角度作声训也是有可能的,如《汉书·律历志》云:"出甲于甲,奋轧于乙,明炳于丙,大盛于丁,丰楙于戊,理纪于己,敛更于庚,悉新于辛,怀任于壬,陈揆于癸。"此十天干皆自万物角度立说。《白虎通》《汉书》同为班固编次,而声训不同如此,说明《白虎通》声训标准不一致是多家讨论所致。再如《礼乐篇》:

> (1)埙之为言熏也,阳气于黄泉之下熏蒸而萌。
> (2)笙之言施也,牙也,在正月,万物始施而牙;笙者,太簇之气,象万物之生,故曰笙。
> (3)琴者,禁也,所以禁止淫邪,正人心也。

---

① 郭沫若《甲骨文字研究·释支干》,见《郭沫若全集》(考古编·第一卷),222—223页,科学出版社,1982年。

此章释八音所制的十二种乐器：埙、匏、笙、鼓、祝、箫、瑟、琴、磬、钟、镈、柷敔，用了三种标准：例(1)自阴阳角度立说，埙为十一月之乐，此时阳气于黄泉之下熏蒸而萌，故埙象征"熏"。例(2)自万物角度立说，笙为一月之乐，此时万物延展（"施"）出生，故笙象征"施""生"。例(3)自人的角度立说，琴的作用是禁止淫邪，以正人心，故琴象征"禁"。理论上，八音的象征意义当在同一角度立论为宜，或同以阴阳，或同以万物，或同以人，但《白虎通》在论述中却同时存在这三个不同的角度，说明按照同一个角度立说在操作时有时是行不通的，或者按同一个角度立说不符合《白虎通》的义理框架。《白虎通》声训标准不定当是众家经师妥协的结果。

（三）本末倒置

《白虎通》为一个词作声训时，有时会为了义理的需要，将源词训派生词，从词源学的角度看，是本末倒置的。例如：

(1)殷周称人者，以行仁义，人所归往，故称人。（《号篇》）
(2)弟者，悌也，心顺行笃也。（《三纲六纪篇》）
(3)日昼见夜藏，有朝夕，故言朝也。（《日月篇》）

例(1)以"仁"训"人"，此"人"为殷周国君之称，以行仁义故称"人"。按："仁"是"人"的派生词，是儒家思想的产物，以"仁"训"人"从词源学的角度看是因果倒置。又《情性篇》："仁者，不忍也，施生爱人也。"以"人"训"仁"，与此构成了循环论证。例(2)以"悌"训"弟"，是以"弟"应有的感情特点作训。但从词源角度看，兄弟之"弟"得义于"次弟（第）"，段玉裁云："'弟'本义为韦束之次弟。"①"悌"则是"弟"的引申义，"弟"是源词，"悌"是派生词。例(3)以朝夕之"朝"训太阳初升之"朝"，以日昼见夜藏有似臣子省视君主之朝夕礼，故名"朝"。按："朝夕"之"朝"(cháo)得名于日出之"朝"(zhāo)，并非日出之"朝"(zhāo)得名于"朝夕"之"朝"(cháo)。从本末倒置的声训可以看出，《白虎通》声训不是在寻求词源。

沈兼士云："古代声训，条件太简，故其流弊，易涉傅会。"②《白虎通》声训具有主观性是我们以语言学的观点看待它而得出的结论，但从上述特点可见，《白虎通》声训显然并非在寻求词源，而是别有所为。

---

① 段玉裁《说文解字注》，405页，上海古籍出版社，1988年。
② 沈兼士《右文说在训诂学上之沿革及其推阐》，见《沈兼士学术论文集》，75页，中华书局，1986年。

## 第二节 《白虎通》声训的义理属性

我们说《白虎通》中的声训是义理声训，是因为它的解释具有很强的目的性。义理注重的是解释的圆满性、自足性，而不是语言规律的客观性。因此，我们不能苛求《白虎通》声训具有科学的语言学意义。退一步说，《白虎通》中即使符合语言规律的声训，在其主观目的的干涉下，其指向也偏离了语言学的轨道，走向了义理的申发。《白虎通》所讨论的名物，是阴阳五行思想支配下的名物，与《释名》中百姓日用的名物，无论在范围还是在内涵上都有所不同，但二者存在一定数目的交集。《白虎通》中的名物，被赋予了与普通名物不同的哲学内涵，而《释名》中的名源，则更多的从百姓日用的角度出发，虽然也带有猜测性，但基本观念是趋于朴素的。

### 一、《白虎通》名物的义理属性

《白虎通》中的名物大约具备三种属性：第一是经学属性，即《白虎通》的声训本身就是经学范围内的讨论。第二是道德属性，即《白虎通》的声训是对既有典章制度的规定性说明。第三哲学属性，即《白虎通》的声训是为名物寻找阴阳五行框架中的位置。因此《白虎通》中的名物不是现实中"百姓日用"的名物，而是义理中的名物，它们之间是抽象的义理关系而非具体的自然关系。

(一)经学属性

《白虎通》是一部经学著作，它面对的是纷繁芜杂的五经学说，其中涉及的名物属于典章制度、思想文化等上层建筑的范畴。对于这些名词的定义，从一开始就莫衷一是，《白虎通》是调解这些不同学说的产物。《白虎通》声训为正名而作，其中的很多词汇是经学观念下的总结，具有思想性，其目的是通过对经学观念的解读，为现实提供参照。例如：

(1)弑者何谓也？弑者，杀也，欲言臣子杀其君父，不敢卒，候间司事，可稍稍试之。(《诛伐篇》)

"弑"与"杀"同义，此以"试"训"弑"，认为"弑"用于下对上的杀戮，使"弑"具备了等级观念，从而变成了"杀"的下位词，即《左传·宣公十八年》疏引《释例》云："列国之君而受害于臣子，其所由者，积微而起，所以相测量,非一朝一夕之渐,故改杀为弑。"可见改"杀"为"弑"属于正名,其本质是相同的。段玉裁云:"述其实则曰杀君,正其名则曰弑君。《春秋》,正名之书也,故言弑不言杀。三《传》,述实以释经之书也,故或言杀,或言弑。"①

(2)商贾何谓也?商之为言商也,商其远近,度其有亡,通四方之物,故谓之商也。贾之为言固也,固其有用之物,以待民来,以求其利者也。行曰商,止曰贾。《易》曰:"先王以至日闭关,商旅不行,后不省方。"《论语》曰:"沽之哉,我待价者也。"即如是,《尚书》曰"肇牵车牛,远服贾用"何?言"远",行可知也。方言"钦厥父母",欲留供养之也。(《商贾篇》)

《白虎通》以商讨之"商"训商贾之"商",认为商得名于商度远近、有无,奔走流通四方之物,以求其利;以"固"训"贾",认为贾得名于固守一处,坐待有需求者前来而求其利。关于"行曰商,止曰贾"的论断是通过对经学用词的考察而得出的结论,《白虎通》通过《易》中的至日"商旅不行"断定"行曰商",通过《论语》中的"待价"断定"止曰贾"。或追问曰,《尚书》"肇牵车牛,远服贾用",其中言"远",可知贾亦远行。答者云:其下文言共养父母,是非远游不返者,故"止曰贾"不误。尽管这个讨论在逻辑上漏洞百出,②但可以看出《白虎通》关于商贾的定义是经学范围内的讨论。

(3)孔子曰"郑声淫"何?郑国土地民人,山居谷浴③,男女错杂,为声以相悦怿,故邪僻,声皆淫色之声也。(《礼乐篇》)

此为商讨《论语·卫灵公》"郑声淫"的含义,"郑声"有二说:今文鲁《论》以"郑"为郑国,郑声为郑卫之声;古文《左传》说以"郑"通"蹢",郑声为蹢躅之音。④《礼记·乐记》引《五经异议》:"今《论》说郑国之为俗,有溱洧之水,男女聚会,讴歌相感,故云'郑声淫'。《左传》说烦手(笔者按:烦手指俗乐的

---

① 段玉裁《说文解字注》,121页,上海古籍出版社,1988年。
② 首先,此处以单文孤证得出"行曰商,止曰贾"的结论并不可靠。又以《尚书》"肇牵车牛,远服贾用"问难"止曰贾",《尚书》之"贾"为"商""贾"的上位词,即贸易义,此问难为偷换义项。
③ "浴"卢本作"汲",今从旧本,详《〈白虎通义〉校释》。
④ 郑声为蹢躅之音,王夫之《四书稗疏·论语·郑声》:"医书以病气之不正者为郑声,么哇嚅呢而不可止者也。"张仲景《伤寒论·阳明全篇》:"夫实则谵语,虚则郑声。郑声者,重语也。"

复杂弹奏手法,手烦不已,则杂声并奏)淫声谓之'郑声'者,言烦手蹀躞之声使淫,过矣。"《白虎通》用鲁《论》之说。

可见《白虎通》中的声训本身属于经学的内容,具有思想史上的意义,如果单纯以不符合语言规律来指责它,则是打杀两千年中国经学,不管其结论在语言学领域多么深刻,都是有失偏颇的。

(二)道德属性

《白虎通》中的词本身属于"礼"的范围,具有道德属性,其声训侧重于词的道德内涵,而不是客观的词源含义。这个特点可以通过与《释名》的比较体现出来。例如:

(1)父者,矩也,以法度教子也。(《白虎通·三纲六纪篇》)
　　父,甫也,始生己也。(《释名·释亲属》)

在《白虎通》中,父子关系属于纲纪的范畴,在《释名》中,父子关系属于亲属范畴。《白虎通》以"矩"训"父",强调的是父对子的法度性,传达的是尊卑观念;而《释名》以"甫"训"父",强调的是父对子的初始之义,解释是对父子关系的一种客观关系。

(2)后夫人以枣栗腶脩者,凡内修阴也。枣取其朝早起,栗战慄自正也。(《白虎通·瑞贽篇》)
　　脩,缩也,干燥而缩也。(《释名·释饮食》)

"腶脩"以肉脯加姜桂作料捣制而成。在《白虎通》中,腶脩属于后夫人贽礼的范畴,在《释名》中,腶脩属于饮食范畴。《白虎通》以"修"训"脩",以脩为贽,象征送贽礼者有"内修阴"[①]的义务,这是"脩"的道德属性。而《释名》以"缩"训"脩",则着眼于"脩"本身,是肉干缩而成,并无附加含义。

(3)堂之为言明也,所以明礼义也。(《白虎通·阙文》)
　　堂,犹堂堂,高显貌也。(《释名·释宫室》)

在《白虎通》中,"堂"是明堂,属于辟雍的范畴,乃讲学、尊老之所。在《释名》中,堂属于宫室的范畴。《白虎通》以"明"训"堂",强调堂"明礼义"的

---

① 《公羊传·庄公二十四年》"枣栗云乎!腶脩云乎"注:"腶脩取其断断自修正。"

道德作用,是通过义理诉求得出的结论。《释名》以"堂堂"训"堂",仅仅着眼于堂的明亮高显,是通过外在观察得出的结论。

《白虎通》声训传达的是一种抽象的内在道德理念,强调客观遵守。而《释名》传达的是外在的观察、判断,不具备任何人为的道德因素。

(三)哲学属性

名物之命名皆有其参照,同一名物,参照不同,则其所在的体系也不同,则其名也不同。比如"日"与"太阳"二名,所指相同,"日"得名于"实",参照物是"月"之"缺",它所在的系统是自然系统。而"太阳"之名的参照物是其余的"阳",日在众阳之中,属于"太",它所在的系统是阴阳系统。因此探索词源,要先明白一个词所代表的名物所属的体系。由于《白虎通》是以阴阳五行为框架的哲学系统,它的名物声训时时要受到这个系统的制约,而《释名》则是对民俗的总结,具有大众性。《白虎通》与《释名》因参照物的不同,导致了声训的不同。例如:

(1)钟之为言动也,阴气用事,万物动成。(《白虎通·礼乐篇》)
钟,空也,内空受气多,故声大也。(《释名·释乐器》)

在《白虎通》中,钟属礼乐范畴,于五方属西,于四季属秋,此时阳气降阴气起,万物动成,故以"动"训"钟"。在《释名》中,钟属乐器范畴,其特点是中空,受气多,故声大。

(2)木之为言触也,阳气动跃,触地而出也。(《白虎通·五行篇》)
木,冒也,华叶自覆冒也。(《释名·释天》)

在《白虎通》中,"木"属五行范畴,于五方属东,于四季属春,此时阳气触地而出,故以"触"训"木"。在《释名》中,"木"属自然范畴,其特点是以花叶自覆冒,故以"冒"训"木"。

(3)霜之为言亡也,阳以散亡。(《白虎通·灾变篇》)
霜,丧也,其气惨毒,物皆丧也。(《释名·释天》)

在《白虎通》中,"霜"属灾变范畴,秋冬季节,阳气散亡,象征君(阳)道之失,故以"亡"训"霜"。在《释名》中,"霜"属自然范畴,此时万物皆丧,故"丧"训"霜"。

《白虎通》中的阴阳五行观念是深入到各个方面的,因而其解释带有普遍的哲学性。尽管《释名》的解释中也有阴阳五行的影响,但不是主流,大众观念的朴素性是其主导思想。通过对比《白虎通》与《释名》的声训可以看到,出于不同的目的,二者对同一个词的理解各不相同。《白虎通》声训从义理的角度着眼,具有抽象性,有大量人为的东西,从语言学的观点看,任意性很强;而《释名》声训从名物自身的角度着眼,解释与普通民众关系密切的事物名称,虽然有猜测的成分,但由于立足于民间,更接近事物的本源,结论的可信度也较《白虎通》为高。

## 二、《白虎通》同源声训的义理属性

在《白虎通》声训材料中,经王力和日本学者藤堂明保证实为同源词的共 53 条,(其中被王力证实的 24 条,被藤堂明保证实的 41 条)[①],占全部声训的 14.6%。之所以说《白虎通》声训中存在符合语言规律的声训,是我们分析这些历史材料时得出的客观结论,并不是说《白虎通》的主观目的是寻找词源。《白虎通》的同源声训有两种情况,第一种是词源即义理,二者是切合的。第二种是主训词同源,《白虎通》通过进一步说解,使其主旨发生了语义上的偏离。

(一)词源即义理

由于语言的客观性,《白虎通》中的部分义理声训也符合音近义通的规律,即说解义理的同时也讲解了词源,这是由《白虎通》名物的义理属性导致的。例如:

(1)瑁之为言冒也,上有所覆,下有所冒也。(《瑞贽篇》)

瑁之制,如《说文·玉部》云:"诸侯执圭朝天子,天子执玉以冒之,似犁冠。"瑁即用以覆冒诸侯之圭者,《尚书大传·尧典》云:"天子执冒以朝诸侯,见则覆之。故冒圭者,天子所与诸侯为瑞也。"因此这则声训既是"瑁"的制度含义,也是"瑁"的词源,二者在这个声训中是统一的。

(2)赗者,助也。(《崩薨篇》)

赗为助丧之物,《春秋说题辞》(以下简称"说题辞")云:"赗之为言助

---

① 吴泽顺《〈白虎通义〉声训疏证》,见《励耘学刊》(语言卷),2007 年第 1 期。

也,……货财曰赗。"(《御览》卷五百五十引)《周礼·秋官·小行人》"丧则令赗补之"注引郑司农云:"赗补之谓赗丧家,补助其不足也。"这则声训既说明了赗的礼制含义,同时也是赗得名的缘由。

  (3)谓之朝何?朝者,见也,五年一朝,备文德而明礼义也。因用朝时见,故谓之朝,言诸侯当时朝于天子。(《阙文》)

  朝见天子在早晨(朝[zhāo]),因此朝见之"朝"[cháo]得名于"朝"[zhāo],《周礼·春官·大宗伯》"春见曰朝"注:"朝犹朝也,欲其来之早。"这则声训既说明了朝的制度性,同时也是朝得名的缘由。
  尽管《白虎通》中存在词源与义理切合的现象,但这些声训主观目的是义理的说解而不是词源的探寻。《白虎通》声训寻求的是义理之源,其中符合语言规律的部分是语言客观性导致的一种巧合。
  (二)对同源声训的义理化
  《白虎通》声训中被训词与训释词之间的关系不是词与词之间的单训,其训释词往往被后面的进一步说解所限定。《白虎通》与据形立说的《说文》声训不同,与专门讨论词源的《释名》声训也不同,《说文》和《释名》声训后的进一步说解基本沿着词源意义去生发,而《白虎通》声训后的进一步的说解往往改变了源词义的引申方向,即《白虎通》为了实现其义理说解,其叙述语已经使主训词的意义发生了改变。因此,《白虎通》中符合语言规律的声训大多是主训词符合语言规律,其说解依然是义理范畴。《白虎通》通过以下方式实现了由语言声训到义理声训的转变:
  1.进一步说解偷换义项。词与词的对应以义项为单位,即使同源词互训也是如此,但《白虎通》声训在进一步说解中,将某些符合音近义通规律主训词的义项进行了不同程度的改变,指向了义理的说解。例如:

  (1)水之为言准也,养物平均,有准则也。(《五行篇》)

  "水"得名于平准,与"准"音近义通,属于同源词,典籍中多有其例,如《管子·水地篇》:"水者,万物之准也。"(又云:"准也者,五量之宗也。")《说文·水部》:"水,准也。"《释名·释天》:"水,准也。准,平也。天下莫平于水,故匠人建国必水地。"如果仅仅是"水之为言准也"或"水,准也"这样单纯的声训形式,可以看作是同源词互训,比如《说文》;即使训释词后有进一步的解说,但在解说中训释词的义项没有发生偏移,也属于语言声训,如《管子》《释名》。"水"训"准",取其平义,无论是《管子》的"准也者,五量之宗也"(五量即权衡、升斗、尺丈、里步、十百五种计量标准)还是《释名》的"天下莫平于水"都是如此。《白虎通》与二者不同的是,训"水"为"准"后,进一步解说为"养物平均,有准则也",将"准"的义项定为"准则"。按,"平准"义是水的自然属性,在这个意义上"水"与"准"同源,"准则"义则不是水的自然属性,而是"水"在五行系统中的义理含义,可见《白虎通》在进一步说解中改变了"准"的义项。再如:

(2)兄者,况也,况父法也。(《三纲六纪篇》)

按:"兄""况"并晓纽阳部,同源,有大意。但后面的进一步说解"况父法也"之"况"用的是"比况"之义,是"况"的引申义,以申说兄对弟的尊长之义,即责任与尊严,而不是"兄"的"大"义,故陈立云:"况本训大,……但此取况父法为说,故不取大义。"[①]《白虎通》在进一步说解中改变了"况"的义项,使它具备了义理的内涵。

2.进一步说解改变语义指向。《白虎通》对同源词训释词改造的另一个表现是,不改变主训词的义项,而是通过增加修饰成分,使主训词的语义指向发生改变,从而达到义理说教的目的。例如:

(1)乐者,乐也,君子乐得其道,小人乐得其欲。(《礼乐篇》)

此以"乐"[lè]释"乐"[yuè],"乐"[yuè]得名于"乐"[lè],如《释名·释言语》云:"乐,乐也,使人好乐之也。"但《白虎通》为之增加的主语是君子与小人,"君子乐得其道,小人乐得其欲",强调的是"乐"[yuè]的典章制度属性。《白虎通》之"乐"入《礼乐篇》,可见《白虎通》之"乐"属于孟子所谓"先王之乐",而《释名》之"乐"则属于"世俗之乐"。

(2)十一月之时,阳气俯仰黄泉之下,万物被施如冕,前俯而后仰,故谓之冕也。(《绋冕篇》)

关于冕的形状,《后汉书·明帝纪》注引《三礼图》云:"冕以三十升布染而为之,广八寸,长尺六寸,前圆后方,前下后高,有俛伏之形,故谓之冕,欲人之

---

① 陈立《白虎通疏证》卷八,22页,《皇清经解续编》本。

位弥高而志弥下,故以名焉。""冕"得名于"俯",是因为其形制"前下后高,有俯仰之形","冕"训"俯"属于语言声训,如《释名·释首饰》:"冕,犹俛也,俛,平直貌也。"但《白虎通》认为冕为周冠,周以十一月为正月,此时阳气方俯仰于地下,覆盖万物,万物前俯而后仰,故以其冠名附会之,将"俯仰"的主语变为"阳气",认为冕象征阳气与万物的关系,从而将冕纳入了阴阳五行的义理系统。

(3)阙者何?阙疑也。(《阙文》)

"门阙"之"阙"得义于"阙",如《释名·释宫室》云:"阙,阙也,在门两旁,中央阙然为道也。"如果仅仅将门阙之"阙"训为"阙",或如《释名》进一步解释为"中央阙然为道",则属于语言声训,《白虎通》"阙"的宾语是"疑",以为"阙"的意义是"阙疑",成为君主虚怀纳谏的象征。

在被训词与训释词的意义方面,《白虎通》关注的不是客观的音近义通,而是义理的主观牵合。即使同源声训,也被义理所埋没,从而曲解了其意义指向。《白虎通》声训的主观目的性决定了它不可能是一部语言学著作。

## 第三节 《白虎通》声训语音关系的杂糅性

语音方面,汉代是上古向中古转变的重要时期,由于各家对韵文材料的取舍不同,导致汉代语音研究的结论也有所差异,比如在两汉是否划分的问题上,李方桂认为两汉音系接近上古音,而南北朝音系接近《切韵》音,三国两晋是变更的关键时期。① 而王力认为西汉时代音系和先秦音系相差不远,到东汉才变化较大。把西汉东汉截然分开,认为西汉接近上古音,东汉接近中古音。② 我们在对《白虎通》声训进行归纳时,发现其语音关系呈现出杂糅的特点,其中有古音、有时音,甚至还有方音,并不是同一个时代的音系,这说明汉代学者正是利用了这个时期语音的不统一的特点,以声音为工具进行义理的阐发,因此《白虎通》声训反映的并不是汉代真正的语音系统,不能作为汉代语音研究的直接材料来源。大概因此,罗常培、周祖谟作《汉魏晋南北朝韵部演变研究》,并未将《白虎通》的声训材料作为考察对象。下面我们以具体材料为例,分析《白虎通》声训对古音、时音、方音的综合运用。

---

① 李方桂《上古音研究》,商务印书馆,1980年。
② 王力《汉语音韵学》,中华书局,1981年。

## 一、《白虎通》声训语音关系杂糅性的表现

### (一)《白虎通》对古音的利用

《白虎通》产生的时代,正处于语音由上古到中古转变的过渡期,因此其声训中古音、时音杂陈,这是语音渐变的客观现实导致的。但在语音改变已成定局的状况下,《白虎通》声训中仍有刻意对古音的利用。这其中有对前代的继承,也有《白虎通》的创造。例如:

(1)宫者,容也,含也,含容四时者也。(《礼乐篇》)

此以"含"训"宫","宫"属冬部,"含"属侵部。先秦时代冬侵合韵,到西汉仍有,东汉已经不见。[①] 汉代训"宫"者多以同部之"中",如刘歆《钟律书》:"宫者,中也,居中央,畅四方,倡始施生,为四声纲也。"(《风俗通·声音篇》引)《元命苞》:"其音宫,宫者,中也,精明。"(《宝典·卷六》引)即使《白虎通》之《五行篇》亦云:"宫者,中也。"(此"宫"为五声之一)《阙文》云:"宫之为言中也。"(此"宫"为宫室)此以义理故,用古音为训。

(2)伏羲……画八卦以治下,下伏而化之,故谓之伏羲也。(《号篇》)

此以"化"训"羲","羲"属歌部支韵,"化"属歌部祸韵,《汉魏晋南北朝韵部演变研究》认为,"歌部的支韵字转入支部,这是东汉跟西汉最大的不同"[②],按照东汉的语音规律,"羲"当归入支部,"羲""化"在当时已经不属于同部。

(3)辛者,阴始成。(《五行篇》)

此以"成"训"辛","辛"属真部,"成"属耕部。先秦时代真、耕合韵的例子较多,汉代依然存在,但明显减少,到了韵书出现,二者则截然有别了。[③] 汉代训"辛"者多以同部之"新",如《诗泛历枢》[④]:"辛者,新也,万物成熟,始

---

① 王力《汉语史稿》,99 页,中华书局,1980。
② 罗常培、周祖谟《汉魏晋南北朝韵部演变研究》,57 页,中华书局,2007 年。其中"支韵"讹"支部",今改。
③ 王力《汉语史稿》,96 页,中华书局,1980。
④ "泛"或作"纪""记",本书统一作"泛"。以下简称"泛历枢"。

51

尝新也。"(《宝典》卷七引)《史记·律书》:"辛者,言万物之辛生,故曰辛。"("辛生"之"辛"即"新"字)《礼记·月令》:"其日庚辛。"注:"辛之言新也……万物皆肃然改更,秀实新成。"《释名·释天》:"辛,新也,物初新者,皆收成也。"《白虎通》此训源于《元命苞》:"辛者,阴治成。"①(宝典》卷七引),为义理之说。

《白虎通》声训反映古音有两个原因:主观方面,白虎观会议的学者们为了义理的需要,面对已经改变语音的现实,从古音中去寻找可以利用的条件;客观方面,《白虎通》继承先儒故训,即使存在古音亦不自知,如黄承吉云:"古者多以声为训,往往有汉儒传述之训,而亦自不知其训之即声者,则以其训传之自古,声已展转而迁,故虽述之者亦不喻。"②

(二)《白虎通》对时音的利用

《白虎通》中的一些声训是前代所无,到了汉代才出现的,是依据汉代语音特点而依声立说,这样的声训用古音是做不到的,这是《白虎通》声训体现汉代语音特点的地方。例如:

(1)周姓姬氏,祖以履大人迹生也。(《姓名篇》)

此以"迹"(精纽、锡部)训"姬"(见纽、之部)是汉代才有的说法,《论衡·奇怪篇》:"后稷母履大人迹而生后稷,故周姓曰姬。"刘盼遂云:"此说本之《春秋繁露·三代改制篇》。实则'迹'古音在支部,'姬'古音在之部,绝不相通。汉文支、之不分,故仲任得附会之,谓'姬'之音出于'迹'矣。"③吴承仕云:"迹属鱼,姬属之,韵部独远,以迹、姬互训,亦唯汉人始有之耳。"④汉代有以"基"训"姬"者,如《御览》卷八十四引《春秋元命苞》(以下简称"元命苞"):"伐殷者为姬昌。"注:"姬昌之言基始也。"按,基(见纽、之部)与姬古音同,但《白虎通》为了神化周之祖先,采取了时音以为附会。

(2)死之为言澌,精气穷也。(《崩薨篇》)

此以"澌"训"死","死"(心纽、脂部)与"澌"(心纽、支部)在上古音中主

---

① 宋均注:"于是物更而成,故因以为日名之也。""治"当为"始"之讹。
② 黄承吉《字义起于右旁之声说》,见黄生撰、黄承吉按《字诂义府合按》,82页,中华书局,1984年。
③ 黄晖《论衡校释·奇怪篇》,157页,中华书局,1990年。
④ 同上书,163页。

要元音是不同的,但到了汉代出现了合流的现象,《汉魏晋南北朝韵部演变研究》认为,"脂部跟支部相押,在西汉时期已经有这种例子,可是不多,到了东汉时期这种例子就特别多起来,这是一种新起的现象。"①"脂与支通押的例子特别多是值得注意的现象。推想支部的-g尾已经变为-i,脂部除了合口去声一些字以外-d尾也变为-i。"②《白虎通》利用这一新兴的语音现象,将"死"训为"澌"。

(3)宫者,容也,含也,含容四时者也。(《礼乐篇》)

此以"容"(余纽、东部)训"宫"(见纽、冬部),按,东部与冬部在上古音中分别井然,江有诰云:"东每与阳通,冬每与蒸侵合,此东冬之界限也。"③西汉时这个规律依然没有被打破,但在东方朔(平原厌次人)、严忌(会稽人)、王褒(蜀人)、刘向(沛人)、扬雄(蜀人)、刘歆(沛人)等人的作品中出现了通押的现象,《汉魏晋南北朝韵部演变研究》认为:"东冬相押可能是方音中读音相同。"④到了东汉时期,东冬通押的范围进一步扩大,表现在杜笃(京兆杜陵人)、傅毅(扶风茂陵人)、班固(扶风安陵人)、崔骃(涿郡安平人)、李尤(广汉雒人)、张衡(南阳西鄂人)、崔瑗(涿郡安平人)、马融、边韶(陈留浚仪人)、刘琬(广陵人)、胡广(南郡华容人)、祢衡(平原般人)等人的著作中,说明东、冬二部在方言的影响下正在走向合并,《白虎通》以"容"训"宫"属于使用正在变动中的时音条件。

(三)《白虎通》对方音的利用

汉代方音歧出,且为人所模拟,观诸汉儒注经、著述可知。季刚先生云:"昔人对于方言,有仿效与讥诃二途。……以仿效之故,方言往往易于转化;以讥诃之故,令人言语向慕正音。"⑤无论仿效与讥诃,都反映出时代对方音的模仿。当古音、时音均不能配合义理的说解时,白虎观会议的学者们灵活地运用了方音以迁就义理。白虎观会议的参与者包括"太常、将、大夫、博士、议郎、郎官及诸生、诸儒",其中姓名可稽考者有鲁恭(扶风平陵人)、贾逵(扶风平陵人)、丁鸿(颍川定陵人)、楼望(陈留雍丘人)、成封、桓郁(沛郡龙亢人)、班固(扶风安陵人)、杨终(蜀郡成都人)、魏应(任城人)、淳于恭(北海

---

① 罗常培、周祖谟《汉魏晋南北朝韵部演变研究》,59页,中华书局,2007年。
② 同上书,60页。
③ 江有诰《复王石臞先生书》,见《江氏音学十书》,《续修四库全书》248册,6页,2002年。
④ 罗常培、周祖谟《汉魏晋南北朝韵部演变研究》,51页,中华书局,2007年。
⑤ 黄侃《声韵略说》,见《黄侃论学杂著》,104页,中华书局,1964年。

淳于人)、李育(扶风漆人)、陈敬王羡(洛阳人)诸人,从可稽考姓名者的籍贯看,包括陕西、河南、山东、四川、安徽等地,因此这次会议的讨论中,方音问题是难以回避的,也恰恰是可资利用的。例如:

(1)雹之为言合也,阴气专精,凝合为雹。(《灾变篇》)

此以"合"(匣纽、缉部)训"雹"(並纽、觉部),《汉魏晋南北朝韵部演变研究》认为:"在东汉时期收-k 的几部还常常跟收-P 的缉部和盍部(笔者按:即王力叶部)通押。这种例子,主要见于杜笃、傅毅、班固的文章里。"①而这几个人都是关中人(杜笃,京兆杜陵人;傅毅,扶风茂陵人),此例"缉"部(收-P)与"觉"部(收-k)相训,属于方音的问题。

(2)风者何谓也?风之为言萌也。(《八风篇》)

此以"萌"(明纽、阳部)训"风"(帮纽、侵部),《汉魏晋南北朝韵部演变研究》认为"侵部……跟蒸冬东几部通押的例子不多,主要是'风'字",主要在冯衍(京兆杜陵人)班固、杜笃、傅毅、马融、赵壹(汉阳西县人)、崔骃(涿郡安平人)、边让(陈留浚仪人)祢衡等人的著作中,"说明'风'字在东汉时期已经有些方言读为-ng 尾。到魏晋以后就转入冬部了。"②"风"在东汉时期的方言中韵尾变为-ng,因此以"萌"训"风"也属方音。

(3)佾者,列也。(《礼乐篇》)

此以"列"(来纽、月部)训"佾"(余纽、质部),据《汉魏晋南北朝韵部演变研究》,东汉时期入声韵质部与月部相押的例子见于关中学者杜笃、傅毅、班固、马融的文章,属于方音。③

白虎观会议的学者们不仅利用了方言音变,还利用了方言中的双音词,如《五行篇》:"(西方)其精白虎,虎之为言'搏讨'也。"关于"虎"训"搏讨"历代没有合适的解释,实际上这是方言的缘故,《方言》卷八:"虎,自关东西或谓之伯都。""搏讨"盖"伯都"之转,又西方属秋,主刑杀,虎有威,故《汉上易》

---

① 罗常培、周祖谟《汉魏晋南北朝韵部演变研究》,63 页,中华书局,2007 年。
② 同上书,61 页。
③ 同上书,63 页。

引马注:"兑为虎,秋主肃杀,征讨不义,故取于白虎。"因此,学者们以方言双音词结合义理之说,做出了"虎之为言'搏讨'也"的解释。

从上面的分析可以看出,东汉时期是语音由上古向中古转变的重要阶段,白虎观会议的学者们充分利用了语音的时代特点,为了义理的需要而对声音做出调整。有时模拟古音,有时根据时音,甚至把方音也带了进来,充分利用了语言交流中允许的适度模糊性。因此,《白虎通》声训并没有一个统一的语音体系,无论是韵母和声母都存在大量的声转过宽的现象,这说明《白虎通》关心的并不是声音的远近,而是义理的恰当与否。

## 二、《白虎通》声训语音关系杂糅性的原因

我们说《白虎通》声训的语音关系具有杂糅性,是以后代韵书反观汉代语音现象的结果,实际上未必尽合古音的实际情况。汉代经师读音有轻重缓急,其中既有风土不同,也有当时的语音事实在内,再加上迁就义理的目的,导致现在看来其转语范围很宽。如陈寿祺所云:"汉人未有反切,凡解释文字,徒以声相譬况,声不足明,则又为内言、外言、缓气言、急气言、笼口言、闭口言、急舌言、作江淮间人言、以舌头言、以舌腹言诸法,其委曲晓示之意,亦可见矣。"[①]为了微言大义的追求,当时的学者们采取各种方法利用语音,以达到"委曲晓示"的目的。如郑玄《易赞》及《易论》云:"易一名而含三义,易简一也,变易二也,不易三也。"这个解释认为"易"这个词中同时含有三种内涵,其一"易也",即"易"的常用义项易简;其二"变易",是"易"的另一个义项。其三"不易",属于对"易"反面思辨的结果,简易、变易乃万事不易之法,即万事万物都在变化,唯一不变的是变化本身。这三个意义统一在一个"易"音中,这其中不但有对词语义项的精确认识,还有修辞学方面的思考,体现了早期训诂词义、修辞并重的局面。或以为这种"背出与并行之分训而同时合训"[②]是汉语思辨的绝佳证据。[③] 但反切的出现,一字一音,将这一特点掩盖了。邵晋涵云:"汉人治经有师法,长言短言,开唇合唇,音相转而不为一定,要不离乎声始,故义相贯通,至孙叔然制反语,则音有所拘,驯至义有所窒。"[④]例如孔颖达就已经不能体会这层含义,其《周

---

① 陈寿祺《左海经辨》卷下《汉书注》五十三事》,《续修四库全书》175册,484页,上海古籍出版社,2002年。
② 钱锺书《管锥编》,6页,中华书局,1986年。
③ 同上书,2页。
④ 邵晋涵《汉魏音说》,见洪亮吉《汉魏音》,《续修四库全书》245册,608页,上海古籍出版社,2002年。

易正义》云：

> 崔觐、刘贞简等并用此义，云："易者，谓生生之德，有易简之义；不易者，言天地定位，不可相易；变易者，谓生生之道，变而相续。"皆以纬称"不烦不扰，澹泊不失"。此明是"易简"之义，无为之道，故易者，易也，作难易之音。而周简子云："易者，易（音亦）也；不易者，变易也。易者，易代之名，凡有无相代，彼此相易，皆是易义；不易者，常体之名，有常有体、无常无体，是不易之义；变易者，相变改之名，两有相变，此为变易。"张氏、何氏并用此义，云"易者，换代之名，待夺之义。"因于《乾凿度》云："易者，其德也，或没而不论，或云德者，得也，万法相形，皆得相易。"不顾纬文"不烦不扰"之言，所谓用其文而背其义，何不思之甚！故今之所用，同郑康成等，易者，易也，音为难易之音，义为简易之义，得纬文之本实也。（《周易正义》卷首《论易之三名》）

"易"上古属余纽锡部，到了孔颖达的时代，已经分化为两个音，难易义为余纽寘韵去声，变易义为余纽昔韵入声。孔颖达以纬书所言"不烦不扰，澹泊不失"为义，认为"易"当读为余纽寘韵的难易之音，而否定了余纽昔韵变易之音，从而忽视了上古的语音及义理的事实。陈寿祺云："孔冲远徒狃于后世俗音，以易简、变异分去入二声，而不知古音无是。易之三名，皆同声为训也。"[1]

汉代之前并无经学与文学之分，"古人古文、小学与辞赋同源共流，汉之相如、子云无不深通古文雅训"[2]，因此先秦两汉的训诂与其文学是合而为一的。由于汉代以后语音实践以及语音观念的变化，导致声训逐渐失去了其特有的经学与文学价值，于是汉代的语言表达方式也逐步趋于消亡，太炎先生所言"小学亡而赋不作"[3]就是这个意思。小学尤其是声训从文学、经学中脱离，从语言学上看有其积极意义，但专门研究所具有的片面的深刻导致声训失去了赖以存在的土壤，从而变得孤立无依，最终导致与时代隔膜。如毕沅云："《颜氏家训》云：'古人音书止为譬况之说。'故《易》有'健''顺'之文，《礼》著'俪''成'之义，盖互相转注而不离本音，音既得而义即随之，所谓

---

[1] 陈寿祺《左海经辨》卷下《易音辨》，《续修四库全书》175册，434页，上海古籍出版社，2002年。
[2] 阮元《揅经室二集》卷二《扬州隋文选楼记》，《续修四库全书》1479册，63页，上海古籍出版社，2002年。
[3] 章炳麟《国故论衡·文学总略·辨诗》，《章氏丛书》，471页，世界书局，1982年。

同气相求,同声相应。先秦两汉经师训故,如某字读若某、某字音近某之类是也。迨孙炎、韦昭务为反语,周颙、沈约复创四声,于是一字拘于一音,一音拘于一韵,往塞来连,迂其际会,五音之理不贯,而六义之恉遂乖。"①

## 本章小结

　　从语言学的角度看,《白虎通》声训的方式、结论以及所反映出来的语音状况具有很强的主观性。它只是利用了声训的外在形式,并没有遵从音近义通的客观规律,因此其被训词与训释词之间并非同源关系,即使少数符合音近义通规律的同源现象,也是义理说教下的偶合。而《白虎通》声训所反映的语音关系也不是汉代实际的语音状况,而是古音、时音、方音的杂糅,尽管我们的分析在方法上难免有以后世韵书倒推上古语音的弊端,但我们的目的是表明,汉代的声训未必尽合后世韵书的规则,仅仅从语言学的观点来看待《白虎通》声训,难免流于简单化。前人从语言的角度考察汉代声训,产生过一些偏见,甚至得出"声训是应该批判的"的结论,我们认为《白虎通》声训不符合语言学标准,不是声训这个学术体系的错误,而是声训使用者方式、结论的错误,不能因为使用者的失误而否定工具,更不能因为末流的弊端而批判本源。

---

① 毕沅《汉魏音说》,见洪亮吉《汉魏音》,《续修四库全书》245册,607页,上海古籍出版社,2002年。

# 第二章 《白虎通》义理声训的历史背景

《白虎通》以声训说义理有着深刻的历史原因：首先，先秦的"正名"之说是《白虎通》声训的目的，而"正名"源于先民语言崇拜的习俗，有以"名"（语言）来规范天下的含义，具有神秘性。其次，以阴阳五行为框架的思想体系是《白虎通》声训的出发点，阴阳五行系统具有无限的伸缩性，万事万物都能在其中找到恰当的位置，这是《白虎通》依声立说的基本框架，具有理想性。再次，先秦两汉经学的发展是《白虎通》声训产生的土壤，经学吸收谶纬中的合理因素，充实了自身的内容，且随着不同学派的斗争，文字、声韵、训诂之学兴起，使义理声训的产生具备了可操作性。把无序的万物纳入有序的系统中，首要的问题就是使这些杂乱的事物变得有条理，汉代学者做的第一件事就是通过"正名"的方式为万物找到在系统中存在的理由，不改变其符号（"名"）还要使符号符合人为的系统，与该符号同音或音近的词就成了最佳代换选择。因此，《白虎通》声训不是寻求客观的词源，而是附会主观的义理，即事物受其名号的约束，在阴阳五行系统中应当是什么样子，而非对其状态做出描述性的解释。《白虎通》声训的目的，一言以蔽之，就是在阴阳五行系统中以声训的方式为万物正名。

## 第一节 《白虎通》声训的社会背景

语言产生之前，万物混沌，语言符号将复杂纷乱的社会进行了归纳、分类，让人可以把握，但同时人类作为社会存在，其意义与归属也依赖于自己的语言。传统语言学认为，语言是人表达感情、交流思想的工具，但在先民那里，更倾向于语言是一种被"赋予"的独立的存在，其作用不是人心灵活动的表达与场景再现，它具有可以左右包括人在内的任何存在的力量。表面上人驾驭着语言，实际上，人被语言占有和驾驭着。"语言也像呼吸、血液、性别和闪电等其他带有神秘性质的事物一样，从人类能记录思想开始,人们就一直用迷信的眼光来看它。"①语言的神秘性导致了语言崇拜,语言崇拜的习俗是"正名"产生的内在原因。在先民的思想中,语言不仅仅是一种指称符号,更是一种象征,其性质与《诗》中的草木虫鱼、《易》中的八卦符号一样,除了指称作用,更有其工具性之外的内涵,而其内涵则是由使用这种符号的人所赋予的。而这种内涵会随着历史的发展被不断地深化、扩展甚至歪曲。语言的象征性是推动"正名"不断发展的外在原因。上述两个原因,一是被动的接受,一是主动的利用,二者共同构成了内涵丰富的"正名"学说。词的指称意义与象征意义是有区别的,在使用时有必要将二者加以区分。而"正名"学说却是为了特定目的有意混淆这种区别,他们力图在语音与人的听觉之间建立起一种应激性,使人听到一个语音马上就感受到它的意义,进而产生意义为语音所固有的错觉。这个观念再次与语言的神秘性结合到一起时,"正名"就具备了庄严而神圣的力量。

## 一、先秦两汉的语言崇拜

崇拜是敬与畏两种不同心态的杂糅,二者是人们对语言的一种复杂的心理反应。在语言体系中,各种语言成分(如语音、语义、语法、修辞等)构成了不同形式的崇拜。其中尤以名词最为明显,"崇拜者往往认为'名'与'力量'之间的联系最为紧密",因此名词为语言崇拜的主要因素。② 人类对于语言采取了消极禁忌与积极利用两种态度。

(一)消极禁忌

语言禁忌建立在语言神秘性的基础上,是先民的一种心理结习。在先民看来,语言不只用来交流思想,更是一种具有神秘性的符号,即名实之间存在着某种神秘的联系。如《左传·桓公二年》:

> 初,晋穆侯之夫人姜氏以条之役生大子,命之曰"仇"。其弟以千亩之战生,命之曰"成师"。师服曰:"异哉,君之名子也!夫名以制义,义以出礼,礼以体政,政以正民,是以政成而民听,易则生乱。嘉耦曰妃,怨耦曰仇,古之命也。今君命大子曰仇,弟曰成师,始兆乱矣。兄其替乎!"

---

① [英]罗素著、张金言译《人类的知识——其范围与限度》,68页,商务印书馆,1983年。
② 尹铁超《"语言图腾"初探》,《学术交流》,1991年第3期。

晋穆侯为纪念伐条之战失利的仇恨,因名太子曰"仇";为纪念千亩之战的胜利,而名少子曰"成师"。然而,师服以为此二名中有不祥之兆,预示太子衰微,晋将有乱。其后果有桓叔成师谋反之事。这说明"名"具有昭示未来之义。《史记·晋世家》对师服之言的记载更能体现名的内涵,"晋人师服曰:'异哉,君之命子也! 太子曰仇,仇者,雠也。少子曰成师,成师大号,成之者也。名,自命也;物,自定也。今适庶名反逆,此后晋其能毋乱乎!'"认为"名"是"命",用来指称物,对物有昭示作用。因此在命名时,一定要谨慎,不然会带来严重的后果。因此讳名成为一个普遍的文化现象,吕叔湘认为:"讳名之俗起源甚古,大概最初有'法术'的意味,后来才成为一种形式,一种礼貌。"①故《曲礼》云:"入竟而问禁,入国而问俗,入门而问讳。"因此如果事物之名与某种不祥的语音相同或相近,要予以避,以免造成灾难,如《史记·张耳陈余列传》:

> 汉八年,上从东桓还,过赵,贯高等乃壁人柏人,要之置厕。上过欲宿,心动,问曰:"县名为何?"曰:"柏人。""柏人者,迫于人也。"不宿而去。

高祖过柏人县,因"柏"与"迫"音近,"柏人"暗含"迫于人"之意,乃不宿其县。按,《史记·高祖本纪》载,此时赵相贯高等谋刺高祖,高祖欲止宿时"心动",当知悉县名"柏人"后,内心加剧了不安,在这种心理暗示下,乃不宿而去,避免了一场灾难。又如《汉书·王莽传》:

> (莽)性好时日小数,及事迫急,辄为厌胜,遣使坏渭陵,延陵园门罘罳,曰:"毋使民复思也。"

"罘罳"或作"桴思",是城阙上的小楼,与"复思"音近,王莽畏惧庶人议政,因此下令坏之以规避。这是王莽对统治不自信的表现,与子产不毁乡校大异其趣。

同音禁忌使人听到类似的声音就产生一种心理的紧张感,因而采取避忌的形式来对待,这种观念在《白虎通》中也有所反映,例如:

(1)司马主兵,不言兵言马者,马,阳物,乾之所为,行兵用焉,不以

---

① 吕叔湘《笔记文选读》,77页,语文出版社,1992年。

伤害为文,故言马也。(《封公侯篇》)

(2)《援神契》曰:"三谏,待放复三年,尽悁悁也。"所以言"放"者,臣为君讳,若言有罪放之也。(《谏诤篇》)

(3)丧者何谓也?丧者,亡也。人死谓之"丧"何?言其丧亡,不可复得见也。不直言"死",称"丧"者何?为孝子之心不忍言也。(《崩薨篇》)

例(1)司马主兵,当名"司兵",然兵乃不祥之器,故讳"兵"言"马"。例(2)臣子为君主所贬谪,《春秋》之义,大夫去国例言"出奔",此不言"出奔"而言"放",乃自污以为君讳,即《曲礼》云:"大夫士去国,不说人以无罪。"例(3)人死称"丧",是委婉之称,"丧"本义为逃亡,故重耳自称"身丧",《礼记·檀弓下》鲁昭公自称"丧人",《公羊传·昭公二十五年》并逃亡义,引申有离开义。孝子不忍言亲"死",乃避而言"丧",如今之讳称"过去",《仪礼·丧服》疏引郑玄《礼经目录》云:"不忍言死而言丧,丧者,弃亡之辞,若全存居于彼焉,已亡之耳。"这些都是对同音词的消极规避,以免为使用者造成伤害。

(二)积极利用

消极禁忌的反面便是积极的利用,听到一个词立刻联想到与之同音的另一个词的意义,并将另一个词的意义移花接木,嫁接到听到的这个语音上,以符合情势的需要。汉儒常常以此说灾异。例如《汉书·五行志》:

严公十七年冬,多麋。……刘向以为麋色青,近青祥也,麋之为言迷也,盖牝兽之淫者也。是时严公将取齐之淫女,其象先见,天戒若曰:"勿取齐女,淫而迷国。"严公不寤,遂取之,夫人既入,淫于二叔,终皆诛死,几亡社稷。

严公即鲁庄公,汉避明帝讳,易"庄"为"严"。庄公十七年冬,国多麋,"麋""迷"音近,"多麋"即暗示国家即将有迷惑君主之人出现,庄公不悟天意,乃娶齐之淫女,导致国家大乱。再如《汉书·五行志》:

《书序》曰:"伊陟相太戊,亳有祥,桑谷共生。"传曰:"俱生乎朝,七日而大拱,伊陟戒以修德而木枯。"刘向以为,殷道既衰,高宗承敝而起,尽凉阴之哀,天下应之。既获显荣,怠于政事,国将危亡,故桑谷之异见,桑犹丧也,谷犹生也,杀生之秉失而在下,近草妖也。

桑谷共生本是自然界的偶然现象,但说灾异者利用"桑"与"丧"音近,"谷"与"生"韵部接近的语音现象,以此为草妖,象征着在上位者失去杀生之权,国将危亡。又如《御览》卷六百三十九引《元命苞》:

> 树棘槐,听讼于下,棘赤心有刺,言治人者原其心不失其实,所以刺人情,令各归实,槐之言归也,情见归实也。

于棘槐下听讼或许为偶然,然而"棘"与"刺"音近,"槐"与"归"音近,因此傅会出"情见归实"之义。这是汉代经学家惯用的手段,并以此来干政。因为这些偶然的同音,后世很可能将二者的意义固定到一起,成为独特的民族风俗,形成民族性的语言崇拜。

对语言中谐音积极利用的观念在《白虎通》多有反映,如:

(1)诸侯射麋何?示远迷惑人者也,麋之为言迷也。(《乡射篇》)
(2)不正言"父"、兄"言"老"、"更"者何?老者,寿考也,欲言所令者多也。更者,更也,所更历者众也。(《乡射篇》)
(3)必桑蓬何?桑蓬者,相逢接之道也。(《姓名篇》)

例(1)诸侯射礼的箭靶上绘"麋"的图案,"麋"谐音"迷",射之以示"远迷惑人"。例(2)"三老五更"本为尊事父兄而设,教天下之孝悌,之所以言"老""更"不言"父""兄",因为"老"与"考"同音,"考"有寿考义;"更"与更历之"更"同音,有更历义,言"老""更"暗含"所令者多""更历者众"之义,若言"父""兄"则无此内涵。例(3)天子太子生三月,使士负于南郊,以桑弧蓬射上下四方,明当有事于天地四方。"桑蓬"谐音"相逢",即相逢接天地四方之意。这是积极地利用谐音,从而使典章制度或政治行为更有说服力。

语言崇拜观念导致了"谣谶"大兴,即以同音为纽带,把语言与现实的关系绝对化。由于这种谐音类比的方式过于主观,导致不同的学派对同一个术语有不同的内涵界定,使人无所适从,因此儒家有"正名"之举。

## 二、先秦两汉的"正名"思潮

东周以降,社会结构发生了重大改变,然而制度的僵化,束缚了历史的发展,反映在名实关系上就是,代表秩序的名与其代理人(实)发生了错位,即有名者无实,有实者无名,因此,天下无道,诸侯离心。孔子一生为"正名"奔走,就是要使名实相应,从而将天下纳入到秩序井然的状态。从表面上看,"正名"不是调整制度以符合现实的需要,而是让现实削足适履地适应制度。但从本质上看,"正名"所提倡的制度也并非现存的制度,而是理想的境界,是积极地调整现实,以实现理想中的社会。因此,"正名"所提倡的改革,是制度与现实的双向调整,这是任何社会任何时代改革的应有之义。

指称事的语言符号和事物本身——索绪尔称为"能指"和"所指",先秦两汉的人称为"名"和"实"——二者应该是契合的,只有这样,才能使纷繁复杂的世界变得有条理。但一方面,由于语言的社会属性,名与实会出现错位的现象。另一方面,随着时代的发展,新事物的出现,也亟需新的"名"来涵盖,在此期间会出现一个短暂的名实不符的阶段,而且越是时代大变革时期,这种现象就会越复杂。从思辨的角度讲,"名"是事物的语言代称,但从实用的角度讲,"名"是事物的归属,有了"名",事物才会安定下来。但往往是当理想中的概念系统越来越精确,它离现实状况就越来越远,因此必须用语言的解释来补充这一点。从孔、孟直到汉代,儒家的中心任务就是通过正名建立新的文化秩序,他们认为"语言对于已经从原来的内涵外延位移了的现象与事物是有规范与调整意味的"①。因此,孔子的正名,即使最终不得不采取删述六经的形式,但其本质也不是书斋里的语言研究或辞书编撰,而是意在通过思想的重建,达到社会秩序的有序统一。

(一)"正名"的原因

春秋战国时期,礼崩乐坏,天下无道。诸子思索的结果是,天下之所以纷乱,是因为"名"与"实"不相符所致。名不副实有两个方面,首先,但随着社会的发展,旧有的"名"与"实"常常出现错位的现象,需要及时予以调整。如《尸子》卷下云:

> 齐有田果者,命狗曰"富",命子为"乐"。将欲祭也,狗入室,果呼之曰:"富出!"巫曰:"不祥也。"家果大祸。长子死,哭曰:"乐乎。"而不似悲也。

《尸子》认为光有"名"是不够的,名与实还应当相符,才不至于引起混乱。其

---

① 葛兆光《中国思想史》(第一卷),206 页,复旦大学出版社,2001 年。

次,随着社会的发展,新事物("实")越来越多,亟需新的"名"为之确定归属。如《吕氏春秋·慎势篇》云:

> 今一兔走,百人逐之,非一兔足为百人分也,由未定。……积兔满市,行人不顾,非不欲兔也,分已定矣。分已定,人虽鄙不争。故治天下及国在乎定分而已。

《吕氏春秋》认为,事物名分未定,导致四方扰攘;事物名分已定,归于天下安宁。这两个典故都是以寓言的方式说明了"名"的重要性。升到政治层面,如果名分不定就会导致秩序的混乱。如《左传·成公二年》载孔子云:

> 唯器与名,不可以假人,君之所司也。名以出信,信以守器,器以藏礼,礼以行义,义以生利,利以平民,政之大节也。若以假人,与人政也。政亡,则国家从之,弗可止也已。

孔子认为名与器(礼器)是秩序的象征,名是实的代表,器是维护名实关系的礼的具体体现。名与器必须为君主掌握,不能旁落,否则会导致混乱,孔子所痛恨的名物僭用,如季氏八佾舞于庭之类,就是典型的"礼崩乐坏"的局面。而《荀子·正名篇》云:

> 今圣王没,名守慢,奇辞起,名实乱,是非之形不明,则虽守法之吏、诵数之儒,亦皆乱也。……异形离心交喻,异物名实互纽,贵贱不明,同异不别。如是,则志必有不喻之患,而事必有困废之祸。

荀子认为,名实关系纷乱让人混淆是非、无所适从,是社会不稳定的因素。

先秦诸子对"名""实"的关系提出了自己的看法,老子对外在的名采取否定态度,认为应当回到上古淳朴的状态,"名可名,非常名",老子的思想"也许有某种对固定的等级与变动的社会之间不和谐的忧虑"[①]。公孙龙子的"离坚白"论,有意违反名所指称的内涵与外延,使名与实发生了分离,成了纯粹的思辨符号。可见,先秦诸子的观念中已经含有"名无固宜"的约定论语言观。唯独儒家以为名不可废,名与实有着固然的关系,因此提出了

---

① 葛兆光《中国古代思想史》(第一卷),191页脚注,复旦大学出版社,2001年。

"正名"的思想。"名"代表的是秩序,只有名实有序,天下才能安定。"事物固有的名称是不容破坏的,一旦遭到破坏,就会抹煞事物应有的界限,危及事物本身的地位。所以,保持一个事物的名称,或纠正它受到歪曲的名称,对于维护这个事物便有举足轻重的意义。"[1]这就是"正名"的意义所在。如《论语·子路篇》云:

> 子路曰:"卫君待子而为政,子将奚先?"子曰:"必也,正名乎!"子路曰:"有是哉?子之迂也。奚其正?"子曰:"野哉由也!君子于其所不知,盖阙如也。名不正则言不顺,言不顺则事不成,事不成则礼乐不兴,礼乐不兴则刑罚不中,刑罚不中则民无所措手足。故君子名之必可言也,言之必可行也。君子于其言,无所苟而已矣!"

据《史记·孔子世家》,这段对话的背景是"是时,卫君辄父不得立,在外,诸侯数以为让。而孔子弟子多仕于卫,卫君欲得孔子为政。"卫灵公薨,世子蒯聩出亡,蒯聩之子辄即位,是为出公,蒯聩归而子辄拒之,此时卫君欲用孔子,则此正名乃正蒯聩世子之名。梁启超说:"孔子为甚么把正名主义看得如此其重呢?因为把名正了,然后主观方面可以顾名思义,客观方面可以循名责实。例如'君君、臣臣、父父、子子'先要知道君臣父子四个名词里头含有什么意义,然后君要做个真君,臣要做个真臣……那么,社会秩序也跟着正了。"[2]此后"正名"成了"儒家公有的中心问题"。[3] 面对纷乱的社会现实,正名未尝不是一个以简驭繁的操作法门。

要使君臣父子各安其位、各司其职,这个职位不仅仅是名位,还包括与名位相关的一切。正名即通过语词的解释规定君臣职分,以达到治理国家的目的。如《韩诗外传·卷五》云:

> 孔子侍坐于季孙,季孙之宰通曰:"君使人假马,其与之乎?"孔子曰:"吾闻君取于臣谓之取,不曰假。"季孙悟,告宰通曰:"今以往,君有取谓之取,无曰假。"孔子曰:"正假马之言,而君臣之义定矣。"

"假"与"取"各有不同的词义范围,"假"指的是暂时取用别人的东西,用

---

[1] 姚小平《Logos 与"道"——中西古代语言哲学观同异谈》,《外语教学与研究》,1992 年第 1 期。
[2] 梁启超《饮冰室专集》第三册《孔子》,23 页,见《饮冰室合集》,中华书局,1989 年。
[3] 胡适《中国哲学史大纲》,72 页,东方出版社,1996 年。

后即还;取指的是取用自己的东西。从这个意义上说,君主于臣子处取物,当用"假",但孔子认为国家皆属于君主,臣子不得专有,因此应该用"取",即国君取用自己的东西。孔子用这种方式来说明君臣之间的职分。很显然这里的"取"不是其客观词义,而是其政治含义。《白虎通·嫁娶篇》云:"国君之妻称之曰夫人何?明当扶进八人,谓八妾也。""妻者,齐也,与夫齐体。自天子下至庶人,其义一也。""妾者,接也,以时接见也。"之所以将夫人(妻)、妾做这种严格的区分,是因为春秋时,多以妾为夫人,如《左传》言齐桓公有三夫人(僖公十七年),郑文公有夫人芈氏、姜氏(僖公二十二年),鲁文公有二妃(文公十八年),宋平公纳其御,步马者称为君夫人,左师不可,及左师受其馈,亦改称曰君夫人(襄公二十六年),可见当时嫡、妾之礼不正,故有此正名之举,以为当代戒。

孔子欲在卫国"正名"未能实现,汉代的隽不疑却以此做了一件大事,《汉书·隽不疑传》云:

> 始元五年,有一男子乘黄犊车,建黄旐,衣黄襜褕,着黄冒,诣北阙,自谓卫太子。公车以闻,诏使公卿、将军、中二千石杂识视,长安中吏民聚观者数万人,右将军勒兵阙下,以备非常。丞相御史中二千石至者立莫敢发言。京兆尹不疑后到,叱从吏收缚,或曰:"是非未可知,且安之。"不疑曰:"诸君何患于卫太子?昔蒯聩违命出奔,辄距而不纳。《春秋》是之。卫太子得罪先帝,亡不即死,今来自诣,此罪人也。"遂送诏狱。天子与大将军霍光闻而嘉之曰:"公卿大臣当用经术明于大谊。"

按,"卫太子"即"戾太子"刘据,武帝嫡长子,立为太子,后武帝惑于巫蛊而误杀之。此时在位者昭帝为武帝少子,然则"卫太子"的出现必将导致一张巨大的政治风波。众人惧于"卫太子"之名,对冒名者莫敢谁何。隽不疑以为,此人即使真是卫太子,也应当绳之以法,因为所谓"太子"只是名,其实为得罪先帝之"罪人",故执之。此与孔子"正名"形相反(孔子欲正蒯聩之名,隽不疑执卫太子)而实相同,皆为建立统治秩序的需要。此引经义以断事,固不免于附会,然足见其"正名"非为语言,乃为政治之用。如梁启超云:"正名何故可以为政治之本耶?其作用在使人'顾名思义',则麻木之意识可以觉醒焉。"[①]

---

① 梁启超《先秦政治思想史》,94页,东方出版社,1996年。

（二）"正名"的方式

我们可以这样分析孔子的"正名"观：语言系统（"名"）的完备象征着社会秩序（"实"）的统一，语言的意义内涵上达到统一，那么社会秩序自然会走向统一。因此，"正名"思想就是语言神秘化观念的延续，"孔子的'正名'思想中就有早期巫祝史宗通过象征来调整世界的意味"①。"正名"有以下两种操作方式：

1. 循名责实。

儒家重"名"，但仅仅追求"名"，容易流于形式主义，而忽视了"实"的修养，从而有名无实，使"名"的所有者失去了本该具有的道德感召力，如《春秋繁露·楚庄王篇》云：

> 人有闻诸侯之君射《狸首》之乐者，于是自断狸首，悬而射之，曰："安在于乐也？"此闻其名而不知其实者也。

诸侯于射仪奏《狸首》之乐，并射狸之首，"狸"是"不来"的谐音，其目的是表示对"不来"之诸侯的一种惩戒。② 但后人忘记了射仪的目的，只记住了这个外在的形式，这就是"闻其名而不知其实"。那在这个语境中，"实"是什么呢？就是君君臣臣，诸侯当以时朝见天子，天子亦当修文德以来之。

比有名无实稍微强一些的是名不副实，也就是"实"并未达到"名"所要求的含义范围，这也是儒家所反对的，如《后汉书·李云传》载，延熹二年，桓帝诛大将军梁冀而以私意重用中常侍及外戚，李云昧死谏云：

> 班功行赏，宜应其实。梁冀虽持权专擅，虐流天下，今以罪行诛，犹召家臣扼杀之耳。而猥封谋臣万户以上，高祖闻之，得无见非？西北列将，得无解体？孔子曰："帝者，谛也。"今官位错乱，小人谄进，财货公行，政化日损，尺一拜用不经御省。是帝欲不谛乎？

李云认为"帝"得名于"谛"（明白），现在皇帝昧于所私，其行为已经不再符合这个名号，"帝欲不谛"就是直言皇帝名不副实。

以上"循名责实"的例子就是依照"名"的内涵去要求名的主体发挥主观

---

① 葛兆光《中国思想史》（第一卷），189页，复旦大学出版社，2001年。
② 《仪礼·大射仪》："乐正反位，奏《狸首》以射。"注："狸首，逸诗曾孙也，狸之言不来也。"

能动性,从而达到名与实的完美配合。

2.名以体礼。

仅仅求名,导致形式主义,但仅仅求实,则过于朴野无文,也是不合适的。因为"名"对"实"有规范能力,使实更好的发挥其作用。如《论衡·卜筮篇》云:

> 子路问孔子曰:"猪肩羊膊,可以得兆,藿苇稿芼,可以得数,何必以蓍龟?"孔子曰:"不然,盖取其名也。夫蓍之为言耆也,龟之为言旧也,明狐疑之事,当问耆旧也。"

子路认为,仅从实用的角度来看,猪肩、羊膊都可以用来占卜,而不必用龟甲。藿苇、稿芼都可以用来定数,而不必用蓍草。孔子认为仅仅实用是不够的,名对实具有更好的升华作用。"蓍之为言耆也,龟之为言旧也","蓍""龟"有耆、旧的内涵,耆、旧并为年老而有经验的代称,因此以蓍、龟占卜结果更具有说服力。如《白虎通·蓍龟篇》云:"干草枯骨众多非一,独以蓍龟何?此天地之间寿考之物,故问之也。龟之为言'久'也,蓍之为言'耆'也:久长意也。"再如,《五经要义》云:

> 凡虞主用桑,桑,犹丧也,丧礼取其名。(《御览》卷五百三十一引)

丧礼:朝葬,日中行虞祭。① 虞主为虞祭时所立的神主,从实用的角度讲,以什么样的材质来做虞主都可以,之所以选择"桑",是因为"桑""丧"谐音,更能体现孝子的心意,如《公羊传·文公二年》"虞主用桑"注:"用桑者,取其名与其麤糲,所以副孝子之心。""桑""丧"谐音一直到现在都是一个难以泯灭的民俗。

仅仅有实未尝不可,但有了外在的名的彰显,能体现出更高的道德内涵,孔子所谓"尔爱其羊,我爱其礼"即此意。

"正名"针对的是名不副实的社会现实,当名与实的关联中断以后,人们往往侧重于一方面的追求,导致了事实与认知的双重混乱,正名就是通过协调名实关系的方式,清理现实世界和认识世界。从这个角度讲,"正名"思想在现代社会依然具有重要意义。

---

① 虞为安神之祭,葬后四日内举行三次,见《仪礼·既夕礼》。

## 第二节 《白虎通》声训的思想背景

面对浩渺无垠的宇宙,古人发出了这样的感叹:

> 遂古之初,谁传道之? 上下未形,何由考之? 冥昭瞢暗,谁能极之? 冯翼惟像,何以识之? 明明暗暗,惟时何为? 阴阳三合,何本何化? 圜则九重,孰营度之? 惟兹何功? 孰初作之? 斡维焉系? 天极焉加? 八柱何当? 东南何亏? 九天之际,安放安属? 隅隈多有,谁知其数? 天何所沓? 十二焉分? 日月安属? 列星安陈? 出自汤谷,次于蒙汜。自明及晦,所行几里? 夜光何德,死则又育?……(《楚辞·天问》)

邈古至今的道理,是谁人所传? 天地未分之时,是哪个考订而知? 何人造就了阴阳? 孰氏操纵着宇宙? 日月五星悬挂于何处? 一昼一夜太阳所行几何? 这一系列的问题,反映了古人对宇宙产生、运转的认知迷茫。在春秋战国到秦汉的交汇点,亟需一种形而上的解释来化解由于认知迷茫带来的焦虑感。汉人以抽象思维的形式对创世神话做了得体而不繁复的解答,因此,在汉代,"天人之学"成为思想界的主题。"天人之学"是一种大类比,是面对事物复杂性采取的一种标准化的处理。类比形式起源于原始巫术,先民很早起就已经开始注意不同现象或事物之间的相似性,并将它们加以系联。原始类比形式的最大特征是强调事物和现象之间的因果联系,表现出强烈的互渗性。随着人类认识自然能力的提高,类比作为一种认识事物之方法,逐渐脱离其粗糙和荒诞,舍弃了巫术中类比的宗教内涵,保留其关注事物之间相似性之内核。[①] 或以为,这种追求源于在多变的世界中追求持久性的结果。[②]

### 一、先秦两汉类比框架的形成及发展

天人之间的类比复杂无绪,阴阳五行观念的介入使之具备了可操作性。阴阳五行观念是人们面对形形色色、瞬息万变的宇宙现象,探索到的

---

[①] 吾淳《古代中国科学范型》,213 页,中华书局,2002 年。
[②] [英]崔瑞德、鲁惟一编《剑桥中国秦汉史》:"如果一个人确定了宇宙中的某些更加长久的特征,并且能说明自己在这些特征的周期循环中有一定的位置,那么当他面对人的短暂性的过于明显的迹象时,就不至于怅然若失了。"(624 页,中国社会科学出版社,1992 年)

一个相对确定的支点,这个支点在很大程度上缓解了人们对宇宙的无限性与个体生命的短促性对比所产生的焦虑感。阴阳五行观念将复杂多变的社会纳入一个由数字统帅的简单稳定的框架,这个框架以五和八作为整齐一切的标准,即五行与八卦。先秦时期五行与八卦截然有别,到了汉代二者融合,五行吸收了八卦的观念而具有了更大的伸缩性,从而将多样的现实整合到了一个有序的体系中。可以想象,当时的思想家们可能进行了无数次的类比、讨论,最终发现"五"这个数是最灵活的,比如:五行配五方、配十天干、十二个地支、四季、十二律、八音、五神、四象(星象,二十八宿)。当五与四、八、十二等不能一一对应时,一个很灵活的处理方法是把五行中的"土"赋予最高的地位,使之处于一个灵活性的位置。土于五行最尊,居于中央,不任某一具体职务,但是却具有支配其他四行的能力,此谓之"土无位而道在"(《白虎通·五行篇》)。因此,当外界元素是五或能被五整除的时候就用五行对应,不能被五整除的时候就把土上升到最高的层面,以"四"来协调,如配四季、四方、四象等时。十二律配十二月,十二月分为四季,六府可配六合(上下四方),八音配八方(四方加上四个夹角)……如此,一切数目都被纳入了以五行统帅的结构中,显示了阴阳五行系统巨大的吞吐能力。"这一理论的高度涵盖与超越性使它总是似是而非地可以解释一切,又符合人们的直觉与经验……其原因就是它本身来自古代中国思想世界,具有传统的惯性,又在解释中可以十分有效地自圆其说。……无论这种解释是天才的想象还是肤浅的比附,在当时它却极为有效地解释了一切,并给人们以掌握一切的自信。"①

天人观念的形成与普及并不是一蹴而就,而是通过几代人的努力逐步形成的,从《礼记·月令》《吕氏春秋》《淮南子》《春秋繁露》到《白虎通》中的阴阳类比框架的变化,可以看到古人对世界的归纳及认识。以现在的科学标准看来,这种认识荒诞者居多,但这是特定历史条件的产物,不能苛责,因为我们也不敢保证,今天令我们充满自信的科学知识不被两千年以后的未来世界作如是观。

(一)《月令》的类比框架

《礼记·月令》以四时、十二月为纲,以每个节候自然秩序的不同来规定人事的更革,在这个多层次的结构中,人类社会要受自然规律的制约,每个阶段都有相应的责任与义务,因此人应当遵循天道,而不能有意破坏它。

---

① 葛兆光《中国思想史》(第一卷),287—288页,复旦大学出版社,2001年。

《月令》吸收了战国时期阴阳家的思想,以"五"数统率天人关系,形成了其基本框架,反映了先民对世界的朴素认识,见表2—1：

表 2—1

| 四季 | 春(孟仲季) | 夏(孟仲季) | 中央 | 秋(孟仲季) | 冬(孟仲季) |
|---|---|---|---|---|---|
| 天干 | 甲乙 | 丙丁 | 戊己 | 庚辛 | 壬癸 |
| 五帝 | 大皞 | 炎帝 | 黄帝 | 少皞 | 颛顼 |
| 五神 | 句芒 | 祝融 | 后土 | 蓐收 | 玄冥 |
| 五虫 | 鳞 | 羽 | 倮 | 毛 | 介 |
| 五音 | 角 | 征 | 宫 | 商 | 羽 |
| 律吕 | 大簇、夹钟、姑洗 | 中吕、蕤宾、林钟 | 黄钟之宫 | 夷则、南吕、无射 | 应钟、黄钟、大吕 |
| 五数 | 八 | 七 | 五 | 九 | 六 |
| 五味 | 酸 | 苦 | 甘 | 辛 | 咸 |
| 五臭 | 膻 | 焦 | 香 | 腥 | 朽 |
| 五祀 | 户 | 灶 | 中溜 | 门 | 行 |
| 祭先 | 脾 | 肺 | 心 | 肝 | 肾 |
| 圣德所在 | 木 | 火 | 土 | 金 | 水 |
| 迎 | 东郊 | 南郊 | 居 | 西郊 | 北郊 |

这种类比模式为后世所沿袭,杨宽认为《吕氏春秋》"十二纪"、《淮南子·时则训》都是根据《礼记·月令》改编而来。①

(二)《吕氏春秋》的类比框架

《吕氏春秋》在《月令》的基础上,把天人观念系统化、具体化,通过宇宙、自然的相互对应来论证人事,"它开始安排一种成龙配套的从自然到社会的完整系统,把人事、政治具体地纳入这个总的宇宙图式里,即所谓'上揆之天,下验之地,中审之人'。这正是《吕氏春秋》所做出的新贡献,主要表现为十二纪月令的思想模型。"②《吕氏春秋》分为十二纪、八览、六论：十二纪法十二月,按照春、夏、秋、冬四季排列,每一季又分为孟、仲、季三纪,每纪五篇(合五行之数),共六十篇,论天。八览法八方,③每览八篇,共六十四篇(现存六十三篇),论地。六论法六合,每论六篇,共三十六篇,论人。如此以天地类比人事,达到了"是非可不可无所遁"的目的。郭沫若以《吕氏春秋》为基础,参照诸子百家学说,把宇宙万物与五行相生相克的观念一一对应拟成

---

① 杨宽《月令考》,《齐鲁学报》,1941年,第2期。
② 李泽厚《中国古代思想史论》,137页,人民出版社,1986年。
③ 徐复观《〈吕氏春秋〉及其对汉代学术与政治的影响》："八览云者,乃极八方之观览。"见《两汉思想史》(二),4页,九州出版社,2014年。

表格①，见表2—2、2—3：

表2—2

|   | 日 | 帝 | 神 | 虫 | 音 | 数 | 味 | 臭 | 祀 |
|---|---|---|---|---|---|---|---|---|---|
| 春 | 甲乙 | 太皞 | 勾芒 | 鳞 | 角 | 八 | 酸 | 膻 | 户 |
| 夏 | 丙丁 | 炎帝 | 祝融 | 羽 | 征 | 七 | 苦 | 焦 | 灶 |
| 中 | 戊己 | 黄帝 | 后土 | 倮 | 宫 | 五 | 甘 | 香 | 中霤 |
| 秋 | 庚辛 | 少皞 | 蓐收 | 毛 | 商 | 九 | 辛 | 腥 | 门 |
| 冬 | 壬癸 | 颛顼 | 玄冥 | 介 | 羽 | 六 | 咸 | 朽 | 行 |

表2—3

|   | 日 | 祭先 | 性 | 事 | 色 | 谷 | 牲 | 德 | 兵 |
|---|---|---|---|---|---|---|---|---|---|
| 春 | 甲乙 | 脾 | 仁 | 貌 | 青 | 麦 | 羊 | 木 | 矛 |
| 夏 | 丙丁 | 肺 | 礼 | 视 | 赤 | 菽 | 鸡 | 火 | 戟 |
| 中 | 戊己 | 心 | 信 | 思 | 黄 | 稷 | 牛 | 土 | 矢 |
| 秋 | 庚辛 | 肝 | 义 | 言 | 白 | 麻 | 犬 | 金 | 剑 |
| 冬 | 壬癸 | 肾 | 智 | 听 | 黑 | 黍 | 彘 | 水 | 盾 |

《吕氏春秋》在《月令》的基础上又增加了五性、五事、五色、五谷、五牲、五兵几个部分，去掉了每个月对应的律吕，将这种类比进一步世俗化了。

（三）《淮南子》的类比框架

《淮南子》继承了《月令》与《吕氏春秋》的精神，并进一步将其精密化，其中阴阳五行的架构功能较之《吕氏春秋》也更为精密。王巧慧在《淮南子的自然哲学思想》一书中，将《天文训》《地形训》《时则训》中构建的以"五"数为分类标准的天、地、人一体系统制成三个表格如下：

1.《淮南子·天文训》中以"五"为标准的天人系统，见表2—4：

表2—4

| 五行 | 木 | 火 | 土 | 金 | 水 |
|---|---|---|---|---|---|
| 五方 | 东 | 南 | 中 | 西 | 北 |
| 五帝 | 太皞 | 炎帝 | 黄帝 | 少昊 | 颛顼 |
| 五佐 | 句芒 | 朱明 | 后土 | 蓐收 | 玄冥 |

---

① 郭沫若《吕不韦与秦王政的批判》，见《十批判书》，427页，东方出版社，1996年。在这张表格中，中央指土，《吕氏春秋》所无，依照《礼记·月令》补足，五性与五事《吕氏春秋·孟夏纪》只有"礼"与"视"，其他资料补入；五兵据《管子·幼官》篇补，《管子·幼官》中无"矢"，据周《易》"金矢""黄矢"补入。

续表

| 五星 | 岁星 | 荧惑 | 镇星 | 太白 | 辰星 |
| --- | --- | --- | --- | --- | --- |
| 五兽 | 苍龙 | 朱鸟 | 黄龙 | 白虎 | 玄武 |
| 五音 | 角 | 徵 | 宫 | 商 | 羽 |
| 天干 | 甲乙 | 丙丁 | 戊己 | 庚辛 | 壬癸 |
| 四时 | 执规而治春 | 执衡而治夏 | 执绳而治四方 | 执矩而治秋 | 执权而治冬 |

2.《淮南子·地形训》中以"五"为标准的地人系统,见表2—5:

表 2—5

| 五方 | 东 | 南 | 西 | 北 | 中 |
| --- | --- | --- | --- | --- | --- |
| 五脏 | 肝 | 心 | 肺 | 肾 | 胃 |
| 五色 | 青 | 赤 | 白 | 黑 | 黄 |
| 五窍所通 | 目 | 耳 | 鼻 | 阴 | 口 |
| 五属 | 筋气 | 血脉 | 皮革 | 骨干 | 肤肉 |
| 日月风气 | 日月所出川谷所注 | 阳气所积暑湿居之 | 日月所入川谷所出 | 幽暗不明寒水积 | 风气所通雨露所会 |
| 人的外貌性格特征 | 兑形小头,隆鼻大口,鸢肩企行;长大早知而不寿 | 修形兑上,大口决眦,早壮而夭 | 修形兑上,修颈印行,勇敢不仁 | 翁形短颈,大肩下尻,其人蠢愚 | 大面短颐,美须恶肥,慧圣而好治 |
| 五谷 | 麦 | 稻 | 黍 | 菽 | 禾 |
| 主要动物 | 虎、豹 | 兕、象 | 旄、犀 | 犬、马 | 牛、羊、六畜 |

3.《淮南子·时则训》中以"五"为标准的天、地、人系统,见表2—6:

表 2—6

| 四季 | 春季 | 孟夏和仲夏 | 纪夏 | 秋 | 冬 |
| --- | --- | --- | --- | --- | --- |
| 五行 | 木 | 火 | 土 | 金 | 水 |
| 五虫 | 鳞 | 羽 | 蠃 | 毛 | 介 |
| 五音 | 角 | 徵 | 宫 | 商 | 羽 |
| 天干 | 甲乙 | 丙丁 | 戊己 | 庚辛 | 壬癸 |
| 五数 | 八 | 七 | 五 | 九 | 六 |
| 五味 | 酸 | 苦 | 甘 | 辛 | 咸 |
| 五臭 | 膻 | 焦 | 香 | 腥 | 腐 |
| 祭祀的五脏 | 脾 | 肺 | 心 | 肝 | 肾 |
| 五色 | 青 | 赤 | 黄 | 白 | 玄 |
| 五畜 | 羊 | 鸡 | 牛 | 狗 | 猪 |
| 五谷 | 麦 | 菽 | 稷 | 麻 | 黍 |
| 五祀 | 户 | 灶 | 中溜 | 门 | 井 |

较之《月令》中五行之土于季节无所搭配,《淮南子·时则训》以季夏配土;较之《吕氏春秋》,《淮南子》在天人关系方面增加了五佐、五星、五兽;在地人关系方面增加了天人相类的观念,如五窍、五属、人的外貌特征等。《月令》与《吕氏春秋》尚未将地支纳入这个系统,《淮南子·天文训》中以则十二月配十二支。《淮南子》"如果不计细节,总起来看,在当时历史条件下,企图把天文、地理、气象、季候、草木鸟兽、人事制度、法令政治以及形体精神等万事万物都纳入一个统一的、相互联系和彼此影响并遵循普遍规律的'类'别的宇宙图式中,从总体角度来加以认识和把握,这应该说是理论思维的一种进步"①。

(四)《春秋繁露》的类比框架

《淮南子》之后,董仲舒把"天人相类"的观念进一步精密化,他的《春秋繁露》在精神实质上继承了《月令》《吕氏春秋》《淮南子》开拓的方向,"竭力把人事政治与天道运行附会而强力的组合在一起。其中特别是把阴阳家做骨骼的体系构架分外地凸现出来,以阴阳五行(天)与王道政治(人)互相一致而彼此影响即'天人感应'作为理论轴心,一切环绕它而展开"②。董仲舒理论并没有多少新因素,尊主卑臣是韩非子的,天人感应是《淮南子》的。他的贡献在于把所有这些思想构成了一个系统,不仅使得人副天数,并且认为人的各种行为是上天的意志,"用儒家精神改造了利用了阴阳家的宇宙系统"③。《春秋繁露》中以"五"为标准的对应如表2—7:

表2—7

| 五行 | 木 | 火 | 土 | 金 | 水 |
| --- | --- | --- | --- | --- | --- |
| 四方 | 东 | 南 | 中 | 西 | 北 |
| 五官 | 司农 | 司马 | 司营 | 司徒 | 司寇 |
| — | 仁 | 智 | 信 | 义 | 礼 |
| 五气 | 风 | 雷 | 霹雳 | 电 | 雨 |
| 五音 | 角 | 征 | 宫 | 商 | 羽 |
| 四季 | 春 | 夏 | 季夏 | 秋 | 冬 |
| 五事 | 貌 | 视 | 思 | 言 | 听 |
| 五容 | 恭 | 明 | 容 | 从 | 聪 |
| 五圣 | 肃 | 哲 | 圣 | 义 | 谋 |
| 四答 | 喜 | 乐 | — | 怒 | 哀 |
| 四政 | 庆 | 赏 | — | 罚 | 刑 |
| 五方 | 左 | 前 | 中央 | 右 | 后 |

---

① 李泽厚《中国古代思想史论》,144页,人民出版社,1986年。
② 同上书,145页。
③ 同上书,155页。

续表

| 一 | 生 | 长 | 养 | 收 | 藏 |
|---|---|---|---|---|---|
| 四祭 | 祠 | 礿 | — | 尝 | 蒸 |

董仲舒以阴阳五行为基础,对先秦诸子百家的思想进行了综合,彻底瓦解了春秋以来"处士横议""儒以文乱法,侠以武犯禁"的局面,把它们纳入了大一统的组织中来。此后,以"天人感应"为核心的阴阳五行思想成了汉代思潮的主流。

## 二、《白虎通》的类比框架及其特点

### (一)《白虎通》的类比框架

《白虎通》继承了《月令》《吕氏春秋》《淮南子》《春秋繁露》以来的思想框架,在类比观念的强制下,进一步推演,把天人思想与五行观念系统化。我们考察《白虎通》全书,将其中的天地人事与五行系统的关系制成表2—8:

表 2—8

| 五行 | 木 | 火 | 土 | 金 | 水 |
|---|---|---|---|---|---|
| 地支 | 寅卯辰 | 巳午未 |  | 申酉戌 | 子丑亥 |
| 律吕 | 太簇、夹钟、姑洗 | 仲吕、蕤宾、林钟 | 中宫 | 夷则、南吕、无射 | 应钟、黄钟、大吕 |
| 天干 | 甲乙 | 丙丁 | 戊己 | 庚辛 | 壬癸 |
| 四季 | 春 | 夏 | — | 秋 | 冬 |
| 五方 | 东 | 南 | 中 | 西 | 北 |
| 五声 | 角 | 徵 | 宫 | 商 | 羽 |
| 五帝 | 太皞 | 炎帝 | 黄帝 | 少皞 | 颛顼 |
| 五神 | 句芒 | 祝融 | 后土 | 蓐收 | 玄冥 |
| 五精 | 青龙 | 朱鸟 | — | 白虎 | 玄武 |
| 十二月 | 一、二、三 | 四、五、六 | — | 七、八、九 | 十、十一、十二 |
| 八音① | 鼓 | 琴 |  | 钟 | 笙 |
| 五性 | 仁 | 礼 | 信 | 义 | 智 |
| 五脏 | 肝 | 心 | 脾 | 肺 | 肾 |
| 五色 | 青 | 赤 | 黄 | 白 | 黑 |
| 五候 | 目 | 耳 | 口 | 鼻 | 窍 |
| 六府 | 胆 | 小肠 | 胃 | 大肠 | 膀胱 |
| 六情 | 怒 | 恶 | 哀(下)乐(上) | 喜 | 好 |
| 五谏 | 顺谏 | 窥谏 | 指谏 | 伯谏 | 讽谏 |

---

① 《白虎通》载八音有脱误,其另一说为:"笙在北方,柷在东北方,鼓在东方,箫在东南方,琴在南方,埙在西南方,钟在西方,磬在西北方。"

续表

| 五瑞 | 珪 | 璋 | 璧 | 琮 | 璜 |
| 五祀 | 门祭 | 中溜 | 户祭 | 灶祭 | 井祭 |
| 五臭 | 膻 | 焦 | 香 | 腥 | 朽 |
| 五经 | 《乐》 | 《礼》 | 《诗》 | 《书》 | 《易》 |

要明白汉人的思想,首先要明白先秦时期阴阳家发明的这套宇宙框架,这个框架以五行、四方、四时、五声、十二月、十二律、天干、地支等互相配合,但这个框架又不是僵死的,它"以阴阳流行于其间,使此间架活动变化,而生万物"①。如《春秋繁露·人副天数篇》所言:"于其可数也,副数;不可数者,副类。"有数目可对应者则对应之,无数目可对应者则对应其相似性("类")。《白虎通》中人的一切行为都是效法阴阳五行的运动规律,人的行为与阴阳五行的关系如表2—9:

表 2—9

| 王者立三公 | 法 | 天道成于三 |
|---|---|---|
| 一公置三卿 | 法 | 天道成于三 |
| 一卿置三大夫 | 法 | 天道成于三 |
| 一大夫置三元士 | 法 | 天道成于三 |
| 百二十官 | 法 | 十二子 |
| 诸侯封不过百里 | 法 | 雷震百里所润云雨同 |
| 京千里 | 法 | 日月之经千里 |
| 君臣 | 法 | 天地 |
| 君 | 法 | 火、阳 |
| 臣 | 法 | 水、阴 |
| 天子 | 法 | 斗极 |
| 帝亦称天子 | 法 | 天下 |
| 爵有五等 | 法 | 五行 |
| 爵有三等 | 法 | 三光 |
| 三公 | 法 | 天地人 |
| 号 | 法 | 天、日 |
| 谥 | 法 | 地、月 |
| 乐(八佾、六佾、四佾) | 法 | 天、阳、八风、十二律、四时 |
| 礼 | 法 | 地、阴 |
| 王者日四食 | 法 | 明有四方之物,食四时之功也 |
| 平旦食 | 法 | 少阳之始 |
| 昼食 | 法 | 太阳之始 |

---

① 冯友兰《中国哲学史》(下册),8页,华东师范大学出版社,2000年。

续表

| 脯食 | 法 | 少阴之始 |
| --- | --- | --- |
| 暮食 | 法 | 太阴之始 |
| 八音 | 法 | 八卦 |
| 五声 | 法 | 五行 |
| 子不肯禅 | 法 | 四时火不兴土而兴金 |
| 父死子继 | 法 | 木终火王 |
| 兄死弟及 | 法 | 夏之承春 |
| 善善及子孙 | 法 | 春生待夏复长 |
| 恶恶止其身 | 法 | 秋煞不待冬 |
| 主幼臣摄政 | 法 | 土用事于季、孟之间 |
| 子复仇 | 法 | 法土胜水、水胜火 |
| 子顺父、臣顺君、妻顺夫 | 法 | 地顺天 |
| 男不离父母 | 法 | 火不离木 |
| 女离父母 | 法 | 水流去金 |
| 君让臣 | 法 | 月三十日，名其功 |
| 善称君，过称己 | 法 | 阴阳共叙共生，阳名生，阴名煞 |
| 臣有功归于君 | 法 | 月归明于日 |
| 臣谏君 | 法 | 金正木 |
| 子谏父 | 法 | 火揉直木 |
| 臣谏君不从则去 | 法 | 法水润下，达于上 |
| 君子远子近孙 | 法 | 木远火近土 |
| 亲属臣谏不相去 | 法 | 水木枝叶不相离 |
| 父为子隐 | 法 | 木之藏火 |
| 子为父隐 | 法 | 水逃金 |
| 君有众民 | 法 | 天有众星 |
| 王者赐，先亲近后疏远 | 法 | 天雨，高者先得之 |
| 长幼 | 法 | 四时有孟、仲、季 |
| 朋友 | 法 | 水合流相承 |
| 父母生子养长子 | 法 | 水生木长大 |
| 子养父母 | 法 | 夏养长木 |
| 不以父命废王父命 | 法 | 金不畏土而畏火 |
| 阳舒阴急 | 法 | 日行迟月行疾 |
| 有分土无分民 | 法 | 四时各有分而所生者道 |
| 天子娶十二女 | 法 | 天有十二月 |
| 君一娶九女 | 法 | 九州承天之施 |
| 不娶同姓 | 法 | 五行异类乃相生 |
| 子丧父母 | 法 | 木不见水则憔悴 |
| 丧三年 | 法 | 三年一闰，天道终 |
| 父丧子、夫丧妻 | 法 | 一岁物有终始，天气亦为之变 |
| 年六十闭房 | 法 | 六月阳气衰 |
| 五藏六府 | 法 | 五行六合 |

续表

| | | |
|---|---|---|
| 人目 | 法 | 日月明 |
| 人目所不更照 | 法 | 日亦更用事 |
| 王者监二王之后 | 法 | 木须金以正，须水以润 |
| 明王先赏后罚 | 法 | 四时先生后煞 |
| 三军 | 法 | 天地人 |
| 待放去 | 法 | 水火无金则相离 |
| 三老 | 法 | 天地人 |
| 五更 | 法 | 五行 |
| 三教（文、敬、忠） | 法 | 天地人 |
| 三纲（君臣、父子、夫妇） | 法 | 天地人 |
| 六纪 | 法 | 六合 |
| 称号有四（伯仲叔季） | 法 | 法四时用事先后 |
| 男女异长，各自有伯仲 | 法 | 阴阳各自有终始 |
| 日行迟，月行疾 | 法 | 君舒臣劳 |
| 明堂上圆 | 法 | 天 |
| 明堂下方 | 法 | 地 |
| 明堂八窗 | 法 | 八风 |
| 明堂四闼 | 法 | 四时 |
| 明堂九宫 | 法 | 九州 |
| 明堂十二坐 | 法 | 十二月 |
| 明堂三十六户 | 法 | 三十六雨 |
| 明堂七十二牖 | 法 | 七十二风 |
| 昼夜 | 法 | 阴阳 |
| 五刑 | 法 | 五行 |
| 大辟 | 法 | 水灭火 |
| 宫 | 法 | 土壅水 |
| 膑 | 法 | 金刻木 |
| 劓 | 法 | 木穿土 |
| 墨 | 法 | 火胜金 |
| 绋上广一尺，下广二尺 | 法 | 天一地二 |
| 绋长三尺 | 法 | 天地人 |
| 男三十而娶，女二十而嫁 | 法 | 阳数奇，阴数偶 |
| 男长女幼 | 法 | 阳道舒，阴道促 |
| （二人年龄）合为五十 | 法 | 应大衍之数，生万物 |
| 娶妻亲迎 | 法 | 日入，阳下阴 |
| 夫妻 | 法 | 天地 |

　　"百家争鸣"的局面在战国末年已呈现融合的倾向，秦始皇的"别黑白而定一尊"只是加速了其进程而已。由于缺乏统治经验，秦朝的严刑峻法并没有使思想界达到完全的统一，竹帛烟销之后建立起来的大汉王朝开始总结

78

亡秦的教训,改用温和的手段,因势利导,终于以儒术罢黜百家,实现了思想界的大一统。此时的"儒术"已不再是孔子时代儒家思想的原貌,而是以儒家的伦理本位为基础,以天人观念为核心,以阴阳五行为框架,杂糅各家思想的综合体。在这个综合体中,万物将被重新定位。《白虎通》将先秦时代零碎、分散的经验重新整合,将世界纳入一个由阴阳五行构成的符号系统。在这个系统中,万物以类相从,且类与类之间存在着相互的感应。应劭云:"《尚书》称'天秩有礼,五服五章哉。天讨有罪,五刑五用哉'。……凡爵列、官秩、赏庆、刑威,皆以类相从,使当其实也,若德不副位,能不称官,赏不酬功,刑不应罪,不祥莫大焉。"(《后汉书·应劭传》)这样的感应,于世道人心大有裨益,如章学诚所言:"官师治教合,而天下聪明范于一,故即器存道,而人心无越思。"①这也是统治者的目的所在。

所谓的"天人合一",并不是人在阴阳五行理论的支配下消极地无所作为,它要求人们自强不息,积极地调整自己的行为以适应自然规律,从而达到理想中的状态。因为在汉代的天人关系中,"自然对人而言,永远是完美无缺的,是人类一切行为的楷模。人的行为不是改造自然以适应自己或迎合神谕,而是修养自己以适应自然之道"。②那是一个极其宏大而乐观的目标,汉代人无论是在思想上、文学上(汉赋),还是在艺术上(汉代画像)都表现出一种积极的力量、运动和速度的感觉,那时人在自然中是一种崇拜和喜悦的心态。"在天人关系中,形式上是天支配、主宰人,实质上是人支配天。人的力量与作用,既可以破坏阴阳五行的平衡,又可以调理阴阳,使风调雨顺,国泰民安。"③《白虎通》的义理声训就是汉人在阴阳五行的框架中为万物重新定位时所做的表述。

(二)《白虎通》类比框架的特点

《白虎通》类比框架把四、五、六、八、十、十二这些数目都纳入到以"五"为标准的系统中来,通过比较可以看出,在《白虎通》的系统中,《吕氏春秋》《淮南子》中那些与百姓日常生活密切相关的事物,比如五谷、五禽、五牲、人的体貌等,已经被排除在这个框架之外,加进了更多的礼乐制度等上层建筑的概念,这是由于阐述对象不同导致的,《吕氏春秋》《淮南子》的对象是整个现象世界,《白虎通》的对象是经学,它要解决的问题属于思想领域。事实上,无论自然界

---

① 章学诚著、叶瑛校注《文史通义校注·原道中》,132—133页,中华书局,1985年。
② [日]安居香山、中村璋八辑《纬书集成》,吕宗力、栾保群《前言》,7页,河北人民出版社,1994年。
③ 金春峰《汉代思想史》,3页,中国社会科学出版社,2006年。

还是人类社会中的事物都不是按照理想中的序列出现的,完全规则的理念中的图形也并不存在,因此,框架之学在复杂多变的现象面前显示出了理性的局限。司马迁谈论六家要旨云:"夫阴阳、四时、八位、十二度、二十四节各有教令,顺之者昌,逆之者不死则亡,未必然也,故曰'使人拘而多畏'。"(《史记·太史公自序》)《白虎通》框架中的许多配合标准不一,从积极的一面看,是阴阳五行系统的灵活性,但从消极的一面看,无疑是削足适履。这样的类比,客观上有利于创造和谐有序的自然、社会秩序,但过度强化天人关系的必然性,会导致盲目崇拜的神秘主义。较之前人,《白虎通》类比框架有如下两个特点:

1. 类比中的妥协

《白虎通》框架系统的伸缩性使它可以容纳一切,但我们也应该看到里面存在的问题,比如关于五帝的问题:《号篇》所言五帝为:黄帝、颛顼、帝喾、帝尧、帝舜。这个五帝体系是《史记》和《大戴礼记》的。到了《五行篇》中则把五帝定为:太皞(东)、少皞(西)、炎帝(南)、颛顼(北)、黄帝(中),这是《礼记·月令》的体系,可见其矛盾处。《白虎通》之前五帝并没有统一的说法,少皞是《世经》谱系中的一帝,五帝加少皞共六帝,不符合五帝配五行的规律,所以把少皞舍去了,顾颉刚以为"五帝中无少昊(笔者按:"昊"同"皞"),乃是为'五'数所限,加入少昊则变成六帝,所以只得维持《大戴记》及《史记》之说了。"①《白虎通》这样做既照顾到了《史记》和《大戴礼》,又照顾到了《月令》,让这两种说法并存,这是《白虎通》中的矛盾与变通。

又,关于五经的问题,《白虎通·五经篇》云:"经所以有五何?经,常也,有五常之道,故曰五经。《乐》仁、《书》义、《礼》礼、《易》智、《诗》信也。人情有五性,怀五常,不能自成,是以圣人象天五常之道而明之,以教人成其德也。"以五常配五经,似乎严丝合缝,儒者本有六经,《乐经》亡于秦火,故说"五经"者为:《诗》《书》《礼》《易》《春秋》,此以《乐》《书》《礼》《易》《诗》为五经,有《乐》而无《春秋》,盖汉儒旧说,以符合阴阳五行格局,然于下文又云:"五经何谓?谓《易》《尚书》《诗》《礼》《春秋》也。《礼经解》曰:"温柔宽厚,《诗》教也;疏通知远,《书》教也;广博易良,《乐》教也;洁净精微,《易》教也;恭俭庄敬,《礼》教也;属辞比事,《春秋》教也。"复以《易》《尚书》《诗》《礼》《春秋》为五经,此处又见其矛盾处。

又,《白虎通》君臣法阴阳:火阳,君之象;水阴,臣之义。但水能灭火,即臣能胜君,于义不可,《五行篇》云:"此谓无道之君也,故为众阴所害,犹纣王

---

① 顾颉刚《中国上古史研究讲义》,318页,中华书局,1988年。

也。"这不但曲折地解决了臣胜君的现实问题,更进一步清算了"臣弑君"的历史旧账。① 又,《白虎通》以父子关系法五行,在大部分的比附中,父子的关系是"木"与"火"的关系,五行中木生火,如男不离父母,法火不离木;子谏父,法火揉直木;父死子继,法木终火王;"父为子隐",法木之藏火。但有些比附却不得不做出妥协,如"子为父隐"法水逃金。按照"父为子隐"效法木藏火的规律,"子为父隐"当以为火与木的关系,但可能是找不到比附点,因而以"水逃金"比附之,说明阴阳五行并不能比附一切关系。

2. 类比后的解释

当《白虎通》的框架完成后,为之做一个完满的语言上的解释,也就是"正名",就提到了日程上,因为只有名实相副,才能达到秩序的完满。在这个系统中,每一个语言符号都是一种象征,人们不自觉地把语言符号的外在形式——声音归纳到一起,使之产生某种关联,这时语言就有了特殊神秘的力量。徐复观认为"正名"是对名的自觉,"所谓对名的自觉,是不认为名的自身即有其神秘的意义,而须另外赋予某种意义,使某种意义成为某种名之实,某种名乃代表某种实的符号。于是名的价值并不在其自身,而系在由它所代表的某种意义。"② 这个工作无论是在《吕氏春秋》《淮南子》还是《春秋繁露》中都不明显,这是《白虎通》面临的问题。

在《白虎通》的天人系统中,符号形式万万不能改动,因为形式一旦改变,这个系统便不稳固。将事物纳入系统,且又不和指称事物的符号(名)产生矛盾,只能在不改变符号外在形式(声音)的情况下,增加其涵盖范围,于是语言符号的外在形式——声音就成了跳板,通过与之音同或音近的词的联系,扩大甚至改变语言符号的指称范围。既将万物纳入框架,而不违背语言的外在形式,因此,《白虎通》采取了同音词解释的方法,甚至不惜用几个同音词围追堵截。因此以同音词互训的方式扩张符号内涵就成了必要的手段,这种表达方式在我们今天看来就是声训。美国物理学家卡普拉的表述有助于我们从另一个角度理解这种解释的内涵,他说:"中国的古词并不是一个抽象的符号,表达一个明确定义的概念,而是一个声音符号,具有很含蓄的力量。它可以使人联想到画面形象和感情的不确定的复合体。讲话人似乎并不是要表达一种智慧的思想,而是要感染和影响听众。"③

---

① 见本书第四章第三节。
② 徐复观《公孙龙子讲疏·代序·先秦名学与名家》,3页,学生书局,1984年。
③ [美]卡普拉撰、灌耕编译《现代物理学与东方神秘主义》,80—81页,四川人民出版社,1983年。

汉代是继秦之后大一统的王朝,疆域空前的大一统,需要文化上的一统来辅助。"秦汉之政治,统一中国,秦汉之学术,亦欲统一宇宙。……其在各方面使事物整齐化,系统化之努力,可谓几于狂热。"① 董仲舒的天人观念便是文化整合的开始,而《白虎通》的产生则是这种观念的再度强化,是汉代思想界走向统一的标志,对于中华文明的形成具有划时代的意义。

## 第三节 《白虎通》声训的学术背景

孔子删述六经以寓己意,不是用思辨的方式来表达自己的思想,而是将思想寓于对历史的叙述中,即所谓"我欲载之空言,不如见之于行事之深切著明也"②。以《春秋》为例,孔子作《春秋》的目的不是创造一部信史,而在于传达一种理念。其中的语言不是对当时事实的客观描述,而是对具体事件本身所呈现的准则的提取,而这种准则是儒家理想中人之所以为人的行为规范,也就是"道",这一切都体现在经典的遣词造句之中。从这个意义上说,真正得到《春秋》本意的不是挖掘史实的《左传》,而是发挥微言大义的《公羊传》。经过学者们多年的整理,作为研究对象的六经,在内容上保持了相对的一致性,其中的历时因素得到了最大限度地消除,从而形成了一个系统的话语圈,并抽象出一整套作为真理的公式来。如何将现实输入这个公式,并推导出与经典涵义相应的结果,本身就是揣摩经典词句,实现它对现实社会指导意义的过程。通过对经典字词的解释,走向对义理的发扬,这个过程中就含有对语词多角度的思考。"声训所具有的绅绎事物命名取象的'主体性',使汉代人有可能借助以声通源的方式为传统文化注入新的理解,赋予传统以新的生命。"③因此,以《春秋》为代表的经学的发展,对训诂、修辞之学具有积极的促进作用。④

汉代经学在内容上,接受了以阴阳五行为基础的谶纬思想;在形式上,延续了儒家以声训为手段的正名方式。融合古今之学的《白虎通》是以当时流行的阴阳五行理论为基础构建经学的产物,其目的是以经学为万物正名,从而达到清理现实世界的目的。因此,顾颉刚说:"章帝钦定的经学概论,其

---

① 冯友兰《中国哲学史》(下册),56 页,华东师范大学出版社,2000 年。
② 《史记·太史公自序》转述董仲舒之语。
③ 申小龙《中国古代语言学史》,253 页,复旦大学出版社,2013 年。
④ 胡奇光认为:"中国修辞学、训诂学的萌发,并非《春秋》一书使然,而是时代之必然,但毋庸讳言,《春秋》在其中确实是起着促进作用的。"(《中国小学史》,22 页,上海人民出版社,2005 年)

所承受的时代思潮有两大支:一支是谶纬,一支是训诂。"①

## 一、谶纬是《白虎通》声训的思想来源

谶纬思想是流行于西汉末年至东汉时期的带有神秘色彩的观念,是汉代思想的重要组成部分,它的基本思想是以阴阳五行为理论框架,以直觉经验形成普遍联系,把天文、地理、文化、政治、民俗、神话等各方面的知识统统纳入一个包罗万象的系统中,使纷繁芜杂的世界呈现出一种必然性。谶纬著作依傍儒家经典而博得高位,称为"内学""秘经",是汉代思想的主流。汉人的经学思想大量杂糅谶纬,虽古文经学亦然,如贾逵以图谶说赤统,许慎《说文》引秘书,郑玄以谶纬注经,虽有清儒多方为之开脱,然而铁证昭然,难以讳言。说明言经义而杂谶纬是乃当时风尚,区别仅是程度的差异。并非用谶纬即今文,便是错误;排斥谶纬即古文,便是正确。只是一部分人极端追求谶纬中的推论,将它作为处理一切问题的依据;而另一部分人则不偏执其说,但取其合理者为我所用而已。汉代以后,谶纬著作屡遭禁毁,大都失传,留下来的只是后人的辑佚之作,据研究,在现今残存的纬书中,也掺杂进了谶的内容,其数量约占全部纬书的一半。② 因此本书所说的纬书,是广义的纬书,包括谶在内。

(一)谶纬及其思想价值

1.谶纬释名

谶讲征验,属于迷信范畴;纬为经说,属于学术范畴。《说文·言部》:"谶,验也,有征验之书,河洛所出之书曰谶。"(段本)《释名·释典艺》云:"纬,围也。反复围绕以成经也。"王先谦引苏舆云:"纬之为书,比傅于经,辗转牵合,以成其谊,今所传《易纬》《诗纬》诸书,可得其大概,故云'反复围绕以成经'。"③虽未必为其得名之由,但也能反映出纬书解经的特点。受谶书的影响,纬书也夹杂了一些神秘的说教,乃当时趋势使然。历来谶纬并称,泯灭了二者的区别。

日本学者本田成之认为,谶纬的产生,源于当时缺乏对自然"形而上的说明",故而"传齐学的汉儒,看了此种时势底机微,巧为附会经学以神意行政治,这实在是合时宜的通儒之所行"④。纬书中夹杂着先秦两汉时期的民族信仰与学术思索,有其学术史、思想史上不可忽视的价值。谶纬思想是汉

---

① 顾颉刚《中国上古史研究讲义》,322页,中华书局,1988年。
② [日]安居香山撰、田人隆译《纬书与中国神秘思想》,14页,河北人民出版社,1991年。
③ 王先谦《〈释名疏证〉补》,《续修四库全书》190册,118页,上海古籍出版社,2002年。
④ [日]本田成之著、孙俍工译《中国经学史》,147页,中华书局,1935年。

代共同的知识背景,尽管图谶得到别有用心的统治者的支持,但其迷信成分遭到有识之士的抵制与批判。但对于纬书,汉代的学者是普遍接受的,《后汉书》中记载的桓谭、尹敏、张衡等批判的是"图谶",并不是"纬",说明无论是今文经学还是古文经学,对于纬书都有相当程度地接受。因为尽管纬书多杂神秘说教,然而"其中必多孔学真义,只要剔除其怪异成分,孔学玑珠必昭然可见"①。

2.纬书中的合理成分

纬书的内容之所以被广泛吸收,说明其内容必有可取之处,张尔田云:"六经口说,七十子后学传之未尽者,纬书无不具之。三科九旨等义,则《公羊春秋》之所托始也;五际六情等义,则辕固《诗传》之所从出也;五行庶征等义,则夏侯《洪范》灾异之所根柢也;中孚卦气等义,则孟喜《易》象消息之所折衷也。圣人不空生,必有所制,以显天心,学者治经,非通天地人则不能为儒,然则诵法六艺者,安可不知纬学哉!"②汉代通儒无不通纬学,郑玄于《戒子书》中自言"博稽六艺,粗览传记,时睹秘书纬术之奥"③,因此在注解经书时经常引用纬书,以至于后人有"郑康成释经,以纬书乱之"④的批评,但徐养原云:"康成之信纬,非信纬也,信其与经义有合者也。《诗》《礼》注中所引,皆淳确可据,比之何休,特为谨严。"⑤纬书中的合理成分包括以下几个方面:

第一,纬书中的许多说经之语,是经学重要的结论。纬书中的经说,很多成为后世经学的常识,具有重要的经学史意义。崔述《考信录·提要》卷上《释例》云:

> 先儒相传之说,往往有出于纬书者。盖汉自成、哀以后,谶纬之学方盛,说经之儒多采之以注经。其后相沿,不复考其所本,而但以为先儒之说如是,遂靡然而从之。如龙负河图,龟具洛书,出于《春秋纬》。黄帝作咸池,颛顼作五茎,帝喾作六英,帝尧作大章,出于《乐纬》。诸如此类,盖不可以悉数。……余幼时尝见先儒述孔子言云,"吾志在《春秋》,行在《孝经》";稽之经传,并无此文。后始见何休《公羊传序》,唐明皇《孝经序》有此语,然不知此两序本之何书。最后检阅《正义》,始知其

---

① 蒋庆《公羊学引论》,153页,辽宁教育出版社,1995年。
② 张尔田《史微》卷五《原纬》,128页,上海书店出版社,2006年。
③ 严可均《全上古三汉三国六朝文》,926页,中华书局,1958年。
④ 王应麟《困学纪闻》卷四,四部丛刊本。
⑤ 徐养原《纬候不起于哀平辨》,见严杰《经义丛钞》卷二十(《皇清经解》卷一千三百九十)。

出于孝经纬之《钩命诀》也。大抵汉儒之说,本于七纬者不下三之一;宋儒颇有核正,然沿其说者尚不下十之三。①

崔述指出,汉儒说经的内容出自七纬者不下于三分之一,如"龙负河图,龟具洛书",黄帝作咸池,颛顼作五茎,帝喾作六英,帝尧作大章,孔子"志在《春秋》,行在《孝经》"的论断等,都是后世经学中的重要结论。

又著名的"三纲六纪"之说,首见于礼纬《含文嘉》,经过《白虎通》的进一步阐述,成为后世不易之法,《白虎通·三纲六纪篇》云:

> 故《含文嘉》曰:"君为臣纲,父为子纲,夫为妻纲。"又曰:"敬诸父兄,诸父有善,诸舅有义,族人有序,昆弟有亲,师长有尊,朋友有旧。"②

故皮锡瑞云:"故纬纯驳互见,未可一概诋之。其中多汉儒说经之文:……三纲大义,名教所尊,而经无明文,出礼纬《含文嘉》。马融注《论语》引之,朱子注亦引之,岂得谓纬书皆邪说乎?"③

第二,纬书吸收了当时天文、历法的知识,其中有很多是可取的。汉代许多天文、历法的知识保存在纬书中,如皮锡瑞在《经学历史》中所举证:

> 如"六日七分"出《易纬》,"周天三百六十度四分度之一"出《书纬》,"夏以十三月为正"云云出《乐纬》。后世解经,不能不引。④

其中《尚书考灵曜》载"周天三百六十五度四分度之一""日日行一度,月日行十三度十九分度之七"。被《白虎通·日月篇》所吸收。指的是周天三百六十五度四分度之一(365.25度),日绕天球公转,一年一周,即每天行一度。月绕天球一周,为27.3219日,即一个恒星月(不同于朔望月,月球绕地球公转相对于太阳平均周期,平均为29.53059天),每天行进"十三度十九分度之七",即13.3684度。虽不及现代科学严密,但已具备相当高的观察水平。《乐纬》之"夏以十三月为正"之说为《白虎通·三正篇》所吸收,亦确凿无疑之论。又,纬书经验主义的类推中含有符合客观规律的成分,如《尚书考灵

---

① 崔述《考信录》,《续修四库全书》455册,274—275页,上海古籍出版社,2002年。
② "诸父有善"各本作"六纪道行",今从陈立说改,说详《〈白虎通义〉校释》。
③ 皮锡瑞撰、周予同注释《经学历史·经学极盛时代》,71页,中华书局,2004年。
④ 同上。

曜》云：

> 地恒动不止人不知，譬如人在大舟中，闭牖而坐，舟行不觉也。（《御览》卷三十六引）

较之天动地静之说亦有很大的进步。这些天文历法的知识都是当时科学的火花，不能轻易否定。

第三，纬书中的名物、训诂，虽多为义理阐发，但其中对多义词义项的正确把握以及思辨成分，启发了后世训诂学的发展。如《孝经援神契》（以下简称"援神契"）"社为土神，稷为谷神"的解释，为郑玄所用，①赵在翰云："社稷之说，先儒不同，郑君据纬，独得其正。"②而本书第一章所举郑玄《易赞》及《易论》所云："易一名而含三义，易简一也，变易二也，不易三也。"恰恰是来源于《易纬乾凿度》（以下简称"乾凿度"）："易一名而含三义：所谓易也，变易也，不易也。"沈涛云："纬书八十一篇，其说字多古音古义，实为许氏九千言所本，篇中所称'孔子曰'，即纬书说，如'黍可为酒，禾入水也'、'粟之为言续也'，见《说题辞》；'乌，盱呼也，取其助气，故以为乌呼'，见《元命包》；是知举形之字，叩气之训，无非旎纬之精谈，皆属灵篇之奥恉。"③沈氏过信纬书，斯不足取，但他的论断中透露出的信息是，纬书声训中所透露的音义关系的关联性，对后世的语言学是有积极影响的。

谶纬之学是汉学的中要组成部分，"七十子后学之口说幸而获存者"④，而宋人必欲尽删之而后快，欧阳修尝上《论删去九经正义中谶纬札子》，幸而其说不行，否则非但九经注疏不完，即汉学不可得窥矣。如徐养原所说，"纬书虽起于西京之末，而书中之说，多本于先儒，故纯驳杂陈，精粗互见。谈经之士，莫能废焉。……纬书起自前汉，去古未远。彼时学者，多见古书，凡为著述，必有所本，不可以其不经而忽之。"⑤

（二）纬书中的过度阐释

谶纬将阴阳五行理论进行了无限的推演，阴阳五行思想源于对复杂世界的简化分类，将这种简单的认知模式进行推演，即以阴阳五行之间的生克

---

① 见《尚书·诏诰》正义引。
② 赵在翰辑《七纬》，679页，中华书局，2012年。
③ 沈涛《十经斋文集》卷三《与马珊林书》，《清代诗文集汇编》578册，344页，上海古籍出版社，2011年。
④ 张尔田《史微》卷五《原纬》，129页，上海书店出版社，2006年。
⑤ 徐养原《纬候不起于哀平辨》，见严杰《经义丛钞》卷二十（《皇清经解》卷一千三百九十）。

关系,推导客观事物之间的必然联系,必定导致教条化的结果。"这种'推论'不是由感性上升到理性,让思想摆脱经验直观的局限,不过是感性经验经过'类比'、'推类',而被阴阳五行模式所吸收覆盖而已。总之,经学把经验主义的认识方法发展到了它的极限。"①也就是说,谶纬的解释不是求实,而是建立一种主观的关联。

纬书中的推演很明显地表现在对事物的分类并为之释义方面。以声训的方式陈说经义,起源于先秦诸子,推广于董仲舒。董仲舒认为名是圣人制造出来以体现事物的,"名者,圣人之所以真物也,名之为言真也"(《春秋繁露·深察名号篇》),因此提出"深察名号"的主张,在其《春秋繁露》中,存在大量声训式申说,如:

(1)王者,民之所往。(《灭国篇》)
(2)号为诸侯者,宜谨视所候奉之天子也。(《深察名号篇》)
(3)礼,体情而防乱者也。(《天道施篇》)
(4)春之为言犹偆偆也。……偆偆者,喜乐之貌也。(《王道通三篇》)
(5)秋之为言犹湫湫也。……湫湫者,忧悲之状也。(《王道通三篇》)

董仲舒对名号的定义尽管也是义理声训,但依然是出于儒家观念的一种朴素的演绎。纬书将这种同音为训的解释方式由经学扩展到了现实生活中,并且加入了新的因素。纬书对声训的推演表现在两个方面:

1. 扩大解释范围

纬书不仅将关于典章制度的名词以声训的方式说明,甚至连日常生活中常见的动植物的名称也予以声训。以下以《春秋说题辞》为例,考察纬书对名物的解释方式:

(1)黍者,绪也,若仲夏物并长,故纵酒,人众聚厌象也。(《宝典》卷五引)
(2)稻之为言藉也,稻冬舍水盛其德也,故稻太阴精,含水渐洳乃能化也,江旁多稻固其宜也。(《御览》卷八百三十九引)
(3)麦之为言殖也,寝生触冻而不息,精射刺直,故麦含芒生且立也。(《御览》卷八百三十八引)
(4)粟助阳扶阴,粟之为言续也。(《御览》卷八百四十引)

---

① 金春峰《汉代思想史》,9页,中国社会科学出版社,2006年。

(5)羊者,详也,详以改也,合三为生,以养士也,故羊高三尺。(《初学记》卷二十九引)

以上名词都是与日常生活息息相关的动物或植物,动植物之名多为语言符号,其由来多不可考,纬书却均以声训的方式为之定义,可见纬书的触角已经延伸到了生活的方方面面。由于纬书大多散佚,我们只能从类书的征引中窥其声训之一斑,可以想见,如果将纬书的声训全部搜集到一起,也是一部包罗万象的"释名"(详本书附录)。由于经学领域中的被训词属于儒家的价值范畴,因而对它们的声训,具有道德的约束性。而纬书将声训扩大到现实生活,这种随心所欲的关联,使其声训的结论呈现出很大程度的零散性。

2. 纳入阴阳五行模式

除了将被训词的范围进一步扩大外,纬书还将阴阳、天人观念引入声训,使声训的指向进一步偏离词源。例如:

(1)王者,往也。神所向往,人所乐归。(《御览》卷七十六引《春秋文耀钩》①)

(2)侯之言候,候顺逆,兼伺候王命矣。(《公羊传·隐公元年》疏引《春秋说》)

(3)礼者,所以设容明天地之体也。(《古微书·说题辞》)

(4)春者神明推移,精华结纽。(《御览》卷十九引《元命苞》)

(5)秋之为言愁也,万物至此而愁,恐残败也。(《汉学堂丛书·元命苞》)

对照上引《春秋繁露》的声训,可见二者存在很大的不同:例(1)"王"《春秋繁露》与纬书并训"往",但"往"的主语在《春秋繁露》中为"民",而在纬书《文耀钩》中首先是"神",其次是"人"。例(2)"侯"《春秋繁露》与纬书并训"候",但"候"在《春秋繁露》中为"斥候"义,犹今之侦查,其宾语为所侦查的现实状况;在纬书中《春秋说》中,为"伺候"义,其宾语首先为时气之顺逆,②其次为王命。例(3)"礼"《春秋繁露》与纬书并训"体",但在《春秋繁露》中"体"是动词,宾语为"情",即人情;但在纬书《说题辞》中,"体"是名词,为天地之体。例(4)"春"《春秋繁露》训"偆"(同"蠢"),其主语为万物,而纬书《元命苞》训"推",其主语

---

① 以下简称"文耀钩"。
② 《周礼·春官·小祝》注:"侯之言候也,候嘉庆、祈福祥之属。"

为神明,即阴阳,阴阳相推使物精华结成。① 例(5)"秋"《春秋繁露》训"湫",为聚缩义,万物至秋而聚缩("忧悲之状"为聚缩之状),而《元命苞》训为"愁"为忧愁义,将万物拟人化,"万物至此而愁,恐残败也",神化天地万物的关系。

可见,董仲舒的解释尽管也并非语言声训,但尚在较朴素的层面,纬书的声训将天地阴阳观念进一步推演,将万物的概念完全义理化。"谶纬关于文字和名的思想则往往脱离实际的方向大大发展了,形成了一个基本模式:即全部从阴阳五行立论并渗透着牵强附会的像数学的解释"。② 如我们在本章第二节所举例证,阴阳五行理论并不能涵盖全部的现实生活,其类比有很大的人为性,因此,完全以此为基础进行的解释,其漏洞不言自明。

顾颉刚总结谶纬所负的三种使命:"其一,是把西汉二百年中的术数思想做一次总整理,使得它系统化。其二,是发挥王莽、刘歆们所倡导的新古史和新祀典的学说,使得它益发有证有据。其三,是把所有的学问,所有的神话都归纳到六经的旗帜之下,使得孔子真成个教主,六经真成个天书,借此维持皇帝的位子。"③可以说《白虎通》所肩负的任务与谶纬是一致的,二者不同之处在于,作为精英知识分子参与的学术会议,白虎观会议摒弃了谶纬中的迷信成分,《白虎通》所引用的四条谶书材料,如《诛伐篇》引《春秋谶》曰:"战者,延改也。"又引《孝经谶》曰:"夏至阴气始动,冬至阳气始萌。"《辟雍篇》引《论语谶》曰:"五帝立师,三王制之。"《日月篇》引《谶》曰:"闰者阳之余。"也只是引用它们对经义或天文历法的解释,对其中的迷信与征验,均无采用。说明《白虎通》在很大程度上整肃了当时乌烟瘴气的学术氛围,代表了当时头脑清醒的知识分子的普遍看法。

## 二、训诂、章句是《白虎通》声训的基础

训诂解释词义,章句总扩主旨,由文字通乎语言,由语言通乎圣贤之心,二者是结合在一起的。至于章句末流变得支离琐碎,叠床架屋,那是另一回事。段玉裁谓班固"范《史》称其学'不为章句,举大义而已'而固曾为《白虎通》及《离骚章句》,皆训诂详明,今《白虎通》虽残缺而尚存,《离骚章句》已亡,然如'不变曰醇,不杂曰粹'、'田三十亩曰畹',见于刘逵、张载所引者,犹可考证。'阺'训'不安',许君及伪孔传皆本之也。"④很好地说明了章句中训诂的重要性。《白虎通》即结合章句与训诂的经学著作。

---

① 《御览》卷十九引《元命苞》注:"神明犹阴阳也,相推使物精华结成,纽结,要也。"
② 金春峰《汉代思想史》,328页,中国社会科学出版社,2006年。
③ 顾颉刚《秦汉的方士与儒生》,见《顾颉刚全集》二,559页,中华书局,2010年。
④ 段玉裁《古文〈尚书〉撰异》卷三十一,《续修四库全书》46册,285页,上海古籍出版社,2002年。

## （一）训诂对《白虎通》的影响

先秦典籍如《周易》《论语》《礼记》等多以声音为训诂。洪亮吉云：

> 古之训诂即声音，《易·说卦》曰："乾，健也。""坤，顺也。"《论语》曰："政者，正也。"基之为始，叔向告于周；椸之为秅，梓慎言于鲁。又若《王制》："刑者，侀也；侀者，成也。"展转相训，不离初音。汉儒言经，咸臻斯义。以迄刘熙《释名》、张揖《广雅》、魏晋以来《声类》《字诂》诸作，靡不皆然。声音之理通，而六经之恉得矣。①

洪亮吉认为，先秦经典中多以声音为训，这一点为汉儒解经所继承，以至于影响到了后代为经学服务的训诂专书的编撰。实际上，与其说先秦的声训是一种解释方式，不如说是一种表达方式。王先谦《释名疏证补·序》云：

> 流，求；佴，贰；例启于周公。干，健；坤，顺；说畅于孔子。仁者，人也；谊者，宜也；偏旁依声以起训。刑者，侀也；侀者，成也；辗转积声以求通。此声教之大凡也。侵寻乎汉世，间见于纬书。韩婴解《诗》，班固辑《论》，率用斯体，宏阐经术。②

王先谦认为声训这种表达方式起于周公之《尔雅》，为孔子所发扬光大，其作用是以声训的方式宣传教化，汉代的《韩诗外传》《白虎通》都采用了这种表达方式，"率用斯体"之"体"，就是表达方式。

邓廷桢认为汉儒说经用声训是受到《孟子》的影响：

> 孟子凡言古人制度文章，往往自为训诂。以声阐义，遂为汉儒说经家法。《梁惠王篇》："巡狩者，巡所守也。""述职者，述所职也。""狩""守"声，"巡狩"《尧典》作"巡守"，是"狩""守"、"职""职"同声也。"畜君者，好君也。""畜"，古音许救切，"好"古音在幽部，《洪范》："无有作好。"《说文》引古文尚书曰："无有作（丑女），从女从丑，丑亦其声也。"是"畜""好"同声也。《滕文公篇》："彻者，彻也。""助者，藉也。""助"，"且"声，"且"古音"俎"，"藉"，"昔"声，"昔"古音"厝"。是

---

① 洪亮吉《汉魏音·叙》，《续修四库全书》245册，569页，上海古籍出版社，2002年。
② 王先谦《〈释名疏证〉补·序》，《续修四库全书》190册，42页，上海古籍出版社，2002年。

"彻""彻"、"助""藉"同声也。《周礼》:"司巫祭祀共蒩馆。"杜子春云:'蒩'读为'葅'。"后郑司农谓'葅'之言'藉'也。"《说文》:"葅,茅藉也。"并训"葅"为"藉"。盖权舆此矣。"庠者,养也。""校者,教也。""序者,射也。""庠""养"皆"羊"声;"校","交"声,"教"从"爻",《说文》:"爻,交也。""序","予"声;"射",古读若"斁",是"庠""养"、"校""教"、"序""射"同声也。①

《孟子》中的"巡狩者,巡所守也""述职者,述所职也""畜君者,好君也""彻者,彻也""助者,藉也""庠者,养也""校者,教也""序者,射也"等训诂影响到了后世的经解。《孟子》论述古人制度文章,往往用声训,汉儒说经也是论述"古人制度文章",亦以此为法。《白虎通》虽然没有接受孟子的具体结论,但"巡狩""庠""序"诸词也都做了形式一致的训释。故周祖谟以为:"声训之事,起于《易传》,而发扬推衍之者,实为汉之今文经家,如班固《白虎通义》所集汉人解字之说,皆为今文经家之言是也。"②

汉代是训诂的萌芽时期,延续了先秦声训的惯性。但汉代口耳相传的问学方式也是汉儒重视声训的一个重要原因,王筠云:"汉儒口授,故重耳学,郑君而外鲜不偏主音者。"③除了表达方式之外,声训的解释功能也得到了长足的发展。声训除了能够因声求义外,还是各家发挥自己见解的重要手段。经典从先秦流传到汉代,大多失去了当时的具体语境,在后世的理解中,各家也只能根据自己的师承及个体经历言其义旨,不改变经典的文字,只能从声音上下功夫,这导致了门派的产生。张尔田云:"竹帛所载不过其大纲总要而已,若夫细微曲折之故,推而见诸实用,则必有子不得传之于父,弟不得传之于师者焉,此口说之所以可贵也。"④不同的学者对同一个词有着不同的训诂,由于训诂不同,导致义理的不同。例如:

> 《周礼·地官·遂人》:"以兴锄利甿。"注:"郑大夫读'锄'为'藉',杜子春读'锄'为'助',谓起民人令相佐助。"疏:"郑大夫读锄为藉,藉,借也,谓借民力,所治之田,民相于无此事,故后郑谓'相佐助',从子春也。"

---

① 邓廷桢《双砚斋笔记》卷一,41—42页,中华书局,1987年。
② 周祖谟《书刘熙〈释名〉后》,见《问学集》,887页,中华书局,1966年。
③ 王筠《〈说文解字〉释例》,78页,中华书局,1998年。
④ 张尔田《史微》卷五《原纬》,168页,上海书店出版社,2006年。

在这则材料里,"耡"有两种不同的解释,郑大夫(兴)读"耡"为"藉",杜子春读"耡"为"助",贾公彦疏以"谓起民人令相佐助"为郑玄语,因此说郑玄不从郑大夫,而从杜子春之说。孙诒让云:"大夫、子春并据《里宰》合耦为说,耡、藉、助声义并相近,而耡从'助'得声,于义尤切。……官借民力以治田,与民自相借以耦耕,事异而义同也。"①孙诒让以为此二说并出自《里宰》,各以不同角度为说。

读音的偏差导致了经典理解的不同,甚至为有意曲解经义创造了条件。如顾颉刚所说:"他们为什么会得这样钩心斗角?只因东汉是训诂学极发达的时代,是孕育贾逵、服虔、许慎、马融、郑玄……一班训诂大家的时代,在这时代中,不创造新材料而专解释旧材料,所以训诂就是'万应灵丹',无施不可的了。"②《白虎通》中的很多解释都是围绕经学中的不同说法而发,我们在第一章第二节已有论述。类似的问题在孔子时代就已经存在,孔子的解决方法是在讲经典的时候说的是"雅言",郑玄解释说:"读先王法典,必正言其音,然后义全。"③孔子之所以要"正言其音"就是防止讲学者任意发挥。胡适说:"'君子于其言,无所苟而已矣'一句话,实是一切训诂书的根本观念。故公羊、谷梁,都含有字典气味。"④因此,作为"罗列和综合各家观点的经学名词汇编"⑤的《白虎通》的训诂特色不言自明。

(二)章句对《白虎通》的影响

汉儒治经之初,但传训诂,不可通者则阙之。⑥至宣帝时则有章句兴起,⑦章句的本义是分章、断句,在文末简要指明章旨,以便于学习。由口耳相传到书于竹帛,必然会出现书不尽言的状况,导致信息的磨损。《尚书》从口耳相传到书于竹帛的授受过程颇能说明这个问题,郑玄《尚书大传叙》云:

> 伏生为秦博士,至孝文时年且百岁。张生、欧阳生从其学而授之,音声犹有讹误,先后犹有差舛,重以篆隶之殊,不能无失。生终后,数子

---

① 孙诒让《周礼正义》卷二十九,《续修四库全书》83册,43—44页,上海古籍出版社,2002年。
② 顾颉刚《中国上古史研究讲义》,319页,中华书局,1988年。
③ 《论语·述而》"子所雅言"何晏注引。
④ 胡适《中国哲学史大纲》,77页,东方出版社,1996年。
⑤ 金春峰《汉代思想史》,417页,中国社会科学出版社,2006年。
⑥ 《汉书·儒林传》:"申公独以《诗》为训故以教,无传,疑者则阙弗传。"丁宽"作《易说》三万言,训故举大谊而已。"
⑦ 钱穆《两汉博士家法考》:"五经博士置自武帝,而博士分家起于宣帝,则诸经章句之完成,亦当在宣帝之后矣。"见《两汉经学今古文平议》,224页,商务印书馆,2001年。

各论所闻,以己意弥缝其缺,别作章句。①

卫宏《定古文尚书序》云:

> 伏生老,不能正言,言不可晓也,使其女传言教错,齐人语多与颍川异,错所不知者凡十二三,略以其意属读而已。(《汉书·儒林传》注引)

这里记载了张生、欧阳生、晁错三个人分别向伏生学习《尚书》的过程,反映了听觉文化向视觉文化的转变过程中信息的磨损:首先是声音的讹误,伏生本山东人,难免有方音,且年老,口齿不清;其次学习者顺序有先后,导致接受的内容不一致;再次汉代隶书的讹变,阻断了文字与语言的联系。于是不同的接受者各以己意弥缝其说,导致了经学门派的产生。门派之争"迫使经师们做出广泛的注疏并查究经文的最微小的细节"②,以免为论敌所乘,遇有不可说者,则不免辗转附会,如《汉书·儒林传》:

> 蜀人赵宾好小数书,后为《易》,饰《易》文,以为"'箕子明夷',阴阳气亡箕子,箕子者,万物方荄兹也。"宾持论巧慧,易家不能难,皆曰非古法也。

按:此前解《易·明夷》六五"箕子之明夷"之"箕子"如字,为纣王诸父,③赵宾以"箕子"为"万物方荄兹","箕子"与阴阳气无关,但又不能不解释,因此陷入了"饰说",即从五经中找寻与"箕子"同音或音近的词的解释,牵强附会。赵宾的解释大概是当时的成说,如《释文》引刘向云:"今《易》箕子作荄滋。""滋"通"兹"。而以"荄"代"箕"盖源于《史记·律书》之说:"(条风)南至于箕。箕者,言万物根棋,故曰箕。"以"棋"训"箕","棋"有根荄义,故有此牵合。此例可见章句之烦琐。又《韩诗外传》卷六:

> 《易》曰:"困于石,据于蒺藜,入于其宫,不见其妻,凶。"此言困而不见据贤者也。昔者秦缪公困于殽,疾据五羖大夫、蹇叔、公孙支而小霸。

---

① 见王闿运《尚书大传补注》,《续修四库全书》55册,799页,上海古籍出版社,2002年。
② [英]崔瑞德、鲁惟一编《剑桥中国秦汉史》,727页,中国社会科学出版社,1992年。
③ 《周易集解》引马融云:"箕子,纣之诸父,明于天道《洪范》之九畴,德可以王,故以当五。知纣之恶,无可奈何,同姓恩深,不忍弃去,被发佯狂,以明为暗,故曰'箕子之明夷'。"

晋文公困于骊氏,疾据咎犯、赵衰、介子推而遂为君。越王勾践困于会稽,疾据范蠡、大夫种而霸南国。齐桓公困于长勺,疾据管仲、宁戚、隰朋而匡天下。此皆困而知疾据贤人者也。夫困而不知疾据贤人而不亡者,未尝有之也。

《韩诗外传》以秦缪、晋文、勾践、齐桓危难时疾据贤者而终转危为安之事解《易·困卦》六三:"困于石,据于蒺藜,入于其宫,不见其妻,凶。"以困而不据贤者为凶。因爻辞有"据于蒺藜"之文,而附会为"疾据"。又如:

《诗·郑风·将仲子·序》:"将仲子,刺庄公也,不胜其母以害其弟,弟叔失道而公弗制,祭仲谏而公弗听,小不忍以致大乱焉。"首章:"将仲子兮,无逾我里。"毛传:"仲子,祭仲也。"

据字面意思,《将仲子》或如朱子所谓"淫佚之辞",而诗《序》比附郑庄公与其弟共叔段事,使之具有了政治含义,究其原因,是因为"将仲子"中的"仲"与郑庄公的臣子"祭仲"的名字可以附会到一起。所以朱子以为这个解释"与诗辞全不相似"[①]。

汉代学者解释经典,所说皆有据可循,以至于多种说法并存,后人以难言其正误。这为阴阳五行的介入提供了契机,例如:

《周礼·春官·叙官》"韎师"注:"郑司农说,以《明堂位》曰'昧,东夷之乐',读如'味',饮食之味;杜子春读'韎'为'昧',茎著之昧;玄谓读如韎韐之'韎'。"疏:"引《明堂位》者,证韎是东夷之乐,云'读如味,饮食之味'。杜子春读'韎'为'昧',茎著之昧者读,从《尔雅》也;此后郑皆不从之。后郑云'读为韎韐之韎'者,欲取'韎'为赤色,是以《礼记·檀弓》云'周人……大事敛用日出'郑云'日出时亦赤',则东夷之乐名'韎'者,取色赤东方之意。"

在这则材料里,"韎师"有三种不同的解释,且各有根据,郑司农据《明堂位》改"韎"为"昧",按,《礼记·明堂位》:"昧,东夷之乐也。"注:"《周礼》,昧师掌教昧乐。"是《明堂位》注用郑司农说。段玉裁以为杜子春"读'韎'为

---

① 朱熹《朱子语类》卷八十,2072页,中华书局,1986年。

'莜'"之"为"当作"如",仅为拟音。① 疏以郑玄之意为阴阳五行之说,段玉裁以为郑玄亦仅为拟音,据汉代的实际情况看,以贾疏为长,至少贾疏是根据当时的社会情况做出的推测。

孟子解经有"以意逆志"之说,已开"六经注我"之先河,董仲舒认为"《诗》无达诂,《易》无达占,《春秋》无达辞,从变从义,而以一奉人"(《春秋繁露·精华篇》),认为经典的意义不是一成不变的,而是随着时代的发展而产生不同的解读,遂为章句解经提供了理论依据,为经典附会出许多外在的含义。章学诚云:"古之所谓经,乃三代盛时,典章法度见于政教行事之实,而非圣人有意作为文字以传后世也。"② 章句之学恰恰相反,他们认为经典中的每一个字词,都是圣人有意作为,于是千方百计寻找微言大义,徒然生出许多枝节来。

从语言学的角度看,章句之学的特点是,忽略语境,通过对具体语词的关注,展开不同角度的思索,无论是历史还是现实,凡有一丝关联的,都尽可能比附到一起,以实现经典对当代的指导作用,凡比附得当者,便可为一家之言。但汉代的章句之学,多做不到篇章与字句统一,只能是具体、琐碎的局部比附,要想做到篇章与字句的合一,不得不动用一切相关的信息来深文周纳,费尽心机。在利禄的驱使下,不同学派的学者离析经义,动辄万言,繁琐无归。如章句学者秦延君说《尧典》,"篇目两字之说,至十万言;但说'曰若稽古'三万言"(《新论·正经篇》),至有博士弟子"夜定旧说,死于烛下"(《论衡·效力篇》)者。因此,章句变得越来越脱离经典的本义,成为任意发挥的工具,导致了经学的畸形发展,被斥为"章句小儒,破碎大道"(《汉书·夏侯胜传》),以至于"通人恶繁,羞学章句"(《文心雕龙·论说篇》)。因此,朝廷不得不出面减省章句,王莽时,省五经章句,皆为二十万。③ 光武诏令钟兴定《春秋》章句,去其复重,以授皇太子。④ 桓荣受朱普章句四十万言,桓荣减为二十三万言,其子桓郁复删省定成十二万言。⑤ 张奂将牟氏章句四十五万余言减为九万言。⑥ 东汉时,删省章句渐成共识。章帝中元元年诏:"五经章句烦多,议欲减省。"(《后汉书·章帝纪》)因有白虎观会议的召开。在这种学术环境下产生的经学通论《白虎通》所做的工作

---

① 段玉裁《周礼汉读考》卷三,《续修四库全书》80册,292页,上海古籍出版社,2002年。
② 章学诚著、叶瑛校注《文史通义校注·经解上》,94页,中华书局,1985年。
③ 《论衡·效力篇》。
④ 《后汉书·儒林传下》。
⑤ 《后汉书·桓荣传》。
⑥ 《后汉书·张奂传》。

95

是"为经书挑选合适的章句,和把对那些章句的某些解释单独列为正统的注疏"①。《白虎通》的特点是以训诂的方式表达减省后的章句,通过对语词的关注,达到对文意的理解,尽管他们所做的是经学的事业,但其方法却是语言学的。

《白虎通》的章句属性并不仅仅体现在声训上,很多表述本身就是对典籍的解读,涉及不同的经学观念,其中既有对历史事实的不同认定,也有对文意的不同理解,同时也有对典章制度的不同解读。例如《白虎通·崩薨篇》:

《尚书》曰:"武王既丧。"……知据死者称丧也。

所引《尚书》为《金縢篇》文,其中"丧"字两解,一如《白虎通》作丧亡解,如《史记·鲁周公世家》作"其后,武王既崩"。一作丧服解,如《诗·豳风·鸱鸮》笺:"周公竟武王之丧,欲摄政,成周道,致大平之功,管叔蔡叔等流言云,公将不利于孺子。"《诗·邶风·柏舟》疏引《金縢》注:"武王崩,周公免丧。"同一"丧"字,或为丧亡义,或为丧服义。再如《白虎通·谏诤篇》:

诸侯之臣诤不从得去何?以屈尊申卑,孤恶君也。……《诗》曰:"逝将去汝,适彼乐土。"

所引《诗》为《魏风·硕鼠》文,《白虎通》以其义为"诤不从得去"。毛诗以为刺重敛,传:"硕鼠,刺重敛也。国人刺其君重敛、蚕食于民,不修其政,贪而畏人,若大鼠也。"按:《韩诗外传》卷二伊尹之去桀适汤、田饶去鲁之燕皆有"逝将去汝,适彼乐土"之歌,《新序·杂事五》亦有田饶去鲁之燕歌"逝将去汝,适彼乐土"事,又《说苑·善说篇》载宁戚饭牛而歌硕鼠。《新序》《说苑》作者刘向,为楚元王交四世孙,交与授鲁诗之申培同受业于荀卿门人浮邱伯,见《汉书·楚元王传》《儒林传》。又刘向《列女传》多引鲁《诗》说,知刘向所习为鲁《诗》。则《白虎通》所用为鲁、韩诗义。又如《白虎通·崩薨篇》云:

封树者,所以为识。故《檀弓》曰:"'古也墓而不坟,今丘也,东西南

---

① [英]崔瑞德、鲁惟一编,《剑桥中国秦汉史》,670页,中国社会科学出版社,1992年。

北之人也，不可以不识也'，于是封之，崇四尺。"《春秋含文嘉》①曰："天子坟高三仞，树以松；诸侯半之，树以柏；大夫八尺，树以栾；士四尺，树以槐；庶人无坟，树以杨柳。"

《易·系辞下》："古之葬者，……不封不树。"虞翻注："穿土称封，'封'古'窆'字也。聚土为树。"是虞翻以"封"为"窆"之借，以"树"为聚土义。《白虎通》则以"封"为坟，以"树"为种植义，与虞翻不同。《白虎通》的见解为汉代一家之言，但虞翻的见解也不是空穴来风，其以"封"为"窆"之借、以"树"为聚土义是受《礼记·王制》"庶人县封，葬不为雨止，不封不树"郑玄注"'县封'当为'县窆'，县窆者，至卑，不得引绋下棺；封谓聚土为坟，不封之，不树之，又为至卑无饰也"的影响。实际上，《王制》"县封"之"封"与"不封不树"之"封"是一个字代表的不同的词，"窆"为葬下棺义，或假借作"封"，"封"为聚土为坟义，虞翻以字为本位，将《王制》"县封"之"封"（通"窆"）与"不封不树"之"封"（聚土为坟）错误等同，故有此注。如果以虞注解《王制》，上文曰"县封"，下文曰"不封"，岂不自相矛盾？又《礼记·檀弓》："国子高曰：'葬也者，藏也，藏也者，欲人之弗得见也，是故衣足以饰身，棺周于衣，椁周于棺，土周于椁，反壤树之哉！'"郑注："反，覆也，怪不如大古而反封树之。"疏："子高之意，人死可恶，故备以衣衾棺椁，欲其深邃不使人知，今乃反更封壤为坟，而种树以标之哉！"是树为种树，非为聚土义。适见虞氏据《礼记》郑注为说，反复弥缝，导致支离破碎。而《白虎通》得用其本义，简洁明晰。又《盐铁论·散不足篇》云："古者不封不树，……及其后则封之，庶人之坟半仞，其高可隐。今富者积土成山，列树成林。"亦以封为坟，树为植树，与《白虎通》同。故王引之云："是封谓为坟，树谓植木，盖汉世经师说《易》者如此，故《白虎通义》本之以为说也，胜虞氏远矣。"②《白虎通》的解释较之虞翻，省减了琐碎的比附与联系，使经典大义趋于简明，故季刚先生云："汉以来说经之书，简要明皙者，殆无过《白虎通德论》。设主客之问，望似繁碎，其实简明。"③

汉代训诂与章句的弊端在于刻意，出于义理的目的，将语言用作"正名"的手段，脱离了其实际意义。龙宇纯云："《春秋》，正名之书也。正名，则其用名之不苟不待言。然其不苟，未必皆实际语义，孔子用之如此耳。于是正

---

① 卢本删"春秋"二字，今从旧本，详《〈白虎通义〉校释》。
② 王引之《经义述闻》卷二《不封不树》，59页，江苏古籍出版社，2000年。
③ 黄侃《礼学略说》，见《黄侃论学杂著》，460页，中华书局，1964年。

名主义之语言以成。后之儒者，因孔子用字分际严明，亦尤而效之；而诂经之家，又复变本加厉，于字义之本同或本无其义者亦分别傅会为异义。于是而正名主义之训诂以起。"①汉代学者解释经典多用声训，但各家标准不一，孰对孰错尚在两可之间，这为后世不同的学派附会经意创造了条件。叶德辉云："经传训诂皆周秦两汉师师相承之古言，形近声近，形误声误，释者各有讹传。"②其言虽过激，却能切中汉儒之弊。这些问题在《白虎通》中能清晰地反映出来。

## 本章小结

　　语言崇拜、阴阳五行、训诂章句三者融合在一起，是《白虎通》义理声训产生的根源。阴阳五行作为一种宇宙观，在知识体系方面有其进步意义，但将之进一步深入到人性的层面，作为道德依据，则带有理智上的强制性。汉代学者以此为依据，对先秦经典的过度解读，成为后世学术史上难以逾越却又不得不面对的纠葛。《白虎通》在形式上以训诂为正文，内容上吸收各家的见解，以声训的方式把当时的思想融入了经学的解释，表面上没有改变经典的语言，却使经典的意义由个别扩展为一般，具有了"公式化"的指导意义。但阴阳五行本质上是个人为框架，在社会、政治变动之后，这个框架也会随之进行一系列的调整，这是后世子、史著作声训不断发展变化的原因。从汉代到隋唐学者们一直利用这种方式思考问题，除《白虎通》外，《史记·律书》《汉书·律历志》《独断》《风俗通》《三礼义宗》等著作都大量采取了声训的叙述模式。研究《白虎通》声训，并不是要拆穿并超越这个现在看来显而易见的训诂学上的失误，而是将它放在特定的历史条件下去思考它的原因与价值所在。因为在现代社会生活中，尽管传统的历史背景已经消失，但义理声训这种观念并未消失，只是改头换面伪装了它的表达方式而已。

---

① 龙宇纯《正名主义之语言与训诂》，见《丝竹轩小学论集》，365页，中华书局，2009年。
② 崔建英整理《郋园学行记》，见《崔建英版本目录学文集》，560页，江苏凤凰出版社，2012年。

# 第三章 《白虎通》义理声训与两汉故训的关系

　　《白虎通》是一部兼容并包的经学通论,不仅吸收了经、史、子著作还大量吸收了当时流行的谶纬著作的观点。据统计,《白虎通》引用经学著作有《尚书》及传84条,《礼》类(三礼及逸礼)174条,《春秋》经传108条,《论语》63条,《诗》类69条,《易》类23条,《孝经》9条,《尔雅》2条。① 除了经学著作外,《白虎通》引用纬书有:《援神契》5条,《钩命决》1条,《尚书中侯》2条,《尚书刑德放》(以下简称"刑德放")4条,《乾凿度》3条,《乐动声仪》(以下简称"动声仪")1条,《含文嘉》4条,《春秋感精符》(以下简称"感精符")1条,《元命苞》2条,《礼稽命征》1条,《王度记》4条,《春秋潜谭巴》(以下简称"潜谭巴")1条,《乐稽耀嘉》(以下简称"稽耀嘉")2条。引用的谶书有:《孝经谶》1条,《春秋谶》1条,《论语谶》1条,《谶》1条。这个统计似乎显示《白虎通》对经的重视程度较谶纬高,但实际情况不是那样的,《白虎通》中的观念大部分来自谶纬,侯外庐等甚至认为《白虎通》"百分之九十的内容出于谶纬"②。《白虎通》引用前人的观点,自然包括前代的声训,据我们统计,在其中的363条声训中,有来源的声训有200条,占总数的55%(由于纬书的散逸,《白虎通》的许多声训一时难以找到来源,但可以断定《白虎通》有来源的声训要比这个数目多)。《白虎通》的声训不是一时一地的产物,之所以没有完全吸收先前的声训而是有选择地利用,是因为它的背后有一个思想系统,这个系统中的意义关系影响到了《白虎通》声训词的选择。

## 第一节　先秦两汉义理声训概况

　　先秦典籍多以同音为训,洎乎汉代,成为风尚,无论经学著作还是纬书

---

① 张广保《〈白虎通义〉制度化经学的主体思想》,见《经学今诠三编》,辽宁教育出版社,2002年。

② 侯外庐、赵纪彬、杜国庠、邱汉生著《中国思想通史》,(第一卷),229页,人民出版社,1957年。

中都存在着大量的声训材料,这些材料瑕瑜互见,是汉代学术发展的结果。经与纬构成了汉代学术的主体,《白虎通》的知识结构与声训的表达方式都从二者中来,因此要考察《白虎通》声训的来源,先要对汉代之前的声训状况有一个全面的了解(本书下编《〈白虎通〉义理声训疏证》就是这项工作的产物),通过对汉代声训的勾稽与疏证,我们总结汉代声训的特点如下:

### 一、数量庞大,各家分歧

据统计,《毛诗故训传》声训525例,《郑笺》声训411例,《礼记》郑注声训607例,刘熙《释名》声训1335例,《孟子》赵歧注声训81例,①《史记》声训60例,②王逸《楚辞章句》声训计1013例,③《说文》声训有4438例。④ 以上统计数字可能会因为各家标准不同而导致数目的出入,但它毕竟在很大程度上反映了汉代声训数量庞大的基本状况。

由于各家师承不同,对同一名物的切入点有所差异,因此对名物词的声训也各有不同,例如"河"的各家声训如下:

(1)河者,水之伯。(《水经注·河水》引《援神契》)

(2)河之为言荷也,荷精分布,怀阴引度也。(《水经注·河水》引《说题辞》)

(3)河者,播也,播为九流,出龙图也。(《风俗通·山泽篇》)

(4)河,下也,随地下处而通流也。(《释名·释水》)

例(1)以为河为众水之长,⑤故训为水之"伯"。例(2)以河为四渎之精,⑥故训为"荷"精分布。例(3)以河演播众派,故训"播"。例(4)则以河水处下处,而训为"下"。以上声训或着眼于河水与众水的关系,或着眼于河水自身的特点,因而做出不同的声训。再如"州"的各家声训:

(1)州之言殊也,合同类,异其界也。(《御览》卷一百五十七引《说

---

① 祝敏彻《从汉儒声训看上古韵部(上)——兼论阴、阳、入三声分立》,《兰州大学学报》(社会科学版),1984年第2期。

② 寇占民《〈史记〉与〈释名〉声训比较研究》,《北方论丛》,2008年第2期。

③ 王宝利《楚辞章句声训研究》,《云梦学刊》,2006年第2期。

④ 崔枢华《〈说文解字〉声训研究》,北京师范大学出版社,2000年。

⑤ 《楚辞·九歌·河伯》"与女游兮九河"王逸注:"河为四渎长。"

⑥ 《水经注·河水》引《考异邮》:"河者,水之气,四渎精也,所以流化。"

题辞》)

(2)州,畴也,各畴其土而生也。(《说文·川部》)

(3)州犹聚也。(《礼记·王制》"二百一十国以为州"郑玄注)

(4)州,畴也,州有长,使之相周足也。(《御览》卷一百五十七引《风俗通》)

(5)州,注也,郡国所注仰也。(《释名·释州国》)

例(1)以为州各有疆界,故训为"殊"(不同)。例(2)以为州人各耕治其田,故训为"畴"(耕治之田)。例(3)以为州使众人聚合,故训为"聚"。例(4)以为州使百姓周足,故于"畴"外更训为"周"。例(5)以州为郡国所注仰(汉代地方设置为州、郡、县三级制,州的地位在郡国之上),故训为"注"。以上声训或着眼于州的疆域特点,或着眼于州的作用,或着眼于州与郡国的关系,因而做出不同的声训。又如"儒"的各家声训:

(1)儒之为言无也,不易之术也,千举万变,其道不穷,六经是也。(《韩诗外传》卷五)

(2)儒,柔也,术士之称。(《说文·人部》)

(3)儒之言优也,柔也,能安人,能服人。又儒者,濡也,以先王之道能濡其身。(《礼记·儒行》疏引郑玄《三礼目录》)

(4)儒者,区也,言其区别古今。(《后汉书·杜林传》引《风俗通》)

例(1)以为儒的特点是"千举万变,其道不穷",故以道家至上的观念"无"来声训。例(2)以儒有柔弱的特点,故训为"柔"。例(3)以儒能使人安定、信服,故训为"优""柔",又以先王之道濡润其身,故训为"濡"。例(4)以儒能区别古今,故训为"区"。以上声训或着眼于儒的目的,或着眼于儒的特点,或着眼于儒的知识范围,因而做出不同的声训。

不仅如此,即使是同一个人为同一个词做出的声训,因为观察角度的不同,也会出现不同,例如:

(1)辟廱者,筑土雝水之外,圆如璧,四方来观者,均也。泮之言半也,半水者,盖东西门以南通水,北无也。(《诗·鲁颂·泮水》"思乐泮水"郑玄笺)

(2)辟,明也;廱,和也:所以明和天下。頖之言班也,所以班政教也。(《礼记·王制》"天子曰辟廱,诸侯曰頖宫"郑玄注)

以上二声训均出自郑玄,例(1)以为"辟廱"得名于筑土雝水之外,其圆如璧;"泮宫"得名于其水仅为辟廱之半。例(2)释"辟廱"为义训,此不论。以"頖"(同"泮")为"班"义,以为"泮宫"为班政教之所。因此,《礼记·王制》疏云:"二注不同者,此注解其义,《诗》注解其形。"《诗·鲁颂·泮水》疏云:"此解辟廱、泮宫之义,皆以其形名之,而《王制》注云:'辟,明也;廱,和也;所以明和天下','泮之言班也,所以班政教也'。以物有名生于形,因名立义,以此天子诸侯之宫实圆水、半水耳,不以'圆''半'为名,而谓之'辟''泮',故知'辟''泮'之称有义存焉,故于礼注解其义,与此相接成也。"孔颖达疏以为郑玄《礼记》注解释的是辟雍、泮宫的道德意义,而《诗》笺解释的是辟雍、泮宫的外形,二者虽然不同,但并不矛盾。

　　汉代声训数量庞大,且师出多门,各家分歧,声训越是分歧,则不符合词源的声训就越多。《白虎通》作为各家经师讨论、协调的产物,兼存众说也在情理之中,这也是《白虎通》一词多训的原因之一。

## 二、随文释义,主观性强

　　汉代的声训多是随文释义,解释的是词在具体语境中的含义,而不是这个词的客观贮存义,其声训所表现出来的词义特点是该词的语境特点,而不是该词独立运用时的特点,因此,同一个词在不同的语境中声训不同。例如"丈人"的声训:

　　(1)丈人,老而杖于人者。(《淮南子·道应训》"狐邱丈人"注)
　　(2)人形一丈,正形也。名男子为"丈夫",尊公妪为"丈人"。(《论衡·气寿篇》)
　　(3)能以法度长于人。(《周易·师卦》:"师贞,丈人吉。"《释文》引郑玄云)

　　同为"丈人",在例(1)"狐邱丈人"这个语境中,强调的是其老的特点,故训"丈"为"杖"。在例(2)中强调其身高,故训"丈"为度量之"丈"。在例(3)"师贞,丈人吉"这个语境中,强调的是其尊长的特点,故训"丈"为"长",以法度为人尊长。同一个词在不同的语境中有不同的侧重点,这是随文释义声训所造成的。再如"夫"的声训:

　　(1)丈者,长也,夫者,扶也,言长万物也。(《大戴礼记·本命篇》)

(2)啬者,省也;夫,赋也,言当消息百姓,均其赋役。(《通典》卷三十三引《风俗通》)

丈夫的"夫"与啬夫的"夫"同指人,但例(1)"丈夫"的对立面是妻子,丈夫对妻子的责任是"以道扶接",①故丈夫的"夫"训"扶";而例(2)"啬夫"的对立面是百姓,啬夫的责任是"收赋税",②故啬夫的"夫"训"赋"。这是同一个语素在不同的词中被赋予不同的声训。又如"鳏"的声训:

(1)鳏之言鳏鳏无所亲。(《白虎通·阙文》)
(2)不见室家之端,故谓之鳏。(《尚书大传·尧典》)

鳏夫的"鳏",例(1)训为"鳏鳏",愁苦无眠貌。③ 例(2)训为"端",《尚书·尧典》疏云:"鳏者,无妻之名,不拘老少,……《书传》以舜年尚少为之说耳。"意为虞舜三十不娶,称为"鳏","鳏"之名,不拘老少无妻者皆可指称,因此《尚书大传》为之生说云"不见室家之端,故谓之鳏"。按:段玉裁云:"鳏寡字盖古只作'矜','矜'即'怜'之假借。"④以上二说,例(1)为揣测之词,例(2)为有所为而发。

随文释义解释的只是词在语境中的临时义,不是词义客观意义,因此随文释义的声训也只是一种随上下文而赋予的某种含义,未必是该词的词源。

### 三、配合别字,内容零散

由于文字隶变,导致一字多形,部件趋同,汉代出现了任意曲解字形的形训,称为"别字"("别"为拆分之义),"别字"是"基于谶纬基础上的文字拆分,是一种唯心主义的文字理据推测,属于庸俗文字学的范畴"。⑤ "别字"的对象是隶书,其特点是将一切字都认为是会意字。这种错误的文字观念在当时形成了一种学问,影响巨大,《汉书·艺文志》载无名氏《别字》十三篇,《后汉书·光武十王列传》载东平宪王苍著作中有《别字》。这种学问在

---

① 《白虎通·三纲六纪篇》:"夫者,扶也,以道扶接也。"
② 《汉书·百官公卿表》:"十里一亭,亭有长,十亭一乡,乡有三老,有秩、啬夫、游徼,……啬夫职听讼收赋税。"
③ 《释名·释亲属》:"无妻曰鳏,鳏,昆也,昆,明也,愁悒不寐,目恒鳏鳏然也。故其字从鱼,鱼目恒不闭者也。"
④ 段玉裁《说文解字注》,576页,上海古籍出版社,1988年。
⑤ 刘青松《略论汉代的别字之学》,见《中国文字研究》,2013年第17辑。

汉代以及后来的三国、两晋、南北朝时期盛极一时,这一时期的著作中到处充斥着这类别字现象。而汉代的声训有意识的配合了别字,二者在纬书中往往是结合在一起的。

纬书中声训与形训的结合往往是先有声训,后面跟着符合这个声训的形训,声训词的选择是由这个字的形训决定的,因此造成了一种奇特的"说文解字"的方式。例如:

> (1)地者,易也。言万物怀任,交易变化,含吐应节,故其立字'土''力'于'乙'者为地。宋均注:"地加土以力者,言地变化成物功者也,加一者,奉太一也。"(《御览》卷三十六引《元命苞》)

"地者,易也"这个声训认为"地"得名于"万物怀任,交易变化",即万物在土地中实现了能量的交易、变化。"地"字被分为三部分:"土""力""乙"。其中的"也"字被分成两部分"乚""力",纬书认为"乚"为"乙"字,是"一"的诘诎。① 因此地构形的意思是:土加以人力,上奉太一("太一"为神明)即为"地"。这样才能符合"地"训"易"的声训。汉隶《曹全碑》作"坔",其中的"也"字已经分作"乚"与"力",但是汉"地世之印"中,"地"写作"埊",则很显然是"'土''力'于'乙'"之形,下面的"㇜"自然是"乙"的变形。以至于三国《魏曹真碑》中"地"作"埊",其中的"力"回归到了小篆的形象"㔹"的隶定,显然是受了这种风气的影响。按:"地"(定纽歌部)与"易"(余纽锡部)音近但意义并不相通,不是同源词。又,"地"为形声字,从"土","也"声,看作会意字是不正确的。而"也"字古为象形字,属于独体字,不能拆分,拆分成左右结构是错误的。汉代"地"的声训有"媞"(《说题辞》)"丽"(许慎注《淮南子》)"底""谛"(《释名·释地》),只有"易"训符合"地"的别字拆分。

> (2)水之为言"演"也。阴化淖濡,流施潜行也。故其立字两"人"交"一",以中出者为水。一者数之始,两人譬男女,言阴阳交物,以一起也。(《御览》卷五十八引《元命苞》)

"水之为言'演'也"这个声训认为水得名于长流义("演"),水于五方属于北,于四季属冬,冬季阴气至盛,压制阳气,二者进行着力量的较量。但此

---

① 《宝典》卷一引《元命苞》:"乙者,物蟠诎有萌,欲出,阳气含荣以一达。"宋均注:"乙者,一之诘诎者也。"

时阳气正在暗中滋长,积蓄力量,冬至过后,一阳初起,万物始生。因此"阴化淖濡,流施潜行也"。根据"演"这个声训,《元命苞》认为"水"的构字方式是"两人交一",汉隶"水"字代表性的写法是"氺"(《曹全碑》),如果把这个隶书"水"分为三部分,中间的"丨"可以看作"一",右边的"乀"自然是隶书"人"的形变,但左边的"𠃌"与隶书中的"人"形相差较远,然而汉印中"人"有"⺅"(骑千人印)、"⺅"(张它人印)等形,而"人"作为偏旁时亦如此,如"⺅"(保虎圈)、"⺅"(绥仁国丞)之"人"旁皆如此作,尚保留着小篆"⺅"字形的遗意,因此可以将"氺"字左边的"𠃌"等同于"人"。于是"水"就成了"两人交一"之形。阴阳配男女,"水"中的两个"人",恰恰符合这个现象。阴阳相交以生万物,万物以"一"起,即"冬至一阳生"。一为阳数,阴阳相交亦如男女相交以孕育。这样形训与声训就联系到了一起。汉代"水"的声训有"准"(《元命苞》《管子·水地篇》《说文·水部》《释名·释天》)、"毁"(《元命苞》),而"演"训符合"水"的别字拆分。

(3)春之为言"生"也,当春之气,万物屯生也,故其立字"屯"下"日"为春也。(《汉学堂丛书·元命苞》)

"春之为言生也"这个声训认为春得名与万物屯生。"'屯'下'日'为春"的拆解并没有把下面的"日"当作太阳解,而是将日看作"四合共一",即阳气四合如一,《开元占经》引《元命苞》:

日之为言"实"也,"节"也,含一开度立节,使物咸别,故谓之日。言阳布散合如一,故其立字四合共一者为日。

说的是万物于阳气之上屯生。"'屯'下'日'为春"完全是阴阳五行的说法。汉隶中"春"字的写法或为小篆的隶定,或与楷书相近,没有"'屯'下'日'为春"的构形,汉印中"宜春左园"印中的"春"作"萅",因此"春之为言生也"是据此为声训的。按,"春"小篆作"萅"字从"艸"从"屯"声从"日",形声兼会意,"日"为太阳,为太阳照耀下万物聚集力量生长之义,《元命苞》以讹变后的字形说解汉字的本义,是缘木求鱼的做法。汉代"春"的声训有"蠢"(《礼记·乡饮酒义》《元命苞》《说题辞》《春秋繁露·王道通三篇》)、"动"(《尸子》)、"出"(《尚书大传》《元命苞》)、"推"(《元命苞》《说文》),"生"训符合"春"的别字拆分。

很难说清是声训配合了形训还是形训配合了声训,但二者相互影响是不争的事实。声训词是可以选择的,为了与错误的形训配合而选择声训词,出发点显然是错误的。这样的解释零散而无系统,从科学语言文字学的角度看是错误的,是汉代人在探索语言文字奥秘时所走的一条弯路。但它迎合世俗观念,因此在当时大行其道。尹敏曾对光武帝说:"谶书非圣人所作,其中多近鄙别字,颇类世俗之辞,恐疑误后生。"(《后汉书·儒林传》)许慎的《说文解字》就是在这样的环境中,力矫其弊,脱颖而出的。

总而言之,汉代的声训有以下明显特点:对于礼制中的名物,在纬书之前经学著作(包括原典与研究著作)一般都予以声训,偶有漏落,诸子著作也有所补充。对于阴阳五行、天干地支的声训则起源于汉代,包括纬书、《史记》《淮南子》等著作,这是一代结习使然。《白虎通》就是在这个学术潮流中产生的,它不仅吸收了经学、纬书中的声训,还吸收了子、史中的声训,从而成了集义理声训之大成的著作。

## 第二节 《白虎通》对故训的整合

先秦两汉的声训都是有所为而发,因此会有大量的附会与分歧。不同的学说之间除了对基本事实认定不一致外,更重要的一点是其所依据的原则不同。这是"《诗》无达诂,《易》无达占,《春秋》无达辞"的内在原因。大一统的时代需要统一的事实与原则,因此,才有了皇帝亲自参加的"考详同异,连月乃罢"(《后汉书·儒林传》)的白虎观会议。可以推想,众多学者在数月的时间内,对纷繁复杂的故训进行了系统的梳理与甄别。与主流思想相合者则继承、修补,为我所用;与主流思想相左者则存而不论,同时也对前代未曾关注的名物予以声训,传达一种新时代的观念。经过整合后的《白虎通》声训,最终完成对统一在阴阳五行范畴中的名物的全新界定。因此,《白虎通》对故训的整合过程就是根据自身的义理原则对故训斟酌选用的过程,它的指导性原则就是阴阳五行的义理系统。

### 一、《白虎通》对故训的继承

据我们统计,在《白虎通》363条声训中,有来源的声训有200条,占总数的55%,其中与经书相关[①]者99条,与纬书相关者125条,与子、史相关

---

① 之所以用"相关",是因为有些声训的来源是经、纬、子三者交叉的。

者41条。《白虎通》对故训的继承包括引用与吸收。

（一）引用

《白虎通》声训明显引用经、纬著作原文，属于引用经传的副产品。包括直接引用和间接引用。直接引用指的是《白虎通》的声训标明源自经、纬著作，间接引用指的是《白虎通》的声训未标明来源，但其字句与经、纬著作完全一致。

1.直接引用。例如：

(1)战者何谓也？《尚书大传》曰："战者，惮惊之也。"《春秋谶》曰："战者，延改也。"(《诛伐篇》)

(2)《春秋潜潭巴》曰："灾之言伤也，随事而诛。异之言怪也，先发感动之也。"(《灾变篇》)

(3)《春秋公羊传》曰："诸侯娶一国，则二国往媵之，以侄娣从之。侄者何？兄之子也。娣者何？女弟也。"①(《嫁娶篇》)

例(1)以"惮"训"战"，出自经学著作《尚书大传》，"战"训"延改"，出自谶书《春秋谶》。例(2)以"伤"训"灾"，以"怪"训"异"出自纬书《潜潭巴》。例(3)以"弟"训"娣"，出自经学著作《春秋公羊传·庄公十九年》。

2.间接引用。例如：

(1)乐者，乐也，君子乐得其道，小人乐得其欲。(《礼乐篇》)
(2)禄者，录也，上以敬录接下，下以谨录事上。(《京师篇》)
(3)雹之为言合也，阴气专精，凝合为雹。(《灾变篇》)

以上声训虽未标明源自经、纬，但很明显是引用其说。例(1)出自《礼记·乐记》："乐者，乐也，君子乐得其道，小人乐得其欲。"《荀子·乐论篇》《史记·乐书》并亦如此。例(2)出自《援神契》："禄者，录也。取上所以敬录接下，下所以谨录事上也。"(《诗·周南·樛木》疏引)例(3)出自《考异邮》："阴气之专精，凝合生成雹，雹之为言合也。"(《后汉书·五行志》引)《感精符》："阴气之专精，凝合生雹，雹之为言合也。"(《古微书》)

（二）吸收

《白虎通》声训对故训的吸收表现在不引用前代著作原文，但用其声训

---

① "从"上卢本有"谓"字，则下属，各本无，《公羊传》亦无，今删。

词。如本章第一节所述,《白虎通》面对的故训非常复杂,当前代各家声训一致时,直接为我所用。当前代故训不一致时,则选择性吸收。

　　1. 全盘吸收。有些名物的声训,《白虎通》之前只有一家之言,且符合《白虎通》的义理框架,为《白虎通》所吸收。例如:

　　(1) 征犹正也,欲言其正也。(《诛伐篇》)
　　(2) 言貉,举恶也。(《礼乐篇》)
　　(3) 贽者,质也,质己之诚,致己之悃愊也。(《瑞贽篇》)

　　例(1)源自《孟子·尽心下》:"征之为言正也。"以"正"训"征"是符合语言规律的义理声训,也符合《白虎通》对"征"的定位,因此《白虎通》选择了这个声训。例(2)源自纬书之说,如《说文·豸部》引孔子曰:"貉之为言恶也。"汉代谶纬之书多假托孔子之言,此"孔子曰"即其例,王应麟云:"《说文》引孔子曰⋯⋯未详所出,然似非孔子之言,或纬书所载也。"[1]以"恶"训"貉"出自对北方少数民族特点的关注。与此相对的是"蛮",《白虎通·礼乐篇》云:"言蛮,举远也。"强调其远。例(3)源自《说苑·修文篇》:"庶人以鹜为贽者,所以质也。"

　　有些名物词,《白虎通》之前无论是经学著作、纬书还是子、史著作均予以相同的声训,说明这种解释是当时的共识,《白虎通》综合用之。例如:

　　(4) 侯者,候也,候逆顺也。(《爵篇》)
　　(5) 葬之为言下藏之也。(《崩薨篇》)
　　(6) 祫者,合也,毁庙之主,皆合食于太祖也。(《阙文》)

　　例(4)为经、纬成说,如《尚书·禹贡》孔传:"侯者,候也,斥候而服事。"《元命苞》:"侯之言候,候顺逆,兼伺候王命矣。"(《公羊传·隐公元年》疏引)[2]《援神契》:"侯,候也,所以守蕃也。"(《类聚》卷五十一引)《春秋繁露·深察名号》:"号为诸侯者,宜谨视所候奉之天子也。"例(5)为经、子、纬成说,如《礼记·檀弓上》:"葬也者,藏也;藏也者,欲人之弗得见也。"《吕氏春秋·节丧篇》:"葬也者,藏也。"《说题辞》:"葬,尸下藏也。人生于阴,含阳充,死入地,归所与也。"(《御览》卷五百五十三引)例(6)为经、子成说,如《公羊

---

[1] 王应麟《汉艺文志考证》卷四,文渊阁《四库全书》675 册,46 页,台湾商务印书馆,1986 年。
[2] 《公羊传·隐公元年》疏引作"春秋说",《礼记·王制》疏引作"春秋元命苞"。

传·文公二年》》："大祫者何？合祭也，其合祭奈何？毁庙之主陈于大祖，未毁庙之主皆升，合食于大祖。"《说苑·修文篇》："祫者，合也。……祫者，大合祭于祖庙也。"

2.选择吸收。有些名物的声训，《白虎通》之前众家之说并存，《白虎通》选择符合其义理体系者。例如：

(1)神农因天之时，分地之利，制耒耜，教民农作。神而化之，使民宜之，故谓之神农也。(《号篇》)

《白虎通》之前"神农"的声训有二种：一为"神而化之，得农之道"，如《子夏易传》："神农氏之时，人育而繁，腥毛不足供给其食，修易其变，观天地之宜，相五谷之种，可食者收而艺之，易物之才而生财也，其在于器乎，故斫木为耜，揉木为耒，……神而化之，得农之道。"一为"信浓"，如《含文嘉》："神者，信也；农者，浓也。始作耒耜，教民耕种，美其衣食，德浓厚若神，故为神农也。"(《风俗通义·皇霸篇》引)《白虎通》选择了前者，因为《白虎通》中三皇得名皆系于百姓，五帝得名则系于道德，神农为三皇之一，因此选择"神而化之，得农之道"的解释。

(2)所以名之为角者，跃也，阳气动跃。(《礼乐篇》)

《白虎通》之前"角"的声训有二种，一训"跃"，如《元命苞》："其音角，角者，气腾跃。"(《宝典》卷一引)一训"触"，如刘歆《钟律书》云："角，触也，物触地而出，戴芒角也。"(《风俗通》引)《钟律书》以"触"训"角"，着眼于物，《白虎通》于五声声训着眼于气，如"征者，止也，阳气止""商者，张也，阴气开张，阳气始降也""羽者，纡也，阴气在上，阳气在下""宫者，容也，含也，含容四时者也"(《礼乐篇》)，故于"角"训选择《元命苞》"气腾跃"之"跃"。

(3)谓之燧人何？钻木燧取火，教民熟食，养人利性，避臭去毒，谓之燧人也。(《号篇》)

《白虎通》之前"燧人"的声训有二种，一训为木燧之"燧"，如《韩非子·五蠹篇》："有圣人作，钻燧取火，以化腥臊，而民说之，使王天下，号之曰燧人氏。"一训顺遂之"遂"，如《含文嘉》云："燧人始钻木取火，炮生为熟，令人无复腹疾，有异于禽兽，遂天之意，故曰燧人也。"(《风俗通义·皇霸篇》引)如前所述,《白虎通》中三皇得名皆系于百姓,故选择《韩非子》钻燧取火之训。

在《白虎通》产生之前,先秦两汉的学者以"深察名号"为目的,对名物词做了大量的声训,《白虎通》在其自身义理框架的支撑下,对这些声训做了进一步的筛选。这种继承从本质上说也是一种发展。

## 二、《白虎通》对声训的创新

在《白虎通》363 条声训中,163 条声训属于《白虎通》的创新,占全部声训的 45%。这其中包括前人已经有过声训,由于不符合《白虎通》的义理体系,从而被存而不论或改头换面。也有前人没有阐释,至《白虎通》首次才出现的声训。"汉人最重师法。师之所传,弟子所受,一字毋敢出入,背师说即不用"[①],在这种情况下,"随心所欲"的解释经典是不可能的。因此,即使《白虎通》首创的声训,也是学者们仔细推敲、揣摩,在不违背"师说"原则的前提下进行的推进。《白虎通》对声训的创新包括两种情况:一种是旧有声训基础上的修补,一种是本无声训前提下的创造。

(一)本有声训基础上的修补

对于前代故训,《白虎通》继承后予以改造,或不予采取而另起炉灶,这种创新是因为故训不符合其思想框架,因此需要重新赋予新的内涵,以便更好地符合义理说教的目的。分为以下三种情况:

1. 补充已有声训。补充已有声训指的是在已有声训的基础上增加其他声训,从不同的角度对一个词进行解释,以使义理说教更加圆满,例如:

(1)霸者,伯也。行方伯之职,会诸侯,朝天子,不失人臣之义,故圣人与之。……霸犹迫也,把也,迫胁诸侯,把持其政。(《号篇》)

"霸"训"把"为先儒旧说,如贾逵注《国语》云:"霸,把也,把持诸侯之权,行方伯之职也。"(《慧琳音义》卷八十五引)"把持诸侯之权,行方伯之职"即"把持王政",《白虎通》认为"霸"除了把持诸侯之政的特点之外,率诸侯朝天子,对于维护天下一统起到了积极地作用,尽到了方伯作为人臣的责任,因此训为"伯"。"霸"又以强力胁迫诸侯,使之服从天子,因此训"迫"。《白虎通》在"把"的基础上增加了"伯""迫"二训,以全面地界定霸的内涵。

(2)臣者,缠也,坚也,属志自坚固也。(《三纲六纪篇》)

---

① 皮锡瑞撰、周予同注释《经学历史》,77 页,中华书局,2004 年。

"臣"训"坚"为先儒旧说,如《孝经说》云:"臣者,坚也,守节明度,修义奉职也。"(《御览》卷六百二十一引)《白虎通》在此基础上增加了"缠"的声训——"缠"与"缮"通,①为缮饰、修缮义——认为臣除了坚定这个特点外,还应当具备为君主缮饰之责,即"善称君、过称己""臣有功归于君"(《五行篇》)臣"有谏君之义""为君隐恶"(《谏诤篇》)之类。《白虎通》在"坚"的基础上增加了"缠"训,以全面规定臣子的责任。

(3)地之言易也,谛也,言养万物怀任,交易变化,审谛不误,敬始重终,故谓之地也。(《天地篇》)

"地"训"易"为先儒旧说,如《元命苞》:"地者,易也,言养物怀任,交易变化,含吐应节。"(《御览》卷三十六引)《白虎通》在此基础上加上了"谛"这个声训,认为地除了养育万物,交易变化外,还应当具有"审谛不误"的特点,在其自然属性之外增加了社会属性,将"地"人格化。

《白虎通》在前代声训基础上增加声训,是为了使解释更加符合其义理特点,或将自然事物神化,或将人事关系公式化,将一切纳入天理的范畴,从而固定下来。

2.改造已有声训。改造已有声训指的是继承前代的训释词,但通过进一步说解改变其意义指向或内涵。例如:

(1)羽者,纾也,阴气在上,阳气在下。(《礼乐篇》)

"纾"通"舒"②,以"舒"训"羽"为先儒旧说,如《元命苞》:"其音羽,羽者,舒也,言物始挚。"(《宝典》卷十引)五声中的羽于四季属冬,此时阴气极盛而阳气萌,从物的角度讲,万物始挚;从气的角度讲,阳气始纾。因此,《元命苞》认为"羽"得名于"舒",此"舒"为"言物始挚","舒"的主语是万物,即从万物的角度为之声训。《白虎通》的五声并从"气"的角度为立说,因此尽管声训词依然是"舒",但主语却变成了"气",即从气的角度为之声训。

(2)琴者,禁也,所以禁止淫邪、正人心也。(《礼乐篇》)

---

① 王念孙《〈广雅〉疏证》,158页,中华书局,2004页。
② 《白虎通·五行篇》:"其音羽,羽之为言'舒'。"

以"禁"训"琴"为先儒旧说,如《七略》:"琴之言禁也,雅之言正也,君子守正以自禁也。"(《文选·长门赋》注引)《七略》以"禁"训"琴"为君子个人道德层面的"守正以自禁",而《白虎通》以"禁"训"琴"为礼制层面的圣人制琴以"禁止淫邪、正人心",将自然物赋予政治含义。

(3)月之为言阙也,有满有阙也。所以有阙何?归功于日也。(《日月篇》)

以"阙"训"月"为先儒旧说,如《元命苞》:"月之为言阙也。"(《御览》卷四引)"月之为言阙也"可以说是月的自然特点,而《白虎通》将这个特点道德化,以配合君臣之义,"所以有阙何?归功于日也",认为月所以有阙,因为将照耀万物之光归于太阳,故阙己以归功。

《白虎通》改造已有声训均为将较为质朴的声训提升到制度、天理等较高层面,改变其语义内涵,从而实现其义理说教。

3. 放弃已有声训。放弃已有声训指的是由于故训不符合《白虎通》的义理系统,因而另起炉灶,创建符合要求的声训,例如:

(1)大夫之为言大扶,扶进人者也。(《爵篇》)

"大夫"之声训,《白虎通》之前有训"大于匹夫之义"者,如《春秋繁露·深察名号》:"号为大夫者,宜厚其忠信,敦其礼义,使善大于匹夫之义,足以化也。"《春秋繁露》以大夫得名于"使善大于匹夫之义",其参照物为匹夫。《白虎通》训大夫为"大扶",其参照物为天子,认为大夫之责任在于为天子扶进人才,与《春秋繁露》角度不同。

(2)商者,张也,阴气开张,阳气始降也。(《礼乐篇》)

"商"之声训,《白虎通》之前有训"章"者,但所指有所不同:如《七纬·乐纬》:"商者,章也,臣章明君德,以齐上下相传。"此"章"据君臣言,以"商"为"臣章明君德"义。刘歆《钟律书》:"商者,章也,物成孰可章度也。"(《风俗通·声音篇》引)此"章"据物言,以商为"物成孰可章度"义。《白虎通》则据气言,商于四季属秋,此时"阴气开张,阳气始降",故训"张"。

(3)庠之言详也,言所以详礼仪之所也。(《辟雍篇》)

"庠"之声训,《白虎通》之前有训"养"者,如《孟子·滕文公上》:"庠者,养也。"注:"养者,养耆老。"魏文侯《孝经传》:"庠言养也,所以养隽德也。"(《通典》卷五十三引)二者以庠得名于养老或养德,总之为敬老之义。《白虎通》不取,乃训为"详",以之为"所以详礼仪之所",《白虎通》训"庠"为"详"并未排斥其养老之义,但将单纯的养老提高到"详礼仪"的高度,将其制度化。

可见《白虎通》声训侧重点不在人事、万物这些形而下的层面,而是将其放到阴阳、制度等意义关系上去考虑名物的象征意义。

(二)本无声训前提下的创造

除了继承或改造前代声训外,《白虎通》中还有一些声训是前代所没有的,有些大概是前代的声训系统不完备造成的漏落,有些则是前人认为没有必要做出解释的词。《白虎通》在新的历史条件下予以声训,其目的不是寻找词源,而是为这些词增加道德内涵。这些词包括以下几类:

1.五帝之号。五帝之名在汉代之前没有声训,到了纬书中才出现,如顾颉刚所说:"三皇、五帝之名,他们都用训诂来解说。……这是以前所没听见过的。以前何以没有?因为帝王之名,有意义的如庖牺,神农,一看就明白,不必解释。无意义的(或不可知其意义)如颛顼、帝喾,也没法解释出意义来。但是到了东汉,虽不能解释的也完全解释了。"[1]但由于纬书的粗糙零散,这些声训并不完备,《白虎通》在继承纬书的基础上,又为之进行了补充,将五帝系统的声训进行了完善,即解释这些名号的象征意义,这是为了美化上古圣王的需要。例如《号篇》云:

(1)谓之尧者何?尧犹嶤嶤也,至高之貌,清妙高远,优游博衍,众圣之主,百王之长也。
(2)有熊者,独宏大道德也。
(3)高阳者,阳犹明也,道德高明也。

"尧""有熊""高阳"这些上古帝王的名号以前没有声训,是《白虎通》的创造。美化上古帝王,最终目的还是巩固当代的帝王的统治,因此顾颉刚说:"在这一篇里,又使我们感觉到一种新的臭味。"[2]

---

[1] 顾颉刚《中国上古史研究讲义》,318—319页,中华书局,1988年。
[2] 同上。

2. 礼乐制度。礼乐制度方面的名词词源多不可解，如《白虎通·礼乐篇》云："何以名为夷蛮？曰：圣人本不治外国，非为制名也，因其国名而言之耳。一说曰：名其短而为之制名也。"《白虎通》对已四夷名号的说法有两种观点，一种认为是其国名，无须解释，因为圣人不治外国；一种认为乃中国以其短处为之命名，需要解释。这说明对一些礼乐制度名词的来源，白虎观会议的参与者也是不确定的。但最终统一在了阴阳五行的框架之下，形成了道德说解。礼乐制度包括音、乐、四夷等名称，这些名称在《白虎通》之前大多没有声训，例如《礼乐篇》云：

(1) 埙在十一月，埙之为言熏也，阳气于黄泉之下熏蒸而萌。
(2) 夷者，抵也，言仁而好生，万物抵地而出，故其性柔顺，易以道御。
(3) 颛顼曰六茎者，言和律历，以调阴阳，茎著万物也。

以上无论是十二月之音、圣王之乐，还是四方夷狄，《白虎通》均以声训的方式将其与天地阴阳结合，当作天理看待，目的是为政治上的大一统提供思想支撑。

3. 河岳山川。河流、山川之名在《白虎通》之前大多没有声训，这些词的命名缘由都属于无从考察者，朱骏声云："凡山水、国邑及姓氏之类，皆托其字为表识，无关本谊。"[①]《白虎通》出于巡狩、封禅的政治需要，也为这些名词做了声训，例如：

(1) 南方为霍山者？霍之为言护也，言太阳用事，护养万物也。（《巡狩篇》）
(2) 谓之渎何？渎者，浊也。中国垢浊，发源东注海，其功著大，故称渎也。（《巡狩篇》）
(3) 三王禅于梁甫之山，梁者，信也；甫者，辅也。信辅天地之道而行之也。（《封禅篇》）

封禅必因巡狩，《白虎通》为这些名词做了声训的目的是为巡狩、封禅制度提供阴阳五行意义上的观念支撑。武帝时欲封禅，苦于"封禅不常，

---

① 朱骏声《说文通训定声·凡例》，15页，武汉古籍出版社，1983年。

时人莫知"(《后汉书·祭祀志》),未有定论,至此则建立了一套完备的理论,因此,王世贞认为,《白虎通》"至纪封禅而谀心尽露矣"①。这些都是以前没有的声训。王念孙云:"诸书依字解经,率多皮傅,于主名山川之意未必有当也。"②

4.衣服器用。衣服器用包括各种礼节中的服饰、用具等,这些衣服器用在以前大多没有声训,《白虎通》为之声训,例如:

(1)衣者,隐也。裳者,障也:所以隐形自障闭也。(《衣裳篇》)

(2)璋之为言明也,赏罚之道,使臣之礼,当章明也。南方之时,万物莫不章,故谓之璋。(《瑞贽篇》)

(3)十一月之时,阳气俯仰黄泉之下,万物被施如冕,前俯而后仰,故谓之冕也。(《绋冕篇》)

这些声训都是把普通名物赋予礼仪意义上的内涵,将其纳入了"礼"的范畴。

5.亲属关系。亲属关系的词在《白虎通》之前大多没有声训,《白虎通》将亲属关系纳入三纲六纪,并以此为基础为之声训。例如《三纲六纪篇》云:

(1)父者,矩也,以法度教子也。子者,孳也,孳孳无已也。
(2)姊者,咨也。妹者,末也。
(3)兄者,况也,况父法也。弟者,悌也,心顺行笃也。

以上是将天然的血缘关系纳入一个固定的"理"的范畴之内,"三纲法天、地、人,六纪法六合。君臣法天,取象日月屈信,归功天也。父子法地,取象五行转相生也。夫妇法人,取象人合阴阳,有施化端也。"(《三纲六纪篇》)如此达到人合天理的表象。

在阴阳五行大框架的指挥下,《白虎通》对前代故训做了系统的排查,符合其义理体系者则予以吸纳,不符合者,则果断放弃,进行新的创造。同时对前代没有声训的名物词也做了系统的解说,将阴阳五行的义理拓展到了上层建筑的方方面面。

---

① 王世贞《弇州四部稿》卷一百十二《读〈白虎通〉》,文渊阁《四库全书》1280册,764页,台湾商务印书馆,1986年。
② 王念孙《广雅疏证》,303页,中华书局,2004年。

## 第三节 《白虎通》对故训的整合标准

《白虎通》中的声训结论,大部分在此前已经存在,《白虎通》只是为之做了系统的整合而已。而面对纷繁复杂的故训,《白虎通》在训释词音、义的选择上,采取了严格的义理标准。《白虎通》甚至会为了义理的需要而放弃同源声训,从语言学的角度看,这无疑是一种倒退,但恰恰是这一点说明《白虎通》对两汉故训的选择标准并不是语言规律,而是义理的阐释。下面我们从语音与语义两个方面分别说明:

### 一、语音方面以义理为标准

在语音方面,《白虎通》关心的不是被训词与训释词语音关系的远近,而是这个训释词是否符合它所要表达的义理。如果训释词与被训词语音关系密切、又符合义理,自然是最佳选择;如果训释词与被训词语音关系相近,但不符合《白虎通》的义理体系,《白虎通》会选择或创造语音关系较远但符合义理的声训以迁就义理的阐释。无论是对故训的继承还是创新,在语音的选择方面,《白虎通》都坚持了这个标准,以义理为主,语音为辅助。

(一)继承

在备选的多个训释词中,有的训释词与被训词语音关系较近,但不符合《白虎通》的义理系统,有的训释词与被训词语音关系较远,但符合《白虎通》的义理系统,《白虎通》会舍语音而取义理。例如:

(1)西方者,迁方也,万物迁落也。(《五行篇》)

《白虎通》之前,有训"西"为"迁"者,如《元命苞》:"名为西方,西方者迁,方者,旁也。"[①](《宝典》卷七引)又训"鲜"者,如《尚书大传·尧典》:"西方者,何也?鲜方也,鲜,讯也,讯者,始入之貌。"按,"西"(心纽、脂部)与"迁"(清纽、元部)语音关系较远,与"鲜"(心纽、元部)为双声,但《白虎通》没有选择语音关系较近的"鲜"训,而是选了语音关系较"鲜"稍远的

---

① 杜台卿注:"物已成熟,可迁移。方者,言物虽迁,不离其旁侧也。"

"迁"训,因为《白虎通》四方之训皆从万物立论,①因此选择了语音关系较远但着眼点与之相同的"迁"训,而放弃了语音关系较近,但着眼点为阴阳的"鲜"训。

(2)雹之为言合也,阴气专精,凝合为雹。(《灾变篇》)

《白虎通》之前,有训"雹"为"合"者,如《考异邮》:"阴气之专精凝合生成雹,雹之为言合也。"(《后汉书·五行志》引)有训"薄"者,如《洪范五行传》:"雹者,阴薄阳之象也。"(《南齐书·五行志》引)按:"雹"(並纽、觉部)与"薄"(並纽、铎部)双声旁转,与"合"(匣纽、缉部)声音相差较远。但《白虎通》没有选择语音关系较近的"薄"训,而是选择了语音关系较远的"合"训。因为《白虎通》以霜、雹连言,作为灾变:霜为秋天之物,而以阳气立论;雹为夏天之物,而以阴气立论,均为不合时宜之象。因此选择了《考异邮》从阴气自身立论的"合"训,而放弃了从阴阳关系立论的"薄"训。

(3)地之言易也,谛也,言养万物怀任,交易变化,审谛不误,敬始重终,故谓之地也。(《天地篇》)

《白虎通》之前,有训"地"为"易"者,如《元命苞》:"地者,易也。言养物怀任,交易变化。"(《御览》卷三十六引)有训"媲"者,如《说题辞》:"地之为言媲也。承天行其义也,居下以山为位,道之经也。山陵之大,非地不制,含功以牧生。"(《御览》卷三十六引)按,"地"(定纽、歌部)与"媲"(滂纽、脂部)在韵部上更为接近,与"易"(余纽、锡部)的语音关系则较远。但《白虎通》没有选择语音关系较近的"媲"训,而是选择了语音关系较远的"易"训。因为《白虎通》之天、地皆针对万物立论,天尊地卑,天为镇,为父,负责教化;地为易,为母,负责养育,因此选择了从地与万物关系立论的"易"训,而放弃了从天地关系立论的"媲"训。

(二)创新

《白虎通》之前的声训,有些被训词与训释词的语音关系较近,但《白虎通》未予选择,而是创造了语音关系较远的新的解释。例如:

---

① 《白虎通·五行篇》:"东方者,动方也,万物始动生也。""南方者,任养之方,万物怀任也。""北方者,伏方也。万物伏藏也。"

(1)谓之颛顼何？颛者，专也；顼者，正也：能专正天人之道，故谓之颛顼也。(《号篇》)

"颛顼"训"专正"为《白虎通》之说，此前有训"颛顼"为"专愉"者，如《五经通义》曰："颛顼者，颛犹专，顼犹愉，幼少而王，以致太平，常自愉惏，嗛约自小之意。"(《通典》卷一百四引)有训"专信"者，如《尚书大传》："颛者，专也；顼者，信也。言其承文，易之以质，使天下蒙化，皆贵贞悫也。"(《风俗通·皇霸篇》引)"专愉""专信"之训，并从颛顼与臣民的角度立说，与《白虎通》"天人"之说不合，故《白虎通》弃而不取，训为"专正"，以"专正天人之道"神之。按，三者"颛"同训"专"，"顼"(晓、屋)与"愉"(余纽、侯部)韵部对转较近，与"信"(心、真)语音关系较远。《白虎通》没有选择语音关系较近的"愉"训，也没有选择语音关系较远的"信"训，而是自创了语音关系较"愉"远、较"信"近的"正"训(章、耕)，以配合其义理关系。

(2)商者，张也，阴气开张，阳气始降也。(《礼乐篇》)

五声之"商"训"张"为《白虎通》之说，此前有训"商"为"章"者，如《七纬·乐纬》："商者，章也，臣章明君德，以齐上下相传。"《钟律书》："商者，章也，物成孰可章度也。"(《风俗通·声音篇》引)《乐纬》之"章"为章明君德义，《钟律书》之"章"为"物成孰可章度"义。《白虎通》不取者，以上二者皆自人、物形而下言之，《白虎通》欲自形而上之阴阳言之，故训为"张"，商声属秋，其时"阴气开张，阳气始降"，故"商"有"张"训。按，"商"(书、阳)与"章"(章、阳)叠韵，声纽均为舌上音；与"张"(端、阳)叠韵，声纽较"章"为远，但《白虎通》在义理框架的支配下，放弃了语音关系较近的"章"训，而自创了语音关系较"章"为远的"张"训。

(3)水味所以咸何？北方者藏万物，咸者所以固之，犹五味得咸乃固。(《五行篇》)

五味之"咸"训"坚"为《白虎通》之说，此前有训"咸"为"鎌"者，如《元命苞》："咸者鎌，鎌，清也，至寒之气，故使其清而咸。"(《五行大义·卷三》引)《元命苞》以"鎌"训"咸"，"鎌"有"清"义，咸于四方属北，于四季属冬，故云"至寒之气，故使其清而咸"，以为咸是寒气的结果。《白虎通》以为春生、夏长、秋收、冬藏,冬为终,万物所藏,故以咸为"万物咸与所以坚之"。按:"咸"(匣、侵)与"鎌"(来、谈)为韵部为对转关系,与"坚"(见、真)无论声纽、韵部均远,但《白虎通》在义理框架的支配下,放弃了语音关系较近的"鎌"训,而自创了语音关系较"鎌"为远的"坚"训。

可见《白虎通》只是以语音中的音同或音近为手段,走向义理的阐释,而并非关注语言规律。在义理的指挥下,《白虎通》在训释词语音关系的选择方面往往舍近求远,这是现在看来《白虎通》声训语音关系过宽的主要原因。

## 二、语义方面以义理为标准

《白虎通》在训释词意义的选择上依然以义理为主,被训词与训释词语义是否相通无关紧要。如果训释词与被训词语义相通又符合义理,自然是最佳选择。否则,《白虎通》会选择或创造语义不相关的义理的声训。尽管《白虎通》放弃同源声训的例子不多,但也足以说明《白虎通》声训所持的是义理观念而非语言观念。

(一)继承

对前代故训中音近义通但不符合义理的声训,《白虎通》不予选择,而是选择更适合义理,但词源上并无联系的声训。例如:

(1)南夷乐曰南,南,任也,任养万物。(《礼乐篇》)

《南》为南夷之乐,《白虎通》之前,有训"南"为南方之"南"者,如《诗·小雅·鼓钟》:"以雅以南。"传:"南夷之乐曰南。"疏:"此言'南'而得总四夷者,以周之德先致南方。"以《南》得名于周德先至南方。有训"任"(通"妊")者,如《五经通义》:"南夷之乐曰任,……南方所以谓任者何?阳气盛用事,万物怀任,故谓之任。"(《御览》卷五百六十七引)按:毛《诗》训"南"为"南",同字为训,声音相同且词源较为朴素,《五经通义》训"南"(泥、侵)为"任"(日、侵),声转叠韵,语音关系较之同音的"南"为些。在《白虎通》阴阳五行的系统中,四方配四季,四季又有少阳、太阳、少阴、太阴。南方属夏,为太阳,此时万物壮盛、孕妊,南方之乐《南》当有孕妊义,因此《白虎通》选"任"训而弃"南"训。

(2)巡者,循也;狩者,牧也,为天循行守牧民也。(《巡狩篇》)

《白虎通》之前，有训"巡狩"为"循牧"者，如《礼记·逸礼》曰："巡狩者何？巡，循也；狩，牧也，为天循行牧民也。"(《御览》卷五百三十七引)有训"循守"者，如《尚书大传·尧典》："巡，犹循也；狩，犹守也。循行守视之辞。亦不可国至人见为烦扰，故至四岳，足以知四方之政而已。"有训"巡守"者，如《孟子·梁惠王下》："巡狩者，巡所守也。"《说苑·修文篇》："巡狩者，巡其所守也。"其中"守"(书、幽)、"狩"(书、幽)同源，无论声音还是意义上，均比"牧"(明、职)接近，但"循行守视"与"巡所守"未能彰显"天子"巡狩的内涵，因此《白虎通》放弃了同源的"守"，而选择了非同源的"牧"，以形成"为天循行守牧民"的说解。

(二)创新

《白虎通》首创的声训自然是以义理为标准，在这些新的声训之前，有些故训具备音近义通的条件，但《白虎通》未予选择，而是创造了更适合义理，但词源上并无联系的声训。例如：

(1)言禅者，明以成功相传也。(《封禅篇》)

此前有训"禅"为"墠"者，如《尚书说》："禅者，除地为墠。"(《礼记·礼器》疏引)按："禅""墠"并禅纽元部，音近义通，属于语言声训。段玉裁云："凡封土为坛，除地为墠，古封禅盖只作墠。"①《大戴礼记·保傅篇》注："禅谓除地于梁甫之阴，为墠以祭地也，变墠为禅，神之也。"但《白虎通》没有选择"墠"训，而是训"禅"为"传"，取"以成功相传"义，因为《白虎通》以为封禅为王者受命的标志，而古往今来的圣王是在"三统"规律的支配下代代相传的，从而将封禅制度神化。陈立云："取其除地而祭，则取义于墠；以其成功相代，则取义于传也。"②

可见在意义关系上，《白虎通》声训是也为其义理服务的，并非寻找词源，因此《白虎通》关注的不是意义相通，而是义理的说教。同一个词在不同的义理系统中占有不同的位置，其声训也会有所不同，这是《白虎通》一词多训的主要原因。

此外，《白虎通》排除了纬书中错误的"别字"现象，如《元命苞》云："秋之为言愁也，万物至此而愁，恐残败也。故其立字'禾'被'火'者为'秋'也。""冬之为言终也，言万物终成也，水至是而坚冰，故其立字'冰'在'舟'中者为

---

① 段玉裁《说文解字注》，7页，上海古籍出版社，1988年。
② 陈立《〈白虎通〉疏证》卷六，19页，《皇清经解续编》本。

'冬'也。"(《汉学堂丛书》)"日之为言实也,节也,含一,开度立节,使物咸别,故谓之日,言阳布散合如一,故其立字四合共一者为日。"(《开元占经·卷五》引)《白虎通·五行篇》但取其"秋之为言'愁'也""冬之为言'终'也",《日月篇》但取其"日之为言'实'也,常满有节"的说解,并没有取其错误说解文字的部分,反映了参与白虎观会议的学者对当时流行风气的抵制。《白虎通》对故训的继承与发展反映了汉代思想的新动向,因此,有学者认为"深察名号"所解释的词义"直接影响到中国哲学的内容与发展"[1]。这说明汉代学者正在努力营造一个来源于前代并且要超越前代的思想框架。

## 本章小结

先秦两汉的声训,大多是通过声音之间的关联,走向义理的阐发。而汉代之后的声训,则侧重被训词与训释词音义关系的客观性,走向语言规律的探求:这是二者的区别所在。《白虎通》声训是在某种思想指导下的主观选择,并非客观的音近义通,尽管它所采用的方法是训诂的形式,但其指向并非语言文字,而是以干预政治为特点的修辞。《白虎通》对故训的继承有以下特点:第一,系统地比附阴阳五行,对声训做出整合。阴阳五行学说的推演存在一个根本的问题就是规则的不统一,即不同的人对五行的序列与比附不一致,将全部个体的推演结果归纳到一起,会呈现出很大程度的主观随意性。《白虎通》是在确定五行序列和与之有关的原理后,对经学著作、纬书和子、史著作的声训进行的整合,排除了过于琐碎的比附,并且对前代声训中不完备的地方做出补充,使阴阳五行观念下的声训变得整齐而具有系统性。第二,排除纬书声训中的神学观念。《白虎通》在很大程度上排除了谶纬中简单粗糙的神学观念,而选取比较朴素的解释。尽管其中仍然不可避免地存在着某些神学的说教,乃习俗移人,不必苛责。

---

[1] 龚鹏程《汉代思潮》,110页,商务印书馆,2005年。

# 第四章 《白虎通》义理声训的思想文化分析

《白虎通》的宏纲大旨意,以古语言之,为"究天人之际,通古今之变";以今语言之,则为"说明当时流行的整体论的宇宙观,其特征是相信宇宙力量与人的行为和事件相互影响"[1]。在《白虎通》以正名为目的的声训中,被训词尤其是那些具有互补性而成对出现的词,如父子、夫妇、君臣等的解释传达的是名与名之间的义理关系,而不是客观的类别性划分,其目的是实用性和政治性的,属于主观的"训",而不是客观的"义",但由于它是根据当时思想做出的演绎,因此具有其独特的文化史、民俗学的价值。《白虎通》是对当时经学观念的总结,因此其中的某些价值判断与道德结论是理论而非现实的,但它却反映了汉代知识分子道义上的追求。"汉代语言学的勃兴是经学斗争的结果,而这种经学斗争又始终关连着当时知识分子在政治、经济、宗教和意识形态等领域一系列重大政策的不同见解。当时的儒家知识分子,正是以这种古典语文学的研究,表达了他们对先秦古代文化的价值评估和当时新文化的建构理想"。[2] 从《白虎通》一系列的义理声训中,我们可以看到汉代的阴阳五行观念、伦理观念、历史观念、理想社会观念以及汉代的风俗生活等一系列文化现象。其中的许多观念与结论,从汉代开始一直影响到中国近代,对中华文明的形成起到了奠基作用。"正如秦汉在事功、疆域和物质文明上为统一国家和中华民族奠定了稳固的基础一样,秦汉思想在构成中国的文化心理结构方面起了几乎同样的作用。"[3]这些观念都反映在了《白虎通》的声训中,沈兼士认为,此类声训颇有关于习俗风尚,倘能旁搜博讨,著为专篇,"于古代社会民俗之研究或可得一新启示"[4],这便是本章的目的所在。

---

[1] [英]崔瑞德、鲁惟一编,《剑桥中国秦汉史》,733页,中国社会科学出版社,1992年。
[2] 何新《传统语言学的文化意义》,见《何新集:反思·挑战·创造》,133页,时事出版社,2004年。
[3] 李泽厚《中国古代思想史论》,135页,人民出版社,1986年。
[4] 沈兼士《声训论》,见《沈兼士学术论文集》,276页,中华书局,1986年。

## 第一节 《白虎通》声训对阴阳五行的配合

《白虎通》继承了董仲舒的天人思想,将阴阳五行观念融入了儒家经典,并且进一步系统化,使儒家文化最终定型。余英时认为,阴阳五行说对儒学的改造仅限于"超越的哲学根据"一方面,在核心价值方面依然是先秦旧说,这反映了儒学大传统和通俗文化小传统的合流。儒学之所以能够成为中国文化的基础,其地位正是在汉代奠定的。"汉儒用阴阳五行的通俗观念取代了先秦儒家的精微的哲学论证,但儒教的基本教义也许正因此才冲破了大传统的藩篱,成为一般人都可以接受的道理。"[1]客观地讲,阴阳观念是物质世界普遍存在的对立统一的关系,五行是构成物质世界的五种基本元素,二者是先民朴素唯物主义的体现,是不同层面的概念。但在汉代,以阴阳为体,五行为用,五行观念被扩展到各个层面,并具有了统率一切的内涵。在阴阳五行这种稳定、完满的知识系统中,汉人思想的一个重要的方法就是经验性的类推,即一切都有其相关性和相似性。凡是类比相关的事物都具有相同的内涵,环环相扣,使这个系统内部达到互相解释的自足状态。阴阳五行理论成为解答一切问题的思维模式,从水何以谓之水到火何以能伤人,从君子远子今孙到女子何以出嫁,一切都可以用这个模式来解决,"经学家们已习惯于这种思维模式,认为由这种模式提供的答案具有公理一样的自明性,是天经地义的,因而既不需要论证,也无需再受实践的检验。它自身既是答案,又是检验是否真理的标准。"[2]《白虎通》为每个事物找到其在阴阳五行框架中的位置,并以声训的方式论证其名实相副,从而确定其位置的合理性。参与白虎观会议的丁鸿,以才高,论难最明,得到章帝赞扬,时人称为"殿中无双丁孝公"(《后汉书·丁鸿传》),"大概由于丁鸿把这套模式运用得最高明最熟练,任何问题都能对答如流,所以博得了皇帝给予的美称"[3]。

在阴阳五行框架的支配下,《白虎通》对自然(包括人自身)领域的词汇做了声训,这些声训的特点就是强调道德依赖。

---

[1] 余英时《汉代循吏与文化传播》,见《中国思想传统的现代诠释》,182—183页,联经出版事业公司,1987年。
[2] 金春峰《汉代思想史》,429页,中国社会科学出版社,2006年。
[3] 同上书,428页。

## 一、五行与自然

自然包括自然界客观存在的五方、十二律、四象、十二月、五声、八音等,也包括思想领域内对自然物的分类观念,如天干、地支、五帝、五神、五精等一切名词,《白虎通》均以声训的方式予以解释,以配合五行理论,使之合理化。

(一)五行与自然的配合

1. 五行与五方、五味

在《白虎通·五行篇》中,五行与五方、五味搭配及其声训如下:

(1)水位在北方,北方者,阳①气在黄泉之下,任养万物。水之为言准也,养物平均,有准则也。

(2)木在东方,东方者,阳气始动,万物始生。木之为言触也,阳气动跃,触地而出也。

(3)火在南方,南方者,阳在上,万物垂枝。火之为言委随也,言万物布施;火之为言化也,阳气用事,万物变化也。

(4)金在西方,西方者,阴始起,金之为言禁也,言秋时万物阴气所禁止也。

(5)土在中央,土之为言吐也,主吐含万物。

(6)东方者,动方也,万物始动生也。

(7)南方者,任养之方,万物怀任也。

(8)西方者,迁方也,万物迁落也。

(9)北方者,伏方也,万物伏藏也。

(10)水味所以咸何?是其性也。所以北方咸者,万物咸与所以坚之也,犹五味得咸乃坚也。

(11)木味所以酸何?东方,万物之生也,酸者以达生也,犹五味得酸乃达也。

(12)火味所以苦何?南方者,主长养,苦者,所以养育之,犹五味得苦可以养也。②

(13)金味所以辛何?西方者,煞成万物,辛者所以煞伤之也,犹五

---

① "阳"各本作"阴",详《〈白虎通义〉校释》。
② 各本无"南方"下"者"字,"养育之"作"长养也","得"作"须",从刘师培意据《宝典》卷四引订。

味得辛乃委煞也。①

(14)土味所以甘何？中央者,中和也,故甘,犹五味以甘为主也。

2.五行与干支、四季、五色、五声、五帝、五神、四象

五行配四季,土不任部职。天干十,分为五部分,配合五行、四季。地支十二,分为四部分,配合四季、五色、五声、五帝、五神、分别配合五行,四象即朱雀、玄武、青龙、白虎,分别代表了四方的二十八宿,配四季。在《白虎通·五行篇》中,干支、四季、五帝、五神、四象(四象即四精)搭配及其声训如下：

(1)少阳见于寅,寅者,演也；律中太簇,律之言率,所以率气令生也；盛于卯,卯者,茂也；律中夹钟；衰于辰,辰者,震也；律中姑洗。其日甲乙,甲者,万物孚甲也；乙者,物蕃屈有节欲出；时为春,春之为言"偆",偆,动也；位在东方,其色青,其音角,角者,气动跃也。其帝太皞,太皞者,大起万物扰也。其神句芒,句芒者,物之始生,芒之为言"萌"也,其精青龙,阴中阳故。②（木属少阳）

(2)太阳见于巳,巳者,物必起；律中仲吕；壮盛于午,午,物满长；律中蕤宾；衰于未,未,味也；律中林钟；其日丙丁,丙者,其物炳明；丁者,强也；时为夏,夏之言"大"也；位在南方,其色赤,其音徵,徵,止也,阳度极也。其帝炎帝,炎者,太阳也；其神祝融,祝融者,属续也。其精朱鸟,离为鸾故。（火属太阳）

(3)少阴见于申,申者,身也；律中夷则；壮于酉,酉者,老也,物收敛；律中南吕；衰于戌,戌者,灭也；律中无射,无射者,无声也；③其日庚辛,庚者,物更也；辛者,阴始成；时为秋,秋之为言"愁"也；其位西方,其色白；其音商,商者,强也；其帝少皞,少皞者,少敛也；其神蓐收,蓐收者,缩也。④ 其精白虎,虎之为言"搏讨"也。（金属少阴）

(4)太阴见于亥,亥者,该也；律中应钟；壮于子,子者,孳也；律中黄钟；衰于丑,丑者,纽也；律中大吕。其日壬癸,壬者,阴始任；癸者,揆度

---

① "西方者煞成万物"各本作"西方煞伤成物",从刘师培意据《宝典》卷七引订。"辛"下"者"字各本无,据《宝典》引补。
② "芒之为言'萌'也,其精青龙"各本作"其精青龙,芒之为言'萌'也",从陈立说改。
③ "无声"卢据《汉书·律历志》改为"无厌",案《汉书·律历志》云："无射者,无厌已也。"陈立云："此文上下皆未释律义,此'无射者'六字疑衍文。"
④ 《宝典》卷七引《元命苞》："(秋)其神蓐收者,䋫收也。"

也。时为冬,冬之为言"终"也;其位在北方,其音羽,羽之为言"舒",言万物始孳;其帝颛顼,颛顼者,寒缩也。其神玄冥,玄冥者,入冥也。其精玄武,掩起离体,泉龟蛟珠蛤。(水属太阴)

(5)土为中宫。其日戊己,戊者,茂也;己者,抑屈起;其音宫,宫者,中也;其帝黄帝,其神后土。(土为中宫)

### 3.五行与十二律、十二月

十二律指的是阳律黄钟、太簇、姑洗、蕤宾、夷则、无射,阴律大吕、夹钟、仲吕、林钟、南吕、应钟,十二律配十二月①,十二个月分属于四季,于是十二律、十二月进入了五行系统,在《白虎通·五行篇》中,五行与十二律、十二月的搭配及声训如下:

(1)十一月律谓之黄钟何? 黄者,中和之色;钟者,动也。言阳气动于黄泉之下,动养万物也。

(2)十二月律谓之大吕何? 大者,大也;吕者,拒也。言阳气欲出,阴不许也。吕之为言拒者,旅拒难之也。

(3)正月律谓之太簇何? 太者,大也;簇者,凑也。言万物始大,凑地而出也。

(4)二月律谓之夹钟何? 夹者,孚甲也;言万物孚甲,种类分也。

(5)三月律谓之姑洗何? 姑者,故也;洗者,鲜也。言万物皆去故就其新,莫不鲜明也。

(6)四月律谓之仲吕何? 言阳气将极,故复中难之也。

(7)五月律谓之蕤宾何? 蕤者,下也;宾者,敬也。言阳气上极,阴气始起,故宾敬之也。

(8)六月律谓之林钟何? 林者,众也,万物成熟,种类众多也。

(9)七月律谓之夷则何? 夷,伤也;则,法也。言万物始伤,被刑法也。

(10)八月律谓之南吕何? 南者,任也。言阳气尚有,任生荠麦也,故阴拒之也。

(11)九月律谓之无射何? 射者,终也。言万物随阳而终,当复随阴

---

① 夏、商、周三代对新年开始时间的安排不同,夏代建寅,即以寅月为起始,寅月是农历的一月。商代建丑,丑月相当于农历十二月,周代建子,子月相当于农历的十一月。秦代建亥,亥月相当于农历的十月。汉初沿袭秦制,汉武帝太初元年实行太初历,恢复夏历,以一月为一年的岁首,延续至今。《月令》中的历法是周历。

而起,无有终已也。

(12)十月律谓之应钟何？应者,应也；钟者,动也。言万物应阳而动下藏也。

4. 五行与八音

八音者指的是《乐记》中的八种乐器,"土曰埙,竹曰管,皮曰鼓,匏曰笙,丝曰弦,石曰磬,金曰钟,木曰柷敔",《白虎通》载一说为笙、柷、鼓、箫、琴、埙、钟、磬,八音对应八方,"笙在北方,柷在东北方,鼓在东方,箫在东南方,琴在南方,埙在西南方,钟在西方,磬在西北方。"在《白虎通·礼乐篇》中,五行与八音的配合及其声训如下：

(1)埙在十一月,埙之为言熏也,阳气于黄泉之下熏蒸而萌。

(2)笙之言施也,牙也,在正月,万物始施而牙；笙者,太簇之气,象万物之生,故曰笙。

(3)鼓,震音,烦气也,万物愤懑震动而生①,雷以动之,温以暖之,风以散之,雨以濡之,奋至德之声,感和平之气也。同声相应,同气相求,神明报应,天地佑之,其本乃在万物之始耶？故谓鼓也。

(4)箫者,中吕之气也,万物生于无声,见于无形,勠也,肃也,故谓之箫。箫者以禄为本,言承天继物为民本,人力加,地道化,然后万物勠也,故谓之箫也。

(5)琴者,禁也,所以禁止淫邪、正人心也。

(6)磬者,夷则之气也,象万物之成也,其气磬。

(7)钟之为言动也,阴气用事,万物动成。

(8)柷敔者,终始之声,万物之所生也。阴阳顺而复,故曰柷；承顺天地,序迎万物,天下乐之,故乐用柷。柷,始也。敔,终也。

综合上述材料,五行与自然界的对应关系如表4—1：

表4—1

| 五行 | 木 | 火 | 金 | 水 | 土 |
| --- | --- | --- | --- | --- | --- |
| 五方 | 东 | 南 | 西 | 北 | 中 |
| 五味 | 酸 | 苦 | 辛 | 咸 | 甘 |

---

① "生"卢改作"出",无据,故不从。

续表

| 天干 | 甲乙 | 丙丁 | 庚辛 | 壬癸 | 戊己 |
| --- | --- | --- | --- | --- | --- |
| 地支 | 寅卯辰 | 巳午未 | 申酉戌 | 亥子丑 | — |
| 四季 | 春 | 夏 | 秋 | 冬 | — |
| 十二月 | 一、二、三 | 四、五、六 | 七、八、九 | 十、十一、十二 | — |
| 十二律 | 太簇、夹钟、姑洗 | 仲吕、蕤宾、林钟 | 夷则、南吕、无射 | 应钟、黄钟、大吕 | — |
| 五色 | 青 | 赤 | 白 | 黑 | 黄 |
| 五声 | 角 | 征 | 商 | 羽 | 宫 |
| 八音① | 鼓 | 琴 | 钟 | 笙 | — |
| 五帝 | 太皥 | 炎帝 | 少皥 | 颛顼 | 黄帝 |
| 五神 | 句芒 | 祝融 | 蓐收 | 玄冥 | 后土 |
| 五精 | 青龙 | 朱鸟 | 白虎 | 玄武 | — |

无论是继承还是原创，《白虎通》为这个系统中涉及的所有的词都做了声训，分析这些声训，我们可以看到五行观念对义理声训的影响。

(二)声训反映的观念

五行与自然的搭配中，大多有声训的解释，而这些声训完全是为了配合五行之间的关系而做的，下面我们一一分析。(由于今本《白虎通》释八音处多脱文，故本文于五行配八音存而不论)

1. 木及其所对应的声训

五行之木于五方属东，于四季属春，即十二月中的一、二、三月。春为一年之首，万物蠢动，故"春"训"偆"("偆"为"蠢"之借)；春季阳气动生万物，故其方位"东"训"动"，"阳气始动，万物始生"；春季万物动生，故"木"训"触"，意为"阳气动跃，触地而出"；木味酸，"酸之为言端也，气始生，阳分专心自端"②；于五声属"角"，"角"训"跃"，"角者，气动跃也"，言阳气动跃；其日属"甲乙"，春季阳气生发，因此"甲者，万物孚甲"，"乙者，物蕃屈有节欲出"，皆为万物破孚甲蕃屈欲出之义；春季三月，正月律为太簇，簇者，凑也，"言万物始大，凑地而出"，二月律为夹钟，夹者，孚甲也，"言万物孚甲，种类分"；三月律为姑洗，姑者，故也；洗者，鲜也；"言万物皆去故就其新，莫不鲜明"；皆为应春气而万物生之义；春季于五帝为太皥，"太皥者，大起万物扰也"，即少阳之气大起惊扰万物使之顺从③；于五神为句芒，"句"为

---

① 东北为柷，西南为埙，东南为箫，西北为磬。
② 此为《宝典》卷一引《元命苞》语，"言"字无，据文意补。《白虎通》此处不释酸，盖有脱文。
③ 《宝典》卷一引《元命苞》："其帝太昊，太昊者大起，言万物动扰扰。"(太昊即太皥)按：《周礼·天官·大宰》："以安邦国，以教官府，以扰万民。"郑玄注："'扰'犹'驯'也。"然则此"扰"义为少阳之气大起惊扰万物使之顺从。

万物始生弯曲义,"芒之为言萌",亦万物始萌义;其精青龙,"龙之言萌也"①,亦萌发义。

2. 火及其所对应的声训

五行之火于五方属南,于四季属夏,即十二月中的四、五、六三个月。万物当夏而壮盛,故"夏"训"大",夏季万物生长、孕妊,故其方位"南"训"任","南方者,任养之方,万物怀任也";夏季万物盛长、变化,故火训"委随"(顺从、延展义)、"化",言万物布施、变化;火味苦,为勤苦义,"勤苦乃能养也"②;于五声属"徵","徵"训"止",阳气盛极而止;其日属"丙丁","丙"训"炳",万物炳明义;"丁"训"强",万物强盛义。夏季三月,四月律为仲吕,"吕"训"拒",③即阴气欲出,阳气方盛大,乃拒之也。五月律为蕤宾,"蕤者,下也","宾者,敬也",此时阳气极盛,阴气始萌,故阴宾敬阳。六月律为林钟,林者,众也,钟者,种也,"万物成熟,种类众多也";夏季于五帝为炎帝,为太阳也(此非声训)。于五神为祝融,"祝融"训"属续"为连属义;其精朱鸟,朱雀,即鸾。④(此非声训)

3. 金及其所对应的声训

五行之金于五方属西,于四季属秋,即十二月中的七、八、九三个月。秋季万物成熟而收敛,故"秋"训"愁"(收缩义);秋季万物衰杀、成熟,故其方位"西"训"迁","万物迁落";秋季阳气止,阴气起,万物成熟、停止生长,故秋所属之"金"训"禁",秋时万物为阴气所禁止;金味辛,秋主杀,辛以煞伤万物,如五味得辛乃有所削弱;于五声属于"商","商"训"强",万物至秋坚强成就;⑤其日属"庚辛",万物于秋变更,故"庚"训"更",阴气使万物收成,故"辛"训"成";⑥秋季三月,七月律夷则,"夷,伤也;则,法也",此时万物始伤,被于秋之刑法;八月律南吕,"南"训"任","吕"训"拒","言阳气尚有,任生荠麦也,故阴拒之也",此时阳气渐弱,尚能孕育荠麦,但开始受到阴气的抗拒;九月律无射,射者,终也,此时万物随阳而终,当复随阴而起,无有终已。秋

---

① 《白虎通》此处无声训,盖有脱文,《御览》卷十九引《元命苞》云:"其精青龙,龙之言萌也,阴中之阳也。"

② 此《五行大义》卷三引《元命苞》语:"苦者,勤苦乃能养也。"

③ 《白虎通·五行篇》:"四月谓之仲吕何?言阳气极将极中充大也,故复中难之也。"由"复中难之"可知,训"吕"为"拒"。"中难之"者,阳难阴也。《五行大义》卷四引《三礼义宗》:"吕者,距难之义,言阴欲出,阳气在于中距执之。"

④ 离为火,《周易·旅卦》上九:"鸟焚其巢。"虞翻注:"离为鸟。"鸾为鸟中之长,即"离为鸾故"。

⑤ 《白虎通》此处无进一步说解,《通典》卷一百四十三《五声八音名义》注:"商者,金也,金坚强故名之,亦当时物皆坚强成就之义也。"今从之为说。

⑥ 《白虎通》此处无进一步说解,《宝典》卷七引《元命苞》:"辛者,阴治(笔者按,"治"当为"始"之讹)成。"宋均注:"于是物更而成,故因以为日名之也。"

季于五帝为少皞,"少皞者,少敛也",于五神为蓐收,"蓐收者,缩也",("少皞""蓐收"之训非声训)皆为秋季收敛义;其精白虎,虎之为言搏讨也,秋主肃杀,征讨不义,故曰"搏讨"。①

4. 水及其所对应的声训

五行之水于五方属北,于四季属冬,即十二月中的十、十一、十二三个月。冬为一年之终,故"冬"训"终";冬季万物聚藏,故其方位"北"训"伏",万物伏藏;冬季"阳气在黄泉之下,任养万物",故"水"训"准","养物平均,有准则也"。水味咸,因冬季"万物咸与,所以坚之也,犹五味得咸乃坚也";于五声属"羽","羽之为言舒,言万物始孳",冬季阴极阳生,隐含孳长的因素,故"羽"训为"舒";其日属"壬癸",冬季阴阳交互生发,因此"壬"训"任","癸"训"揆",即阴阳孕妊,万物可揆度而知;②冬季三月,十月律"应钟",应者,应也;钟者,动也。即万物应阳而动,此时阳气始动,万物微微响应;十一月律黄钟,黄为中和之色;钟者,动也,此时阳气萌发,于黄泉动养万物;十二月律大吕,"吕"训"拒",此时阳气勃发欲出,为阴气所阻,时为冬,阴气仍胜于阳气。冬季于五帝为颛顼,冬季寒冷,故训"颛顼"为"寒缩",于五神为玄冥,"玄冥"训"入冥"即万物入藏玄冥之中;③其精玄武,玄武为龙蛇合体,"其精玄武,掩起离体泉龟蛟珠蛤",此处脱讹特甚,付之阙如。

5. 土及其所对应的声训

五行之土于五方属中,不任部职,然为万物之母,《白虎通·五行篇》:"木非土不生,火非土不荣,金非土不成,水非土不高。土扶微助衰,历成其道,故五行更王,亦须土也。王四季,居中央,不名时。""土"训"吐","主吐含万物";土味甘,甘者,安也,为五味之主;④于五声属宫,"宫者,容也,含也,含容四时者也",亦为土之主宰五行之义;其日属"戊己","戊者,茂也,己者,抑屈起",万物皆枝叶茂盛,其含秀者抑屈而起;⑤于五帝为黄帝,于五神为后土,皆居于中央之义。

---

① 《汉上易》引马注:"兑为虎,秋主肃杀,征讨不义,故取于白虎。"
② 《五行大义》卷一:"壬者,任也。……阴任于阳。"
③ 《宝典》卷十引《元命苞》:"玄冥,入冥也。"杜台卿注:"亦以物入藏玄冥之中,因以名其神也。"
④ 《白虎通》此处无声训,盖有脱文,《五行大义》卷三引《元命苞》:"甘者,食常言安其味也,甘味为五味之主,犹土之和成于四行也。"
⑤ 《礼记·月令》注:"戊之言茂也,已之言起也,日之行四时之间,从黄道,月为之佐,至此万物皆枝叶茂盛,其含秀者抑屈而起,故因以为日名焉。"

此外关于五味,今《白虎通·五行篇》仅存一"咸"之声训:"所以北方咸者,万物咸与所以坚之也,犹五味得咸乃坚也。"其余盖皆脱文。纬书《元命苞》中有五味的声训:

(1)酸之为言端也,气始生,阳分专心自端。(《宝典·卷一》引)
(2)阴害故辛,杀义故辛刺,阴气使其然也。(《五行大义·卷三》引)
(3)苦者,勤苦乃能养也。(《五行大义·卷三》引)
(4)咸者镰,镰,清也,言物始萌,镰虚以寒。(《宝典·卷十》引)
(5)甘者,食常言安其味也,甘味为五味之主,犹土之和成于四行也。(《五行大义·卷三》引)

《元命苞》声训亦遵阴阳五行为说,从《白虎通》所存"咸"的声训看,与纬书声训有所不同,但仅仅是关注点的不同,并非根本观念的不同。

又,除了第二章第三节"纬书中的过度阐释"所举例证外,纬书对自然界动物植物尚有如下声训:

(1)树棘槐,听讼于其下,棘赤心有刺,言治人者原其心不失赤,实事所以刺人,其情令各归实。槐之言归也,情见归实也。(《御览》卷六百三十九引《元命苞》)
(2)菽者,属也,春生秋熟,理通体属也。(《御览》卷八百三十八引《说题辞》)
(3)麻之为言微也,阴精寝密,女作纤微也。(《御览》卷九百九十五引《说题辞》)
(4)狗,叩也。叩气吠以守。①(《说文·犬部》引孔子曰)
(5)月中有蟾蜍与兔……兔善走,象阳动也。兔之言僖呼,僖呼,温暖名也。(《五行大义》卷四引《元命苞》)
(6)其精青龙,龙之言萌也,阴中之阳也。(《御览》卷十九引《元命苞》)

纬书对自然界的动物、植物声训亦从阴阳五行着眼,《白虎通》不取者,盖以其琐碎不足观耳。

---

① 段玉裁云"'吠以'当作'以吠'。"(《说文解字注》,473 页,上海古籍出版社,1988 年)

## 二、五行与人体

《白虎通》中五行的推演并未停止在自然界,而是在"人副天数"的影响下,推广到人体和意识领域,将人体凡是能和数目相关联的器官、情感等均与五行直接或间接地配合,因此也就与上述自然万物产生了一系列的联系。

(一)五行与人体的配合

1.五行与五藏、五性

五藏法五行,五藏又联系着"五性",《白虎通·情性篇》云:"五性者何?谓仁、义、礼、智、信也。"在《情性篇》中,五行与五藏、五性的配合及其声训如下:

(1)五藏者何也?谓肝、心、肺、肾、脾也。肝之为言干也;肺之为言费也,情动得序;心之为言"任"也,任于思也;肾之为言"写"也,以窍写也;脾之为言辨也,所以积精禀气也。五藏,肝仁,肺义,心礼,肾智,脾信也。

(2)肝所以仁者何?肝,木之精也,仁者好生,东方者,阳也,万物始生,故肝象木,色青而有枝叶。目为之候何?目能出泪而不能内物,木亦能出枝叶,不能有所内也。

(3)肺所以义者何?肺者,金之精,义者断决,西方亦金,杀成万物也,故肺象金,色白也。鼻为之候何?鼻出入气,高而有窍,山亦有金石累积,亦有孔穴,出云布雨以润天下,雨则云消,鼻能出内气也。

(4)心所以为礼何?心,火之精也。南方尊阳在上,卑阴在下,礼有尊卑,故心象火,色赤而锐也。人有道尊,天本在上,故心下锐也。耳为之候何?耳能偏内外、别音语,火照有似于礼,上下分明。

(5)肾所以智何?肾者,水之精。智者进而不止,无所疑惑,水亦进而不惑。①北方水,故肾色黑,水阴,故肾双。窍为之候何?窍能泻,水亦能流濡。

(6)脾所以信何?脾者,中央,土之精也。②土尚任养,万物为之象,生物无所私,信之至也。故脾象土,色黄也。口为之候何?口能啖尝,舌能知味,亦能出音声,吐滋液。

---

① "进而不止"各本脱"不"字,卢本作"进止",据孙诒让说订,详《白虎通义》校释》。
② "中央"二字各本无,据刘师培说补,详《白虎通义》校释》。

132

2.五藏配六府

六府指的是大肠、小肠、胃、膀胱、三焦、胆,《白虎通·五行篇》云:"人有五藏六府何法?法五行六合也。"五藏法五行,六府法六合,六合指的是天地四方,而四方则是配五行的,因此六府也被拉入了这个系统。《白虎通》以大肠、小肠、胃、膀胱、三焦、胆六府配脾、肾、肝、心、肺五藏,六与五的搭配产生龃龉:胃为脾之府,膀胱为肾之府,胆为肝之府,小肠、大肠为心肺之府,六府中余下一个"三焦"无从分配。这里涉及对"三焦"的处理问题。关于"三焦"的问题一直存在争议,概括起来有两种情况:一种认为三焦有名有形,以《灵枢经》为代表,三焦将躯干划分为三部分,横膈以上为上焦,包括心、肺;横膈以下至脐为中焦,包括脾、胃;脐以下为下焦,包括肝、肾、大肠、小肠、膀胱,一种认为三焦有名无形,始于《难经·二十五难》曰:"心主与三焦为表里,俱有名而无形。"① 明李梴云:"三焦,如雾、如沤、如渎,虽有名而无形;主气、主食、主便,虽无形而有用。"② 这两个问题一直争论不休,其实并不矛盾,有形、无形只是各偏执一见,不能通贯耳。《白虎通》把"三焦"当属于一个笼统的总称,所以不必对应五藏中的一藏,这样就解决了六府配五藏的矛盾。在《白虎通·情性篇》中六府与五藏的配合及其声训如下:

(1)胃者,脾之府也,脾主禀气;胃者,谷之委也,故脾禀气也。

(2)膀胱者,肾之府也,肾者主泻,膀胱常张有势,故先决难也。③

(2)三焦者,包络府也,水谷之道路,气之所终始也。故上焦若雾,中焦若漏,下焦若渎。④

(3)胆者,肝之府也,肝者,木之精也,主仁,仁者若不忍,故以胆断也,是以仁者必有勇也。⑤ 肝胆异趣,何以知相为府也?肝者,木之精也,木之为言"牧"也,人怒无不色青、目�张者,是其效也。

(4)小肠、大肠,心肺之府也,主礼义,礼义者,有分理,肠亦大小相承受也。肠为心肺主,心为支体主,故为两府也。目为心视,口为心谈,耳为心听,鼻为心嗅,是其支体主也。

---

① 秦越人《难经》,16页,科学技术文献出版社,1996年。
② 李梴《医学入门》,211页,上海科学技术文献出版社,1997年。
③ "常张有势"各本作"常能有热",据《御览》卷三百七十六引《元命苞》作"常张有势"改。
④ "若雾""若漏"各本作"若窍""若编",据刘师培说订,详《白虎通义》校释》。
⑤ "若"字各本无,据刘师培说补,详《白虎通义》校释》。

### 3.五方配六情

六情指的是喜、怒、哀、乐、爱、恶六种情感,由六府而生,《白虎通·情性篇》云:"性所以五,情所以六者何?人本含六律五行之气而生,故内有五藏六府,此性情之所由出入也"。六情配五方也是协调的产物,六情中的喜、怒、好、恶分别属于西、东、北、南,哀和乐无法安置,按道理当属于"中",但是一个"中"仍不能解决问题,因此将"中"复分为上下。《白虎通》把哀乐分成上下,其实对应的是"六合"(东西南北上下)。在《情性篇》中六情配五方的搭配关系如下:

> 喜在西方,怒在东方,好在北方,恶在南方,哀在下,乐在上何?以西方万物之成,故喜;东方万物之生,故怒;北方阳气始施,故好;南方阴气始起,故恶;上多乐,下多哀也。

五行与人体的对应如表4—2:

表4—2

| 木 | 金 | 火 | 水 | 土 | 五行 |
|---|---|---|---|---|---|
| 仁 | 义 | 礼 | 智 | 信 | 五性 |
| 肝 | 肺 | 心 | 肾 | 脾 | 五脏 |
| 青 | 白 | 赤 | 黑 | 黄 | 五色 |
| 目 | 鼻 | 耳 | 窍 | 口 | 候 |
| 胆 | 大肠 | 小肠 | 膀胱 | 胃 | 六府 |
| 怒 | 喜 | 恶 | 好 | 哀(下)乐(上) | 六情 |

在此前的《吕氏春秋》《淮南子》等作品中,没有五行配五常(五性)这个体系,它最早出现在董仲舒的《春秋繁露》里,《白虎通》只是因势利导更加精密化而已。"董仲舒的这个配方,并未被大家公认,在《乾凿度》、郑玄《中庸注》中,除仁配木、义配金二条与董说相同外,其他三常配三行的办法,都与董说不同。这就说明,这套把戏,还正处在草创阶段,尚无一定之规。大概直到白虎观会议,才最后定下仁木、义金、礼火、水智、土信的公式,如后来沿用的样子。"[①]

### (二)声训反映的观念

在这个搭配中,五脏为声训,六府、五候大概是找不到合适的声训,因此用相似性来妥协,也是为了配合五行之间的关系服务的,下面我们一一

---

① 庞朴《帛书五行篇研究》,82页,齐鲁书社,1980年。

分析：

1."肝"训"干"，为枝干义，肝于五行属木，于五方属东，东方万物始生，故于五性属仁，肝象木色青而有枝叶，故训"干"。目为肝之候，因为目能出泪而不能纳物与木能出枝叶而不能纳物相似。

2."心"训"任"，为任受义，于五行属火，于五方属南，南方尊阳在上，卑阴在下，有尊卑，故于五性属礼，心训"任"，任于思也。耳为心之候，因为耳能遍听内外，与火照万物上下分明相似。

3."肺"训"费"，为布散义①，于五行属金，于五方属西，金主杀成万物，有断决之义，故于五性属义（义者，宜也），能断决，故使情绪有序的运动。鼻为肺之候，因为鼻主出入气，似山出云布雨以润天下，与肺吐故纳新，使津液、血液布散周身，充养身体相似。

4."肾"训"写"（通"泻"），以窍疏泄义，于五行属水，于五方属北，水进而不惑似智者进止无所疑惑，故肾于五性属智，窍为心之候，因为窍主疏泄，与肾相连。

5."脾"训"辨"，"辨"通"神"，为聚积义，于五行属土，于五方属中，土任养万物，生物无所私，信之至也，故脾于五性属信。口为心之候，因为口能啖尝，舌能知味，亦能出音声，吐滋液，与土之吐生万物相似。

纬书材料中五行与人身的联系比《白虎通》的范围更广，因为纬书的散佚，我们只能见到一些零篇断简，但这些例子足以说明问题，例如《元命苞》：

（1）在天为文昌，在人为颜颡，太一之谓也。颜之言气畔也，阳立于五，故颜博五寸。（《御览》卷三百六十四引）

（2）脑之为言在也，人精在脑。（《御览》卷三百七十五引）

（3）唇者齿之垣，所以扶神设端，若有列星与外有限，故曰唇亡齿寒。（《御览》卷三百六十八引）

（4）舌之为言达也，阳立于三，故舌在口中者长三寸，象斗玉衡，阴合有四，故口论舌溢内者，长四寸。（《御览》卷三百六十七引）

（5）髀之为言跂也，阴二，故人两髀。（《御览》卷三百七十二引）

在纬书中，颜、脑、唇、舌、髀等器官均可以在阴阳五行的体系中予以解

---

① 肺主宣发，吐故纳新，宣散卫气（水谷生成的脉外之气，在皮肤中循行，有护卫肌表，滋养腠理，开阖汗孔抗御外邪等作用），使津液、血液布散周身，充养身体，此盖"肺之为言费"之义。

释,《白虎通》并没有吸收这些说法。

客观地说,阴阳五行理论在一定程度上反映了事物的客观面貌,并在一定范围内能有效地应用于实际生活。但《白虎通》中的名物关系并不是客观的本质联系,而是人为的道德关系。《白虎通》沿袭了《春秋繁露》以来将阴阳五行理论道德化的路线,并进一步推演,将这一理论扩展到方方面面,企图以此解释一切具体现象,这些解释当然是主观道德化的,因此其中的声训也是主观道德化的。

可以推想,在那些尚未被发现的纬书资料中,任何可能关系到理解天人关系的事物与现象都会予以分类和解释。问题在于,纬书的类比将阴阳五行系统推演到极致,但他们的解释缺乏一定的严密性,因为大部分是在孤立地解释某一个事物(词),而不是在物与物(或词与词)的关系的基础上进行解释,没有系统的支持,导致解释在"体系化"的程度上较为松散,容易流为泛滥。而《白虎通》以"五"为类,将凡与数目相关的事物都"塞"入了五行系统,放弃了那些过于牵强、琐碎的比附,其目的是在寻求一种内部的互证与完足。因此可以说《白虎通》的解释是对汉代认识领域的一种清理。《白虎通》本质上属于经学著作,如金春峰所说,《白虎通》"是以学术形式出现的,它的学术性是占主导地位的。谶纬的神学方面受到了抵制和极大削弱"[①]。

## 第二节 《白虎通》声训对伦理观念的反映

由于生产关系的变更,汉代的伦理关系和先秦时代产生了很大的不同,因此需要新的思想来重新规范。董仲舒将阴阳观念引入伦理关系,[②]《白虎通》将先秦的五伦说发展为三纲六纪之说,孟子所说的"父子有亲,君臣有义,夫妇有别,长幼有序,朋友有信"(《滕文公上》)的关系在《白虎通》中被划分为三纲与六纪两个层次,三纲为君臣、父子、夫妇,六纪为诸父、兄弟、族人、诸舅、师长、朋友,六纪体现三纲之理。三纲六纪是阴阳的关系,是天地秩序的体现。《白虎通》将人的自觉情感提升到天意的高度,《三纲六纪篇》云:"子顺父、臣顺君、妻顺夫法地顺天。"于是,人的内在情感变成了外在格局,可能

---

[①] 金春峰《汉代思想史》,417页,中国社会科学出版社,2006年。
[②] 《春秋繁露·基义篇》:"君臣、父子、夫妇之义,皆取诸阴阳之道。君为阳,臣为阴;父为阳,子为阴;夫为阳,妻为阴。阴道无所独行。"

变成了必然。这种从社会整体着眼的理智安排,比起孔孟时代依靠道德自觉的感召,对统治者来说,更具现实意义。"先秦的五伦说注重人对人的关系,而西汉的三纲说则将人对人的关系转变为人对理、人对位分、人对常德的单方面的绝对的关系。故三纲说当然比五伦说来得深刻而有力量。"①三纲六纪是阴阳五行观念在人伦关系中的反映,以其巨大的说服力与稳定性成为礼教的核心,成为后世以等级差别为统治秩序的思想基础。但应当看到,三纲之说,并非仅仅强调在下位者片面的服从,同样重视在上位者的责任与表率作用,真德秀云:"即三纲而言之,君为臣纲,君正则臣亦正矣;父为子纲,父正则子亦正矣;夫为妻纲,夫正则妻亦正矣。故为人君者,必正身以统其臣;为人父者,必正身以律其子;为人夫者,必正身以率其妻。如此则三纲正矣。"②因此,陈寅恪说:"吾中国文化之定义,具于《白虎通》三纲六纪之说,其意义为抽象理想最高之境,犹希腊柏拉图所谓 idea 者。"③

在三纲六纪框架的支撑下,《白虎通》为伦理领域的词汇做了声训,这些声训的特点就是强调秩序。

## 一、君臣

上古"五帝三王之治天下,不敢有君民之心"(《春秋繁露·王道篇》)的君臣关系到了汉代发生了变化,当阴阳五行渗入社会关系后,君与臣之间具备了各自的位置与责任。《白虎通》中的类比关系不是僵死的,而是层层推演的,君与臣为天与地的关系,《五行篇》云:"臣顺君……何法?法地顺天也。"但当君臣关系上升为三纲中的主导时,君臣关系又效法天(父子法地,夫妇法人),天分阴阳,即日月,《白虎通》引《感精符》云:"三纲之义,日为君,月为臣也。"或君为天,臣为日月,《三纲六纪篇》云:"君臣法天,取象日月屈信,归功天也。"这就是阴阳观念的弹性。

(一)君臣之位

《白虎通·五行篇》以阴阳五行比附君臣关系:

> 君让臣何法?法月三十日,名其功也。善称君、过称己何法?法阴阳共叙共生,阳名生,阴名煞。④ 臣有功归于君何法?法归明于日也。

---

① 贺麟《五伦观念的新检讨》,见《文化与人生》,64 页,上海人民出版社,2011 年。
② 真德秀《大学衍义》卷六,文渊阁《四库全书》704 册,549 页,台湾商务印书馆,1986 年。
③ 陈寅恪《王观堂先生挽词并序》,见《陈寅恪集·诗集》,12 页,三联书店,2001 年。
④ 陈立云:"'共叙'当改为'共杀'。""阴阳共杀共生"即阴阳互相依赖,同生共死。

臣谏君何法？法金正木也。……臣谏君不从则去何法？法水润下、达于上也。……亲属臣谏不相去何法？法木枝叶不相离也。……君有众民何法？法天有众星也。王者赐，先亲近、后疏远何法？法天雨，高者先得之也。……有分土无分民何法？法四时各有分，而所生者通也。……王者监二王之后何法？法木须金以正，须水以润也。明王先赏后罚何法？法四时先生后煞也。

汉儒将君臣纳入到阴阳五行的范畴中，在这里君、臣不是"权"，而是"位"，这个"位"就是各自在阴阳五行中的位置。因此，他们的行为具有客观性，要符合自己的"位"，不然便应当被取代。在此基础上，《白虎通》解释君臣、天地、日月的内涵：

(1)君者，群也，群下之所归心也。(《三纲六纪篇》)
(2)臣者，繵也，坚也，属志自坚固也。(《三纲六纪篇》)
(3)天者，何也？天之为言镇也，居高理下，为人镇也。(《天地篇》)
(4)地之言易也，谛也，言养万物怀任，交易变化，审谛不误，敬始重终，故谓之地也。(《天地篇》)
(5)日之为言实也，常满有节。(《日月篇》)
(6)月之为言阙也，有满有阙也。所以有阙何？归功于日也。(《日月篇》)

例(1)以"群"训"君"，认为君得名于群下所归心，即修文德以来之。例(2)以"坚""繵"训"臣"，认为臣应当有坚定与缮饰之责。例(3)以"镇"训"天"，以天为人之主宰。例(4)以"易""谛"训"地"，认为地具有万物交易变化、审谛不误的特点。例(5)以"实"训"日"，强调其满。例(6)以"阙"训"月"，强调其阙，而月之阙象征归功于日。在以上声训中，君与天、日的声训侧重其道德、权威、圆满，而臣与地、月的声训侧重其修养、责任、不足。《白虎通》把君臣关系附会到天地、日月关系上去，使君臣有了各自的位置与责任。但臣为君尽忠指的是忠于一种客观理念，而不是忠于作为君主的个体。无论是"天"还是"君"的内涵，《白虎通》强调的都不是它们的控制性，而是对一种抽象原则的把握。这是《白虎通》不同于后世独裁专制思想的特点。

君臣各安其位，是相对独立的个体，对于臣子，君主有黜陟之权；当君不君时，臣子有诤谏之责：

(7)谏者何？谏者,间也,更也,是非相间,革更其行也。(《谏诤篇》)

此以"间""更"训"谏",认为谏的目的是在是非之间,通过臣子的参与,改变君主的行为。君主立谏臣类似于监督机制,如《白虎通·谏诤篇》云:"明王所以立谏诤者,皆为重民而求己失也。"因此谏为人臣之责,《说苑·正谏篇》云:"谏其君者,非为身也,将欲以匡君之过,矫君之失也。君有过失者,危亡之萌也;见君之过失而不谏,是轻君之危亡也。夫轻君之危亡者,忠臣不忍为也。"而《白虎通》将这个责任上升到五行的高度,《谏诤篇》云:"臣之谏君何法? 法金正木也。……臣谏君以义,故折正之也。"

君主作为天下的榜样,其举动当合宜应礼,因此设置记过之史、彻膳之宰以进行监督,《大戴礼记·保傅篇》云:"王失度,则史书之,工诵之,三公进读之,宰夫彻其膳。是以天子不得为非。"史、宰的涵义为:

(8)所以谓之史何? 明王者使为之也。(《谏诤篇》)
(9)谓之宰何? 宰,制也,使制法度也。(《谏诤篇》)

可见,史、宰均为王者所设,属于一种制度。史的责任是记载君主的言行,如《礼记·玉藻》云:"动则左史书之,言则右史书之。"宰的责任在于,当天下阴阳不调,五谷不熟时,撤去王者的某些食物,表示对百姓的怜悯,如《白虎通》引《礼》曰:"一谷不升,不备鹑鷃;二谷不升,不备凫雁;三谷不升,不备雉兔;四谷不升,不备囿兽;五谷不升,不备三牲。"史、宰责任重大,故当恪尽职守,"故史之义,不书过则死,宰不彻膳亦死"。

《白虎通》认为君主对臣子的态度决定了他将成为一个什么样的君主,《王者不臣篇》引《韩诗内传》曰:"师臣者帝,友臣者王,臣臣者霸,鲁臣者亡。"对臣子的尊重,是一个贤明君主必备的品质。因此,徐复观认为,汉代是"中国知识分子和政治关系最为合理的时代"。[1]

(二)灾异与君权

《白虎通》的历史观是董仲舒的"三统"说,夏、商、周三代历法不同,夏代建寅,即以寅月为岁首,为正月。商代建丑,以丑月为正月,即夏代的十二月。周代建子,即以子月为正月,即夏代之十一月,即"三正"。夏正建寅为人统,尚黑;商正建丑为地统,尚白;周正建子为天统,尚赤。"三统"说认为历史的发展是三统循环。周继承夏、商,封殷人之后于宋,封夏人

---

[1] 徐复观《学术与政治之间》,184 页,学生书局,1985 年。

之后于杞,以宾客遇之,不贬黜,是为"二王之后"。立"二王之后"是为了通天下三统,一示优贤之义,二是起警示作用。汉承周统,尚黑,用夏正。三统说有一个重要的标准,即使有君主当朝,也不妨碍有圣人受命。① 元凤三年,符节令眭弘据灾异劝昭帝禅位让贤,而退自封百里,如殷周二王后,以承顺天命。(《汉书·眭弘传》)尽管眭弘以"妖言惑众"的罪名被杀,但可见汉代知识分子心中的政治倾向。

在这种历史哲学的影响下,汉儒以灾异之说干政,其本质是知识分子对现实的批判。灾异之说源自董仲舒,②自刘向、何休之徒乃张大其军。董仲舒以为:"凡灾异之本,尽生于国家之失。国家之失乃始萌芽,而天出灾害以谴告之;谴告之而不知变,乃见怪异以惊骇之;惊骇之尚不知畏恐,其殃咎乃至。"(《春秋繁露·必仁且智篇》)汉儒说经多推经典以言人事,以灾异谴告人君,使知戒惧。从积极的一面讲,是战国时期士的独立精神的流风余韵;从消极的一面讲,"反映了统治集团企图挽救危机的努力"③。"当时儒者以为人主至尊,无所畏惮,借天象以示儆,庶使其君有失德者犹知恐惧修省。此《春秋》以元统天、以天统君之义,亦《易》神道设教之旨。"④此汉儒注经不废谶纬之一端。故《白虎通·灾变篇》云:"天所以有灾变何? 所以谴告人君,觉悟其行,欲令悔过修德,深思虑也。"《灾变篇》载灾异云:

(1)《春秋潜潭巴》曰:"灾之言伤也,随事而诛⑤。异之言怪也,先发感动之也。"

(2)霜之为言亡也,阳以散亡。

(3)雹之为言合也,阴气专精,凝合为雹。

例(1)以"伤"训"灾",认为伤害为随事而至者;以"怪"训"异",认为怪异

---

① 《汉书·眭弘传》引董仲舒云:"虽有继体守文之君,不害圣人之受命。"
② 王引之云:"《传》但云记灾,未尝言某事之所致也。其他记灾记异者不可枚举,而皆无一语及于感应。乃知公羊之学,惟据人事以明法戒,不傅天道以涉诗张。盖天人之际荒忽无常,君子于其所不知盖阙如也。自董仲舒推言灾异之应,已开谶纬之先。何氏又从而祖述之,迹其多方揣测,言人人殊,谓之推广《传》文则可,谓之《传》之本指,则未见其然也。"(王引之《经义述闻》卷二十四《公羊灾异》)
③ 任继愈《中国哲学发展史·秦汉卷》,416页,人民出版社,1985年。
④ 皮锡瑞撰、周予同注释《经学历史》,69页,中华书局,2004年。
⑤ "诛"不可解,或是"至"字之误,《公羊传·隐公六年》注:"灾者,有害于人物,随事而至者。"《公羊传·隐公三年》注:"异者,非常可怪。先事而至者。""随事而至"针对"先发感动之"即《公羊》注之"先事而至"。

是上天感动人君者。例(2)以"亡"训"霜",认为"霜"是阳气散亡导致的。例(3)以"合"训"雹",认为雹是阴气聚合的产物。此以阴阳说灾异,霜、雹皆为阳(君)之失,故灾异之事,皆为以阴阳消息为朕兆,感动人君者。

又《白虎通》于《灾变篇》言及日食、月食、妖、孽等,并无声训,我们搜集汉代经纬诸说,列之如下:

(1)蚀之为言责也,凡日月蚀,人君当责躬以自警也。(《汉学堂丛书·潜潭巴》)

(2)凡草木之类谓之妖,妖犹夭胎,言尚微。(《尚书大传·洪范五行传》)

(3)殃者,央也,土地非常,情性匪当,不遑为从,气患为殃。(《汉学堂丛书·诗推度灾》)(以下简称"推度灾")

(4)盛阴之气凝滞为雪,阳气薄而胁之,则散而为霰。(《古微书·说题辞》)

(5)旱之言悍也,阳骄寒所致也。(《御览》卷三十五引《考异邮》)

以上灾异,于今看来皆为自然之变,于汉儒则以为阴阳不合所致,阴阳不合即天意谴告,皇帝为"天子",天意即父意,灾异即严父之明诫,能不惧乎!故天子处其位"战战兢兢,惧不克任,思昭天地,内惟自新"(《汉书·武帝纪》)。皮锡瑞云:"汉儒藉此以匡正其主。其时人主方崇经术,重儒臣,故遇日食地震,必下诏罪己,或责免三公。虽未必能如周宣之遇灾而惧,侧身修行,尚有君臣交儆遗意。"[①]汉代灾异事甚伙,观《汉书·五行志》可知。反之,如果政治清明,则会出现"瑞应",《白虎通·封禅篇》清楚地列出了"符瑞之应"的名目。

灾异之说的意义并非其预言性,而在于依托预言对现实提出的补救之法。尽管汉代以阴阳五行的关系确立了君主的绝对权威,但在三统说与灾异谴告的影响下,汉代皇帝多小心谨慎,以致"汉诏多惧词"。两汉继体守文之君,虽无祖父之英武,然皆心存戒惧,故有庸主而无暴君,汉祚赖以绵延。[②] 后世情伪日兴,以权诈相尚,崇人力而抑天机,但觉上天虚无辽阔,无

---

① 皮锡瑞撰、周予同注释《经学历史·经学极盛时代》,69页,中华书局,2004年。
② 赵翼《廿二十札记》卷二《汉诏多惧词》:"两汉之衰,但有庸主而无暴君,亦家风使然也。"(《续修四库全书》453册,220页,上海古籍出版社,2002年)朱一新《无邪堂答问》卷一:"汉人亲见秦之纵恣以速其亡,每遇天变,动色相戒,日食修德,月食修刑,元、成失驭,犹明此义,故汉之末造,朝纲解纽而独无厉民之政,上畏天命,下畏民嵒,其所以固国脉者,端在于是。"(《续修四库全书》1164册,475页,上海古籍出版社,2002年。)

关人事,乃不复有谨饬而求瑞应于天者,人与天乃日远一日,此风至今犹然,此亦势之无可如何者。

## 二、父子

维系君臣的是"义",是外在的;维系父子的是"恩",是天然的。《白虎通》将父子关系上升为天经地义的高度,《三纲六纪篇》云:"父子法地,取象五行转相生也。"《白虎通》以阴阳五行比附父子关系:

子不肯禅何法?法四时火不兴土而兴金也。父死子继何法?法木终火王也。兄死弟及何法?法夏之承春也。"善善及子孙"何法?法春生待夏复长也。"恶恶止其身"何法?法秋煞不待冬也。……子之复雠何法?法土胜水、水胜火也。子顺父、臣顺君、妻顺夫何法?法地顺天也。男不离父母何法?法火不离木也。女离父母何法?法水流去金也。……子谏父何法?法火揉直木也。……君子远子近孙何法?法木远火近土也。……"父为子隐"何法?法木之藏火也。"子为父隐"何法?法水逃金也。……长幼何法?法四时有孟、仲、季也。……父母生子、养长子何法?法水生木长大也。子养父母何法?法夏养长木,此火养母也。"不以父命废王父命"何法?法金不畏土而畏火。……子丧父母何法?法木不见水则憔悴也。丧三年何法?法三年一闰,天道终也。父丧子、夫丧妻何法?法一岁物有终始,天气亦为之变也。(《五行篇》)

诸父、兄弟体现父子之间的道理,《三纲六纪篇》云:"诸父、兄弟,父子之纪也,以其有亲恩连也。"在此基础上,《三纲六纪篇》解释父子、兄弟、姊妹如下:

(1)父者,矩也,以法度教子也。子者,孳也,孳孳无已也。
(2)兄者,况也,况父法也。弟者,悌也,心顺行笃也。
(3)姊者,咨也。妹者,末也。

例(1)以"矩"训"父",强调父亲的法度义;以"孳"训"子",强调子孳生、繁衍的生物性;"父""子"的声训确立了父亲的绝对权威,兄弟、姊妹的关系亦效法父子关系,以长者为尊。例(2)以"况"训"兄",认为"兄"得名于比况父亲的法令,即兄之于弟即父之于子;以"悌"训"弟",认为"弟"得名于对兄长的恭顺("悌")。例(3)以"咨"训"姊",强调姊因年长,经验丰富,而具有权威性,妹等皆欲咨询而不得自专;以"妹"训"末",侧重的是妹年龄上的幼小。如此,兄、弟、姊、妹都进入了一个长幼有序的义理系统。

尽管如此,父有过,子亦有谏父之责,子谏父不同于臣谏君,君不听臣可去,父不听,子不可离,《谏诤篇》云:"子谏父,父不从,不得去者,父子一体而分,无相离之法,犹火去木而灭也。《论语》'事父母,几谏'下言'又敬不违'"。子谏父亦五行应有之义,"子之谏父,法火以揉木也。……子谏父以恩,故但揉之也,木无毁伤也。"

父子之义,以孝为先,汉人之孝,自天子至于庶人皆躬行之,"孝惠内修亲亲"(《汉书·惠帝纪》),齐王入朝觐,惠帝"以为齐王兄,置上座,如家人之礼",文帝"以仁孝闻于天下"(《史记·吕太后本纪》)。汉代诸帝自惠帝起,谥号首着"孝"字。汉代之"孝",由上至下,各有等差,内涵各自不同,如《援神契》云:

> 天子孝曰就,就之为言成也,天子德被天下,泽及万物,始终成就,则其亲获安,故曰就也。诸侯孝曰度,度者,法也,诸侯居国,能奉天子法度,得不危溢,则其亲获安,故曰度也。卿大夫孝曰誉,誉之为言名也,卿大夫言行布满,能无恶称,誉达遐迩,则其亲获安,故曰誉也。士孝曰究,究者以明审为义,士始升朝,辞亲入仕,能审资父事君之礼,则其亲获安,故曰究也。庶人孝曰畜,畜者,含畜为义,庶人含情受朴,躬耕力作,以畜其德,则其亲获安,故曰畜也。(《旧唐书·礼仪志》引)

天子、诸侯、卿大夫、士、庶人各据自身以兴孝,因而解释不同,可见汉代对孝的重视。汉代重《孝经》,使天下诵之,虽期门、羽林之士,皆通其章。[1] 故《白虎通·五经篇》乃总括之云:"孝者,自天子下至庶人,上下通《孝经》者。"风尚所及,即赤眉、黄巾贼闻孝子之名亦肃然起敬。[2] 故汉末张角为乱时,侍中向栩献计,国家不必兴兵,但使人于黄河边北向读《孝经》,贼兵自解。[3] 言虽迂阔,然而可见《孝经》在汉代的影响。

---

[1] 《后汉书·荀爽传》:"汉制,使天下诵《孝经》。"《后汉书·儒林传》:"明帝即位……自期门、羽林之士,悉令通《孝经》章句。"

[2] 《后汉书·列女传·姜诗妻》:"诗事母至孝,妻奉顺尤笃。……赤眉散贼经诗里,弛兵而过,曰:'惊大孝,必触鬼神。'时岁荒,贼乃遗诗米肉。"《后汉书·儒林·孙期传》:"家贫,事母至孝,牧豕于大泽中,以奉养焉。……黄巾贼起,过期里陌,相约不犯孙先生舍。"

[3] 《后汉书·独行列传》:"会张角作乱,栩上便宜,颇讥刺左右,不欲国家兴兵,但遣将于河上北向读《孝经》,贼自当消灭。"

汉代以孝治天下,通过"亲亲"维护"尊尊"的等级制度,利用血缘关系为政治服务,尽管父子为至亲,但父子关系也要服从君臣关系,不能专断,《诛伐篇》云:"父煞其子当诛何?以为天地之性,人为贵,人皆天所生也,托父母气而生耳。王者以养长而教之,故父不得专也。"

## 三、夫妇

夫妇为人伦之始,故《礼》有"造端乎夫妇"之说,孔子云:"有男女然后有夫妇,有夫妇然后有父子,有父子然后有君臣,有君臣然后有上下,有上下然后礼仪有所错。"(《易·序卦》)

故夫妇为王道之端。夫妇有别则父子亲,父子亲则君臣敬,君臣敬则朝廷正,朝廷正则王化成,此《诗》以关雎起兴之义。(《公羊春秋·隐公二年》)何休注:"《春秋》正夫妇之始也。夫妇正则父子亲,父子亲则君臣和,君臣和则天下治,故夫妇者,人道之始,王教之端。"故《白虎通》重夫妇,且以之效法天地,《五行篇》云:"妻顺夫何法?法地顺天也。"《三纲六纪篇》解释夫妇云:

(1)夫者,扶也,以道扶接也。
(2)妇者,服也,以礼屈服也。

例(1)以"扶"训"夫",认为夫得名于以道扶接妇。例(2)以"服"训"妇",认为妇得名于屈服于夫之下,从而确定了夫对妇的权威。妇对夫的服从,即阴对阳、地对天的服从。《嫁娶篇》云:"妇事夫有四礼焉:鸡初鸣,咸盥漱,栉縰笄总而朝,君臣之道也;恻隐之恩,父子之道也;会计有无,兄弟之道也;闺阃之内,衽席之上,朋友之道也。"夫妇之间的这种关系充分的表现在《嫁娶篇》中,之所以男娶女嫁,是因为从阴阳的角度讲,"阴卑,不得自专,就阳而成之",男娶女嫁的各个环节都与阴阳有关:

男三十而娶,女二十而嫁何?阳数奇,阴数偶也。男长女幼者何?阳道舒,阴道促。男三十筋骨坚强,任为人父;女二十肌肤充盛,任为人母。合为五十,应大衍之数,生万物也。故《礼·内则》曰:"男三十壮有室,女二十壮而嫁。"七,岁之阳也;八,岁之阴也。七八十五,阴阳之数备,有相偶之志。故《礼记》曰:"女子十五许嫁,笄而字,礼之称字。"阴系于阳,所以专一之节也。阳尊,无所系。二十五系者,就阴节也。阳舒而阴促,三十,数三终,奇,阳节也。二十,数再终,偶,阴节也。阳小成于阴,大成于阳,故二十而冠,三十而娶。阴小成于阳,大成于阴,故十五而笄,二十而嫁也。一说《春秋谷梁传》曰:"男二十五系心,女十五许嫁,感阴阳也。"阳数七,阴数八,男八岁毁齿,女七岁毁齿。阳数奇,故三,三八二十四,加一为二十五,而系心也。阴数偶,故再成,十四,加一为十五,故十五许嫁也。各加一者,明其专一系心。

以上男女毁齿、许嫁、嫁娶各个阶段的年龄数目均与阴阳配合,包括六礼:纳采、问名、纳吉、纳征、请期、亲迎亦皆关乎阴阳。因此,夫妇关系效法阴阳判合,《三纲六纪篇》云:"夫妇法人,取象人合阴阳,有施化端也。"在这个关系中,无论是平民百姓,还是天子诸侯的婚姻关系中,阳尊阴卑是不争的事实。这体现在《白虎通·嫁娶篇》对一系列名词的解释中:

(3)嫁者,家也,妇人外成,以出适人为家。
(4)姻者,妇人因夫而成,故曰姻。
(5)夫者,扶也,扶以人道者也。
(6)妇者,服也,服于家事,事人者也。
(7)男者,任也,任功业也。
(8)女者,如也,从如人也,在家从父母,既嫁从夫,夫没从子也。

例(3)以"家"训"嫁",认为女子以出嫁为"家",此即《封公侯篇》所谓"男生内向,有留家之义;女生外向,有从夫之义。此阳不绝,阴有绝之效也"。因此,女子出嫁谓之"归"。例(4)以"因"训"姻","因"为依靠义,认为女子要依靠夫家而成就,即妇应从属夫家。例(5)以"扶"训"夫",认为夫的责任在于以道扶接妇。例(6)以"服"训"妇",认为妇的责任在于即服侍丈夫,相夫教子。此与上述《三纲六纪篇》中妇的声训词相同,但各有侧重:"妇者,服也,以礼屈服也"侧重夫妇关系大节上妇对夫的从属;"妇者,服也,服于家事,事人者也"侧重夫妇关系具体事务上妇对夫的服侍。所有的区别皆因男女之别造成的,这也反映在"男""女"的名称上,例(7)以"任"训"男",认为男子得名于"任功业",即担当外部事务,也就是《大学》中的修身、齐家、治国、平天下。例(8)以"如"训"女",认为女子得名于"从如人",即顺从男子,如《大戴礼记·本命篇》所云:"女者,如也,言如男子之教,而长其义理者也。"其中的"男子"指的是父、夫、子,《仪礼·丧服传》云:"妇人有三从之义,无专用之道。故未嫁从父,既嫁从夫,夫死从子。"可见《白虎通》对有关夫妇伦理关系的词汇完全是从男尊女卑的角度予以规定的。此外,男子的贽礼(觐见之礼)是用有道德意义的财货币帛,但妇女的贽礼也有特定的含义:

(9)后夫人以枣栗腶脩者,凡内脩阴也。枣取其早起,栗,战慄自正也。(《瑞贽篇》)

据《公羊传》注,妇人见舅姑(夫之父母)以枣、栗为贽,见女姑(夫之姊)以腶脩为贽,见君夫人则兼而用之。这句话中有三个声训,以"修"训"脩",以"早"训"枣",以"栗"训"栗",认为女子之贽含"内修阴""朝早起""战慄自正"之意。

在国家层面上,男尊女卑,但当夫妻作为一个家庭整体时,其地位则是对等的,如《嫁娶篇》云:

(10)国君之妻称之曰夫人何?明当扶进八人,谓八妾也。
(11)妻者,齐也,与夫齐体。自天子下至庶人,其义一也。
(12)妾者,接也,以时接见也。

例(10)以"扶进八人"训诸侯之"夫人",其责任为扶进八妾,"八妾"即天子、诸侯一娶九女,嫡为夫人,余皆为妾,夫人之责,即为夫扶进八妾,即《关雎》所言"后妃之德"也。例(11)以"齐"训"妻",认为妻得名于"与夫齐体",言其位与夫齐,《仪礼·丧服》:"妻为夫。"疏:"妻者,齐也,妇人无爵,从夫之爵,坐以夫之齿,是言妻之尊卑与夫齐者也。"《诗·小雅·十月之交》:"艳妻煽方处。"疏:"妻之言齐,齐于夫也,虽天子之尊,其妻亦与夫敌也。"例(12)以"接"训"妾",认为妾得名于"以时接见","以时接见"者,以时日侍夜劝息也。① 其中强调的都是妻与夫的齐等与妻对夫的辅佐,并无歧视之意,故有法度之家,夫妻抗礼。② 尽管妻的地位是从属的,但夫有过,妻有谏诤之责,原因是"夫妇一体",《谏诤篇》云:"妻得谏夫者,夫妇一体,荣耻共之。"

---

① 《礼记·内则》:"妾虽老,未满五十,必与五日之御。"注:"此御谓侍夜劝息也。五日一御,诸侯制也。诸侯取九女,侄娣两两而御,则三日也,次两媵则四日也,次夫人专夜,则五日也,天子十五日乃一御。"此即"以时接见"之义。
② 《后汉纪》卷十八:"(樊)英居家有法度,笃于乡里,自陈寔之徒,少时从英,英常病卧便坐,妻遣婢拜问疾,英下床答拜,寔问之,英曰:'妻,齐也,共奉祭祀,礼无不答。'"

《白虎通》对夫妇关系的声训反映的是汉代夫妻观念,对这些词的声训反映的是男子的主导性和妇女的从属性,但也不忽视妇女的尊严。因为只有这样,才能形成从上到下、从内到外的一种稳定局面。因此,匡衡上疏云:

> 妃匹之际,生民之始,万福之原。婚姻之礼正,然后品物遂而天命全。孔子论《诗》以《关雎》为始,言太上者民之父母,后夫人之行不侔乎天地,则无以奉神灵之统而理万物之宜。故《诗》曰:"窈窕淑女,君子好仇。"言能致其贞淑,不贰其操,情欲之感无介乎容仪,宴私之意不形乎动静,夫然后可以配至尊而为宗庙主。此纲纪之首,王教之端也。(《汉书·匡衡传》)

《白虎通》三纲六纪之说源于《含文嘉》,《含文嘉》云:"敬诸父兄,诸父有善,诸舅有义,族人有序,昆弟有亲,师长有尊,朋友有旧。"据《开元占经》引《含文嘉》:"王者敬师长有尊,则摄提如列,无则反折。……王者敬诸父有善,则大角光明以扬。……族人有序,则宗人倚文正明。"(卷六十五)"诸舅有仪,则轩辕东西角大张。"(卷六十六)"王者序长幼,各得其正,则房心有德星见之。"(卷七十七)认为三纲六纪的实施均有星宿的应和,但这些并未被《白虎通》所吸收,说明《白虎通》对纬书象数方面的内容做了一定程度的扬弃。《白虎通》认为,三纲属于天意,六纪属于人与人的情感关系,体现三纲,师生之间体现君臣之礼,①诸父、兄弟之间体现父子之礼,②诸舅、朋友之间体现夫妇之礼。③《白虎通》对之前的儒家伦理观并没有太大的发展,只是用阴阳五行的框架将本属于内心的道德观外化,并论证其合理性与绝对性而已。而《白虎通》中的内容也并非对当时社会的一种客观判断,而是一种理想主义的向往。例如,《白虎通·嫁娶篇》说古礼云"男三十而娶,女二十而嫁",但并未在汉代实行,《论衡·齐世篇》:"(礼)虽言男三十而娶,女二十而嫁,法制张设,未必奉行。何以效之?以今不奉行也。"故王吉以为:"世俗嫁娶太早,未知为人父母之道而有子,是以教化不明而民多夭。"(《汉书·王吉传》)大量统计数据显示,汉代男子婚龄在十四至十八岁之间,

---

① 《白虎通·三纲六纪篇》:"师长,君臣之纪也,以其皆成己也。"《丧服篇》:"弟子为师服者,弟子有君臣、父子、朋友之道也。"《辟雍篇》:"师弟子之道有三:《论语》曰'朋友自远方来',朋友之道也。又曰'回也视予犹父也',父子之道也。以君臣之义教之,君臣之道也。"
② 《白虎通·三纲六纪篇》云:"诸父、兄弟,父子之纪也,以其有亲恩连也。"
③ 《白虎通·三纲六纪篇》云:"诸舅、朋友,夫妇之纪也,以其皆有同志为己助也。"

女子在十五岁左右。① 这说明《白虎通》是学术范围内的讨论,而不是前人所谓的"法典"。

## 第三节 《白虎通》声训对上古历史的构建

中国的上古史,在不同的时代呈现出不同的面貌,都是根据当时的需要而做出的整理。将历史材料经过加工变成历史知识,进而形成历史哲学,为当代提供参照,这是儒家对待历史的态度。《白虎通》以前的时代,比如王莽时期,将历史排比为三皇至汉帝的通史,其传承为金、木、水、火、土五德的轮转,即"五德终始说"。《白虎通》并没有采用"五德终始说"来安排古史,而是将三皇、五帝、三王与后代截然分开,看作一个遥远的参照,与当代没有直接的承袭关系。尽管《白虎通》在受命上采用了"三统"说,但并没有将"三统"说加入到对三皇、五帝、三王的说解中。

### 一、三皇、五帝、三王、五霸的定名

汉代很多人在构建上古史,但是司马迁是存疑的,《史记·五帝本纪》云:"学者多称五帝,尚矣。然《尚书》独载尧以来;而百家言黄帝,其文不雅驯,荐绅先生难言之。"《三代世表》云:"五帝、三代之记,尚矣,自殷以前,诸侯不可得而谱,周以来乃颇可著。"因此《史记》自五帝开篇,多传闻之辞。司马迁之后,三皇、五帝的说法在谶纬学说的影响下相当混乱,说法各不相同(详顾颉刚《三皇考》),王符已经看到这些说法"其于五经,皆无正文"(《潜夫论·五德志》)的缺点,到了《白虎通》的时代终于给他们理出了一个头绪来,与对待五行系统的各种排列一样,白虎观的学者们对许多荒诞的类比做了排除或规整,使之整齐划一。② 他们认为汉代之前的帝王应该是三皇、五帝、三王、五霸,皇、帝、王、霸各自代表的是一个历史时期。综合各个时期的政治状况,给予一个描述性的称谓,这个称谓即皇、帝、王、霸,因此这些名号是需要解释的。

(一)皇、帝、王、霸名号等差

三皇、五帝、三王、五霸的道德世运各有不同,如《号篇》云:

---

① 彭卫《汉代婚姻形态》,67页,中国人民大学出版社,2010年。
② 如天皇、地皇、人皇的说法,顾颉刚认为"天、地、人三皇只流行于下层社会,理智较强的士大夫们不能信,所以东汉时代表儒家说的《白虎通》就不肯提到他们。"(顾颉刚《三皇考》,见《顾颉刚全集》二,92页,中华书局,2010年)

(1) 号之为皇者,煌煌人莫违也。烦一夫、扰一士,以劳天下,不为皇也。不扰匹夫匹妇,故为皇。故黄金弃于山,珠玉捐于渊,岩居穴处,衣皮毛,饮泉液,吮露英,虚无寥廓,与天地通灵也。

(2) 号言为帝者何？帝者,谛也,象可承也。

(3) 王者,往也,天下所归往。

(4) 霸者,伯也。行方伯之职,会诸侯,朝天子,不失人臣之义,故圣人与之。……霸犹迫也,把也,迫胁诸侯,把持其政。

例(1)以"煌"训"皇",认为三皇得名于"煌煌",彼时三皇无为而治,天下不知美之为美,混沌淳朴,是最高境界。例(2)"象可承也"一语似有脱讹,当如《礼记·明堂位》疏引《援神契》："帝者,谛也,象上可承五精之神。""五精"即五方之星,① 此处"谛"的解释缺乏上下文的支持,据《封禅篇》的解释,此"谛"为制度审之义。② 即上承五星,下审万物。"帝"的行为较之于"皇"已经有了人为的举措。例(3)以"往"训"王",认为王得名于天下归往,说明"王"的时代天下已经混乱,"王"只能靠修文德以号召百姓,较之五帝时代亦有所不如。例(4)以方伯之"伯"训"霸",认为五霸能行方伯之职,聚会诸侯,以朝天子；又以"迫""把"训"霸",认为五霸能迫胁不听命之诸侯,把持其政,使之尊奉天子。

可见,皇、帝、王、霸名号是有所差别的,三王时代的天下已然混乱,五霸犹能挽狂澜于既倒,以奉天子正朔,故圣人犹称许之。《新论·王霸篇》云："三皇以道治,而五帝用德化,三王由仁义,五霸用权智。其说之曰：无制令刑罚谓之皇,有制令而无刑罚谓之帝,赏善诛恶、诸侯朝事谓之王,兴众兵、约盟誓、以信义矫世谓之霸。"因此《白虎通》引《钩命诀》云："三皇步,五帝骤,三王驰,五霸骛。"其中已经吸收了一些道家的学说。③ 这种历史退化论与世界神话观念中的"失乐园"情结是一致的。虽然三皇、五帝、三王有优劣之别,然而较之后代,依然是千古圣王,这从他们封禅之处的名号可见(五霸

---

① 《文选·东京赋》："辨方位而正则,五精帅而来摧。"薛综注："五精,五方星也。"

② 《白虎通·封禅篇》："五帝禅于亭亭之山,亭亭者,制度审谛、道德著明也。"

③ 顾颉刚认为："他们以为'皇'只能出在没有物质文明的时代,'帝'只能出在不以仁义号召的时代。这分明取自道家的学说。"（《三皇考》,见《顾颉刚全集》二,41 页,中华书局,2010 年）周予同认为："纬谶编著者的史观已超出儒家史观,而混合了道家的观念,因为《论语》和《孟子》只谈到尧舜,而纬谶编著者却于'五帝'的尧舜之上,加上了'无为而治'的'三皇'。假使我们认纬谶和经学的今文学派有关,而是两汉的产物,那么,两汉的思想已不是纯粹的儒家思想,而是儒、道、阴阳、方士混合的思想了。"（《纬谶中的'皇'与'帝'》,见《周予同经学史论著选集》,424 页,上海人民出版社,1996 年）

非王,故不封禅),如《封禅篇》云:

  (1)三皇禅于绎绎之山,明己成功而去,有德者居之,绎绎者,无穷之意也。
  (2)五帝禅于亭亭之山,亭亭者,制度审谛,道德著明也。
  (3)三王禅于梁甫之山,梁者,信也;甫者,辅也:信辅天地之道而行之也。

《白虎通》认为三皇、五帝、三王的封禅之处并于其名号相关(其名号与其行为相关),例(1)以抽绎之"绎"训"绎绎之山"的"绎",认为三皇禅于绎绎之山的含义是成功而去,传于后世无穷。例(2)以"谛"训"亭亭之山"的"亭",认为五帝禅于亭亭之山的含义是"制度审谛,道德著明",此又与五帝之"帝"声训相关。例(3)以"信辅"训梁甫之山之"梁甫",认为三王禅于梁甫之山的含义是"信辅天地之道而行之"。《风俗通·正失篇》云:"三王禅于梁父,梁者,信也,信父者子,言父子相信与也。"则仅以父子相传,已失天人之意,非《白虎通》之宏旨矣。

(二)三皇、五帝、三王、五霸名号

1.三皇。关于三皇的说法有多种,代表性的如:虙戏(即"伏羲")、燧人、神农(《风俗通·皇霸篇》引《含文嘉》);伏羲、女娲、神农(《文选·东都赋》李善注引《元命苞》《风俗通·皇霸篇》引《春秋运斗枢》)[①]。此外便是《白虎通》之说,《白虎通》未明言出处,顾颉刚以为"也许因为伏羲木德,神农耕地为土德,而厕一火德之祝融于其间"[②],这是在"五德终始说"下的一种推测。实际上《白虎通》并没有用"五德终始说",而是将三皇看作远古时期的圣王,那时万物混沌,三皇教人熟食、农耕、定人道,使人与禽兽分列,三皇的行为颇有创世的意味,然而与西方人格神的上帝自有不同,三皇依然是人而非神。《号篇》云:

  (1)谓之伏羲者何?古之时,未有三纲六纪,民人但知其母,不知其父,能覆前而不能覆后,卧之詓詓,起之吁吁,饥即求食,饱即弃余,茹毛饮血而衣皮苇。于是伏羲仰观象于天,俯察法于地,因夫妇,正五行,始

---

① 以下简称"运斗枢"。
② 顾颉刚《三皇考》,见《顾颉刚全集》二,97页,中华书局,2010年。

定人道。画八卦以治下,下伏而化之,故谓之伏羲也。

(2)谓之神农何?古之人民皆食禽兽肉,至于神农,人民众多,禽兽不足。于是神农因天之时,分地之利,制耒耜,教民农作。神而化之,使民宜之,故谓之神农也。

(3)谓之燧人何?钻木燧取火,教民熟食,养人利性,避臭去毒,谓之燧人也。

例(1)以"伏化"训伏羲,认为伏羲得名于为百姓制定规则,使百姓服从且受到教化。例(2)以"教民农作,神而化之"解释神农,认为神农教百姓农作,使流动的渔猎社会走向稳定的农耕社会,百姓神之,故号为"神农"。例(3)以"钻木燧取火,教民熟食,养人利性"解释"燧人",认为燧人钻木取火,教人熟食,使人的身心得到更好的滋养。三皇之说是对原始社会不同阶段的浓缩,每个阶段浓缩为一个代表性人物,成为传说中的神圣帝王,他们为人类的基本生产和生活提供了规范,具有"煌煌人莫违"的特点,是领袖中的最高典范。《白虎通》"三皇"之说有两种,除了上述伏羲、神农、燧人外,一说为伏羲、神农、祝融。[①]"祝融"的声训为"祝者,属也;融者,续也。言能属续三皇之道而行之,故谓祝融也。"很显然"祝融"之说在《白虎通》中并不重要,只是因为《礼》中存在,而不得不提及而已,[②]对"祝融"的声训也相当敷衍,如果"祝融"为"属续三皇之道",则成为"四皇"了。

三皇之说到了汉代已被广为接受,"三皇是战国末的时势造成功的,至秦而见于政府的文告,至汉而成为国家的宗教。"[③]以至于张衡条上"司马迁、班固所叙与典籍不合者十余事"其一云"史迁独载五帝,不记三皇,今宜并录。"(《后汉书·张衡传》注引)张衡不信谶纬,但却相信了谶纬构建的历史,希望加入三皇以补《史记》之不足。

2.五帝。汉代对于"五帝"也有不同的说法,《白虎通》五帝之名用的是《史记·五帝本纪》和《大戴礼记》的系统,五帝的关系是:"少典产轩辕,是为黄帝;黄帝产玄嚣,玄嚣产蟜极,蟜极产高辛,是为帝喾;帝喾产放勋,是为帝尧;黄帝产昌意,昌意产高阳,是为帝颛顼,颛顼产穷蝉,穷蝉产敬康,敬康产句芒,句芒产蟜牛,蟜牛产瞽叟,瞽叟产重华,是为帝舜。"(《大戴礼记·帝系

---

[①] 《白虎通·号篇》:"三皇者,何谓也?谓伏羲、神农、燧人也。或曰伏羲、神农、祝融也。"
[②] 《白虎通》引《礼》曰:"伏羲、神农、祝融,三皇也。"此《礼》《风俗通》引作《礼·号谥记》:"伏羲、祝融、神农。"唯顺序略有不同。
[③] 顾颉刚《三皇考》,见《顾颉刚全集》二,27页,中华书局,2010年。

篇》)五帝身世相及,属于同一个时代的承袭关系。《号篇》云:

(1)黄者,中和之色,自然之性,万世不易。黄帝始作制度,得其中和,万世常存,故称黄帝也。

(2)谓之颛顼何?颛者,专也;项者,正也:能专正天人之道,故谓之颛顼也。

(3)谓之帝喾者何也?喾者,极也。言其能施行穷极道德也。

(4)谓之尧者何?尧犹尧尧也,至高之貌,清妙高远,优游博衍,众圣之主,百王之长也。

(5)谓之舜者何?舜犹僢僢也。言能推信尧道而行之。

例(1)以五色之"黄"训黄帝之"黄",黄于五行属土色,至尊,因此黄帝"得其中和",万世长存。例(2)以"专正"训"颛顼",认为颛顼得名于能专正天人之道。例(3)以"极"训"喾",认为帝喾得名于能施行穷极道德。例(4)以"尧尧"训"尧",认为尧得名于(道德)至高。例(5)以"推"训"舜",认为舜得名于能推信尧道而行之。可见五帝的名号,皆为道德之称。

五帝并没有"有天下之号"即后世所谓的"国号",原因是"五帝德大能禅,以民为子,成于天下,无为立号也"。一说以为五帝有号:黄帝之号曰"有熊",颛顼之号曰"高阳",帝喾之号曰"高辛",尧帝之号曰"唐",舜帝之号"虞"。这种观点以为五帝身世不相及,各有大号。①《白虎通》采取了这个说法作为异说,并为五帝之号声训,但五帝之名依然延续了《史记·五帝本纪》和《大戴礼记》的系统。《号篇》云:

(6)有熊者,独宏大道德也。

(7)高阳者,阳犹明也,道德高明也。

(8)高辛者,道德大信也。

(9)唐,荡荡也,荡荡者,道德至大之貌也。

(10)虞者,乐也,言天下有道,人皆乐也。

---

① 五帝身世不相及者,如《礼记·祭法》疏引《春秋命历序》:"黄帝一曰帝轩辕,传十世,二千五百二十岁;次曰帝宣,曰少昊,一曰金天,则穷桑氏,传八世,五百岁;次曰颛顼,则高阳氏,传二十世,三百五十岁;次是帝喾,即高辛氏,传十世,四百岁。"此说"五帝"与《白虎通》不同,然可见五帝传世之形态。

例(6)以"宏"训有熊之"熊"。例(7)以"明"训高阳之"阳"。例(8)以"信"训高辛之"辛"。例(9)以"荡荡"训"唐"。例(10)"虞"通"娱","娱"训乐。皆为道德至大之称。

五帝之乐也是一个重要的道德标志,汉武帝诏问董仲舒云:"盖闻五帝三王之道,改制作乐而天下洽和,百王同之,当虞氏之乐,莫盛于《韶》,于周莫盛于《勺》,圣王已没,钟鼓管弦之声未衰,而大道微缺,陵夷至虖桀纣之行,王道大坏矣,夫五百年之间,守文之君,当涂之士,欲则先王之法,以戴翼其世者甚众,然犹不能反,日以仆灭,至后王而后止,岂其所持操或悖谬而失其统与?"(《汉书·董仲舒传》)董仲舒对策回答了"乐"的重要性。到了《白虎通》的时代,具备了对五帝之"乐"定义,《礼乐篇》云:

(11)黄帝曰咸池者,言大施天下之道而行之,天之所生,地之所载,咸蒙德施也。

(12)颛顼曰六茎者,言协和律历,以调阴阳,茎著万物也。

(13)帝喾曰五英者,言能调和五声,以养万物,调其英华也。

(14)尧曰大章者,大明天地人之道也。

(15)舜曰箫韶者,舜能继尧之道也。

例(11)以"咸施"训"咸池",认为黄帝之乐咸池义为大施天下之道而行之,万物咸蒙德施。例(12)以茎著之"茎"训六茎之"茎",认为颛顼之乐六茎义为协和律历,以调阴阳,茎著万物(即使万物有所依附)。例(13)以英华之"英"训五英之"英",认为帝喾之乐五英义为能调和五声,养育万物,且能协调万物之英华。例(14)以"大明"训"大章",认为尧乐大章义为大明天地人之道。例(15)"韶"通"绍","绍"训继①认为舜乐箫韶义为能继尧之道。较之三皇,五帝时期典章制度已经具备。

3.三王。三王即夏、殷、周。《白虎通》认为信史从夏、殷、周开始,三者是"号",《号篇》云:"必改号者,所以明天命已著,欲显扬己于天下也。已复袭先王之号,与继体守文之君无以异也。"《白虎通》认为三王之号具有道德深意,《号篇》云:

(1)夏者,大也,明当守持大道。
(2)殷者,中也,明当为中和之道也。

---

① 《御览》卷五百六十六引《元命苞》:"舜之时,民乐其绍尧业,故韶者,绍也。"

(3)周者,至也,密也。道德周密,无所不至也。

例(1)以"大"训"夏",认为夏得名于"守持大道"。例(2)以"中"训"殷",认为殷得名于"为中和之道"。例(3)以"至"训"周",认为周得名于道德周密,无所不至。

三王之乐亦予以声训,如《礼乐篇》云:

(4)禹曰大夏者,言禹能顺二圣之道而行之,故曰大夏也。
(5)汤曰大濩者,言汤承衰,能护民之急也。
(6)周公曰酌者,言周公辅成王,能斟酌文武之道而成之也。
(7)武王曰象者,象太平而作乐,示已太平也。
(8)合曰大武者,天下始乐周之征伐行武,故诗人歌之:"王赫斯怒,爰整其旅。"当此之时,天下乐文王之怒以定天下,故乐其武也。

例(4)以夏朝之"夏"训大夏之"夏",认为禹乐大夏得名于顺二圣之道,光大夏朝。例(5)以"护"训大濩之"濩",认为汤乐大濩得名于汤承夏衰,能护民之急。例(6)以斟酌之"酌"训酌乐之"酌",认为周公之乐酌得名于周公能斟酌文武之道以辅成王。例(7)以象征之"象"训象乐之"象",认为武王之乐象得名于象征太平而作乐。例(8)以武功之"武"训"大武"之"武",认为周乐大武得名于天下乐周之征伐行武,乃"奚为后我"之意。

《白虎通》用董仲舒三统说,以夏、殷、周三统相承,汉代以汉承周制,故此但言夏、殷、周之德行。但在做声训的时候,并没有把三统说的理论加进去,说明白虎观学者对待历史的态度还是比较谨慎的。

4.五霸。《白虎通》对五霸采取褒扬的态度,这与先前儒家观点有所不同,孟子认为"五霸者,三王之罪人"(《告子下》)"仲尼之徒,无道桓文之事者"(《梁惠王上》),董仲舒延续孟子的观点,认为"仲尼之门,五尺童子,言羞称五伯"(《春秋繁露·对胶西王越大夫不得为仁篇》)。然而高祖诏书文王与齐桓公并提,① 宣帝且明言汉家制度"本以霸王道杂之"(《汉书·元帝纪》)。帝王的态度影响到了对五霸的评价,因此东汉儒者对于五霸的态度发生了明显的转变,肯定他们为天下一统做出了贡献,"昔三王之道衰,而五

---

① 《汉书·高帝纪》高祖十一年二月诏:"盖闻王者莫高于周文,伯者莫高于齐桓。"

霸存其政，率诸侯朝天子，正天下之化，兴复中国，攘除夷狄，故谓之霸也。"（《白虎通·号篇》）

因为五霸皆为诸侯的具体称号，故无声训，但从五霸的人选中可见《白虎通》的思想倾向。《白虎通》中，五霸的说法有三种，一为：昆吾氏（霸于夏）、大彭氏、豕韦氏（二氏霸于殷）、齐桓公、晋文公（二公霸于周）。二为周之五霸：齐桓公、晋文公、秦穆公、楚庄王、吴王阖闾也。昆吾氏、大彭氏、豕韦氏之事迹见于传说，其余则有功于中国，具信史，兹不赘述。最值得一提的是第三种：齐桓公、晋文公、秦穆公、宋襄公、楚庄王。去吴王阖闾而易之以宋襄公，可见汉代风俗之醇厚。汉人重宋襄公，盖源于泓之战，《左传·僖公二十二年》云：

> 冬十一月己巳朔，宋公及楚人战于泓。宋人既成列，楚人未既济。司马曰："彼众我寡，及其未既济也，请击之。"公曰："不可。"既济而未成列，又以告。公曰："未可。"既陈而后击之，宋师败绩。公伤股，门官歼焉。国人皆咎公。公曰："君子不重伤，不禽二毛。古之为军也，不以阻隘也。寡人虽亡国之余，不鼓不成列。"

后人多以宋襄公为迂，《左传》《谷梁传》以开其例，①此盖受战国轻薄风习浸染，以重厚之人为愚，②此风习至今犹然。独汉人以为襄公知礼，《公羊传》云："君子大其不鼓不成列，临大事而不忘大礼，有君而无臣，以为虽文王之战，亦不过此也。"《汉书·地理志》说宋俗云"其民有先王之遗风，厚重多君子。"司马迁以为汉人所以重宋襄公，乃汉代崇礼之需，"襄公既败于泓，而君子或以为多，伤中国阙礼义，褒之也，宋襄之有礼让也"。（《史记·宋微子世家》）可见汉代对古史的构建以道德为尚的，这也表明《白虎通》的理想化倾向。

三皇、五帝尚属神话时代，但很显然，在上古神话成为有条理的体系之前，其中的人物就已经被逐步道德化了。而三王、五霸作为信史，也被采取了选择性遗忘，更多地呈现出道德的面貌。而道德化的途径就是声训，汉代学者以声音为纽带，因文立说，对其名号意义进行了符合儒家思想体系的重构。可见，"在'儒术独尊'以后，古代史官曾经世代拥有的历史记述权，已经被君主信用的经学家，特别是董仲舒、公孙弘为核心的所谓《春秋》公羊学

---

① 《左传》："君未知战。"《谷梁传》："道之贵者时，其行势也。"
② 杨树达《积微居小学金石论丛》卷五《说晚周诸子中之宋人》，222页，科学出版社，1955年。

派夺去了。"①

(三)三皇、五帝、三王的道德化

汉代学者认为三皇、五帝、三王、五霸是历史发展的不同阶段,三皇相当于创世,五帝属于统理,三王属于继承,五霸属于维护,时代越早越伟大。三王以后则为三统循环。白虎观会议在上古史的构建上,做了两件事:

1. 确定三皇、五帝、三王的谱系。韩非子云:"孔子墨子俱道尧舜,而取舍不同,皆自谓真尧舜。尧舜不复生,将谁使定儒墨之诚乎。"(《显学篇》)也就是汉武帝所说"今子大夫待诏百有余人,……稽诸上古之不同"(《汉书·董仲舒传》),说明至少在汉武帝时期上古的帝王谱系尚未统一。王莽篡汉,以"五德终始说"改编上古史,使这个系统更为混乱。但《白虎通》说三皇、五帝、三王并没有用流行的"五德终始说",只是在说"黄帝"时偶尔露出了五行的痕迹,②但其余四帝均无此比附。在《白虎通》中,三皇、五帝属于历史,与当代帝位的承袭并无直接关系,他们为后世留下的是高山仰止的德行。——这是《白虎通》对上古史谱系的净化。

2. 美化三皇、五帝、三王的行为。不能否认三皇、五帝、三王的业绩,至少他们在中华民族形成的过程中起到了积极的促进作用。问题在于,他们所在的时代并非像后世传说的那样万国咸服,政教清明。三皇幽渺,姑置不论。若五帝行为,如《史记·秦始皇本纪》云:"昔者五帝,地方千里,其外侯服夷服,诸侯或朝或否,天子不能制。"泷川资言《考证》引皆川愿曰:"此言五帝地隘,而其威权亦未能全制海内,虽出一时贬辞,而其实不必皆虚妄。"③说明五帝时期也不是一统天下的局面。而五帝的作为也并非儒家所称道的那么光明磊落,《括地书》引《竹书纪年》云:"昔尧德衰,为舜所囚也。"又云:"舜囚尧,……使(其子)不与父相见。"《韩非子·说疑篇》云:"古之所谓圣君明王者……以其构党与,聚巷族,逼上弑君以求其利也……舜逼尧,禹逼舜……此四王者,人臣弑其君者也,而天下誉之。"平心而论,即使尧舜复生,其一生行止也不过如此。故曹丕受禅,升坛礼毕,顾谓群臣曰:"舜禹之事,吾知之矣。"(《三国志·魏书·文帝纪》注引《魏氏春秋》)关于三王,夏禹的行

---

① 朱维铮《史学史三题》,《朱维铮史学史论集》,6页,复旦大学出版社,2015年。
② 《白虎通·号篇》:"黄帝始作制度,得其中和,万世常存,故称'黄帝'也。"在《白虎通》中和,历史上的五帝与对应五方的五帝(太皞、少皞、炎帝、颛顼、黄帝)是不同的,这也是《白虎通》历史谱系中的妥协造成的。
③ 泷川资言《〈史记〉会注考证》,435页,北岳文艺出版社,1999年。

为《韩非子》已有"禹逼舜"记载,而"汤武革命"则见于《尚书》。但是"汤武革命"从先秦到汉代一直是一个重要的讨论话题,儒家认为汤武革命属于"顺乎天而应乎人"之举,然而在战国至汉代亦有不同的观点,认为汤放桀、武王伐纣属于"臣弑其君"。如《孟子·梁惠王下》:

> 齐宣王问曰:"汤放桀,武王伐纣,有诸?"孟子对曰:"于传有之。"问曰:"臣弑其君,可乎?"对曰:"贼仁者谓之贼,贼义者谓之残,残贼之人谓之一夫。闻诛一夫纣矣,未闻弑君也。"

到了汉代这种观点依然存在,并且引发了一场大讨论,甚至涉及高祖代秦是否以下犯上的敏感问题。《史记·儒林列传》:

> 清河王太傅辕固生者,齐人也。以治诗,孝景时为博士。与黄生争论景帝前。黄生曰:"汤武非受命,乃弑也。"辕固生曰:"不然,夫桀纣虐乱,天下之心皆归汤武,汤武与天下之心而诛桀纣,桀纣之民不为之使而归汤武,汤武不得已而立,非受命为何?"黄生曰:"冠虽敝,必加于首,履虽新,必关于足。何者?上下之分也。今桀纣虽失道,然君上也;汤武虽圣,臣下也。夫主有失行,臣下不能正言匡过以尊天子,反因过而诛之,代立践南面,非弑而何也?"辕固生曰:"必若所云,是高帝代秦即天子之位,非邪?"于是景帝曰:"食肉不食马肝,不为不知味;言学者无言汤武受命,不为愚。"遂罢。

汉代自武帝以后,儒术独尊,《白虎通》继承的是儒家的道德观念,孟子读《尚书·武成》见武王伐纣"血流漂杵"的记载,便以为记载不实,有"尽信书,则不如无书"之论,理由是"仁人无敌于天下,以至仁伐至不仁,而何其血之流杵也?"(《尽心下》)孟子的思想影响到后世儒生对历史的理解,以至于伪古文《尚书·武成》中改作:"会于牧野,罔有敌于我师,前徒倒戈,攻于后以北,血流漂杵。"加上了"倒戈"来维护武王的伟大。庄子借盗跖之口说孔子"作言造语,妄称文武""多辞缪说"(《盗跖篇》),便是对儒家以己意改造历史的不满。《白虎通》则以阴阳五行相生相克解决了这个矛盾,《五行篇》云:"火阳,君之象也;水阴,臣之义也。臣所以胜其君何?此谓无道之君也,故为众阴所害,犹纣王也。"

儒家以《春秋》为代表的史观,传达的并不是事实的真相,而是叙述者的一种理念。同样,《白虎通》梳理上古史,目的在于维护儒家道统,通过道德的说解,将五帝、三王打扮成千古圣君,作为当代的参照。王充对《白虎通》的这种解释提出过批评:

> 唐、虞、夏、殷、周者,土地之名。尧以唐侯嗣位,舜从虞地得达,禹由夏而起,汤因殷而兴,武王阶周而伐,皆本所兴昌之地,重本不忘始,故以为号,若人之有姓矣。说《尚书》谓之有天下之代号唐、虞、夏、殷、周者,功德之名,盛隆之意也。故唐之为言荡荡也,虞者乐也,夏者大也,殷者中也,周者至也。尧则荡荡民无能名。舜则天下虞乐。禹承二帝之业,使道尚荡荡,民无能名。殷则道得中。周武则功德无不至。其立义美也,其褒五家大矣,然而违其正实,失其初意。唐、虞、夏、殷、周,犹秦之为秦,汉之为汉。秦起于秦,汉兴于汉中,故曰犹秦汉。犹王莽从新都侯起,故曰亡新。使秦、汉在经传之上,说者将复为秦、汉作道德之说矣。(《论衡·正说篇》)

王充认为唐、虞、夏、殷、周都是地名,本来没有什么神秘可言,但是汉代的学者却为之附会了道德含义,尽管立意很好,但有违本义。他进一步说,假如秦、汉亦在经传,汉代的学者亦将对秦、汉附会道德说解。——这说明先秦两汉的声训是有很强的政治目的性的。理雅各布认为儒家的这些道德化的记载"目的在于抬高这些古代圣贤的品质和成就,并且在中国历史的开端就把他们放置于超乎人类的智慧和能力的崇高极峰之上"[①],但更深层目的是在"受命于天"思想的灌输下,将这些灿烂的光环固定成与生俱来的品质附着于当代天子的身上。

## 二、三王出身的神圣化

三王属"圣人"。关于圣人有没有父亲的问题,古人有不同的观点,一种观点以为圣人无父,其母感天而生;一种认为圣人有父,《尚书·尧典》言"以亲九族",若无父,何来"九族"?《诗·大雅·生民》疏引许慎《五经异义》云:"《诗》齐、鲁、韩、《春秋》公羊说,圣人皆无父,感天而生;左氏说,圣人皆有父。谨案,《尧典》'以亲九族',即尧母庆都感赤龙而生尧,尧安得九族而亲之?《礼谶》云'唐五庙'。知不感天而生。"许慎在《五经异义》中持圣人有父

---

① 理雅各布《中国经书》第三卷《书经》绪论。转引自刘家和《理雅各布英译〈书经〉及〈竹书纪年〉析论》,见《史学、经学与思想》,110页,北京师范大学出版社,2013年。

之论,在《说文解字》中却认为圣人为其母感天而生,《说文·女部》:"姓,人所生也,古之神圣人母感天而生子,故称天子。"这说明在汉代,人们对这件事持两可的态度。《白虎通》认为三王为其母感天而生,从而得姓,以此为高祖感天而生张本。他们的切入点就在于对三王姓氏的解读,"这种神话式的语言不太受逻辑与常识的约束。它们富有魅力,常常模棱两可,富于想象而不是那么精确,从而可以比一般的日常语言更好地传达对实在的神秘主义经验。"①

(一)三王得姓

"在所有神话的宇宙起源说,无论追根溯源到多远多深,都无一例外地可以发现语词(逻各斯)至高无上的地位。"②在中国上古史的构建中也是如此。上古帝王多具神圣化出身,这是先民对上古史一种集体记忆。神化上古帝王出身,主要是神化其姓,"姓者,生也",即出生得姓之始。实际上,上古姓多为赐姓,"凡言赐姓者,先儒以为有德者则复赐之祖姓,使绍其后。故后稷赐姓曰姬。……夏之姓姒,商之姓子亦同。"③但是,在汉代学者们依据传说,用声训的方式显示上古帝王的神圣性。例如:

(1)禹姓姒氏,祖以薏苡生。(《姓名篇》)

关于夏的起源问题,20世纪初在古史辨派的带动下产生了诸多争论,这不是我们要关注的问题。古人一致认为大禹是上古的圣王,《白虎通》以"苡"训夏之姓"姒",认为夏代先祖"以薏苡生",从而附会了神圣母感天生子的神话。按:古以薏苡具有"宜子"的功能,这是将它与"芣苢"错误等同的结果。《说文》"以"下云:"贾侍中说:'以,意以实也。'"太炎先生云:"意以实,即薏苡实。昌意由吞薏苡实而生,故禹为苡姓,因遂制意以字,即为吹律定姓之始字……《说文》包字从已,象子未成形,尤足与吞苡而生相发明。此谊以相反而相成也。故古文以、苡、始三字同。"④太炎先生看到"薏苡"中"苡"与"始"相通,但没有解决"薏"字的问题。闻一多认为,薏、意、啻本是不同的字,隶书合而为一,"啻"字小篆从"言"从"中",是误会,金文从"不",指

---

① [美]卡普拉撰、灌耕编译《现代物理学与东方神秘主义》,31页,四川人民出版社,1983年。
② [德]恩斯特·卡希尔《语言与神话》,70页,生活·读书·新知三联书店,1988年。
③ 段玉裁《说文解字注》,613页,上海古籍出版社,1988年。
④ 章炳麟《〈春秋左传〉读》,见《章太炎全集》(二),619页,上海人民出版社,1985年。

花蒂,下面的"口"是花,两个"口"有多子义。"菩"亦从"不","咅""菩"与"蓓"字是一个字在形体上的祖孙三代,"蓓"从"倍",《墨子·经上篇》:"倍为二也。"《说文》:"陪,重土。"与"咅"义同,因此闻一多以为,"咅"与"音""菩"均从"不",即"菩"字。因而,"'菩苢'或'菩苢'便是'芣苢'"①"薏苢"即"芣苢","芣苢"音近胚胎"胚胎"。"芣"与"胚"皆从"不"声,在上古属于广义分形字。因"薏苢"隶变后字形似"芣苢",而"芣苢"与"胚胎"音近,故有吞薏苢生子之说。

古人以芣苢"令人宜子",这种错觉盖出自《诗·周南·芣苢》毛传:"芣苢,马舄,马舄,车前也,宜怀妊焉。"以至于后世医药著作中多有芣苢"宜怀妊"或治"妇人难产"的功效。实际上芣苢并没有"令人宜子"的药性,之所以被误解是因为"芣苢"与"胚胎"音近,所以产生了谐音联想。沈兼士说:"至于传记所云芣苢食之宜怀妊,或云治妇人难产,恐为同音语之心理联想作用,……虑非由药性实验所得者也。医家止言车前子利溲便耳。"②闻一多说:"'芣苢'既与'胚胎'同音,在《诗》中这两个字便是双关的隐语(英语所谓Pun),这又可证明后世歌谣中以莲为怜,以藕为偶,以丝为思一类的字法,乃是中国民歌中极古旧的一个传统。"③

(2)殷姓子氏,祖以玄鸟子生也。(《姓名篇》)

殷、周之姓前人有过解释,《春秋繁露·三代改制质文篇》云:"知殷之德,阳德也,故以子为姓;知周之德,阴德也,故以姬为姓,故殷王改文,以男书子,周王以女书姬。"《春秋繁露》从阴阳的角度来分析,认为殷德属阳,男子为阳,故殷为"子"姓;周德属阴,女子为阴,故周之姓姬为"女"旁,这是从文字的角度予以附会的说法。到了《白虎通》中则声音为线索予以说明。《白虎通》以玄鸟卵的"子"训殷姓之"子",认为殷代姓"子",认为殷代先祖"以玄鸟子生"。这个传说来自《诗·商颂·玄鸟》:"天命玄鸟,降而生商。"郑笺云:"天使鳦下而生商者,谓鳦遗卵,娀氏之女简狄吞之而生契。"即商的祖先简狄因吃了一枚燕卵(子),感孕而生商的祖先契,因而姓"子"。

---

① 闻一多《匡斋尺牍》,见《闻一多全集》3册,211页,湖北人民出版社,1993年。
② 沈兼士《"不""坯""芣苢""柸桮"诸词义类说》,见《沈兼士学术论文集》,304—305页,中华书局,1986年。
③ 闻一多《匡斋尺牍》,见《闻一多全集》3册,204页,湖北人民出版社,1993年。

(3)周姓姬氏,祖以履大人迹生也。(《姓名篇》)

《白虎通》以"迹"训"姬",认为周代的祖先因其母履践大人足迹感孕而生,故姓"姬"。这个传说来自《诗·大雅·生民》:"厥初生民,时维姜源,生民如何?履帝武敏歆。"《史记·周本纪》云:"周后稷,名弃。其母有邰氏女,曰姜原。姜原为帝喾元妃。姜原出野,见巨人迹,心忻然说,欲践之,践之而身动如孕者。居期而生子。"刘盼遂云:"此说本之《春秋繁露·三代改制篇》。实则'迹'古音在支部,'姬'古音在之部,绝不相通。汉文支、之不分,故仲任得附会之,谓'姬'之音出于'迹'矣。"① 很明显这是汉代才出现的附会之说。

自宋代开始这样的观念就受到了冲击,如苏洵在《誉妃论》中对商周得姓的神话就产生过怀疑。现在看来,圣人无父的观点是不科学的,但是唐代之前的社会和唐代之后的社会俨然不同,唐代之前是一个人神不分的世界,并不认为这属于迷信。② 不能以是否"科学"来衡量民俗的价值,因为人类认识世界的方法与科学本不属于同一个层面。这些不"科学"的观念,从民俗学的角度恰恰反映了先民对母系氏族祖先的一种集体记忆。这种以双关语产生神话的途径具有世界性,卡西尔在《国家的神话》中总结米勒的《比较神话学》中的观点认为,多数的事物具备一个以上的属性,不同的属性就会导致不同的命名,这导致了大量同义词。而不同的事物偶然具有相同的属性,也可以用这相同的名称来指称,这导致了同音、同形但异义的词。因此一种语言越是古老,它的同义词就越丰富,这些同义词在使用中,又会产生大量的同音同形的异义词。这是语言的弱点所在,这种弱点是"神话的历史根源"。③ 米勒举了希腊神话中的故事来说明这个问题:宙斯发洪水吞没了人类种族,仅丢卡利翁与妻子皮拉得以乘方舟逃脱,他们把船停泊在帕耳那索斯山峰,女神忒弥斯谕示他们把"他们母亲的骨头"扔在身后。夫妇二人领悟到神谕的意义,从地上捡起石头扔向背后,于是,丢卡利翁扔出的石头中生出了男人,皮拉扔出的石头中生出了女人,新的人类得以创造。这个神话的产生,完全是因为希腊语中"人"(λάos)和"石头"(λāas)音近导致的。因此卡西尔认为:"人类文明史应归于一种简单的误解,即一种对语词和语

---

① 黄晖《论衡校释·奇怪篇》,157页,中华书局,1990年。
② 金克木《唐宋的文史》,见《文化卮言》,中国人民大学出版社,2006年。
③ [德]恩斯特·卡西尔著、张国忠译《国家的神话》,20—21页,浙江人民出版社,1988年。

句的误解。"①

**(二)神圣化的目的**

冷德熙认为,汉代纬书中的神话与古希腊神话有两个不同,第一,古希腊神话产生于哲学之前,纬书创世神话则产生于哲学之后。第二,古希腊神话基本上产生于史前社会的原始神话,纬书神话产生于文明社会之中的文明神话,属于"出于某种社会政治目的而自觉制造的观念形态,其实质属于政治意识形态"②。因此,对纬书观念进行整合的《白虎通》中的神话,表现出了很大的人为性与目的性。《白虎通》对三王出身的神圣化的目的是为汉代的天下提供思想基础,在历史记载中,汉高祖也具有神圣化的出身,《史记·高祖本纪》云:

> 高祖,沛丰邑中阳里人,姓刘氏,字季。父曰太公,母曰刘媪。其先刘媪尝息大泽之陂,梦与神遇,是时雷电晦冥,太公往视,则见蛟龙于其上,已而有身,遂产高祖。

高祖出身平民,其父母皆为百姓,《史记》亦以其母感天而生,以维护汉统之"天命"。然而高祖有父太公,与前述圣人无父矛盾,郑玄调和二说云:

> 玄之闻也,诸言感生得无父,有父则不感生,此皆偏见之说也。《商颂》曰"天命玄鸟,降而生商",谓娀简吞鳦子生契,是圣人感见于经之明文。刘媪是汉太上皇之妻,感赤龙而生高祖,是非有父感神而生者也?且夫蒲卢之气妪煦桑虫成为己子,况乎天气因人之精,就而神之,反不使子贤圣乎?是则然矣,又何多怪。(《诗·大雅·生民》疏引郑玄驳《五经异义》)

郑玄认为圣人有父无父之说皆为各执一偏,有父亲亦可感生,如蒲卢(果蠃)以桑虫(螟蛉)之子为己子,螟蛉之子可谓无父乎?天气因人之精而神之,故圣人有父亦不妨感生。

按照《春秋繁露》的解释,只能解释商周姓氏,不能解释汉代的"刘"氏,汉代的传说仅仅能神化高祖出身,亦不知高祖得姓之始。纬书以"别字"的方式填补了这一缺陷,如《古微书》卷二十九引《援神契》云:

---

① [德]恩斯特·卡西尔著、张国忠译《国家的神话》,25页,浙江人民出版社,1988年。
② 冷德熙《超越神话——纬书政治神话研究》,76页,东方出版社,1996年。

> 孔子作《春秋》,制《孝经》,既称,……告备于天曰:《孝经》四卷、《春秋》《河》《洛》凡八十一卷,谨已备。天乃虹郁起,白雾摩地,赤虹自上下,化为黄玉,长三尺,上有刻文。孔子跪受而读之,曰:"宝文出,刘季握,卯金刀,在轸北,字禾子,天下服。"

汉代的谶纬著作中大多有关于"刘"字的这种拆分,在这里"刘"被分析为"卯、金、刀"三部分,进而附会其继承周制之说。按照汉代的阴阳五行之说,卯属于东方属阳,金属于西方属阴,以卯持刀击金,意思是东方的卯(高祖为江苏沛县人)持刀灭西方的金(秦在陕西咸阳),属于以阳灭阴,"卯金刀",合起来就是"刘"。按:"刘"字小篆作"鎦",是形声字,隶变后讹作"刘"。"留"从"丣"(古文"酉")声,"丣"在"刘"中讹作"卯","卯、金、刀"之说系据讹变后的字形立说,是不科学的。《说文解字》但说它是形声字,没有这种附会的说法,《白虎通》对这些怪、力、乱、神的现象也只是存而不论,说明当时的有识之士对于汉代流行的奇谈怪论是有所抵制的。

秦汉大一统开辟了中国历史的新局面,在这个新局面中,当人们把过去的历史进行重新研究、估价时,"发现历史的演变,也是依着一定的公式。把这些公式讲出来,就成为历史哲学。"[①]汉人的史观与今人自有不同,汉人以为历史循环发展,无论五德终始还是三统说都是这个观念的表现。今人认为历史单线发展,即所谓"螺旋式上升",即认为今人一定超越古人。因此,古人畏天命,畏大人,畏圣人之言,今人不知天命,但以今必胜古、人定胜天,因此导致了信仰的失落,人与历史冷漠的隔绝。——这些观念古人何尝不知,只是要维系天地之间的一种理念,不去做那些"打通后壁"的行径而已。

为了配合大一统的思想构架,汉代学者根据历史的经验,对上古史进行了重新构建,在这个重建过程中,白虎观的学者们摒弃了谶纬著作中的荒诞不经的成分,对上古史无论是在谱系还是在事件上都进行了很大程度的条理与过滤,给当时被谶纬迷信搅得乌烟瘴气的学界开辟出了一条相对纯净的道路。

## 第四节 《白虎通》声训对理想社会的构拟

汉代自武帝起,物力既盈,纲纪亦立,渐入太平盛世之境。此时建国之

---

[①] 冯友兰《秦汉历史哲学》,见《三松堂学术文集》,345页,北京大学出版社,1984年。

初对应衰乱的刑名之学已不再适合时代的发展,因此礼乐教化逐渐提到日程上来。"经术儒生高谈唐虞三代,礼乐教化,独为盛世所憧憬。自衰世言之,则见为迂阔远于事情。衰象既去,元气渐复,则如人之病起,舍药剂而嗜膏粱,亦固其宜也。"①汉代的政治状况较之暴秦有所进步,但比之于儒家理想中的"三代"还有很大的差距,所以当时的知识分子常常以经义影射现实,具有公羊家强烈的批判精神。②除了以经义断狱、言灾异之外,《白虎通》对理想社会的构拟也是这种批判精神的具体体现。这种构拟包括两方面,一是爵位,二是典章制度。其操作方式是对爵位与制度以声训释名的形式表述出来,以名源的形式体现了名对实的规范与约束,强调的是各级爵位的责任和各种制度的施用范围。"无论古代的经学家、训诂家、小学家还是近代的考据家,实质上都是试图通过语言文字问题的研究,去触及、理解和解决当时所面临的某种重大和基本的文化问题。他们恰恰不是时代文化的逃避者,而是以语言文字研究和经传创造性阐释的特殊方式,参与和深入了他们时代的文化。"③

## 一、爵位

爵乃秩序之称,《礼记·王制》:"王者之制禄爵。"注:"爵,秩次也。"效法自然,因此爵位是客观的,《白虎通·爵篇》云:

> 爵者,尽也,各量其职,尽其才也。

此以"尽"训"爵",认为爵的内涵是在其位者"各量其职,尽其才"。"爵"分为内爵和外爵,内爵指的是公、卿、大夫、士,外爵指的是公、侯、伯、子、男,无论外爵还是内爵都要"量其职,尽其才"。《白虎通》有一个不同于后世的观念,即以为"天子"也是一个爵位,《爵篇》云:

> 天子者,爵称也。爵所以称天子者何?王者父天母地,为天之子也。

此以"天子"为上天之子,属于受命说,但同时认为"天子"的称号是爵位,

---

① 钱穆《两汉博士家法考》,见《两汉经学今古文平议》,200页,商务印书馆,2001年。
② 蒋庆以为:"公羊学在本质上是一种批判儒学,批判性才是公羊学的根本精神。"(《公羊学引论》,9页,辽宁教育出版社,1995年)
③ 何新《传统语言学的文化意义》,见《何新集:反思·挑战·创造》,132页,时事出版社,2004年。

《白虎通》认为天子不是专制的代名词,而是一个爵位,依然有要"量其职,尽其才",否则便是"君不君",即"以君位为主,以君为客"①。顾亭林云:"为民而立之君,故班爵之意,天子与公、侯、伯、子、男一也,而非绝世之贵。代耕而赋之禄,故班禄之意,君、卿、大夫、士与庶人在官一也,而非无事之食。是故知天子一位之义,则不敢肆于民上以自尊;知禄以代耕之义,则不敢厚取于民以自奉。"②据统计,"天子"一词,《诗经》二十一见,《尚书》十九见,皆尊崇义,《春秋》仅一见(成公八年),且为讥刺义,因周天子行一己私欲,已非天意之代表,故《春秋》恶之。又太史公闻于董子,孔子作《春秋》意在"贬天子,退诸侯,讨大夫,以达王事而已矣。"蒋庆以为,"贬者,损也,损即有损去降等之义,'贬天子'即是指废去天子一辞而不用,贬低天子与天同质的神圣地位,降天子为一世俗统治秩序中的等级位列。"③上至天子下至士,皆为爵,上天所设以保民者,故谷永云:"天下乃天下之天下,非一人之天下也。"(《汉书·谷永传》)哀帝时,帝祖母傅太后与成帝母俱称尊号,封爵亲属,谏大夫鲍宣力陈其不可,乃上书云:"夫官爵非陛下之官爵,乃天下之官爵。"(《汉书·鲍宣传》)甚者,大将军霍光以"臣宁负王,不敢负社稷"为代价,废皇帝刘贺为昌邑王,而《白虎通》的编辑者班固称赞他为:"处废置之际,临大节而不可夺,遂匡国家,安社稷。……虽周公、阿衡,何以加此!"(《汉书·霍光传》)此皆可见汉人心中"天下"与"爵位"皆公器,非独夫所专有者,故《白虎通》言爵,乃言其职责,而非其权势,即古所谓"从道不从君,从义不从父"(《荀子·子道篇》)。若古文以天子非爵,④则极易沦为专制附庸。——此《白虎通》开篇之大义也。

(一)内爵

内爵指的是王畿之内的爵位,天子之下有公、卿、大夫、士,(诸侯无公爵,表示下于天子之制)其中一公三卿佐之,一卿三大夫佐之,一大夫三元士佐之,《封公侯篇》云:"各自有三法,物成于三:有始、有中、有终,明天道而终之也。"因此天子共三公、九卿、二十七大夫、八十一元士,共一百二十官,应十二地支。《爵篇》释内爵云:

---

① 刘师培《两汉学术发微·两汉政治学发微论》,见《刘申叔遗书》,530页,凤凰出版社,1997年。
② 顾炎武撰、黄汝成集释《日知录集释》卷七《周室班爵禄》,572页,上海古籍出版社,1985年。
③ 蒋庆《公羊学引论》,196页,辽宁教育出版社,1995年。
④ 《礼记·曲礼下》疏引《五经异义》:"《古周礼说》:'天子无爵,同号于天,何爵之有?'谨按,《春秋左氏》云:'施于夷狄称天子,施于诸夏称天王,施于京师称王。'知天子非爵称,同古《周礼》义。"

(1)公之为言公正无私也。

(2)卿之为言章也,章善明理也;卿,向也,言为人所归向也。

(3)大夫之为言大扶,扶进人者也。

(4)士者,事也,任事之称也。

此以公之责在于"公正无私",卿之责在于"章善明理""为人所归向",大夫之责在于为人君扶进人才,士之责在于"任事",皆强调其责任。因此,《封公侯篇》云:"王者立三公、九卿、二十七大夫,足以教道照幽隐,必复封诸侯何?重民之至也。善恶比而易知,故择贤而封之,使治其民,以著其德,极其才。"

(二)外爵

外爵指的是王畿之外的爵位,汉用周制,以外爵为公、侯、伯、子、男五等,效法五行。天子与诸侯的行为都关乎阴阳,如天子居京师千里,效法"日月之径千里"(《京师篇》),诸侯封不过百里,效法"雷震百里所闻同"①(《封公侯篇》),雷为阴中之阳,诸侯象。天子、诸侯每日四食,效法有四方之物,食四时之功。《礼乐篇》云:"平旦食,少阳之始也;昼食,太阳之始也;晡食,少阴之始也;暮食,太阴之始也。"②因此,天子、诸侯处其位各负其责,否则便陷入"君不君"的指责中。《白虎通》以声训的方式为外爵做出了规定,《爵篇》释外爵云:

(1)公者,通也,公正无私之意也。

(2)侯者,候也,候逆顺也。

(3)伯者,白也。

(4)子者,孳也,孳孳无已也。

(5)男者,任也。

此以公爵之责为"公正无私",侯爵之责为斥候边疆之顺逆,且伺候王命,伯爵之责为"明白于德"③,子爵之责为"孳孳无已"④,男爵之责为"任功

---

① 卢本作"象雷震百里所润云雨同也",详《〈白虎通〉校释》。
② "晡"卢本作"餔",详《〈白虎通〉校释》。
③ 此无语境,据纬书为说,《礼记·王制》疏引《元命苞》:"伯之为言白也,明白于德也。"卢文弨以此下当据《元命苞》补"明白于德也"五字。
④ 此"孳孳无已"为"父子"之"子"或天干之"子",此处为爵,据上下文意当以《元命苞》"孳恩宣德"为义。(《礼记·王制》疏引《元命苞》:"子者,孳恩宣德。")

166

立业"①。

无论是内爵公、卿、大夫、士还是外爵公、侯、伯、子、男,在《白虎通》的声训中均强调各自的责任,而这些责任都在"爵,尽也"这个声训中体现,是他们应尽的义务。若在其位而不谋其政,则属于名不副实,应当被革除。可见《白虎通》的理想制度是要求各级爵位各司其职,各尽其责,并无后世所谓"专制"之说。

又《白虎通》之前尚有对"民"的声训,如《新书·大政下篇》:"民之为言也,瞑也;萌之为言也,盲也,故惟上之所扶而以之,民无不化也,故曰民萌,民萌哉,直言其意而为之名也。"《援神契》云:"民者,冥也。"(《诗·大雅·灵台》疏引)郑注《吕刑》云:"民者,冥也,言未见仁道。(《礼记·缁衣》疏引)并以"民"为茫昧无知之义。《白虎通》则绝无此论调,公羊学者认为,民为天意之代表,天意皆当以民为本,如《公羊传·庄公三十一年》解诂:"动而无益于民者,虽乐不为也。"《春秋繁露·尧舜不擅移、汤武不专杀篇》:"天之生民,非为王也;而天立王以为民也。"《白虎通·封公侯篇》云:"列土为疆,非为诸侯,张官设府,非为卿大夫,皆为民也。"并其比。

为了表示对爵位的重视,授爵的仪式是公开的,《白虎通·爵篇》云:"爵人于朝者,示不私人以官,与众共之义也。封诸侯于庙者,示不自专也,明法度皆祖之制也,举事必告焉。"汉人以为"王者承天顺地,典爵主刑,不敢以天官私其宗"(《后汉书·申屠刚传》),延熹二年,桓帝诛大将军梁冀而以私意重用中常侍及外戚,李云昧死进谏,至有"帝欲不谛乎"之责。(《后汉书·李云传》)

## 二、典章制度

典章制度是政府在一定时期内的行为准则,包括行政制度的方方面面。《白虎通》所涉及的只是经典所及的制度,包括教化、威服、丧葬几个部分。只是根据经典记载及时代状况做出解释,并不具有法律效力。

(一)教化制度

王朝定鼎后,莫不以教化为先,《汉书·董仲舒传》载仲舒云:"南面而治天下,莫不以教化为大务,立太学以教于国,设庠序以化于邑,渐民以仁,摩民以谊,节民以礼,故其刑罚甚轻而禁不犯者,教化行而习俗美也。"董子之策,首重太学,可谓知本之论,教化之本首在兴学,孟子云:"学则三代共之,皆所以明人伦也。人伦明于上,小民亲于下,有王者起,必来取法,是为王者

---

① 此无语境,据纬书为说,《礼记·王制》疏引《元命苞》:"男者,任功立业。"

师也。"(《滕文公上》)因此《白虎通》关于教化的词语皆侧重自上至下的影响,例如:

(1)教者,效也。上为之,下效之。(《三教篇》)
(2)学之为言觉也,以觉悟所不知也。(《辟雍篇》)

无论是"上为之,下效之",还是"觉悟所不知",都是侧重在上位者对在下位者的教化。

汉代设立了从地方至中央一系列的教育体系,《汉书·食货志》:"八岁入小学,学六甲、五方、书计之事①,始知室家长幼之节,十五入大学,学先圣礼乐而知朝廷君臣之礼,其有秀异者移乡学,于庠序;庠序之异者移国学,于少学;诸侯岁贡少学之异者于天子学,于太学。命曰造士。行同能偶,则别之以射,然后爵命焉。"根据这个规定可知,汉代的教化分为两部分:一为学习,二为乡射以授爵。

1. 庠序之教

据上引《汉书·食货志》可知,汉代的学习顺序是:小学、大学(二者在家塾)——乡学(庠序)——国学(少学)——天子学(太学)。② 其中序为里学,庠为乡学,③少学在泮宫,太学在辟雍。《白虎通》对一系列的学校做了声训,如《辟雍篇》云:

(1)序者,序长幼也。
(2)庠之言详也,言所以详礼仪之所也。
(3)诸侯曰泮宫者,半于天子宫也。明尊卑有差,所化少也。
(4)辟者,象璧圆,法天;雍者,壅之以水,象教化流行。
(5)辟之为言积也,积天下之道德;雍之为言壅也,壅天下之残贼,故谓之辟雍也。

---

① 顾炎武云:"六甲者,四时、六十甲子之类;五方者,九州、岳渎、列国之名;书者,六书;计者,九数。"(顾炎武撰、黄汝成集释《日知录集释》卷二十七《汉书注》,2024 页,上海古籍出版社,1985 年)
② 黄生《义府》卷下《少学、大学》:"乡学,庠序之总名也。国学,少学之异名也。对乡学而言,则曰国学;对太学而言,则曰少学。所谓小学、大学,又与少学、太学不同,由此而后入乡学,则特家塾之名耳。"(见黄生撰、黄承吉按《字诂义府合按》,196 页,中华书局,1984 年)
③ 《汉书·食货志》:"里有序而乡有庠,序以明教育,庠则行礼而视化焉。"

例(1)以次序之"序"训庠序之"序",认为序的作用是次序长幼。例(2)以"详"训"庠",认为庠的作用是详礼仪。庠、序的声训皆从受教育者的角度着眼,侧重于对教育的接受。例(3)以"半于天子宫"释"泮宫",认为泮宫得名于其体制半于天子辟雍,其命名的参照物是天子辟雍。例(4)以"璧雍"训"辟雍",认为辟雍得名于其外形象璧圆,法天,又雍之以水,象教化流行,此声训从辟雍外形着眼。例(5)以"积雍"训"辟雍",认为辟雍象征积累道德,雍塞天下之残贼,此声训从辟雍的作用着眼。泮宫、辟雍之声训亦从施教的角度着眼。《辟雍篇》云:"天子立辟雍何?所以行礼乐、宣德化也。"在泮宫与辟雍的声训中,又体现出了尊卑有差与"名"的重要性,如"泮宫"仅在规制上"半于天子宫",则可称为"泮雍",之所以名"泮宫"而不名"泮雍"者,《辟雍篇》云:"不曰泮雍何?嫌但半天子制度也。"若天子、诸侯皆言"雍",是天子、诸侯无等差矣,故名"泮宫"。

汉代的教育内容为五经①,《白虎通》说五经,或为《乐》《书》《礼》《易》《诗》,或为《易》《尚书》《诗》《礼》《春秋》,并见《五经篇》,古今聚讼纷呈,详拙作《〈白虎通义〉校释》(未刊稿),此不赘述。汉代经说或纬书对五经的声训如下:

(1)《易》一名而含三义:所谓易也,变易也,不易也。又云:易者,其德也,光明四通,简易立节,天以烂明,日月星辰布设张列,通精无门,藏神无穴,不烦不扰,澹泊不失,此其易也;变易者,其气也,天地不变不能通气,五行迭终,四时更废,君臣取象变节相移,能消者息,必专者败,此其变易也;不易者,其位也,天在上,地在下,君南面,臣北面,父坐子伏,此其不易也。(《周易正义·序》引《乾凿度》)

(2)尚者,上也,上世帝王遗书也。(《初学记》卷二十一引《说题辞》)

(3)在事为诗,未发为谋,恬澹为心,思虑为志,《诗》之为言志也。(《诗谱序》疏引《说题辞》)

(4)《礼》者,体也,履也,统之于心曰体,践而行之曰履。(《礼记》疏引郑序)

(5)(《春秋》)取法阴阳之中,春为阳中,万物以生;秋为阴中,万物以成。欲使人君动作不失中也。(《左传·序》疏引贾逵云)

---

① 汉有"七经"之说,各家所言不一,《后汉书·张纯传》注作《诗》《书》《礼》《乐》《易》《春秋》《论语》差近之,《乐经》亡,汉重《孝经》,并见《白虎通·五经篇》,"七经"盖谓《诗》《书》《礼》《易》《春秋》《论语》《孝经》。

169

《白虎通》在行文中没有吸收这些声训,但《礼经解》说六经云:"温柔宽厚,《诗》教也;疏通知远,《书》教也;广博易良,《乐》教也;洁净精微,《易》教也;恭俭庄敬,《礼》教也;属辞比事,《春秋》教也。"依然是以上述声训为准绳,体现的是阴阳与道德的观念。

### 2. 乡射之礼

兴学之外,汉代敬贤尊老尚有乡射礼。"射"为六艺之一,源于武备需要,后演变为崇尚礼让的仪式。射礼有四,一为大射,祭祀前所行,以择与祭者,天子、诸侯、卿、大夫皆行之;二为宾射,诸侯朝天子或诸侯之间相互聘问所行;三为燕射,天子诸侯卿大夫燕饮而射;四为乡射,州长会合乡民习射,以选士而贡于上。大射、宾射、燕射之礼为明君臣之礼,乡射为基层教化,敬贤尊老之礼。① 但射礼在汉代已经不如先秦那般重视,《史记》《汉书》均没有大射之礼的记载,唯《后汉书·明帝纪》,永平二年,"临辟雍,初行大射礼",《通典·军礼》载,宣帝甘露三年,与诸儒于石渠阁讲论经义,论及大射礼与乡射礼之乐。② 《白虎通》于大射礼仅论及射礼之"侯"的形制,侯即箭靶,箭靶上天子画熊,诸侯画麋,《乡射篇》云:

(1) 名之为侯者何?明诸侯有不朝者,则当射之。

(2) 天子所以射熊何?示服猛,远巧佞也。熊为兽猛巧者,非但当服猛也,示当服天下巧佞之臣也。

(3) 诸侯射麋何?示远迷惑人者也,麋之为言迷也。

例(1)以诸侯之"侯"训"侯",认为射侯的意思是射不朝之诸侯。关于"侯"的含义,《礼记·射义》云:"天子之大射谓之射侯,射侯者,射为诸侯也,射中则得为诸侯,射不中,则不得为诸侯。"意思是射中者则受赏,被认为名副其实;不中者,受责让,被认为不副其名。《白虎通》的声训强调对王朝一统的维护。例(2)以"猛"训"熊",认为天子射熊侯表示能使远方的凶猛、巧佞之人服从。例(3)以"迷"训"麋",认为诸侯射麋侯表示远离迷惑。在《白虎通》中,射礼所用之侯是一个标志,更加仪式化,如《论衡·乱龙篇》云:"名布为侯,示射无道诸侯也。夫画布为熊麋之象,名布为侯,礼贵意象,示义取名也。"据《礼记·射义》,射的目的是心平体正,以抒发自

---

① 《礼记·射义》:"古者诸侯之射也,必先行燕礼,卿大夫士之射也,必先行乡饮酒之礼,故燕礼者,所以明君臣之义也;乡饮酒之礼者,所以明长幼之序也。"

② 阴法鲁、许树安主编《中国古代文化史》(二),32页,北京大学出版社,1991年。

己的心智,而《白虎通》则认为射是为了助阳气通达万物,①上升到了阴阳的层面。

乡射礼于春秋两季举行,乡射之前有乡饮酒礼,序列长幼,以行孝悌。汉代于十月行乡饮酒礼,因春夏农事急,至有子使父、弟使兄者,故农事闲暇,复长幼之序。乡饮酒礼尤重三老、五更,"三老五更"之称,蔡邕以"更"为"叟"之讹,②然则"三老五叟"当为八人。然"三老五更"已约定俗成,汉代三老、五更各一人,③《乡射篇》解三老五更云:

(4)老者,寿考也,欲言所令者多也。
(5)更者,更也,所更历者众也。
(6)不但言老言三何?欲言其明于天地人之道而老也。
(7)五更者,欲言其明于五行之道而更事也。

此以三老之"老"得名于以其寿考而所令者多,以五更之"更",得名于经历众多。且有附会"三"为天、地、人,"五"为五行。如此,则三老、五更也与阴阳五行有关。汉以三老为众民之师,④故三老多为忠信厚德之士,如新城三老董公遮说汉王为义帝发丧,壶关三老茂上书明戾太子之冤,皆为彪炳史册之举。

汉代的教化制度不仅仅是空洞的政策,而是从上到下贯彻执行的,汉代乡射礼兴盛,两《汉书》多载地方官员行乡射礼志事,且多与谨庠序之教结合。⑤ 汉代诸帝亦身体力行,《后汉书·儒林传》云:

建武五年,乃修起太学,稽式古典,笾豆干戚之容,备之于列,服方

---

① 《礼记·射义》:"射之为言者,绎也,或曰舍也,绎者,各绎己之志也,故心平体正,持弓矢审固,持弓矢审固则射中矣。"《白虎通·乡射篇》:"天子所以亲射何?助阳气达万物也。春阳气微弱,恐物有窒塞不能自达者。"
② 蔡邕《蔡中郎集·月令问答》:"问:'记曰养三老五更,子独曰五叟……何也?'曰:'字误也,叟,长老之称也。其字与"更"相似,书者转误,遂以为"更"。嫂字女旁叟,瘦娄从叟,今皆以为"更"矣。立字法者,不以形声,何以为字?以嫂、瘦推之,知是"更"为"叟"也。'"
③ 《汉书·礼乐志》注引邓展曰:"汉直以一公为三老,用大夫为五更,每常大行礼乃置。"
④ 《汉书·文帝纪》文帝诏:"三老,众民之师也。"
⑤ 如《汉书·韩延寿传》:"延寿为吏,上礼义,好古,……修治学宫,春秋乡社,陈钟鼓管弦,盛升降揖让,及都试讲武,设斧钺旌旗,习射御之事。"《后汉书·李忠传》建初六年,李忠迁丹阳太守,"忠以丹阳越俗不好学,嫁娶礼仪衰于中国,乃为起学校,习礼容,春秋乡饮选用明经,郡中向慕之。"《后汉书·循吏列传·秦彭》:"建初元年,迁山阳太守,以礼训人,不任刑罚,崇好儒雅,敦明庠序,每春秋飨射,辄修升降揖让之仪,乃为人设四诫,以定六亲长幼之礼,有遵奉教化者,擢为乡三老,常以八月致酒肉,以劝勉之吏,有过咎罢遣而已,不加耻辱。百姓怀爱,莫有欺犯。"

领习矩步者,委它乎其中。中元元年,初建三雍。明帝即位,亲行其礼。天子始冠通天,衣日月,备法物之驾,盛清道之仪,坐明堂而朝群后,登灵台以望云物,袒割辟雍之上,尊养三老五更。飨射礼毕,帝正坐自讲,诸儒执经问难于前,冠带缙绅之人,圜桥门而观听者盖亿万计。其后复为功臣子孙、四姓末属别立校舍,搜选高能以受其业,自期门羽林之士,悉令通《孝经》章句,匈奴亦遣子入学。济济乎,洋洋乎,盛于永平矣!

经过几代皇帝的励精图治,至《白虎通》的时代已经是"四海之内,学校如林,庠序盈门,献酬交错,俎豆莘莘,下舞上歌,蹈德咏仁"(《文选·东都赋》)。"人识君臣父子之纲,家知违邪归正之路"(《后汉书·儒林传》)。然而,国家尊经重学,非直欲肃清风化,亦有关乎国运,观汉末士风可见一斑。如顾亭林云:"至其末造,朝政昏浊,国事日非,而党锢之流,独行之辈,依仁蹈义,舍命不渝,风雨如晦,鸡鸣不已,三代以下,风俗之美,无尚于东京者。"①

(二)威服制度

除了王畿及诸侯国之外,《白虎通》对中国之外的四夷也做了解释,属于威服范畴。且天子为了表示对天下的责任感与对上天的敬畏,有定期巡狩四方之举,《白虎通》对巡狩与巡狩之地的声训也反映了这一道德含义。

1.四夷。据公羊家说,太平世应当是"夷狄进至于爵,天下远近小大若一"(《公羊传·隐公元年》何休解诂)。因此,尽管四夷不在诸侯之列,其名号亦相当于爵,《后汉书·东夷传》云:"凡蛮、夷、戎、狄总名四夷者,犹公、侯、伯、子、男皆号诸侯云。"《礼乐篇》说四夷之名云:

(1)夷者,抵也,言仁而好生,万物抵地而出,故其性柔顺,易以道御。东方者,少阳易化,故取名也。
(2)蛮者,执心违邪。
(3)戎者,强恶也。
(4)狄者,易也,言辟易无别也。北方太阴,鄙吝,故少难化。

东夷受箕子教化,较其余三方有礼,故例(1)以"抵"训"夷",认为东方万物抵地而出,象征东夷仁而好生,《后汉书·东夷传》:"昔箕子违衰殷之运,避地朝鲜。始其国俗未有闻也,及施八条之约,使人知禁,遂乃邑无淫盗,门不夜

---

① 顾炎武撰、黄汝成集释《日知录集释》卷十三《两汉风俗》,1009页,上海古籍出版社,1985年。

肩,回顽薄之俗,就宽略之法,行数百千年,故东夷通以柔谨为风,异乎三方者也。"例(2)以"违"训"蛮",认为蛮得名于性情"执心违邪"。例(3)以"强"训"戎",认为戎得名于强恶。例(4)以"易"训"狄",认为狄得名于"辟易无别",即邪僻轻浮。据例(1)、例(4)可知今本《白虎通》脱去了对蛮、戎关于南方、西方的阴阳之说。

对于四夷之名,《白虎通》有两种不同的见解,一种以为,圣人不治外国,没必要为之制名,"因其国名而言之耳"。一种认为,"名其短而为之制名"(《礼乐篇》)。这反映了现实与理想世界的矛盾,即现实中不能对诸夷实行有效的控制,但在内圣外王的旗号下,又要体现出怀柔天下的胸怀,因此表现出文明对野蛮既鄙薄又无奈的矛盾态度。

圣王为夷狄制乐,以示恩德遍及天下,《白虎通·礼乐篇》云:"所以作四夷之乐何？德广及之也。"《礼乐篇》说四夷之乐云:

(5)东夷之乐曰朝离,万物微离地而生,乐持矛舞,助时生也。
(6)南夷乐曰南,南,任也,任养万物,乐持羽舞,助时养也。
(7)西夷乐曰味,味,昧也,万物衰老,取晦昧之义也,乐持戟舞,助时煞也。
(8)北夷乐曰禁,言万物禁藏,乐持干舞,助时藏也。

例(5)以离开之"离"训朝离之"离",认为东夷之乐"朝离"得名于万物始离地而生(东方生)。例(6)以"任"训"南",认为南夷乐"南"得名于任养万物(南方养)。例(7)以"昧"训"味",认为西夷乐"味",得名于万物衰老,有晦昧之义(西方煞)。例(8)以禁藏之"禁"训"禁",认为北夷乐"禁"得名于万物禁藏(北方藏)。如此,《白虎通》声训将四夷纳入了阴阳五行系统之内,以示四夷亦为王者之天下。

所谓"四夷之乐"属于儒家的理论层面的结论,汉代并没有四夷之乐。汉与四夷的关系,如《汉书·匈奴传》所谓:"《春秋》内诸夏而外夷狄,夷狄之人贪而好利,被发左衽,人面兽心,其与中国殊章服,异习俗,饮食不同,言语不通,辟居北垂寒露之野,逐草随畜,射猎为生,隔以山谷,雍以沙幕,天地所以绝外内也。是故圣王禽兽畜之,不与约誓,不就攻伐;约之则费赂而见欺,攻之则劳师而招寇。其地不可耕而食也,其民不可臣而畜也,是以外而不内,疏而不戚,政教不及其人,正朔不加其国;来则惩而御之,去则备而守之。其慕义而贡献,则接之以礼让,羁縻不绝,使曲在彼,盖圣王制御蛮夷之常道也。"且有夷狄之乐,无夷狄之礼,《白虎通》认为夷狄之人不能行礼,故不为之设礼,

《礼乐篇》云:"何不制夷礼?礼者,身当履而行之,夷狄不能行礼也。"但从另一方面说,也反映了汉代对四夷的警觉,甚至是对其不臣服的一种妥协。"政教不及其人,正朔不加其国;来则惩而御之,去则备而守之"云者,较之"犯强汉者,虽远必诛"(《汉书·陈汤传》)的气魄,未尝不是一种无奈。然而,这种警觉却使人们对大汉产生了强大的向心力,汉代"人们对于'中国'的认识与过去已经相当不同,对四夷强大的警觉,改变了人们一直不曾细细思索的'天下'观念,对四夷的知识日益丰富,反过来在人们心中凸显了'中国'的意识"①。

2.巡狩。对于周边四夷是礼乐安抚的制度,对内则有巡狩制度,天下太平,天子亲至四方,照耀幽隐,以示亲民,《巡狩篇》云:

> 王者所以巡狩者何?巡者,循也,狩者,牧也,为天循行守牧民也。道德太平,恐远近不同化,幽隐有不得所者,故必亲自行之,谨敬重民之至也。

对巡狩的声训中,很重要的一点是"为天",即代替上天巡狩,以增加天子权威。巡狩至五岳四渎,《巡狩篇》云:

(1)岳者何谓也?岳之为言捔也,捔功德也。
(2)谓之渎何?渎者,浊也。中国垢浊,发源东注海,其功著大,故称渎也。

例(1)以"捔"训"岳",认为巡狩五岳的目的是考校五方功德。例(2)以"浊"训"渎",认为渎为使中国垢浊发源注海,有大功者。"岳""渎"声训皆与天子巡狩相关。据《尚书·尧典》的记载:"二月东巡狩,至于岱宗","五月南巡狩,至于南岳","八月西巡狩,至于西岳","十有一月朔巡狩,至于北岳"。《巡狩篇》释五岳②云:

(3)东方为岱宗者何?言万物更相代于东方也。

---

① 葛兆光《中国思想史》(第一卷),225页,复旦大学出版社,2001年。
② 五岳之说各异,《白虎通》之五岳为武帝所定,《尔雅·释山》:"泰山为东岳……嵩高为中岳。"邵晋涵正义云:"冀州之霍山,与泰、衡、华、恒,唐虞之五岳也;华、岳、泰、恒、衡,周之五岳也;泰、衡、华、恒、嵩高,汉初相传之五岳也;泰、华、霍、恒、嵩高,武帝所定之五岳也。知汉以前五岳无定名则不惑于群说之胶葛矣。"

(4)南方为霍山者？霍之为言护也,言太阳用事,护养万物也。
(5)西方为华山者何？华之为言获也,言万物成熟,可得获也。
(6)北方为恒山者何？恒者,常也,万物伏藏于北方有常也。
(7)中央为嵩高者何？嵩言其高大也。

例(3)以"代"训岱宗之"岱",认为岱宗象征万物更相代于东方。例(4)以"护"训霍山之"霍",认为霍山象征南方太阳用事,护养万物。例(5)以"获"训华山之"华",认为华山象征西方万物成熟,可以收获。例(6)以"常"训恒山之"恒",认为恒山象征万物伏藏于北方有常。例(7)以"高"训"嵩",认为嵩山得名于高大。此以五方配五岳,并以阴阳说之,将巡狩之地纳入阴阳五行系统。

《白虎通》无江、河、淮、济四渎之声训,其余经书、纬书有之,略举之如下:

(1)江者,贡也,珍物可贡献也。(《风俗通·山泽篇》引《尚书大传》)
(2)河之为言荷也,荷精分布,怀阴引度也。(《水经注·河水》引《说题辞》)
(3)淮者,均,均其势也。(《水经注·淮水》引《说题辞》)
(4)济,齐也,齐,度也,贞也。(《水经注·济水》引《说题辞》)

可见四渎之训,多从阴阳、君臣角度为说。《白虎通》将山川、河岳纳入巡狩系统,然后从阴阳五行角度予以解说,从而赋予大一统王朝的浩荡山河以道德、制度色彩。此外,纬书中对汉代的各州亦有声训,如《元命苞》:

(1)昴毕散为冀州,分为赵国,其地有险有易,帝王所都,乱则冀安,弱则冀强,荒则冀丰。(《晋书·地理志》引)
(2)五星流为兖州,兖之言端也,言堤精端,故其气纤杀,分为郑国。(《类聚》卷六引)
(3)天弓星主司弓弩,流为徐州,别为鲁国,徐之为言舒也,言阴牧内,安详也。(《类聚》卷六引)
(4)牵牛流为扬州,分为越国,以为江南之气躁劲,厥性轻扬。(《晋书·地理志》引)
(5)轸星散为荆州,荆,强也,言其气躁强。(《晋书·地理志下》引)
(6)豫之言序也,言阳气分布,各得其处,故其气平静多序也。(《尔雅·释地》疏引)

(7)箕星散为幽州,分为燕国,幽之为言窈也,言风出入窈冥,敏劲易晓,故其气躁急。(《类聚》卷六引)

(8)营室流为并州,分为卫国之镇,立为明山,并之为言诚也,精舍交并,其气勇抗诚信也。(《类聚》卷六引)

(9)觜参流为益州,益之言隘也,谓物类并决,其气急切决列也。(《类聚》卷六引)

汉武帝划天下为十三州,冀州、幽州、并州、兖州、豫州、青州、徐州、荆州、扬州、凉州、益州、交趾、朔方。建武年间,将朔方与并州合并,建立司隶部,是东汉十三州。① 汉代十三州,为融合前代制度所设,较之《禹贡》"九州岛"有所分合。② 关于汉代十三州,我们掌握的《元命苞》中的资料只有这些,其余已经散佚。但这些零散的资料已经能够说明纬书中将天下各州均予以声训。此外,在《风俗通》《汉官仪》《地理风俗记》等典籍中,许多郡、县并有声训,说明在汉代,以声训解释四方也是一个习惯。但是《白虎通》并没有吸收这些声训,因为《白虎通》是属于经学范畴,侧重对于先王制度、历史的当代解读,而不是对当代的政治制度的规定。又如关于巡狩制度,《白虎通》以为"五年一巡狩",但是自建初七年(建初四年,召开白虎观会议)始,章帝几乎每年巡狩,此亦《白虎通》非"法典"之证。

(三)丧祭制度

1.丧祭之仪。汉代的丧祭礼俗反映了儒家"事死如事生,事亡如事存"的主张。由于对灵魂观念的信仰,汉人十分重视对待死者形体的保存与死后宗庙之祭祀。《白虎通·崩薨篇》将各个等级的死亡的名称也予以规定并解释:

(1)天子曰崩,大尊像。崩之为言崩然伏僵。

(2)诸侯曰薨,国失阳。薨之言奄也,奄然亡也。

(3)大夫曰卒,精耀终卒,卒之为言终于国也。

(4)士曰不禄,失其忠节,不终君之禄,禄之言消也,身消名彰。③

---

① 《汉书·武帝记》:(元封五年)"初置刺史部十三州。"《汉书·百官公卿表》:"武帝元封五年,初置部刺史,掌奉诏条察州,秩六百石,员十三人。"《后汉书·光武纪》建武十一年,"省朔方牧,并州"。《后汉书·百官制》:"司隶校尉,孝武帝置,成帝省,建武中复置,并领一州。"

② 《禹贡》所载九州,为冀州、兖州、青州、徐州、扬州、荆州、豫州、梁州、雍州。《汉书·地理志》云:"汉兴,因秦制度,崇恩德,行简易,以抚海内。至武帝攘却胡、越,开地斥境,南置交址,北置朔方之州,兼徐、梁、幽、并、夏、周之制,改雍曰凉,改梁曰益,凡十三部,置刺史。"

③ 卢本作"士曰不禄,不终君之禄,禄之言'消'也,身消名彰",据刘师培说订,详《〈白虎通义〉校释》。

（5）庶人曰死，魂魄去亡。死之为言澌，精气穷也。

以上声训反映的是对于"死"的不同等级的称谓，天子、诸侯之死的声训侧重其影响，大夫、士之死的声训侧重于对国家贡献的停止，庶人无位，则无关于国政，其精气消灭若水之澌尽。实际上"死"为一般称呼，所有人的死最初皆为"死"，其余的名称只是死的衍生物。

人死后有复礼，即招魂复魄之礼。[①] 招魂复魄之后为死者小殓，《白虎通·崩薨篇》引《礼》曰："天子、诸侯，三日小敛；大夫、士二日小敛。"小殓指的是为尸体着殓服，此时死者的相知、孝子的相知都要有所馈赠，据《崩薨篇》"知死者则赠、襚""知生则赗、赙"，馈赠之物为：

（6）赠之为言称也，玩好曰赠。
（7）襚之为言遗也，衣被曰襚。
（8）赗者，助也。
（9）赙者，覆也。

例（6）以"称"训"赠"，据《说题辞》"玩好曰'赠'，决其意也"（《御览》卷五百五十引），"赠"为赠以玩好以绝意念，则"称"当读作 chèn，以称其心意也。例（7）以"遗"训"襚"，认为襚是赠送死者的衣被，据《说题辞》"衣被曰'襚'，养死具也"（《御览·卷五百五十》引），赠、襚目的是"所以助生送死，追恩重终，副至意也"。（《白虎通·崩薨篇》）例（8）以"助"训"赗"，为补助丧家不足之用，《周礼·秋官·小行人》："丧则令赗补之。"注引郑司农云："赗补之谓赗丧家，补助其不足也。"例（9）以"覆"训"赙"，为覆被死者之用，《左传·隐公元年》云："天王使宰咺来归惠公仲子之赗。"服虔注："赙者，覆也。"疏："谓覆被王者也。"据《白虎通·崩薨篇》"货财曰赙，车马曰赗"，赗、赙目的是"所以相赴佐，给不足也"。[②]

小殓后是大殓，《公羊传·定公元年》注："礼，天子五日小敛，七日大敛；诸侯三日小敛，五日大敛；卿大夫二日小敛，三日大敛。"大殓指的是把

---

[①] 《仪礼·士丧礼》："死于适室，幠用敛衾，复者一人，以爵弁服，簪裳于衣，左何之，扱领于带。升自前东荣，中屋，北面招以衣，曰'皋某复'三，降衣于前。"注："复者，有司招魂复魄也。天子则夏采、祭仆之属，诸侯则小臣为之。爵弁服，纯衣纁裳也，礼以冠名服。簪，连也。北面招，求诸幽之义也。皋，长声也。某，死者之名也。复，反也。降衣，下之也。《丧大记》曰：'凡复，男子称名，妇人称字。'"

[②] "赴"字各本无，据孙诒让、刘师培说补，详《〈白虎通义〉校释》。

177

尸体装入棺、椁,尸入棺而称柩,《礼记·曲礼》:"在床曰尸,在棺曰柩。"《崩薨篇》云:

(10)棺之为言完,所以载尸令完全也。
(11)椁之为言廓,所以开廓辟土,无令迫棺也。
(12)柩之为言究也,久也,久不复变也。

例(10)以"完"训"棺",认为棺的作用是"载尸令完全"。例(11)以"廓"训"椁",认为廓罩在棺外,避免土侵棺。例(12)以"究""久"训"柩",认为柩意味着不再变化。《白虎通》之说为对"棺""椁""柩"词源的推测,较之《释名·释丧制》:"棺,关也,关闭也""椁,廓也,廓落在表之言也""尸已在棺曰柩,柩,究也,送终随身之制皆究备也"可见,《白虎通》关注的是对死者的关照,《释名》关注的是丧具本身的体制。

大敛之后即殡,殡即大殓后,将棺暂存于肂中,根据不同时代的不同方位设穴①,将棺暂时埋葬,仅仅露棺盖,以待葬。②《说文·歹部》云:"殡,死在棺,将迁葬柩,宾遇之。"③《礼记·王制》云:"天子七日而殡,七月而葬;诸侯五日而殡,五月而葬;大夫士庶人三日而殡,三月而葬。"下葬前辞庙,名曰"祖",《崩薨篇》云:

(13)祖者,始也,始载于庭也。乘轴车辞祖祢,故名为祖载也。

此以为"祖载"有二义,其一,"祖"训"始","祖载"即柩车"始载于庭"。其二,"祖"为"祖祭","祖载"即将葬,以车载柩,行祖祭礼。第二说沿袭《周礼·春官·丧祝》:"及祖,饰棺,乃载,遂御。"注引郑司农云:"祖谓将葬,祖于庭,象生时出则祖也,故曰事死如事生,礼也。"关于"葬",《崩薨篇》云:

(14)葬之为言下藏之也。

此以"藏"训"葬",按照民俗解释应该是《礼记·檀弓》所云:"葬也者,藏

---

① 《白虎通·崩薨篇》:"夏后氏殡于阼阶,殷人殡于两楹之间,周人殡于西阶之上。"
② 《仪礼·士丧礼》:"掘肂,见衽。"注:"肂,埋棺之坎也,掘之于西阶上。衽,小要也。"棺柩不以钉,以皮束捆束,横三纵二,皮束于棺盖交叉处设衽,即椊,汉代名"小要"。
③ 段玉裁以为当作:"尸在棺,肂于西阶,宾遇之。"(《说文解字注》,163页,上海古籍出版社,1988年)

也;藏也者,欲人之弗得见也。"但这不是《白虎通》之意,其下文云:"所以入地何? 人生于阴,含阳光,死始入地,归所与也。"显然来自《说题辞》:"葬,尸下藏也。人生于阴,含阳光,死入地,归所与也。"(《御览》卷五百五十三引)仍归于阴阳的解释。

若士之丧则有虞祭。朝葬,日中行虞祭,葬后四日于殡宫行三此虞祭,即"三虞",以安死者之神,《阙文》云:

(15)虞,安其神。

此假"虞"为"娱",娱,乐也。虞即安神之祭,《仪礼·既夕礼》:"三虞。"注:"虞,安也,骨肉归于土,精气无所不之,孝子为其彷徨,三祭以安之。"《仪礼·士虞礼》疏引郑《目录》云:"虞,安也,士既葬父母,迎精而反,日中祭之于殡宫,以安之。"

对于生者来说,则有一套完备的丧服之礼。《白虎通》并未解释"五服"的含义,因为这在当时属于常识,但对其余的服丧之礼做了说明,如孝子所用丧具,《丧服篇》云:

(16)所以杖竹桐何? 取其名也。竹者,蹙也。桐者,痛也。

以竹、桐为丧杖,表示痛哭力弱,不能自持。客观地说,这两种材料都是就近取材,无所谓义理,但《白虎通》也把它们纳入了阴阳五行系统,认为这两种材料有阴阳之分,《丧服篇》云:"父以竹,母以桐何? 竹者阳也,桐者阴也。竹何以为阳? 竹断而用之,质,故为阳;桐削而用之,加人功,文,故为阴也。"这两种材料都是助哀之用,因此"竹"训"蹙","桐"训"痛",使之具备了人情色彩。埋葬父母的灵柩之后,孝子于"倚庐"居三年之丧,原因是"子生三年,然后免于父母之怀"(《论语·阳货》),《丧服篇》云:

(17)所以必居倚庐何? 孝子哀,不欲闻人之声,又不欲居故处,居中门之外。倚木为庐,质反古也。

"倚庐"或作"谅阴""谅闇",《尚书·无逸篇》"高宗谅阴三年",是也。"谅"为"梁"之借,"闇"为"庵"之借。本是孝子居丧的地方,《白虎通》以"倚靠"之"倚"训"倚庐"之"倚",以"庐舍"之"庐"训"倚庐"之"庐"。倚庐位于

179

"中门外,东墙下,户北向"(《白虎通·丧服篇》),倚庐的形状是用一根木材斜倚墙下,草草搭建,《仪礼·既夕礼》:"居倚庐。"疏云:"以倚东壁为庐,一头至地。"聂崇义《三礼图集注》引唐杨垂《丧服图》云:"凡起庐,先以一木横于墙下,去墙五尺,卧于地为楣,即立五椽于上,斜倚东墉,……庐形如偏屋。"《白虎通》用"倚木为庐"的方式解释"倚庐"的构造。

上述礼节仅仅是丧葬之礼涉及声训的一部分,于其声训可见丧葬心理之一斑。汉之于古制颇有损益,如葬日,周礼七月而葬,然文帝自崩至葬凡七日,景帝自崩至葬凡十日,明帝自崩至葬凡十一日,章帝自崩至葬凡十二日。(并见《汉书》《后汉书》本纪)若《白虎通》为法典,以章帝之明,断无不遵之理。观汉帝皆无七月而葬者,而官吏或有四百余日而后葬者,如《隶释》载《汉冀州刺史王纯碑》,王纯延熹四年八月廿八日甲寅卒,至五年十一月十八日丙申葬,前后凡四百三十三日。又汉代多有据儒家之制兴厚葬之风,明达者有抵制其风者,如卢植遗言其子"俭葬于土穴,不用棺椁,附体单帛而已"(《后汉书·卢植传》),赵咨遗书其子云:"又曰:丧与其易也宁戚。今则不然,并棺合椁以为孝恺,丰赀重襚以昭恻隐,吾所不取也。"(《后汉书·赵咨传》)又汉代无"倚庐"之制,孝子亲既葬则于墓侧为庐而居之,《后汉书》多其例,并详杨树达《汉代婚丧礼俗考》。汉代丧服亦无定制,赵翼云:"统计两汉臣僚,罕有为父母服三年者,盖因习俗相沿,已成故事也。然虽成故事,而朝廷本未有不许行丧之令,故行不行仍听人自便。"[1]此皆《白虎通》非"法典"之证。

2. 宗庙之祭。佛教传入中国之前,宗庙之祭是对待死者最好的祭祀方式。那时的人们没有转生的观念,却期待死后在宗庙接占有一席之地,长久地接受宗族子孙的供奉。人死后灵魂不能永生,而是逐渐消亡的,"新鬼大,故鬼小"(《左传·文公二年》),因此古人祭祀祖先会随着时代的推移而逐渐减少对祖先的祭祀,但祭祀的世代数目会根据等级的不同有所区别,因为据子产所说"用物精多,则魂魄强。是以有精爽,至于神明"(《左传·昭公七年》),也就是说"贵族的灵魂比匹夫匹妇的更强旺,因为出自一个有权势的大家庭,他的肉体得到比普通人更好的营养,因此它的亡灵分散的慢一些"[2],因此《礼记·王制》有天子七庙、诸侯五庙、大夫三庙、士一庙、庶人祭于寝的记载。在古人的生活中,祭祀是除了战争之外最重要的大事,祭祀方

---

[1] 赵翼《廿二十札记》卷三《两汉丧服无定制》,《续修四库全书》453册,233页,上海古籍出版社,2002年。

[2] 余英时著、侯旭东等译《"魂兮归来!"——论佛教传入以前中国灵魂与来世观念的转变》,见《东汉生死观》,142页,上海古籍出版社,2005年。

面的名词也有特定的含义:

(1) 宗者,尊也,言尊重信受也。(《阙文》)
(2) 庙者,貌也,象先祖之尊貌也。(《阙文》)

例(1)以"尊"训"宗",意为"为先祖主者,宗人之所尊也"(《宗族篇》)。例(2)以"貌"训"庙",认为入庙而想见先祖之容貌。①
较大规模的祭祀叫殷祭,其中包括禘、祫,二者属于有政治意味的祭祀,《阙文》云:

(3) 禘之为言谛也,序昭穆,谛父子也。(《阙文》)
(4) 祫者,合也,毁庙之主,皆合食于太祖也。(《阙文》)

例(3)以"谛"训"禘",认为禘祭得名于审谛昭穆。按:昭穆是宗庙中祖先木主的排列次序,左昭右穆,父为昭,子为穆,子之子复为昭,其下又为穆。兄终弟及者,一如父子昭穆。问题在于王位的继承并不是简单的父死子继、兄终弟及者,尚有大宗无子小宗出嗣者,有臣子出于政治目的而乱昭穆者,因此要进行审谛,段玉裁云:"昭穆固有定,曷为审谛而定之也。禘必群庙之主皆合食,恐有如夏父弗忌之逆祀乱昭穆者,则顺祀之也。天子诸侯之礼,兄弟或相为后,诸父诸子或相为后,祖行孙行或相为后,必后之者与所后者为昭穆。所后者昭则后之者穆,所后者穆则后之者昭。而不与族人同昭穆。以重器授受为昭穆,不以世系蝉联为昭穆也。故曰宗庙之礼所以序昭穆也。"②,闵公、僖公为兄弟,僖公继闵公为君。夏父弗忌以僖公贤于闵公,因此升僖公于闵公上,③此为乱昭穆者。又,大宗中无子嗣者,则从小宗中选取嗣子以承昭穆,被选取的人以其居"重器授受"而继承大宗昭穆,不再与自

---

① 庙为宫室,所以尊祖,非象先祖之尊貌,以入其庙则想见其尊貌,故云尔。《诗·周颂·清庙序》疏:"《明堂》《乐记》注云:'文王之庙为明堂制。'则文王之庙不类生宫,而云'象貌为之'者,文王以纣尚在,武王初定天下,其宫室制度未暇为天子耳制。若为天子之制,其寝必与庙同,亦是象王生宫也。若然,《祭法》注云:'宗庙者,先祖之尊貌也。'《孝经》注云:'宗,尊也;庙,貌也。亲虽亡没,事之若生,为立宫室,四时祭之,若见鬼神之容貌。'如此二注象先祖身之形貌者,以庙类生人之室,祭则想见其容,故彼注通言其意耳。作庙者为室,不为形,必不得象先祖之面貌矣。"
② 段玉裁《说文解字注》,5—6页,上海古籍出版社,1988年。
③ 《国语·鲁语上》:"夏父弗忌为宗,蒸将跻僖公。宗有司曰:'非昭穆也。'曰:'我为宗伯,明者为昭,其次为穆,何常之有!'有司曰:'夫宗庙之有昭穆也,以次世之长幼,而等胄之亲疏也。夫祀,昭孝也。各致齐敬于其皇祖,昭孝之至也。故工史书世,宗祝书昭穆,犹恐其逾也。今将先明而后祖,自玄王以及主癸莫若汤,自稷以及王季莫若文、武,商、周之蒸也,未尝跻汤与文、武,为不逾也。鲁未若商、周而改其常,无乃不可乎?'弗听,遂跻之。"

181

身所出的小宗序昭穆,此时小宗亦当重新审谛昭穆。维护统治秩序是禘祭的意义所在。例(4)以"合"训"祫",认为"祫"为合祭,宗庙之中,始祖木主居中,其下按照左昭右穆的顺序排列,当木主到了一定数量,要移走一些(根据等级不同,留下受祭的主的数目也不同,即天子七庙、诸侯五庙、大夫三庙、士一庙①),这个行为叫"祧",但是始祖不祧,即所谓"不祧之祖"。《公羊传·文公二年》:"毁庙之主,陈于大祖。"何休注:"毁庙,谓亲过高祖,毁其庙,藏其主于大祖庙中。"(何休的注解认为高祖以上就要"祧",与周礼不同)"祧"过的木主入迁庙,另行祭祀。到了特定的时期请出与始祖一同受祭,此即"祫"。"禘"与"祫"均为合祭,二者目的不同,段玉裁云:"禘之合食盖同,而以审谛、会合分别其名。"②,三年一"禘",在夏季;五年一"祫",在秋季。三年丧毕,举行祫祭,次年春行禘祭,此后五年举行一次祫祭。③

《白虎通》所论及之祭祀,尚有四时之祭,如《阙文》云:

(5)春曰祠者,物微故祠名之。祠,嗣也,百神之庙皆曰祠。
(6)秋曰尝者,新谷熟尝之。
(7)冬曰烝者,烝之为言众也,冬之物成者众。

例(5)"物微故祠名之"之"祠"似当作"词",以"词"训"祠",如《说文·示部》云:"祠,春祭曰祠,品物少,多文词也。"又以"嗣"训"祠",以为祭祀先祖绵绵不绝也。例(6)以品尝之"尝"训秋尝祭之"尝",认为尝祭得名于以新谷荐先祖尝之。例(7)以"众"训"烝",认为冬烝祭得名于冬万物成就者众多。此处无夏祭之声训,《阙文》云:"夏曰礿者,麦熟进之。"经书有之:

荐尚麦鱼,始熟可礿④故曰礿。(《公羊传·桓公八年》"夏曰礿"注)
礿,新菜可礿。(《诗·小雅·天保》"禴祠烝尝"疏引《尔雅·释天》"夏祭曰礿"孙炎注)

---

① 根据不同的等级,祭祀的祖先数量也不一样,《礼记·王制》云:"天子七庙,三昭三穆,与太祖之庙而七。诸侯五庙,二昭二穆,与太祖之庙而五。大夫三庙,一昭一穆,与太祖之庙而三。士一庙,庶人祭于寝。"
② 段玉裁《说文解字注》,7页,上海古籍出版社,1988年。
③ 《春秋·文公二年》:"八月丁卯,大事于大庙。"《公羊传》曰:"大事者何,大祫也。大祫者何,合祭也。毁庙之主陈于大祖,未毁庙之主皆升。合食于大祖。五年而再殷祭。"郑康成曰:"鲁礼三年丧毕而祫于大祖,明年春禘于羣庙,自此之后,五年而再殷祭,一祫一禘。春秋经书祫谓之大事,书禘谓之有事。
④ 本作"礿"段玉裁引改作"礿",今从之。(见《说文解字注》,5页,上海古籍出版社,1988年)

"禴""礿"为异体字。"汋"《说文》作"䰞","内肉及菜汤中薄出之",以"汋"训"禴",认为夏之禴祭得名于将新菜汋而祭先祖。祠、禴、尝、烝为四时之祭,以四季农作物之新收成者祭祀先祖。

祭之明日又有祭,《尔雅·释天》云:"周曰绎,商曰肜,夏曰复胙。"《阙文》释绎、肜云:

(8)谓之绎者何?绎者若将地出也。
(9)谓之肜者何?昨日祭之,恐礼有不备,故复祭也,肜犹言肜肜若从天下也。

绎、肜、复胙为同一祭的不同名称,"复胙"郭璞注:"未见义所出。"此皆据《原本玉篇残卷》引补,多有讹误,据经典所说,则其意当为:

《公羊传·宣公八年》:"绎者何?祭之明日也。"注:"礼,绎,继昨日事,但不灌地降神尔。天子诸侯曰绎,大夫曰宾尸,士曰宴尸,去事之杀也。必绎者,尸属昨日,配先祖食,不忍辄忘,故因以复祭。礼则无有误敬慎之至。殷曰肜,周曰绎,绎者,据今日道昨日,不敢斥尊言之,文意也。绎者,肜肜不绝,据昨日道今日,斥尊言之,质意也。"疏:"祭尊于绎,欲道今日所寻绎,乃是昨日之正祭,故云'据今日道昨日,不敢斥尊'乃是尊正之义,故曰'文意'也。……正由昨日正祭,是以今日作又祭,相因而不绝肜肜然,故曰据'昨日道今日',乃是迫近而不尊,故曰'质'意也。"

据徐彦疏,绎祭得名于寻绎,肜祭得名于肜肜不绝之意,此祭亦名"祊",于庙门外之西室设礼。①

上述礼仪仅仅是祭祀之礼涉及声训的一部分,于其声训可见祭祀习俗之一斑。

## 本章小结

《白虎通》声训的内容超出了语言学的范畴,无论是约定性还是规定性

---

① 《礼记·礼器》:"为祊乎外。"注:"祊,祭明日之绎祭也,谓之祊者,于庙门之旁因名焉。"《礼记·郊特牲》注:"祊之礼,宜于庙门外之西室。"

的词源,都被有意识地赋予了一定的理据,形成了一种神秘的规定性。《白虎通》的阐述不是为了释疑,而是为了信仰,它继承了董仲舒"事各顺于名,名各顺于天"(《春秋繁露·深察名号》)的观念,用谐声的方式,把先秦的"正名"学说予以全面推广,表达了汉代学者以经学为基础,对自然、社会的看法与希望。其目的是使世界万物变得有规则、有秩序,反映了汉代的知识系统,是对两汉时期的经学思想、社会思潮的总结,"究厥雅言,罔非古义"[1],虽然有主观之弊,但正是这一方面影响了后来的知识体系。其结论为后世经学、史学著作所承袭,后代的辞书一直到近年出版的《故训汇纂》,仍然在大量引述它,说明《白虎通》的声训有它的文化史上的独特价值,是不容忽视的。

---

[1] 朱骏声《〈说文〉通训定声·凡例》,14页,武汉古籍出版社,1983年。

# 第五章 《白虎通》义理声训的影响

《白虎通》声训的主观目的是经学，由于去古未远，其语音关系较多地保留了原始的音义结合的状态，语言的客观性导致《白虎通》中为义理而发的某些声训符合音近义通的规律，这一点为后世的语言学著作所承袭，成为科学词源学的发端。《白虎通》声训以大量的语言材料强化了音义关系的必然性，由汉至唐，一直到五代时期的徐锴，都在以声音为纽带，思考词源意义。这一时期尽管书于竹帛代替了口耳相传，但以手抄为主要方式的传播手段，依然要借助于口耳相传（比如背诵），因此，声训依然具有其社会文化背景。宋代以后，声训的使用陡然下降，首先是由于中古语音变化剧烈，远离了上古音义相通的环境，其次，宋代以后印刷术的普及，加速了文献复制的频度，文字开始在文化传播中占据了主导，最终使口耳相传的问学方式彻底消失。由"耳治"到"目治"的变化，强化了形义之间的联系，割断了音义之间的纽带。清代古学大明，学者们打着"汉学"的旗号，越过文字形体的重重局限，再次兴起了音义关系的研究，清代的因声求义，依然与音义规定性与约定性的讨论有关，可以看作"破除音义结合任意性的假借，恢复音义结合理据性的本来面目"[①]的行为，这是早期声训中传达的音义结合必然性观念的积极影响。因此，我们说在语言学方面，《白虎通》声训有两个重要影响：第一，在实践上开启了词源的探求。第二，在观念上启发了因声求义的思索。

## 第一节 《白虎通》声训的实践是词源学的发端

在具体结论方面，由于语言规律的客观性，《白虎通》声训系联了一部分同源词，由于《白虎通》的经学属性，其声训均被包裹上了一层阴阳五行观念

---

[①] 徐通锵《语言论——语义型语言的结构原理和研究方法》，36页，东北师范大学出版社，1997年。

的外衣,将这层外衣褪去,显示出来的主训词才是其词源的客观结论。尽管为数不多,但却为音义关系必然性的观念提供了证明,这些结论为后世的语言文字学著作所继承,成为科学词源学的发端。《白虎通》以后的语言学著作如《说文》《释名》以及郑玄经注虽然未能完全摆脱当时的观念,但由于主导思想的不同,其结论进一步朝着语言学方向发展,这一观念的转变,导致了两个阶段声训性质的截然不同。"声训一在名学中盛行,一在训诂学中运用,而清浊优劣之分,要在视其对语言本身规律的认识是否准确、客观。如毛公传《诗》,郑氏注经,《释名》《说文》之作,其中声训之所以长于名学中的声训,个中道理便主要在此。"[①]我们以汉代许慎的《说文解字》与郑玄的经注为例,考察一下《白虎通》声训在语言学中的影响。

## 一、《白虎通》声训对《说文》的影响

《说文》是一部据形释义的文字学著作,但其中也存在大量的声训,这种观念与纬书及《白虎通》是一致的。沈涛云:"纬书八十一篇大有裨益于声音、训诂之学,故许君解字如'天,颠也'、'帝,谛也'、'日,实也'、'月,阙也'……皆用纬书说。"[②]但《说文》声训的特点是,其声训与形训是统一的,即声训词一定要符合字形的拆分。《说文》据形说义,避免了单纯的以同音或音近为训流弊,因而较之单纯的声训客观,符合语言规律者也较多。因此,《白虎通》符合《说文》体例的声训多为《说文》所继承。《说文》对《白虎通》声训的继承分为两种情况:一是吸收,二是扬弃。

(一)吸收

继承指的是《说文》声训词与《白虎通》声训的所指内容完全相同,其中主要是那些礼制名词和有思想领域内的词汇,例如:

(1)士者,事也,任事之称也。(《爵篇》)

《说文·士部》:"士,事也。数始于一,终于十。从一、十。孔子曰:'推十合一为士。'"《说文》吸收了《白虎通》声训,因为"士"训"事"符合"士"从"一"从"十"的字形拆分。段玉裁云:"数始一终十,学者由博返约,故云推十合一。博学,审问,慎思,明辨,笃行,惟以求其至是也,若一以贯之,则圣人

---

[①] 孙雍长《论声训源流》,《辞书研究》,2002年第3期。
[②] 沈涛《十经斋文集》卷一《答段茂堂先生书》,见《清代诗文集汇编》578册,323页,上海古籍出版社,2011年。

之极致矣。"①

(2)九之为言究也。(《礼乐篇》)

《说文·九部》:"九,阳之变也,象其屈曲究尽之形。"《说文》吸收了《白虎通》声训,因为"九"小篆作"九"有"屈曲究尽之形"。

(3)教者,效也,上为之,下效之。(《三教篇》)

《说文·教部》:"教,上所施下所效也,从攴、孝。"《说文》吸收了《白虎通》声训,因为"教"训"效"符合"教"的字形拆分,《说文》:"攴,小击也""孝,效也"。② 段玉裁云:"上施故从攴,下效故从孝。"③

之所以与《白虎通》具有前后的继承关系,是因为《说文》在本质上也是一部经学的著作,季刚先生云:"经学为小学之根据,故汉人多以经学解释小学。"④《郋园学行记》引叶德辉云:"《说文》非字学,乃汉学,……注解意义与汉儒经传注训相同。"⑤可谓知本之论。

(二)扬弃

由于《说文》以字形为依据,对《白虎通》声训中关于义理的部分有所排除,仅仅保留其符合语言规律的主训词部分。例如:

(1)土在中央,土之为言吐也,主吐含万物。(《五行篇》)

《说文·土部》:"土,地之吐生万物者也,二象地之上、地之中,丨物出形也。"(段注本)《白虎通》之"土"为五行之"土",因此其训"吐",有吐生、包容(含)之义,以示"土"于五行最尊。《说文》则仅就"土"而论,以其吐生万物,故但取"吐"训,且其字形从"二""丨",其中"二"之两横一为地中,一为地面之上,"丨"读作 xìn,属于"引而上行"者,即下笔当从下向上的笔程,象物之出。

(2)学之为言觉也,以觉悟所不知也。(《辟雍篇》)

---

① 段玉裁《说文解字注》,20页,上海古籍出版社,1988年。
② 段玉裁改作"放也","放"通"仿"。
③ 段玉裁《说文解字注》,127页,上海古籍出版社,1988年。
④ 黄侃述、黄焯编《文字声韵训诂笔记》,23页,上海古籍出版社,1983年。
⑤ 崔建英整理《郋园学行记》,见《崔建英版本目录学文集》,560页,江苏凤凰出版社,2012年。

《说文·教部》:"敩,觉悟也。从教从冂,冂,尚曚也,臼声。"《白虎通》的"学"强调上对下的教化,即上教而使得下学,因此,其学的主语是在上位者。《说文》之学强调主动地"觉",而不是在上位者的教化,且其字形从"教""冂",臼声。教,效也,冂,尚曚也,皆为主动觉悟义,因此《说文》剔除了《白虎通》的义理成分。

(3)月之为言阙也,有满有阙也。所以有阙何?归功于日也。(《日月篇》)

《说文·月部》:"月,阙也,太阴之精。象形。"相对于太阳来说,月给人的感觉是缺少一部分,因此"月"得名于"阙"。《白虎通》之"月"为义理之月,相对于"日"为说,故其"阙"不只是形状上的缺损,而是欲将照明之功归于日的表现,也是臣子归功于君的体现,《白虎通·五行篇》云:"臣有功归于君何法?法归明于日也。"《说文》但取其"阙"而不及其他,将《白虎通》的义理成分剔除。

由于有了外在字形的限制,在一定程度上限制了声训的随意性。《说文》所据的字形,是能体现汉字构型规律的小篆,因此,《说文》分析字形比前述"别字"可靠,所继承的声训较《白虎通》也有了更大程度的可信性。

## 二、《白虎通》声训对郑玄经注的影响

郑玄在经注主要体现在毛《诗》笺与三《礼》注中,在大量的训诂实践中,郑玄总结出"就其原文字之声类,考训诂,捃秘逸"(《周礼正义·序周礼废兴》引)的结论,已开"名之于实,各有义类"之先河,因此郑玄经注存在大量的声训。由于同为经说,这些声训与《白虎通》存在难以割舍的联系,但由于郑玄语言观的进步,他的声训又较之《白虎通》有很大的进步。郑玄经注对《白虎通》声训的继承也分为两种情况:一是吸收,二是扬弃。

(一)吸收

《白虎通》以声训说礼制,是经学的精华,因此为郑玄注经者所继承。例如:

(1)绋者,蔽也,行以蔽前者。(《绋冕篇》)

"绋"通"韨""韠",指蔽膝,得名于"蔽",是符合词源的声训,为郑玄注经所取,如《礼记·玉藻》:"一命缊韨幽衡。"郑玄注:"韨之言亦蔽也。"《礼记·

玉藻》:"韠,君朱,大夫素,士爵韦。"郑玄注:"韠之言蔽也。"

(2)秋曰尝者,新谷熟尝之。(《阙文》)

秋之"尝"祭得名于品尝之"尝",是符合词源的声训,为郑玄注经所取,如《周礼·春官·肆师》:"尝之日。"郑玄注:"尝者,尝新谷。"汉人注多从之,如《公羊传·桓公八年》:"秋曰尝。"何休解诂亦云:"荐尚黍肫,尝者,先辞也,秋谷成者非一,黍先熟,可得荐,故曰尝。"《诗·小雅·天保》:"禴祠烝尝。"疏引孙炎曰:"尝,尝新谷。"

(3)诸侯曰泮宫者,半于天子宫也。明尊卑有差,所化少也。(《辟雍篇》)

诸侯泮宫得名于天子辟雍之半,符合词源,为郑玄注经所取,如《诗·鲁颂·泮水》郑玄笺:"泮之言半也。"郑玄亦有不采用其训释者,如《礼记·王制》:"頖宫,周学也。"注:"頖之言班也,所以班政教也。"("頖"通"泮")此以"班"训"頖",认为頖宫的作用是"班政教"。之所以有这样的不同,是因为前者解释的是泮宫的形状,后者解释的是泮宫的作用,故孔疏:"云'頖之言班也,所以班政教也'者,頖是分判之义,故为班。于此学中施化,使人观之,故云'所以班政教也'。……二注不同者,此注解其义,《诗》注解其形。"这恰恰说明经学声训中一词多训是很常见的。至于孙希旦云:"盖郑注《礼记》时未见毛《诗传》,当以毛传及郑笺《诗》之说为确。"[1]反倒是曲为之说了。

(二)扬弃

由于郑玄的语言观趋于朴素,因此对《白虎通》声训中的神学观念有所排除,更大程度地还原了词源的本真状态。例如:

(1)尸之为言失也、陈也,失气亡神,形体独陈。(《崩薨篇》)

《礼记·曲礼下》:"在床曰尸。"郑玄注:"尸,陈也,言形体在也。"按:"尸""陈"同源,《白虎通》增加"失"训,为了说明人与"气"的关系,故云"失气亡神",属于义理化,郑玄注《礼记》舍弃了"失"这个与语言无关的声训。

---

[1] 孙希旦《〈礼记〉集解》卷十二,《续修四库全书》103册,944页,上海古籍出版社,2002年。

(2)谓之收者,十三月之时,阳气收本,举生万物而达出之,故谓之收。(《绋冕篇》)

《仪礼·士冠礼》:"周弁,殷冔,夏收。"注:"收,言所以收敛发也。""收"为夏代冠名,夏以十三月(次年一月)为正月,此时阳气即出,聚集于万物根本,将生长万物,《白虎通》因夏代冠名"收"有收束的特点而附会之。郑玄但其"收"义,认为收有收敛头发之用,放弃了《白虎通》中关于阴阳之气的成分。《释名·释首饰》亦云:"收,夏后氏冠名也,言收敛发也。"孔疏以郑云"收言所以收敛发也"为"以意解之",正是这个"以意解之"还原了词源的本真状态。

(3)士曰不禄,失其忠节,不忠终君之禄。禄之言消也,身消名彰。(《崩薨篇》)

《礼记·曲礼下》曰:"士曰不禄。"郑玄注:"不禄,不终其禄。"《公羊传·隐公三年》:"士曰不禄。"何休解诂亦云:"不禄,无禄也。"此释双音词"不禄",为"不终君禄","失其忠""身消名彰"之说为"君为臣纲"的义理范畴,故郑玄、何休但取其"不终君禄"之说,而略去其他。《释名·释丧制》亦云:"士曰不禄,不复食禄也。"

汉儒注经多为随文释义,其中多有声训,但由于侧重语言规律的探索,其声训结论趋于朴素,尤其是郑玄融今、古文为一体,取长补短,为后来的科学词源学打开了局面,至刘熙乃有《释名》之作以集大成。张舜徽云:"郑玄注经,长于声训,惜其一生劳于注述大典,不遑条理故训,勒为专书。幸有弟子刘熙亲承音旨,得所指授,撰述《释名》。"[1]

《白虎通》的声训为"正名"而作,其方式属于演绎式,即以阴阳五行学说的框架构建一套体系,并用此公式推演一切事物的名源,因此其声训都自觉地向这个角度靠拢。因此我们说《白虎通》声训的属性是义理的,而不是语言的。尽管义理声训不符合语言规律,但名实之争在客观上引起了对语言的关注,所以胡适认为"正名说,无形之中,有提倡训诂书的影响"[2]。有学者认为《尔雅》《说文》《释名》等书,其性质并为正名之作。[3] 而许慎、郑玄乃

---

[1] 张舜徽《演释名·自序》,见《郑学丛书》,423页,齐鲁书社,1984年。
[2] 胡适《中国哲学史大纲》,78页,东方出版社,1996年。
[3] 如龚鹏程认为,《尔雅》《说文》《释名》诸书"论本义,溯语源,只是用以界定名与实的关系","他们讨论的全部是单个的字,并以字来构建一套世界秩序"。(见《汉代思潮》,103页,商务印书馆,2005年)

至后来的刘熙,则更注重对"名之于实,各有义类"这一语言本身规律揭示,扩大了声训的施用对象范围,将声训由对典制名号的解释推广到了对大量的"百姓日用"的普通语词的解释,其声训属于归纳式,即通过对个体实物的直观观察,而描述其自身特点。虽然带有一定的推测性,但总体上趋于朴素,更加符合语言规律,为科学的词源学奠定了基础。

## 第二节 《白虎通》声训的观念对词源学具有积极影响

在观念方面,《白虎通》所传达的音义关系的必然性,是科学词源学的理论基础,尽管在《白虎通》中这种观念失之绝对,但它"以夸大的方式再度提醒人们重视音义的奥秘"[1],成为科学词源学的萌芽。清代训诂之学大兴,对语言的关注不仅仅是少数语言学专家的研究,在文学方面也有对训诂的追求,如清代的文学作品(赋)中,受乾嘉朴学的影响,加入了声训的成分,[2]尽管是寻章摘句的模仿,已非元气淋漓的自然之音,但可见清人对先秦两汉的语言表达方式已经不仅是语言学方面的关注,而是加入了文学的观念。因此,清人整理国故,对《白虎通》的声训合理者予以引用,不合理者存而不论,并没有人刻意地批判它。

在清代的朴学思潮中,对于声训的观念给予系统把握的是焦循,以其《雕菰楼易学三书》(《易章句》《易通释》《易图略》)为代表,此后又有《周易补疏》《易话》《易广记》等著作。焦循将同音、音近为训的现象概称为"假借"(见本书绪论所引之《〈周易〉用假借论》)以"假借"治《易》,突破了当时流行的"汉学"的牢笼,抛开字形,以语音为线索,比例探求,以解释爻辞之间的关系,发前人所未发,被看作"凿破浑沌,扫除云雾"[3],"圣人复起,洵不易斯言"[4]。

### 一、焦循以假借说《易》举例

焦循云:"《周易》之辞,多以同声为假借,为后儒训诂之祖。"[5]统计数据

---

[1] 陆宗达、王宁《训诂方法论》,见《训诂与训诂学》,22页,山西教育出版社,1994年。
[2] 俞士玲《论清代科举中辞赋的地位与作用》《学术月刊》,2000年,第3期。
[3] 《王伯申先生手札》,见焦循《〈易〉章句·书》,《续修四库全书》27册,45页,上海古籍出版社,2002年。
[4] 《阮芸台先生手札》,见焦循《〈易〉章句·书》,《续修四库全书》27册,45页,上海古籍出版社,2002年。
[5] 焦循《易通释》卷十,《续修四库全书》27册,296页,上海古籍出版社,2002年。

显示,焦循《〈易〉通释》中的假借例占60%左右,①可见其对声音的重视程度。焦循以"假借"治《易》显然受了王弼的启发,他发挥王弼注的著作是《〈周易〉补疏》,《〈周易〉补疏》本是焦循与学生讲习《周易》时的记录,尽管成书成于"易学三书"之后,但其发端却在"易学三书"之前。焦循认为孔颖达的《〈周易〉正义》虽号称"以辅嗣为本",但并未能真正理解王弼的意思,其中的假借例多被孔颖达诸人误解,或将本文如字解,或以假借为义训,从而导致了错误疏解,焦循云:"如读彭为旁,借雍为瓮,通孚为浮而训为务躁,解斯为厮而释为贱役,诸若此,非明乎声音训诂何足以明之?"②以下列举数例以明《易》之假借:

(1)《易·大有卦》九四:"匪其彭。"王弼注:"三虽至盛,五不可舍,能辩斯数,专心承五常,匪其旁则无咎矣,旁谓三也。"焦循云:

> 《释文》:"其彭,步郎反,子夏作旁,姚云彭旁。"《广雅》彭彭、旁旁皆训为盛,《诗》"四牡彭彭",《说文》引作骏骏,旁之训为溥、为广,"旁魄四塞",故义为盛。《说文》彭为鼓声,义亦为盛者,为旁之音通相假借也。王氏训彭为盛,故云"三虽至盛",又以彭为旁之假借,遂用子夏传,直以旁代彭……匪其旁犹云匪其盛,谓专心承五而常以三之盛为非也。正义云"彭,旁也,九三在九四之旁",失王氏之义矣。③

据《释文》,"匪其彭"子夏《传》作"匪其旁",王弼从子夏《传》,以"旁"解"彭",《说文·上部》:"旁,溥也。"为盛大义,"匪其彭"即匪其盛,即以九三之至盛为非,而专心承九五之常则无咎。而孔疏云:"匪其彭无咎者,匪,非也;彭,旁也。谓九三在九四之旁,九四若能专心承五,非取其旁④,言不用三也。如此乃得无咎也。"则以"旁"为旁侧之"旁",取此义训,非王弼本义。

(2)《易·遯卦》上九:"肥遯,无不利。"王弼注:"最处外极,无应于内,超然绝志,心无疑顾,忧患不能累,矰缴不能及,是以肥遯无不利也。"焦循云:

> 张衡《思玄赋》:"欲飞遯以保名。"曹植《七启》:"飞遯离俗。"《文选》注引《淮南》九师曰:"遯而能肥,吉孰大焉。"《后汉书》注引作"遯而能飞"。(姚宽《西溪丛话》云:"《周易·遯卦》:'肥遯,无不利。'肥

---

① 陈居渊《论焦循易学》,《孔子研究》,1993年第二期。
② 焦循《〈周易〉补疏·叙》,《续修四库全书》27册,537页,上海古籍出版社,2002年。
③ 焦循《〈周易〉补疏》卷上,《续修四库全书》27册,540页,上海古籍出版社,2002年。
④ "其旁"下本有"九四"二字,据卢文弨说删。

## 第五章 《白虎通》义理声训的影响

字古作毞,与古蜚字相似,即今之飞字,后世遂改为肥字。")王氏此注云"矰缴不能及"则是以肥遯为飞遯也。……子夏传以肥为饶裕,推王氏无此义。①

子夏以"肥遯"之"肥"如字解,为"饶裕"义,②"肥遯"为最优之遯,③遯为遁逃、归隐义。焦循以王弼注中有"矰缴不能及"语,以为王弼以"肥"为"飞"之借,"肥遯"为高飞而遯,且张衡《思玄赋》、曹植《七启》、《后汉书》注皆有"肥""飞"通借之例。而孔疏云:"四五虽在于外,皆在内有应,犹有反顾之心,惟上九最在外极,无应于内,心无疑顾,是遯之最优,故曰肥遯,遯而得肥,无所不利,故云无不利也。"是孔疏从子夏《易传》,以"饶裕"训"肥",非王弼义。

(3)《易·旅卦》初六:"旅琐琐,斯其所取灾。"王弼注:"最处下极,寄旅不得所安,而为斯贱之役,所取致灾,志穷且困。"焦循云:

> 王氏读斯为厮,厮,贱役也,故云斯贱之役。左氏哀公二年《传》云:"人臣隶圉免。"杜预注云:"去厮役。"《释文》云:"如字,字又作厮,音同。何休注《公羊》云:'艾草为防者曰厮,汲水浆者曰役。'苏林注《汉书》云:'厮,取薪者。'韦昭云:'析薪曰厮。'"斯之训为析,缘析薪名斯,故厮即与斯通。马融以琐琐为疲敝之貌,王氏言寄旅不得所安,不得所安,王用疲敝之义,厮役、析薪、汲水,疲敝不得安,若曰在羁旅所以琐琐疲敝不安者,因其为厮养贱役所取以致此灾也,灾即指琐琐,下申之云'志穷且困'。已为寄旅,又为厮养贱役,故琐琐疲敝困穷不得安耳。正义云:"琐琐者,细小卑贱之貌也,初六当旅之时,最处下极,是寄旅不得所安,而为斯卑贱之役,然则为斯卑贱劳役由其处于穷下,故致此灾。"……于注'斯贱'二字中间一'卑'字,则孔颖达不知王氏读斯为厮,而以为斯、此常解,故又云'为斯卑贱劳役',若然,则注云'而为斯贱之役',斯贱二字不连,成何句法? 正义于王氏之旨全失之也。④

王弼以"斯"通"厮",斯贱即厮贱,粗使之役,为名词,"旅琐琐,斯其所取

---

① 焦循《〈周易〉补疏》卷下,《续修四库全书》27册,547页,上海古籍出版社,2002年。
② 疏引子夏传曰:"肥,饶裕也。"虞翻亦以"干盈为肥"。
③ 疏:"上九最在外极,无应于内,心无疑顾,是遯之最优,故曰肥遯。"
④ 焦循《〈周易〉补疏》卷下,《续修四库全书》27册,552—553页,上海古籍出版社,2002年。

"灾"的意思是寄旅疲敝,又为厮贱之役,以至自取灾祸。"斯"通"厮"有版本依据,如《释文》所引。孔疏以"斯"为"此",属于义训,则"斯贱"为短语,义为此卑贱之役,如此则王注所云"而为斯贱之役"不辞,因此焦循说孔颖达"于王氏之旨全失之"。焦循对王弼注有精深的理解,皮锡瑞云:"焦循《易》学深于王弼,故论王弼得失极允。"①

焦循不是简单地以假借说《易》,而是将假借的观念与其治《易》法则("旁通""相错""时行"等)结合在一起,将"同辞"即不同卦爻辞中的相同词句放在一起考察,以本书解本书,触类旁通,从而大大超越了前人,如《易通释》卷十二《解而拇、咸其拇》:

> 《说文》:"拇,将指也。"马融、郑康成、陆绩、虞翻皆云"足大指",《释文》"咸其拇"、"解而拇",荀皆作母,云"阴位之尊"。虞氏虽作拇而以艮为指、坤为母相兼取义,此虞氏说《易》之精也。今因其说以推经之义而经之义明矣。《解》九四:"解而拇。"传云:"未当位也。"未当者,二不之五,而四之初成《临》也,本当以二之五为解,乃四之初成《临》,使上有坤母,故云"解而拇",用一"而"字作转,文义了然,然则云"解而母"可矣,不言"母"假借于"拇"者,为与"咸其拇"为比例也。《咸》初六"咸其拇",谓与《损》旁通也,《损》者,《未济》四之初也,《未济》四之初成《损》,犹《解》四之初成《临》,《临》上为坤母,《损》上为艮指,在《损》可称"咸其指"而不能通于《临》上之坤,在《临》可称"解而母"而不能通于《损》上之艮,故兼其义为"拇"。其训则"指",可通于《损》;其声则"母",可通于《临》。经文自有此一例,实为灵妙无穷。②

这里涉及"旁通"的概念,旁通是焦循从汉儒荀爽、虞翻的著作中得到启发并有所发展的法则,"是指卦爻辞的一阴一阳的互相置换,即以每卦中阴阳互易而唤起或得到另一卦为其目的。"③置换方式指的是初、二、三爻分别与四、五、六爻相互置换,其顺序是先在第二与第五爻进行,其次是初爻与四爻,再次是三爻与上爻。旁通指的是二卦"旁通其德",即其本质互为贯通之义。"旁通"是以不同爻辞之间的"同辞"来解释不同卦之间的关联,即以"以

---

① 皮锡瑞《经学通论》,36页,中华书局,1954年。
② 焦循《〈易〉通释》卷十二,《续修四库全书》27册,321页,上海古籍出版社,2002年。
③ 陈居渊《论焦循易学》,《孔子研究》,1993年,第二期。

辞指其画之所之"①,焦循认为两个不同卦的爻辞有相同的辞句,则这两卦就有一定的联系,而辞句的相同指的是语音形式相同,即可以相互假借。

比如《解》卦(䷧)九四"解而拇"、《咸》卦(䷞)初六"咸其拇",《解》《咸》二卦本来没有必然的联系,因二者爻辞中都有"拇"字,焦循将二者联系到一起:《解》卦的旁通卦应该是《家人》卦(䷤),但《解》卦第二与第五爻的爻辞并没有反映出它们的变化,而其九四云:"解而拇。"焦循认为"解而拇"的意思是即《解》卦九四与初六发生了变化,成为《临》(䷒),因为《临》上为坤为母,故云"解而拇"(解卦变为上有其母),"拇"通"母",这是假借。又《咸》卦(䷞)与《损》卦(䷨)旁通,同时《损》卦是《未济》卦(䷿)四之初所变来,因此《未济》卦与《咸》卦也相通。《咸》卦初六云:"咸其拇。"焦循认为"咸其拇"可以解释《未济》卦四之初为《损》,《损》上为艮为止(趾),而"咸其拇"之"拇"为拇指义。这样"解而拇""咸其拇"以同辞而联系到了一起,表示相同的变化,即《解》四之初成《临》,《未济》四之初成《损》。那么《周易》为什么用这样的表达呢? 焦循认为,《临》上为坤为母,《损》上为艮为指,在《临》可称"解而母",但此"母"不能包括《损》上之艮指,在《损》可称"咸其指"但"指"不包括《临》上之坤母,因此《易》称为"解而拇""咸其拇",二爻共享一"拇"字,这个字只是个符号,其音同"母"而指坤母,其义同"指"而指艮指。这样的假借解决的不是具体的爻辞的问题,而是一系列爻辞的相通。因此焦循云:"以六书之假借达九数之杂糅,事有万端,道原一贯,义在变通,而辞为比例,以此求易,庶乎近焉。"②

焦循的操作方法是否得到了《周易》本义,不得而知,但他却为我们提供了一套完全不同于当时汉学家"佞古"的做法。先秦时期这种具有公式性质的经典著作,其义理价值要远远大于它文本本身的价值,即使汉代的学者也不可能完全解释《周易》,因此焦循的做法未尝不是一种大胆的尝试。梁启超说:"《易经》本是最难懂的一部书,我们能否有方法彻底懂它,很是问题。若问比较上可靠的方法吗? 我想,焦里堂带我们走的路像是不错。"③

## 二、焦循与汉代章句之学

焦循不盲从汉人旧注,涵咏白文,独抒己见,其方法被皮锡瑞称为"独辟

---

① 焦循《〈易〉通释·裔荣跋》《续修四库全书》27 册,142 页,上海古籍出版社,2002 年。
② 焦循《〈易〉图略》卷五,《续修四库全书》27 册,505—506 页,上海古籍出版社,2002 年。
③ 梁启超《中国近三百年学术史》,167 页,上海三联书店,2006 年。

畦町"①，焦循的观念实际是汉代章句遗风，源于三国时的王弼，而王弼是直接继承汉代章句之学的人，焦循梳理王弼《易》学渊源云：

> 东汉末，以易学名家者称荀、刘、马、郑，荀谓慈明爽，刘谓景升表，表之学受于王畅，畅为粲之祖父，与表皆山阳高平人，粲族兄凯为刘表女壻，凯生业，业生二子，长宏次弼。粲二子既诛，使业为粲嗣。然则王弼者，刘表之外曾孙而王粲之嗣孙，即畅之嗣玄孙也。弼之学盖渊原于刘，而实根本于畅；宏字正宗，亦撰《易义》。王氏兄弟皆以《易》名，可知共所受者远矣。故弼之《易》虽参以己见，而以六书通借解经之法尚未远于马郑诸儒，特貌为高简，故疏者概视为空论耳。(《周易补疏·叙》)

王弼是王畅之嗣玄孙、刘表的外曾孙，刘表曾从王畅学，《隋书·经籍志》载刘表有《周易章句》五卷，因此王弼之学盖渊源于刘表而根于王畅，与汉代《易》学一脉相承。本书第二章第三节"章句对《白虎通》的影响"所举的《韩诗外传》与赵宾解《易》例，焦循云："同声假借为《易》中比例之要，韩氏尚能传之。惜当日仅传其《诗》，不传其《易》，而断珪碎璧，间见于《诗外传》者，殊可宝贵也。"②《韩诗外传》解《易》使焦循大受启发，他说："余于其以疾解蒺，悟得经文以假借为引申，如借衹为底，借豚为遯，借豹为约，借鲋为附，借鹤为雀，借羊为祥，借袂为夬，皆韩氏有以益我也。"③因此皮锡瑞以为"焦循以假借说《易》本于韩《诗》"④。焦循云："韩氏《易》以'疾'字解蒺藜之'蒺'，同声假借为《易》中比例之要，韩氏尚能传之。"⑤

当人们对赵宾的解释提出质疑时，焦循并没有人云亦云，他认为赵宾的解释启发了王弼，《周易补疏·叙》云："岁壬申，余撰'易学三书'渐有成，夏月起书塾北窗，与一二友人看竹中红薇白菊，因言及《易》赵宾解'箕子'为'荄兹'，或讪其说曰：'非王弼辈所能知也。'余笑而不答。或曰：'何也？'余乃取王弼注，指之曰：'弼之解箕子正用赵宾说，孔颖达不能申明之也。'众唯唯退。"⑥按，王弼注云："最近于晦，与难为比，险莫如兹而在斯中，犹暗不能没，明不可息，正不忧危，故利贞也。"焦循解云：

---

① 皮锡瑞《经学通论·易经》，34页，中华书局，1954年。
② 焦循《〈易〉通释》卷十七，《续修四库全书》27册，405—406页，上海古籍出版社，2002年。
③ 焦循《〈易〉话》下《韩氏易》，《续修四库全书》27册，578页，上海古籍出版社，2002年。
④ 皮锡瑞《经学通论·易经》，37页，中华书局，1954年。
⑤ 焦循《〈易〉通释》卷十七《蒺藜、荆棘》，《续修四库全书》27册，405页，上海古籍出版社，2002年。
⑥ 焦循《〈周易〉补疏·叙》，《续修四库全书》27册，537页，上海古籍出版社，2002年。

> 王氏读箕子为其滋,故云"险莫如兹而在斯中"以兹字解子字,以斯字解其字,若曰"其兹之明夷,而犹暗不能没,明不可息,正不忧危,故利贞也",用一犹字为其兹二字作转,谓明之伤夷如兹,而犹利贞也。推王注之意,绝不以为近殷纣之箕子,马融以箕子为纣诸父,王氏所不用也。

焦循以为王弼"险莫如兹而在斯中"是以"兹"字解"子"字,以"斯"字解"其"字,"箕子明夷"意为:其兹之明夷,(夷,伤也)即明之伤夷如兹,而犹利贞也。尽管王弼与赵宾的具体结论不同,但其方法是一脉相承的。因此,梁启超说:"我细绎里堂所说明,我相信孔子治《易》确曾用这种方法。"①

### 三、焦循对因声求义的启发

焦循很明显是反对以"汉学"高自标置的惠栋一派的,②惠栋以《易汉学》《周易述》《九经古义》被认为是清代"汉学"的开派宗师。汉儒去古未远,家法相承,多存先儒大义,但一味推崇汉儒旧说,不论是非,也有拘泥之弊。如果说"汉学"这个概念指的是汉代的学问,那么《国朝汉学师承记》中的"汉学"仅仅是汉学的一部分——朴学。而汉学的另外一个支派章句之学,则长久地被忽视了,直至焦循方才振起。朴学重实证,章句重义理,在汉代二者并重,只是长久以来,学界过分强调了汉学技术性的一面(朴学),却忽视了汉学中实践的部分(义理之学)。清代朴学大明,训诂考据之学成为显学,但其忽视义理的弊端日益显露,学者多务诋诃古人得失,遂袭为一种"破碎之学",其缺点如曾国藩云:"辨物析名,梳文栉字,刺经典一二字,解说或至数千万言,繁称杂引,游衍而不得所归,张已伐物,专抵古人之隙。"③这在本质上与汉代繁琐的章句之学并无不同。从这方面说,焦循超出了他的时代。而后世依然在乾嘉朴学框定的轨范内以多自证,因而继其遗响者寥寥。

焦循所处的时代,语言学研究正处于由"字本位"到因声求义方法的转变期,尽管焦循没有系统地提出语言文字学的理论,但他全面实行"假借"的做法在理念上启发了因声求义的训诂方法,集中地体现在他的朋友黄承吉的著作中,观其《梦陔堂文集》《梦陔堂文说》《字诂义府合按》可知。刘师培

---

① 梁启超《中国近三百年学术史》,167页,上海三联书店,2006年。
② 焦循与王引之书云:"东吴惠氏为近代名儒,其《〈周易〉述》一书,循最不满之。大约其学拘于汉之经师,而不复穷究圣人之经。"(罗振玉辑《昭代经师手简二编》,华东师范大学出版社,16页,2014年)
③ 曾国藩《曾文正公文集》卷二《朱慎甫遗书序》,《续修四库全书》1537册,597页,上海古籍出版社,2002年。

云:"黄承吉亦友焦循,移焦氏说《易》之词以治小学,故以声为纲之说浸以大昌。"[①]黄承吉的见解在当时并没有受到重视,阮元在为他作的《江都春谷黄君墓志铭》中并未提及。其身后知刘师培评价其《字诂义府合按》云:"小学之书,吾至此叹为观止矣。"[②]后刘师培推演黄氏之说,作《字义源于字音说》三篇,对因声求义的见解进一步发挥,至此,"因声求义"作为一个科学的观念深入人心。

## 本章小结

《白虎通》以"正名"为目的的声训,不是语言学领域的命题,但其中传达的音义关系的规定性和约定性的论争是语言研究的起点,后世语言研究中的许多问题都直接或间接地与这种争论有关。《白虎通》的声训实践及其所传达的观念,都为后世科学词源学提供了积极的影响。即使是那些错误的声训,但作为真理的对立面,对科学词源学的发展仍具有激发作用。因此,在语言学史上,《白虎通》声训有一席之地。其后"右文说"在一定程度上限制了声训的随意性,但过度地重视字形又使"右文说"产生了拘牵形体的弊病,因此到了清代产生了"右音说",以后更有段玉裁、王念孙等人的"声义同源""声近义通"说,刘师培的"字义源于字音说",直到1983年,陆宗达、王宁先生在《训诂方法论》中将"因声求义"为一个重要的训诂方法提出,至此,声训作为一种训诂方法才逐渐成熟起来。科学的"因声求义"的声训是无数学者经历了两千余年的时光才走出来的道路,在声训由产生到成熟的历程中,《白虎通》声训是词源学的一个重要发端。如果用一句话来评价《白虎通》声训的语言学价值,那就是《白虎通》在具体材料上干扰了声训研究,但在整体理念上启发了声训研究。

---

① 刘师培《近儒学术统系论》,见《刘申叔遗书·左盦外集》卷九,1533页,凤凰出版社,1997年。

② 刘师培《扬州前哲画像记》,见《刘申叔遗书·左盦外集》卷二十,1896页,凤凰出版社,1997年。

# 下 编
## 《白虎通》义理声训疏证

# 凡　　例

1.本疏证以抱经堂本《白虎通》为底本,必要处以脚注出校。

2.由于同一材料被多种著作征引,本疏证仅选其最完整者,于有疑处出脚注。

3.本疏证所引材料,除《十三经注疏》外,以唐为下限。字书如《玉篇》《广雅》之类,乃掇拾故训者,不在征引之列。

4.本疏证后附《先秦两汉义理声训疏证》,乃《白虎通》之外先秦两汉之义理声训(仅见于《说文》《释名》者除外)。后人异说,前有汉人之说者则录之,无汉人之说则不录。

# 卷　　一

1.《爵篇》："爵所以称天子者何？王者父天母地，为天之子也。"

此为先儒旧说，如《春秋繁露·郊祭篇》："天子号天之子也。"《御览》卷七十六引《易纬》："天子者，继天治物，改政一统，各得其宜，父天母地，以养生人，至尊之号也。"

后世沿用者，如《公羊传·成公八年》"其称天子何"何休注："天子者，爵称也，圣人受命皆天所生，故谓之天子。"《独断》卷上："天子，夷狄之所称，父天母地，故称天子。"《文选·东京赋》"允矣，天子者也"薛综注："天子，言是天帝之子也。"《孟子·万章下》"天子一位"疏："父天母地而为之子者，天子也。"

先儒"天子"各有所训，如《礼记·曲礼下》："君天下曰天子。"《吕氏春秋·本生篇》："能养天之所生而勿撄之，谓天子。"《大戴礼记·诰志》："主祭于天曰天子。"《春秋繁露·顺命篇》："皇天右而子之，号称天子。"《御览》卷七十六引《春秋保乾图》："天子……天爱之，子之。"

2.《爵篇》："公者，通也，公正无私之意也。"

"公"训"通"为《白虎通》之说。"公"训"公"为先儒旧说，如《公羊传·隐公元年》"君之始年也"注"君，鲁侯，隐公也"疏引《春秋说》云："公之言公，公正无私。"

后世沿用者，如《尔雅·释诂》"公，君也"疏："公者通也，正无私之意也。"

先儒有训"平"者，如《礼记·王制》"公侯伯子男，凡五等"疏引《元命苞》云："公者为言平也，公平正直。"

后世有更训"贡"者，如《书钞》卷五十引韦昭《辨释名》："公，贡也，才德兼于人，人咸贡荐于上而王而用之也。辨云：公犹直也，取其正直无私也，故曰公字从公。"有更训"正"者，《孝经·孝治章》"而况于公侯伯子男乎"疏引旧解①云："公者，正也，言正行其事。"

---

① 此"旧解"《序》疏引作《白虎通》。

**3.《爵篇》:"侯者,候也,候逆顺也。"**①

此为先儒旧说,如《尚书·禹贡》"五百里侯服"孔传:"侯者,候也,斥候而服事。"《公羊传·隐公元年》"君之始年也"注"君,鲁侯,隐公也"疏引《春秋说》:"侯之言候,候顺逆,兼伺候王命矣。"《类聚》卷五十一引《援神契》:"侯,候也,所以守蕃也。"《春秋繁露·深察名号》:"号为诸侯者,宜谨视所候奉之天子也。"

后世沿用者,如《独断》卷上:"侯者,候也,候逆顺也。"《礼记·王制》"公侯伯子男,凡五等"疏:"侯者,候也,候王顺逆。"《尔雅·释诂》"侯,君也"疏:"侯者,候也,候逆顺也。"《孝经·孝治章》"而况于公侯伯子男乎"疏引旧解云:"侯者,候也,言斥候而服事。"《逸周书·职方解》"其外方五百里为侯服"孔晁注:"侯,为王者斥候也。"《孟子·万章下》"侯一位"疏:"斥候于外,以君人为德者,侯也。"《周礼·夏官·职方氏》"其外方五百里曰侯服"疏:"侯之言候,为王斥候。"《周礼·夏官·大司马》"其外方五百里曰侯畿"疏:"侯者,候也,为天子伺候非常也。"《汉书·地理志》"五百里侯服"注:"侯,候也,主斥候而服事也。"《汉书·严助传》"封外侯服"注:"侯,候也,为王者斥候。"《尚书·禹贡》"五百里侯服"疏:"侯,声近候,故为候也。……斥候谓检行险阻,伺候盗贼。"

**4.《爵篇》:"伯者,白也。"**②

此为先儒旧说,如《礼记·王制》"公侯伯子男,凡五等"疏引《元命苞》:"伯之为言白也,明白于德也。"《御览》卷一百九十九引《援神契》:"伯,白也。"

后世沿用者,如《风俗通·皇霸篇》:"伯者,长也,白也。言其咸建五长,功实明白。"《独断》卷上:"伯者,白也。明白于德。"

后世有更训"把"者,如《类聚》卷五十一引《环济要略》曰:"伯,把也,持政事也。"

**5.《爵篇》:"子者,孳也,孳孳无已也。"**③

此为先儒旧说,如《礼记·王制》"公侯伯子男,凡五等"疏引《元命苞》:"子者,孳恩宣德。"

后世沿用者,如《独断》卷上:"子者,滋也,奉天王之恩德。"("滋""孳"通)《类聚》卷五十一引《环济要略》曰:"子犹孳孳,恤下之称也。"

后世有更训"字"者,如《孝经·孝治章》"而况于公侯伯子男乎"疏引旧

---

① 此"候"为"斥候"义,犹今之侦查,《史记·李将军列传》"然亦远斥候未尝遇害"索隐引许慎《淮南子》注云:"斥,度也;候,视也,望也。"
② 此下当据《元命苞》补"明白于德也"五字。
③ 据上下文意当以《元命苞》"孳恩宣德"为义。

解云："子者，字也，言字爱于小人也。"① 《孟子·万章下》"子男同一位"疏："子，字也，字，养也，而其德足以养人者，故曰子也。"

### 6.《爵篇》："男者，任也。"②

此为先儒旧说，如《尚书·禹贡》"二百里男邦"孔传："男，任也，任王者事。"③《礼记·王制》"公侯伯子男，凡五等"疏引《元命苞》："男者，任功立业。"参295条。

后世沿用者，如《独断》卷上："男者，任也，立功业以化民。"《逸周书·职方解》"外方五百里曰男服"孔晁注："男，任也，任王事。"《周礼·夏官·职方氏》"其外方五百里曰男服"疏："男之言任也，为王任其职理。"《周礼·夏官·大司马》"其外方五百里曰男畿"疏："男者，任也，任王者之职事。"《孝经·孝治章》"而况于公侯伯子男乎"疏引旧解云："男者，任也，言任王之职事也。"④《孟子·万章下》"子男同一位"疏："男，任也，任，安也，而具德足以安人者故曰男也。"《类聚》卷五十一引《环济要略》："男，任也，任治事受王命为君也。"《汉书·地理志》"二百里男国"注："男之言任，任王事者。"

### 7.《爵篇》："附庸者，附大国以名通也。"

此为先儒旧说，如《公羊传·隐公元年》"君之始年也"注"君，鲁侯，隐公也"疏引《春秋说》："庸者，通也，官小德微，附于大国以名通，若毕星之有附耳。"

后世沿用者，如《礼记·王制》"不能五十里者，不合于天子，附于诸侯曰附庸"注："小城曰附庸，附庸者，以国事附于大国，未能以其名通也。"疏："谓小国之城不能自通，以其国事附于大国，故曰附庸。"《孟子·万章下》"不能五十里，不达于天子，附于诸侯曰附庸"注："小者不能特达于天子，因大国以名通，曰附庸也。"

后世有更训庸税之"庸"者，如《文选·鲁灵光殿赋》"宅附庸而开宇"刘良注："附庸者，言其庸税贡赋附于大国。"

### 8.《爵篇》："爵者，尽也，各量其职，尽其才也。"

此为先儒旧说，如《诗·周南·卷耳》"我姑酌彼兕觥"传"兕觥，角爵也"疏引《韩诗说》："一升曰爵，爵，尽也，足也。"爵本义为礼器，引申为爵秩。

后世沿用者，如《礼记·王制》"王者之制禄爵"疏引熊氏以"爵尽其才而用之，故《白虎通》云'爵者，尽也，所以尽人才'是也"。后世有更训"醮"者，

---

① 此"旧解"《序》疏引作《白虎通》："子者，字也，常行字爱于人也。"
② 按：《礼记·王制》疏引《元命苞》云："男者，任功立业。"
③ 疏："男，声近任故训为任。"
④ 此"旧解"《序》疏引作《白虎通》："男者，任也，常任王事也。"

204

亦尽义如《左传·隐公元年》"未王命,故不书爵"疏引服注:"爵者,醮也。所以醮尽其材也。"《公羊传·成公八年》"其称天子何"注"天子者爵称也"疏引《辨名记》云:"爵者,醮也,所以醮尽其材。"

9.《爵篇》:"公之为言公正无私也。"

此为先儒旧说,如《公羊传·隐公元年》"君之始年也"注"君,鲁侯,隐公也"疏引《春秋说》云:"公之言公,公正无私。"

后世沿用者,如《左传·昭公七年》"王臣公,公臣大夫,大夫臣士"疏引《环齐要略》云:"自营为厶,八厶为公,言公正无私也。"

10.《爵篇》:"卿之为言章也,章善明理也;卿,向也,言为人所归向也。"①

此为《白虎通》之说。

后世沿用者,如《说文·卯部》:"卿,章也。"《书钞》卷五十三引应劭《汉官仪》云:"卿,彰也,明也,言当背邪向正,彰有道德。"(按:"彰""章"通,《书钞》卷五十三引《白虎通》亦作"彰")《初学记》卷十二引《释名》云:"卿,章也,言贵盛章著也。"②《玉海》卷一百二十二:"卿,章也,章善明理也。又卿,向也,言为人所归向也。"

后世有更训"庆"者,《书钞》卷五十三引韦昭《辨释名》云:"卿,庆也,言万国皆庆赖之也。"

11.《爵篇》:"大夫之为言大扶,扶进人者也。"

此为《白虎通》之说。

后世沿用者,如《左传·昭公七年》"王臣公,公臣大夫,大夫臣士"疏引《环齐要略》云"大夫者,夫之言扶也,大能扶成人也。"《后汉书·和帝纪》"将大夫郎吏从官帛"注引《十三州志》:"夫之言扶也,言能扶持君父也。"

先儒有训"大于匹夫之义"者,如《春秋繁露·深察名号》:"号为大夫者,宜厚其忠信,敦其礼义,使善大于匹夫之义,足以化也。"

12.《爵篇》:"故《礼辨名记》曰:'士者,事也,任事之称也。'"③

此为先儒旧说,如引《礼辨名记》,又《尚书·牧誓》"是以为大夫卿士"孔传:"士,事也。"《春秋繁露·深察名号》:"士者,事也。……士不及化,可使守事从上而已。"《诗·周颂·敬之》"陟降厥士"《郑风·褰裳》"岂无他士"

---

① "卿,向也,言为人所归向也"各本无,据《礼记·王制》疏、魏了翁《礼记要义》卷五、《韵会》卷八引补,详《〈白虎通义〉校释》。

② "释名"上盖脱"辨"字。

③ "故礼辨名记曰"六字各本无,从孙诒让、刘师培之说补,详《〈白虎通义〉校释》。

205

《小雅·祈父》"予王之爪士"毛传并云："士，事也。"《诗·小雅·北山》"偕偕士子"毛传："士子，有王事者也。"

后世沿用者，如《说文·士部》："士，事也。"《仪礼·丧服》"公士大夫之众臣"疏："士之言事。"《诗·郑风·褰裳》"岂无他士"疏："以其堪任于事，谓之为士。"《诗·大雅·既醉·序》"人有士君子之行焉"疏："士者，事也，言其才可以理庶事。"《左传·昭公七年》"王臣公，公臣大夫，大夫臣士"疏引《环齐要略》云："士者，事也，言能理庶事也。"《荀子·尧问篇》"知如士，不与士争知"杨倞注："士，谓臣下掌事者。"《荀子·修身篇》"好法而行，士也"杨倞注："士，事也，谓能治其事也。"

**13.《爵篇》**："《韩诗内传》曰：……'所以名之为世子何？言欲其世世不绝也。'"

此为先儒旧说，如所引《韩诗内传》。

**14.《爵篇》**："所以名之为冢宰何？冢者，大也；宰者，制也；大制事也。"

此为《白虎通》之说。

后世沿用者，如《尚书·周官》"冢宰掌邦治"疏引马融云："冢，大也；宰，治也；大治者，兼万事之名也。"

**15.《号篇》**："号者，功之表也。所以表功明德，号令臣下者也。"

此为先儒旧说，如《通典》卷一百四引《五经通义》："号者，亦所以表功德，号令天下也。"《通典》卷一百四引《大戴礼记》："号者，功之表也。"《逸周书·谥法解》："号者，功之表也。"《类聚》卷四十引《说题辞》："号者，功之表。"

后世沿用者，如《文选·典引》"厥有氏号"蔡邕注："号，功之表也。"《史记正义·谥法解》："号者功之表。"《御览》卷五百六十二引崔骃《章帝谥议》曰："臣闻号者，功之表。"《晋书·刘毅传》："谥者行之迹，而号者功之表。"

先儒有训"謞""效"者，如《春秋繁露·深察名号》："号之为言謞而效也。"

**16.《号篇》**："号之为皇者，煌煌人莫违也。"

此为先儒旧说，如《类聚》卷十一引《刑德放》："皇者，煌煌也。"《御览》卷七十六引《元命苞》："皇者，煌煌也，道烂然显明。"《说郛》卷五引《尚书璇玑钤》："皇者，煌煌也。"《古微书·尚书帝命验》："皇者，煌煌也。"

后世沿用者，如《独断》卷上云："皇者，煌也。盛德煌煌，无所不照。"《御览》卷七十六引应劭《汉官仪》："皇者，大也，言其煌煌盛美。"

先儒有训"中""光""弘"者，如《风俗通义·皇霸篇》引《运斗枢》："皇者，中也,光也,弘也。含弘履中,开阴阳,布刚正,含皇极,其施光明,指天画地,神化潜通,煌煌盛美,不可胜量。"

**17.《号篇》:"号言为帝者何?帝者,谛也,象可承也。"①**

此为先儒旧说,如《礼记·明堂位》"明堂位"疏引《援神契》:"帝者,谛也,象上可承五精之神。"《风俗通·皇霸篇》引《尚书大传》:"帝者,任德设刑,以则象之,言其能行天道,举措审谛。"《御览》卷七十六引《元命苞》曰:"帝者,谛也。"《后汉书·李云传》"孔子曰'帝者,谛也'"注引《运斗枢》:"五帝修名立功,修德成化,统调阴阳,招类使神,故称帝,帝之言谛也。"

后世沿用者,如《说文·上部》:"帝,谛也,王天下之号也。"《独断》卷上:"帝者,谛也,能行天道,事天审谛。"《后汉书·李云传》:"孔子曰:'帝者,谛也。'今官位错乱,小人谄进,财货公行,政化日损,……是帝欲不谛乎?"《御览》卷七十六引应劭《汉官仪》:"帝者,德象天地,言其能行天道,举措审谛,父天母地,为天下主。"《公羊传·成公八年》"其余皆通矣"注"德合天者称帝"疏:"帝者,谛也,言审谛如天矣。"《尚书·尧典·序》"昔在帝尧"疏:"帝者,谛也,言天荡然无心,忘于物我,言公平通远,举事审谛,故谓之帝。五帝道同于此,亦能审谛,故取其名。"

**18.《号篇》:"王者,往也,天下所归往。"**

此为先儒旧说,如《吕氏春秋·下贤篇》:"王也者,天下之往也。"《国语·吴语》"王总其百执事"注引贾逵云:"王,往也。"《谷梁传·庄公三年》:"其曰王者,民之所归往也。"《春秋繁露·深察名号篇》:"王者,往也。"《春秋繁露·灭国篇》:"王者,民之所往。"《韩诗外传》卷五:"王者何也?曰:往也,天下往之,谓之王。"《意林》卷三引桓谭《新论》:"王者,往也,言其惠泽优游,天下归往也。"《御览》卷七十六引《乾凿度》云:"王者,天下所归往。"《御览》卷七十六引《文耀钩》:"王者,往也,神所向往,人所乐归。"《初学记》卷九引《元命苞》:"王者,往也,神之所输向,人所乐归。"《类聚》卷十一引《春秋考曜文》:"王者,往也,神所输向,人所乐归。"

后世沿用者,如《汉书·刑法志》:"归而往之,是为王矣。"《说文·王部》:"王,天下所归往也。"《风俗通·皇霸篇》:"王者,往也。为天下所归往也。"《大戴礼记·盛德篇》"法政而德不衰,故曰王也"卢辩注:"王者,往也,民所归也。"《易·师卦·象》"能以众正,可以王矣"释文:"王,物归往也。"

---

① "象可承也"一语有脱讹,似当据《礼记·明堂位》疏引《援神契》"帝者,谛也,象上可承五精之神"补。

先儒有训"皇""方""匡""黄"者,如《春秋繁露·深查名号篇》:"王者,皇也;王者,方也;王者,匡也;王者,黄也。"

19.《号篇》:"君之为言群也。"

此为先儒旧说,如《荀子·王制篇》:"君者,善群也。"《逸周书·太子晋》云:"侯能成群谓之君。"《吕氏春秋·恃君篇》:"利之出于群也,君道立也。故君道立则利出于群,而人备可完矣。"《春秋繁露·深察名号》:"君者,群也。"《春秋繁露·灭国篇》:"君者,不失其群者也。"《新书·大政下篇》:"君者,群也。"《韩诗外传》卷五:"君者,何也?曰:群也。能群天下万物而除其害者,谓之君。"《南齐书·志第十》引《孝经钩命决》:"君者,群也。"

后世沿用者,如《汉书·刑法志》:"从之成群是为君矣。"《御览》卷二七一引桓范《世要论》:"太古之初,民始有知则分争。分争群①,群则智者为之君长。"《史记正义·谥法解》:"从之成群曰君。"

先儒有训"仪""盘""盂""原"者,如《荀子·君道篇》:"君者,仪也。""君者,盘也。""君者,盂也。""君者,民之原也。"亦有训"元""原""权""温"者,如《春秋繁露·深察名号》:"君者,元也;君者,原也;君者,权也;君者,温也。"亦有训"源"者,如《韩诗外传》卷五:"君者,民之源也。"亦有训"道"者,如《新书·大政下篇》:"君之为言也道也,故君也者,道之所出也。"

后世有更训"尊"者,如《说文·口部》:"君,尊也。"

20.《号篇》:"伏羲……画八卦以治下,下伏而化之②,故谓之伏羲也。"

此为先儒旧说,如《易释文》引孟喜古文《易》本、京房《章句》本作"伏戏",云:"伏,服也;戏,化也。"

先儒或训为"伏献""别献",如《风俗通·皇霸篇》引《含文嘉》:"伏者,别也,变也;戏者,献也,法也。伏羲始别八卦,以变化天下,天下法则,咸伏贡献,故曰伏羲也。"

后世有作"庖牺",训为"庖养牺牲"者,如李鼎祚《易集解》引虞翻本《易》作"庖牺",释曰:"庖牺,太昊氏,以木德王天下,位乎乾五,五动见离,离生木,故知火化,炮啖牺牲,号庖牺氏也。"皇甫谧《帝王世纪》云:"取牺牲以充庖厨,以食天下,故号曰庖牺氏。"司马贞《补史记·三皇本纪》:"养牺牲以庖厨,故曰庖牺。"又有作"包牺"者,王应麟辑《易郑注》作"包牺",郑玄云:"包,

---

① "群"上盖脱"则"字。
② 惠栋云:"当云'画八卦以治天下,天下伏而化之。'"见卢本《白虎通·校勘补遗》。

取也;鸟兽全具曰牺。"皆依字立解。

21.《号篇》:"神农因天之时,分地之利,制耒耜,教民农作。神而化之,使民宜之,故谓之神农也。"

此为先儒旧说,如《子夏易传》:"神农氏之时,人育而繁,腥毛不足供给其食,修易其变,观天地之宜,相五谷之种,可食者收而艺之,易物之才而生财也,其在于器乎,故斫木为耜,揉木为耒,……神而化之,得农之道。"

后世沿用者,如《吕氏春秋·季夏纪》"命神农,将巡功"注:"昔炎帝神农能殖嘉谷,神而化之,号为神农。"

先儒有训"信浓"者,如《风俗通义·皇霸篇》引《含文嘉》:"神者,信也;农者,浓也。始作耒耜,教民耕种,美其衣食,德浓厚若神,故为神农也。"

22.《号篇》:"谓之燧人何? 钻木燧取火,教民熟食,养人利性,避臭去毒,谓之燧人也。"

此为先儒旧说,如《韩非子·五蠹》:"有圣人作,钻燧取火,以化腥臊,而民说之,使王天下,号之曰燧人氏。"

后世沿用者,如《慧琳音义》卷十一"巢燧"注引《抱朴子》:"上古质朴,茹毛饮血,生啖虫鱼及诸果实,多有腹疾之患,是故圣人钻燧求火,变生作熟,因名为燧人氏也。"

先儒有训"燧"为"遂"者,如《风俗通义·皇霸篇》引《含文嘉》云:"燧人始钻木取火,炮生为熟,令人无复腹疾,有异于禽兽,遂天之意,故曰燧人也。"

23.《号篇》:"谓之祝融何? 祝者,属也。融者,续也。言能属续三皇之道而行之,故谓祝融也。"

此为先儒旧说,如《宝典》卷四引《元命苞》:"祝融者,属续也。"

先儒有以祝融为火正,训为"甚明"者,如《左传·昭公二十九年》疏引贾逵云:"祝,甚也;融,明也。"后世沿用者,如《史记·楚世家》"帝喾命曰祝融"集解引虞翻:"祝,大;融,明也。"《御览》卷二十一引《三礼义宗》:"火正曰祝融,祝,甚也;融,明也。言夏时物气甚明也。"

后世有以祝融为火正,更训为"始明""大明"者,如《国语·郑语》"故命之曰祝融"韦注:"祝,始也;融,明也。"

24.《号篇》:"黄者,中和之色,自然之性,万世不易。黄帝始作制度,得其中和,万世常存,故称黄帝也。"

此以黄色之"黄"训黄帝之"黄"。此为《白虎通》之说。

先儒有训"光""厚"者,如《风俗通·皇霸篇》引《尚书大传》:"黄帝始制冠冕,垂衣裳,上栋下宇以避风雨,礼文法度,兴事创业,黄者,光也,厚

209

也,中和之色,德施四季,与地同功,故先黄以别之也。"《白虎通》不取者,欲以五行配之也。

25.《号篇》:"谓之颛顼何?颛者,专也;顼者,正也。能专正天人之道,故谓之颛顼也。"

　　此为《白虎通》之说。

　　先儒有训"专信"者,如《风俗通·皇霸篇》引《尚书大传》:"颛者,专也;顼者,信也。言其承文,易之以质,使天下蒙化,皆贵贞悫也。"有训"专愉"者,如《通典》卷一百四引《五经通义》曰:"颛顼者,颛犹专,顼犹愉,幼少而王,以致太平,常自愉侩,嗛约自小之意。"《白虎通》不取者,欲以"专正"说天人也。

26.《号篇》:"谓之帝喾者何也?喾者,极也,言其能施行穷极道德也。"①

　　此为《白虎通》之说。

　　先儒有训"考""成"者,如《风俗通义·皇霸篇》引《尚书大传》云:"喾者,考也,成也。言其考明法度,醇美喾然,若酒之芬芳香也。"

27.《号篇》:"谓之尧者何?尧犹嶤嶤也,至高之貌,清妙高远,优游博衍,众圣之主,百王之长也。"

　　此为《白虎通》之说。

　　先儒有训"高""饶"者,如《风俗通义·皇霸篇》引《尚书大传》云:"尧者,高也,饶也。言其隆兴焕炳,最高明也。"

28.《号篇》:"谓之舜者何?舜犹僢僢也。言能推信尧道而行之。"②

　　"舜"之本义为草,帝舜之"舜"本字当为"俊",③先假借,后训释,此《白虎通》声训之一例也,"舜"训"僢僢"为《白虎通》之说。舜训"推"为先儒旧说,如《风俗通·皇霸篇》引《尚书大传》云:"舜者,推也,循也,言其推行道德,循尧绪也。"

　　后世有更训"充"者,如《礼记·中庸》"舜其大知也与"注:"舜之言充也。"疏:"《谥法》云'受禅成功曰舜',又云'仁义盛明曰舜'皆是道德充满之

―――――――――――

①　"喾"字或作"俈",或作"夋",或作"俊",《史记·三代年表》《管子·侈靡篇》作"帝俈"。《史记》索隐引皇甫谧云"帝喾名夋",《山海经·大荒经》作"帝俊生后稷",注:"帝俊即喾。"陈立疏证云:"按俊为才德极出之名,故喾亦训极,言道德穷极。"

②　按:"僢"即"舛"字,为相抵之义,《说文》:"舛,对卧也。"与"推信尧道"之义不符。陈疑"僢僢"是"信"字之误。刘以为不确,《淮南子·俶真训》:'二者代谢舛驰。'高注云:'舛,互也。''僢僢'盖取相互为义。"

③　《说文·舜部·舜》段注。

210

意,故言舜为'充'也。"苏洵《谥法》卷一云"郑康成曰'舜之言充也',盖言取天下之善以充诸其身云尔。"《汉书·古今人表》"帝舜有虞氏"注引张晏曰:"舜之言充也。"

29.《号篇》:"夏者,大也,明当守持大道。"

此为先儒旧说,如《春秋繁露·楚庄王篇》《说苑·修文篇》并云:"夏者,大也。"《论衡·正说篇》引说《尚书》谓:"夏者,大也。"王充以此为"道德之说","违其正实,失其初意"(《论衡·正说篇》)。

后世沿用者,如《国语·周语》"赐姓曰姒氏,曰有夏"韦注:"夏,大也,以善福殷富天下为大也。"

30.《号篇》:"殷者,中也,明当为中和之道也。闻也,见也,谓当道著见中和之为也。"

此为《白虎通》之说。

31.《号篇》:"周者,至也,密也。道德周密,无所不至也。"

此为先儒旧说,如《论衡·正说篇》引说《尚书》谓:"周者,至也。"王充以此为"道德之说","违其正实,失其初意"(《论衡·正说篇》)。

后世沿用者,如《易》释名:"代名也,周,至也。"

32.《号篇》:"唐,荡荡也,荡荡者,道德至大之貌也。"

此为先儒旧说,《论衡·正说篇》引说《尚书》谓"唐之为言荡荡也,……尧则荡荡民无能名"。王充以此为"道德之说","违其正实,失其初意"(《论衡·正说篇》)。《太玄经》卷七:"唐,荡荡。"①

33.《号篇》:"虞者,乐也,言天下有道,人皆乐也。"

此声训假"虞"为"娱",娱,乐也。② 此为先儒旧说,如《论衡·正说篇》引说《尚书》谓"虞者乐也,……,舜则天下虞乐"。王充以此为"道德之说""违其正实,失其初意"(《论衡·正说篇》)。参344条。

34.《号篇》:"有熊者,独宏大道德也。"

此为《白虎通》之说。

后世有以"有熊"为地名者,如《类聚》卷十一引《帝王世纪》:"受国于有熊,居轩辕之丘,故因以为号。"趋于平实。

---

① 范望注:"公无私也。"
② 段玉裁云:"凡云乐也,安也者,娱之假借也。"(见《说文解字注》,209页,上海古籍出版社,1988年)

35.《号篇》:"高阳者,阳犹明也,道德高明也。"

　　此为《白虎通》之说。

　　后世有以"高阳"为地名者,如《史记·五帝本纪》"帝喾高辛者"集解引张晏曰:"颛顼以来,天下之号因其名,高阳、高辛皆所兴之地名。"趋于平实。

36.《号篇》:"高辛者,道德大信也。"

　　此为《白虎通》之说。

　　后世有以"高辛"为地名者,如《史记·五帝本纪》"帝喾高辛者"集解引张晏曰:"颛顼以来,天下之号因其名,高阳、高辛皆所兴之地名。"趋于平实。

37.《号篇》:"夏称后者,以揖让受于君,故称后。"①

　　此为《白虎通》之说。此无训释词,实以先后之"后"为训。《说文·后部》:"后,继体君也。"段玉裁云:"许知为继体君者,后之言'后'也。开创之君在先,继体之君在后也。"②参288条。

38.《号篇》:"殷周称人者,以行仁义,人所归往,故称人。"③

　　此"人"为称殷周之君也,此为先儒旧说,如《开元占经》卷一百一十三引《说题辞》:"人者,仁也,以心合也。"④

39.《号篇》:"霸者,伯也。行方伯之职,会诸侯,朝天子,不失人臣之义,故圣人与之。……霸犹迫也,把也,迫胁诸侯,把持其政。"

　　"霸"训"伯""迫"为《白虎通》之说,"霸"训"把"为先儒旧说,如《慧琳音义》卷八十五注引贾逵注《国语》云:"霸,把也,把持诸侯之权,行方伯之职也。"

　　后世沿用者,如《孟子·梁惠王上》"仲尼之徒无道桓文之事"注"不欲使王问霸者之事"疏:"谓之霸者,把也,把持诸侯之权也。"《慧琳音义》卷八十引《文字典说》:"霸犹把也,《左传》云'文公始霸',谓迫胁诸侯,把持其事也。"《慧琳音义》卷八十五注:"霸,迫也,胁也,迫胁诸侯,把持其政,不失人臣之义,遵辅王业也。"《文选·檄吴将校部曲文》"乃霸夫烈士奋命之良时也"刘良注:"霸者,把也,持把诸侯之权也。"或以为"把"为把持天子之政者,如《论语·宪问》"管仲相桓公,霸诸侯"疏引郑玄云:"霸者,把也,言把持王者之政教也。"《礼记·祭义》"至孝近乎王,至弟近乎霸"疏引《中候》"诸侯曰霸"注:"霸,把也,把天子之事也。"《路史》卷三十二《共工

---

① 此句本在《杂录》,据刘说移至此,详《〈白虎通义〉校释》。
② 段玉裁《说文解字注》,429页,上海古籍出版社,1988年。
③ 此句本在《杂录》,据刘说移至此,详《〈白虎通义〉校释》。
④ 宋均注:"与他相偶合也。"

212

氏无霸名》引《尚书中侯》注云："霸，犹把也，传云五伯之霸，谓以诸侯长把王者之政。"《左传·成公十八年》"民无谤言，所以复霸也"疏："霸者，把也，把持王政。"《左传·成公二年》"五伯之霸也"疏："霸，把也，言把持王者之政教。"《论语·宪问》"管仲相桓公，霸诸侯"疏："霸，把也，诸侯把天子之政也。"

后世有更训"驳"者，如《风俗通·皇霸篇》："霸者，把也，驳也。言把持天子政令，纠率同盟也。"

**40.《谥篇》："谥之为言列也，引列行之迹也。"**①

此为先儒旧说，如《通典》卷一百四引《五经通义》："谥之言列，陈列所行，善有善谥，恶有恶谥，亦以为劝戒也。"

先儒有训"慎"者，如《书钞》卷九十四引《大戴礼记·谥礼》云："谥，慎也，以人行之始终，悉慎录之，以为名也。"有训"迹"者，如《通典》卷一百四引《大戴礼记》："谥者，行之迹也。"《逸周书·谥法解》："谥者，行之迹也。"《类聚》卷四十引《说题辞》曰："谥者，行之迹，所以追劝成德，使尚务节。"后世沿用者，如《说文·言部》："谥，行之迹也。"《论衡·福虚篇》："谥者，行之迹也，迹生时行以为死谥。"《论衡·须颂篇》："谥者，行之迹也。"《礼记·檀弓下》"请谥于君"注："谥者，行之迹。"《礼记·乐记》"闻其谥知其行也"注："谥者，行之迹也。"《礼记·表记》"谥以尊名"注："谥者，行之迹也。"《谷梁传·桓公十八年》"桓公葬而后举谥"注："谥者，行之迹。"《文选·喻巴蜀檄》"身死无名，谥为至愚"刘良注："谥者，行之迹。"

此后有更训"曳"者，如《释名·释典艺》："谥，曳也，物在后为曳，言名之于人亦然也。"有沿袭《大戴礼》训"慎"更训"悉"者，如《诗·大雅·文王》"文王在上"笺"崩谥曰文"释文："谥，慎也，悉也，生存之行，终始悉录之以为谥也。"

**41.《社稷篇》："不谓之土何？封土为社，故变名谓之社，别于众土也。"**②

此为先儒旧说，如《风俗通·祀典篇》引《孝经说》"社者，土地之主，土地广博，不可遍敬，故封土以为社而祀之，报功也。"《论衡·顺鼓篇》："社，土也。"

后世沿用者，如《汉书·郊祀志》："社者，土也。"

---

① 上"列"字各本作"引"，据刘说正，详《〈白虎通义〉校释》。
② "土""社"义同音稍别，变名神之耳，《公羊传·僖公三十一年》："诸侯祭土。"注："土谓社也。"

**42.《礼乐篇》:"雅者,古正也,所以远郑声也。"①**

此为先儒旧说,如《诗·序》:"雅者,正也。"《文选·长门赋》"援雅琴以变调兮"李善注引《七略》:"雅之言正也。"

后世沿用者,如《孝经·开宗明义章》"《大雅》云"疏引郑注:"雅者,正也。"《诗·小雅·鼓钟》"以雅以南"笺:"雅,正也。"《周礼·春官·大师》"教六诗:曰风、曰赋、曰比、曰兴、曰雅、曰颂"注:"雅,正也。"《周礼·春管·籥章》"豳雅"注:"谓之雅者,以其言男女之正。"《风俗通义·声音篇》:"雅之为言正也。"《汉书·艺文志》"《尔雅》三卷二十篇"注引张晏曰:"雅,正也。"《荀子·儒效篇》"小雅之所以为小雅者"注:"雅,正也。"《文选·遗书让太常博士》"雅颂乃得其所"张铣注:"雅,正也。"

**43.《礼乐篇》:"黄帝曰咸池者,言大施天下之道而行之,天之所生,地之所载,咸蒙德施也。"**

此为先儒旧说,如《初学记》卷十五引《五经通义》:"黄帝乐所以为咸池者何?咸,皆也;施也,黄帝时,道皆施于民。"②

后世沿用者,如《礼记·乐记》"咸池备矣"注:"咸,皆也;池之言施也。言德之无不施也。"疏:"咸池,黄帝之乐名,言黄帝之德皆施被于天下,无不周遍。"《御览》卷五百六十六引《乐纬》注:"池者,施也,道施于民,故曰咸池。"《古微书·乐叶图征(以下简称"叶图征")》"黄帝乐曰咸池"宋均注:"咸,皆也;池音施,道施于民,故曰咸池。池取无所不浸,德润万物,故定以为乐名。"《七纬·动声仪》"黄帝之乐曰咸池"注:"池音施,道施于民,故曰咸池。"《周礼·春官·大司乐》"大咸"注:"大咸,咸池,尧乐也,尧能殚均刑法,以仪民,言其德无所不施。"疏:"咸,皆也;池,施也。言尧德无所不施。"《初学记》卷十五《乐部》注:"池音施,道施于民,故曰咸池。"

后世有更训池水之"池"者,如《文选·景福殿赋》"虽咸池之壮观"注引《春秋汉含孳》"咸池主五谷"宋均注:"咸池,取池水灌注生物以为名也。"《刘子·辨乐篇》"尧曰咸池"注:"象池水周遍。"盖源自《叶图征》注"池取无所不浸,德润万物"义。

---

① 按:"雅"之训"正"乃误解,大雅、小雅之"雅"本字当作"夏","夏""疋"音近,故亦假"疋"为之,《说文》:"疋,……古文以为《诗》'大雅'字。"又"疋"与"正"形似,故"雅"训"正"。二者古音近,故古人以之为声训。

② "施也"上当补"池者"二字。

**44.**《礼乐篇》:"颛顼曰六茎者,言协①和律历,以调阴阳,茎著万物也。"

此同字为训,以根茎之"茎"训六茎之"茎"。此为《白虎通》之说。

后世沿用者,如《御览》卷五百六十六引《乐纬》:"颛顼之乐曰六茎"注:"道有根茎,故曰六茎。"《汉书·礼乐志》:"六茎,及根茎也。"《风俗通·声音篇》:"六茎,及根茎也。""六茎"或作"五茎",如《古微书·叶图征》"帝颛顼曰五茎"注:"能为五行之道立根茎也。"《路史》卷四十一引《动声仪》"五茎"宋均注:"五茎者,能为五行之道立根茎。"《刘子·辨乐篇》"颛顼曰五茎"注:"言其德被万物,尽有根茎。"按:《白虎通》着眼于物,此皆着眼于道,略有不同。

**45.**《礼乐篇》:"帝喾曰五英者,言能调和五声,以养万物,调其英华也。"

此同字为训,以英华之"英"训五英之"英"。此为《白虎通》之说。

后世沿用者,如《汉书·礼乐志》:"五英,英华茂也。"《风俗通·声音篇》:"五英,英华茂也。"与《白虎通》所指相同。《御览》卷五百六十六引《乐纬》"帝喾之乐曰五英"注:"道有英华,故曰五英。""五英"或作"六英",如《路史》卷四十一引《动声仪》"六英"宋均注:"六英者,能为天地四方六合之英。"《七纬·动声仪》"帝喾曰六英"注:"道有英华故曰六英。"《古微书·叶图征》"帝喾曰六英"注:"道有英华,又云六合之英。"《刘子·辨乐篇》"喾曰六英"注:"言其德覆群生,自有英华。"

**46.**《礼乐篇》:"尧曰大章者,大明天地人之道也。"

此为《白虎通》之说。

后世沿用者,如《汉书·礼乐志》"大章,章之也"注:"章明也。"《风俗通·声音篇》:"大章,章之也。"《礼记·乐记》"大章,章之也"注:"尧乐名也,言尧德章明也。"《七纬·动声仪》"尧曰大章"注:"尧时仁义大行,法度章明,故曰大章。"《古微书·叶图征》"尧曰大章"注:"尧时仁义大行,法度章明。"《御览》卷五百六十六引《乐纬》"尧曰大章"注:"尧时仁义大行,法度彰明,故曰大章。"

**47.**《礼乐篇》:"舜曰箫韶者,舜能继尧之道也。"

此先以"韶"通"绍",又以"继"训"绍"。此为先儒旧说,训"继"者,如《礼记·乐记》:"韶,继也。"②训"绍"者,如《御览》卷五百六十六引《元命苞》:

---

① "协"字各本无,据《原本〈玉篇〉残卷》引补,"协和"与下文"调和"相对。
② 注:"舜乐名也,韶之言绍也,言舜能继绍尧之德。"

"舜之时,民乐其绍尧业,故韶者,绍也。"

后世沿用者,如《公羊传·哀公十四年》"有王者则至"注:《尚书》曰'箫韶九成'"疏引宋均注《乐说》:"箫之言肃,舜时民乐其肃静,而纪尧道,故谓之箫韶。"("纪"通"继")《风俗通·声音篇》:"韶,继尧也。"《礼记·乐记》"韶,继也"注:"韶之言绍也,言舜能继绍尧之德。"《周礼·春官·大司乐》"大磬"注:"《大磬》,舜乐也。言其德能绍尧之道也。"《汉书·礼乐志》作"招",云"招,继尧也"注:"韶之言绍,故曰继尧也。"《古微书·叶图征》"舜曰大招"注:"招,继也,继尧之后,循行其道。"《七纬·动声仪》"舜曰箫韶"注:"韶,继也,舜继尧之后,循行其道,故曰箫韶。"《御览》卷五百六十六引《乐纬》"舜曰箫韶"注:"韶,绍也,舜绍尧之后,修行其道,故曰箫韶。"《刘子·辨乐篇》"舜曰箫韶"注:"韶,绍也,以其绍尧之业而能齐七政,肇十有二州,故周人舞之以祀四望。"

此前有训"昭"者,如《春秋繁露·楚庄王》:"舜时,民乐其昭尧之业,故韶。韶者,昭也。"[1]

## 48.《礼乐篇》:"禹曰大夏者,言禹能顺二圣之道而行之,故曰大夏也。"

此同字为训,以夏朝之"夏"训大夏之"夏"。此为先儒旧说,如《礼记·乐记》:"夏,大也。"《春秋繁露·楚庄王》:"禹之时,民乐其三圣相继,故夏。夏者,大也。"《史记·乐书》:"夏,大也。"《御览》卷五百六十六引《元命苞》:"禹之时,民大乐其骈三圣相继,故夏者,大也。"

后世沿用者,如《汉书·礼乐志》"夏,大承二帝也"注:"夏,大也,二帝谓尧舜也。"《周礼·春官·大司乐》"大夏"注:"大夏,禹乐也,禹治水傅土,言其德能大中国也。"疏:"大中国,即是大尧舜之德也。"《礼记·乐记》"夏,大也"注:"禹乐名,言禹能光大尧舜之德。"《谷梁传·隐公五年》"舞夏,天子八佾"注:"夏,大也。"《古微书·叶图征》"禹曰大夏"注:"言其德能大诸夏也。"《御览》卷五百六十六引《乐纬》"禹曰大夏"注:"禹承二帝之后,道重太平,故曰大夏。"《刘子·辨乐篇》"禹曰大夏"注:"夏,大也,以其大尧舜之德而能平水土,故周人舞之以祭山川。"

## 49.《礼乐篇》:"汤曰大濩者,言汤承衰,能护民之急也。"[2]

此为先儒旧说,如《春秋繁露·楚庄王篇》:"汤之时,民乐其救之于患

---

[1] 苏舆云:"《白虎通·礼乐篇》:'舜曰《箫韶》者,舜能继尧之道也。'《汉书·礼乐志》:舜作招,'招,继尧也',继亦绍义,此作'昭',为异文。"(《《春秋繁露》义证》,20页,中华书局,2002年)

[2] "濩"各本作"护",今从小字本。

害也,故護。護者,救也。"《御览》卷五百六十六引《元命苞》:"汤之时,其民大乐其救之于患害,故乐名大护,护者,救也。"以"救"训"濩",即以"濩"通"护"。

后世沿用者,如《御览》卷五百六十六引《乐纬》"殷曰大护"注:"汤承衰而起,护先王之道,故曰大濩。"《周礼·春官·大司乐》"大濩"注"大濩,汤乐也,汤以宽治民,而除其邪,言其德能使天下得其所也"疏:"言其德能使天下得其所也者,言濩者,即救护也,救护使天下得其所也。"《刘子·辨乐篇》"汤曰大濩"注:"濩,护也,汤宽仁而能救护生民,周人舞之以享姜嫄。"《汉书·礼乐志》:"濩,言救民也。"

50.《礼乐篇》:"周公曰酌者,言周公辅成王,能斟酌文武之道而成之也。"

此以斟酌之"酌"训周公之乐"酌"。此为先儒旧说,如《诗·周颂·酌·序》:"酌,告成大武也,言能酌先祖之道,以养天下也。"①

后世沿用者,如《汉书·礼乐志》:"武王作武,周公作勺,勺言能勺先祖之道也。武言以功定天下也。"注:"勺读曰酌,酌取也。"《独断》卷上:"酌一章九句,告成大武,言能酌先祖之道,以养天下之所歌也。"《御览》卷五百六十六引《乐纬》"周曰勺"注:"周承衰而起,斟酌文武之道,故曰勺。"("勺"通"酌")

51.《礼乐篇》:"武王曰象者,象太平而作乐,示已太平也。"

此同字为训,以"象"之效法义训武王之乐"象"。此为《白虎通》之说。后有更训作"象伐时用干戈"者,如《文选·上秦始皇书》"郑卫桑间韶虞武象者,异国之乐也"李善注引《动声仪》"周乐伐时曰武象"宋均注:"武象,象伐时用干戈。"

52.《礼乐篇》:"合曰大武者,天下始乐周之征伐行武,故诗人歌之:'王赫斯怒,爰整其旅。'当此之时,天下乐文王之怒以定天下,故乐其武也。"

以武功之"武"训周乐大武之"武"。此为先儒旧说,如《春秋繁露·楚庄王篇》:"又曰'王赫斯怒,爰整其旅',当是时,纣为无道,诸侯大乱,民乐文王之怒而咏歌之也,周人德已洽天下,反本以为乐,谓之大武,言民所始乐者,

---

① 疏:"序又说名酌之意,言武王能酌取先祖之道,以养天下之民,故名篇为酌。"《诗》以为武王乐,然取义同。

武也云尔。故凡乐者作之于终而名之以始,重本之义也。"

后世沿用者,如《周礼·春官·大司乐》"大武"注:"大武,武王乐也,武王伐纣,以除其害,言其德能成武功。"疏:"大武是文王乐名,而云武王乐者,但文王有此武功,不卒而崩,武王卒其武功以诛虐纣,是武王成武功,故周公作乐,以大武为武王乐也。"

先儒有训"伐"者,如《春秋繁露·楚庄王》:"文王之时,民乐其兴师征伐也,故武。武者,伐也。"《御览》卷五百六十六引《元命苞》:"文王之时,民乐其兴师征伐,故武者,伐也。"《白虎通》不取者,以此为太平时所作之乐也。

53.《礼乐篇》:"佾者,列也。"

此为《白虎通》之说。

后世沿用者,如《论语·八佾》集解引马融曰:"佾,列也。"《御览》卷五百七十四引蔡邕《月令章句》:"佾,列也。"《礼记·祭统》"八佾以舞大夏"注:"佾犹列也。"《公羊传·隐公五年》"天子八佾"注:"佾者,列也。"《谷梁传·隐公五年》"天子八佾"注:"佾之言列。"《论语·八佾》"季氏八佾舞于庭"皇侃疏:"佾犹行列也。"《汉书·礼乐志》"千童罗舞成八溢"("溢"通"佾")《汉书·刘向传》"季氏八佾舞于庭"《汉书·董仲舒传》"八佾陈于庭"注并云:"佾,列也。"《后汉书·明帝纪》"八佾具修万舞于庭"注:"佾,列也,谓舞者行列也。"《后汉书·献帝纪》"总章始复备八佾舞"注:"佾,列也,谓舞者之行列。"

54.《礼乐篇》:"《乐元语》曰:'东夷之乐曰朝离,万物微离地而生,乐持矛舞,助时生也。'"①

此以离开之"离"训东夷之乐朝离之"离"。此为先儒旧说,《乐元语》之外如《御览》卷五百六十七引《五经通义》:"东夷之乐曰侏离。……东方所谓侏离者何?阳始通,万物之属离地而生,故谓之侏离。"

后世沿用者,如《仪礼经传通解续》卷二十六上引《尚书虞传》注:"株离,舞曲名,言象物生育离根株也。"②《七纬·乐稽耀嘉》"东夷之乐曰株离"注:"阳气始起,怀任之,物各离其株也。"《通典》卷一百四十六"东夷之乐曰侏

---

① 四夷之乐及声训旧本并误,卢未改,今据《礼记·明堂位》疏、《文献通考》卷一百四十八、《仪礼》经传通解续》卷二十五引为正之如此。"朝离"或作"株离""侏离",《礼记·明堂位》"昧,东夷之乐也"疏:"《白虎通》云'朝离'则'株离'也。"按:"侏离"本为蛮夷语声,《后汉书·南蛮传》"语言侏离"注:"侏离,蛮夷语声也。"《白虎通》为之声训以说义理。

② 《周礼·春官·鞮鞻氏》疏引《尚书虞传》郑注:"《侏离》,舞曲名。言象万物生株离。"疏:"若《诗》云'彼黍离离',是物生亦曰离。"与此不同。

离"注:"离言阳气所通,万物离地而生也。"《旧唐书·志第九·音乐》:"东夷之乐曰靺离。……离言阳气始通,万物离地而生也。"

## 55.《礼乐篇》:"《乐元语》曰:'南夷乐曰南,南,任也,任养万物,乐持羽舞,助时养也。'"

此为先儒旧说,《乐元语》之外如《礼记·明堂位》:"任,南蛮之乐也。"《御览》卷五百六十七引《五经通义》:"南夷之乐曰任,……南方所以谓任者何? 阳气盛用事,万物怀任,故谓之任。"

后世沿用者,如《七纬·稽耀嘉》"南夷之乐曰任"注:"南者,任也,盛夏之时,物皆怀任矣。"《通典》卷一百四十六"南蛮之乐曰任"注:"任言阳气用事万物怀任也。"《旧唐书·音乐志》:"南蛮之乐曰任。……任言阳气用事,万物怀任也。"

先儒有训南方之"南"者,如《诗·小雅·鼓钟》"以雅以南"传:"南夷之乐曰南。"疏:"此言'南'而得总四夷者,以周之德先致南方。"故陈立云:"毛诗家以为周德先至南,方故名'南'也。"①

## 56.《礼乐篇》:"《乐元语》曰:'西夷乐曰昧,昧,昧也,万物衰老,取晦昧之义也,乐持戟舞,助时煞也。'"

此为先儒旧说,《乐元语》之外如《御览》卷五百六十七引《五经通义》:"北夷之乐曰昧。……北方阴气盛用,万物暗昧不见,故谓之昧。"

后世沿用者,如《七纬·稽耀嘉》"北夷之乐曰昧"注:"盛阳消尽,蔽其光景昧然。"《通典》卷一百四十六"北狄之乐曰昧"注:"昧言阴气用事,万物众形暗昧。《旧唐书·音乐志》:"北狄之乐曰昧。……昧言阴气用事,万物众形暗昧也。"

## 57.《礼乐篇》:"《乐元语》曰:'北夷乐曰禁,言万物禁藏,乐持干舞,助时藏也。'"

此以禁藏之"禁"训西夷之乐"禁"。此为先儒旧说,《乐元语》之外如《御览》卷五百六十七引《五经通义》:"西夷之乐曰禁。……西方所以谓之禁者何? 西方阴气用事,禁止万物不得长大,故谓之禁。"

后世沿用者,如《七纬·稽耀嘉》"西夷之乐曰禁"注:"草木毕成,禁如收敛。"《通典》卷一百四十六"西戎之乐曰禁"注:"禁言阴气始通,禁止万物生长。"《旧唐书·音乐志》:"西戎之乐曰禁。……禁言阴气始通,禁止万物之

---

① 陈立《〈白虎通〉疏证》卷三,18 页,《皇清经解续编》本。

生长也。"

58.《礼乐篇》："礼者,身当履而行之。"

　　此为先儒旧说,如《礼记·祭义》："礼者,履此者也。"《荀子·大略篇》："礼者,人之所履也。"《吕氏春秋·孝行篇》："礼者,履此者也。"《御览》卷五百二十二引《含文嘉》："礼者,履也。"

　　后世沿用者,如《汉书·公孙弘传》："礼者,所履也。"《说文·示部》："礼,履也,所以事神致福也。"《左传·成公十六年》"礼以顺时"疏："礼者,履也,其所践履当适时要,故礼所以顺时事也。"《诗·鲁颂·有駜·序》"颂僖公君臣之有道也"笺"有道者以礼义相与之谓也"疏："蹈履有法谓之礼。"《礼记正义·序》："礼者,体也,履也。"《法言·吾子篇》"由于礼义入自人门"吴秘注："礼者,人之所履。"《旧唐书·礼仪志》："夫礼者,……履也,示之以迹。"

　　先儒有训"体"者,如《左传·桓公二年》："礼以体政。"《尸子》卷上："礼者,天地万物体也,使天地万物皆得其宜、当其体者,谓之大仁。"《礼记·礼器》："礼也者,犹体也。"《大戴礼记·曾子大孝篇》："礼者,体此者也。"《韩诗外传》卷五："礼者,则天地之体。"《春秋繁露·竹林篇》："礼者,庶于仁,文质而成体者也。"《春秋繁露·天道施篇》："礼,体情而防乱者也。"《淮南子·齐俗训》："礼者,体情制文者也。……礼者,体也。"《新书·道术篇》："动有文体谓之礼。"《新书·道德说篇》："礼者,体德理而为之节文,成人事,故曰'礼者,此之体者也'。"《法言·问道篇》："礼,体也。"《御览》卷五百二十三引《说题辞》："礼者,所以设容明天地之体也。"后世沿用者,如《释名·释言语》："礼,体也,得事体也。"《旧唐书·礼仪志》："夫礼者,体也,……示之以迹。"此前亦有训"理"者,如《礼记·仲尼燕居》："礼也者,理也。"《礼记·乐记》："礼也者,理之不可易者也。"《管子·心术篇》："礼者,谓有理也。"

　　后世有更训"律"者,如《类聚》卷三十八引《物理论》："礼者,履也,律也,义同而名异。"

59.《礼乐篇》："言蛮,举远也。"

　　此为《白虎通》之说。参63条。

　　后世有更训"慢"者,如《史记·夏本纪》"三百里蛮"集解引马融注："蛮,慢也。礼简怠慢,来不距、去不禁。"后世沿用者,如《风俗通·佚文·四夷》："南方曰蛮者,君臣同川而浴,极为简慢,蛮者,慢也。"《尚书·禹贡》"三百里蛮"疏引王肃云："蛮,慢也,礼仪简慢。"《逸周书·职方解》"又其外方五百里曰蛮服"孔晁注："蛮,用事差简慢。"又有训"缗"者,如《尚书·禹贡》"三百里蛮"疏引郑云:"蛮者,听从其俗,羁縻其人耳,故云蛮,蛮之言缗也。"疏:"其意言蛮是缗也,缗是绳也,言蛮者,以绳束物之名,揆度文教,《论语》称'远人不服,则修文德以来之'。"或训为"縻",义同"缗",如《周礼·夏官·职方氏》"其外方五百里曰蛮服"疏:"蛮之言縻,以政教縻来之。"《周礼·夏官·大司马》"其外方五百里曰蛮畿"疏:"蛮者,縻也,以近夷狄,縻系之以政教。"陈立云:"盖以其执心违邪,故直羁縻之也。"① 或训为"幕",义同,如《汉书·地理志》"三百里蛮"注:"谓以文德蛮幕而覆之。"

60.《礼乐篇》:"言貉,举恶也。"

此为先儒旧说,如《说文·豸部》引孔子曰:"貉之为言恶也。"按:谶纬所引孔子之说为假托之辞。

61.《礼乐篇》:"九之为言究也。"

此为先儒旧说,如《玉海》卷三十五引《乾凿度》:"九者,气变之究也,乃复变而为一。"

后世沿用者,如《汉书·律历志》:"九者,所以究极中和,为万物元也。"《说文·九部》:"九,阳之变也,象其屈曲究尽之形。"《列子·天瑞》:"一变而为七,七变而为九,九变者,究也。"注:"究,穷也。"

62.《礼乐篇》:"夷者,蹲也,言无礼仪。② 或云夷者,抵也,言仁而好生,万物抵地而出,故其性柔顺,易以道御。"③

"夷"之训"蹲",盖以"夷"通"跠",跠,踞也,故训为"蹲",即踞肆之义,以其俗无礼仪,故名之。此为《白虎通》之说。

后世沿用者,如《后汉书·东夷传》:"夷者,柢也,言仁而好生,万物柢地而出,故天性柔顺,易以道御。"《礼记·王制》"东方曰夷"疏引《风俗通》云:"东方人好生,万物抵触地而出。夷者,抵也。"

63.《礼乐篇》:"蛮者,执心违邪。"

此为《白虎通》之说,侧重其"违"与"邪"。参见59条。

64.《礼乐篇》:"戎者,强恶也。"

此为《白虎通》之说。

后世有更训"凶"者,如《礼记·王制》"西方曰戎"疏引《风俗通》:"斩伐杀生,不得其中,戎者,凶也。"

---

① 陈立《〈白虎通〉疏证》卷三,21页,《皇清经解续编》本。
② "蹲也"各本作"傅狄",卢本作"傅夷","言无礼仪"各本作"无礼义",据《通典》卷一百八十五、《御览》卷七百八十、《通考》卷三百二十四引补正。言其俗蹲踞,无礼仪,故名之。
③ 此句各本无,从刘说补,详《〈白虎通义〉校释》。

## 下编 《白虎通》义理声训疏证

**65.《礼乐篇》:"狄者,易也,辟易无别也。"**

此为《白虎通》之说。

后世有更训"敌"者,如《周礼·秋官·象胥》注"通夷狄之言者曰象胥"疏:"狄即敌也,谓言语相敌,使知之也。"有更训"辟"者,《说文·犬部》:"狄之为言淫辟也。"《礼记·王制》"北方曰狄"疏引《风俗通》:"父子嫂叔,同穴无别。狄者,辟也,其行邪辟。"

**66.《礼乐篇》:"礼之为言履也,可履践而行。"**

此为先儒旧说。见58条。

**67.《礼乐篇》:"乐者,乐也,君子乐得其道,小人乐得其欲。"①**

此为先儒旧说,如《礼记·乐记》:"乐者,乐也,君子乐得其道,小人乐得其欲。"《荀子·乐论篇》《史记·乐书》并如此。《新书·道德说篇》:"乐者,《书》《诗》《易》《春秋》《礼》五者之道备,则合于德矣,合则驩然大乐矣,故曰,'乐者,此之谓乐者也'。"

后世沿用者,如《释名·释言语》:"乐,乐也。使人好乐之也。"《慧琳音义》卷二十七"乐"注:"乐,令爱乐也。"

先儒有训"节"者,《礼记·仲尼燕居》:"乐也者,节也。"《白虎通》不取者,侧重于乐[lè]也。

**68.《礼乐篇》:"声者,鸣也,闻其声即知其所生。"**

此为《白虎通》之说。

**69.《礼乐篇》:"音者,饮也,言其刚柔清浊和而相饮也。"**

此为《白虎通》之说。

**70.《礼乐篇》:"所以名之为角者,跃也,阳气动跃。"②**

此为先儒旧说,如《宝典》卷一引《元命苞》:"其音角,角者,气腾跃。"

先儒有训"触"者,如《风俗通·声音篇》引刘歆《钟律书》云:"角者,触也,物触地而出,戴芒角也。"后世沿用者,如《汉书·律历志》:"角,触也,物触地而出,戴芒角也。"《汉纪》卷十四:"角者,触也,物出于地,载芒角也。"《晋书·乐志》:"角为民,角之为言触也,谓象诸阳气触物而生也。"《通典》卷一百四十三《五声八音名义》注:"角者,触也,言时万物象阳气触动而出,角者,木生从地而出,触动之义也。"陈立云:"诸书皆取角触为义,与此微异,皆

---

① 礼乐之训旧本并在此,卢移至《总论礼乐》章起首,按,《初学记》卷十五引此文后直接"声者,鸣也;音者,饮也",是旧本如此,不当改易。

② "名之为"下卢补"角者何"三字,无据。

取叠韵为训,故各述所闻也。"①

**71.《礼乐篇》:"徵者,止也,阳气止。"**

此为《白虎通》之说。

后世沿用者,如《晋书·乐志》:"徵为事,徵之为言止也,言物盛则止也。"《通典》卷一百四十三《五声八音名义》注:"徵者,止也,言物盛则止,象阳气盛而止。又,徵者,火也,火生炎盛之义也。"

先儒有训"祉"者,如《风俗通·声音篇》引刘歆《钟律书》:"徵者,祉也。物盛大而繁祉也。"后世沿用者,如《汉书·律历志》:"徵,祉也,物盛大而繁祉也。"《汉纪》卷十四:"徵者,祉也,物盛而繁祉也。"

**72.《礼乐篇》:"商者,张也,阴气开张,阳气始降也。"**

此为《白虎通》之说。

先儒有训"章"者,如《七纬·乐纬》:"商者,章也,臣章明君德,以齐上下相传。"《风俗通·声音篇》引刘歆《钟律书》:"商者,章也,物成孰可章度也。"《白虎通》不取者,以其自物而言,而《白虎通》自"气"而言也。后世沿用者,如《汉书·律历志》:"商之为言章也,物成孰可章度也。"

后世有更训"量"者,如《汉纪》卷十四:"商者,量也,物盛而可量度也。"有训"强"者,《晋书·乐志》:"商为臣,商之为言强也,谓金性之坚强也。"《通典》卷一百四十三《五声八音名义》注:"商者,金也,金坚强故名之,亦当时物皆强坚成就之义也。"

**73.《礼乐篇》:"羽者,纡也,阴气在上,阳气在下。"**

卢文弨云:"'纡'与'舒'同,故《尔雅》释文引作'舒也',《诗》'彼交匪纡',《荀子·劝学篇》作'匪交匪舒',即其证。"是,《白虎通·五行篇·阴阳盛衰》:"其音羽,羽之为言'舒'。"此为先儒旧说,如《宝典》卷十引《元命苞》:"其音羽,羽者,舒也,言物始挚。"②

后世沿用者,如《晋书·乐志》:"羽为物,羽之为言舒也,言阳气将复,万物挚育而舒生也。"《通典》卷一百四十三《五声八音名义》注:"羽者,舒也,时阳气将复,万物挚育而舒生也。""舒"通"纡"。

先儒有训"宇"者,如《风俗通》引刘歆《钟律书》:"羽者,宇也,物聚藏,宇覆之也。"后世沿用者,如《汉书·律历志》:"羽,宇也,物聚臧宇覆之也。"《汉纪》卷十四:"羽者,宇也,物聚而覆宇之也。"

---

① 陈立《〈白虎通〉疏证》卷三,25页,《皇清经解续编》本。
② 杜台卿云:"亦因生物以名其音者。"

74.《礼乐篇》:"宫者,容也,含也,含容四时者也。"

此为《白虎通》之说。

75.《礼乐篇》:"埙在十一月,埙之为言熏也,阳气于黄泉之下熏蒸而萌。"

此为《白虎通》之说。

后世更训"喧"者,如《释名·释乐器》:"埙,喧也,声浊喧喧然也。"后世沿用者,如《御览》卷五百八十一引《乐书》:"埙者,喧也。"又有训"曛"者,如《旧唐书·志·音乐二》:"埙,曛也,立秋之音,万物将曛黄也。"《礼书》卷一百二十四注云:"然埙,土也,土位在坤而时立秋,则《唐志》之说是而《白虎通》之说非矣。"按:《白虎通》自气言之,《旧唐书》自物言之,故不同。

76.《礼乐篇》:"笙之言施也,牙也,在正月,万物始施而牙;①笙者,太簇之气,象万物之生,故曰笙。"

此为《白虎通》之说。

后世沿用者,如《说文·竹部》:"笙,十三簧,象凤之身也。笙,正月之音。物生,故谓之笙。"《周礼·春官·大司乐》"以六律、六同、五声、八音、六舞、大合乐以致鬼神"注《虞书》云……笙镛以间"疏引古文《舜典》郑玄注:"东方之乐谓之笙,笙,生也。东方,生长之方,故名乐为笙也。"《风俗通·声音篇》:"正月之音也,物生故谓之笙。"《释名·释乐器》:"笙,生也,竹之贯匏,象物贯地而生也。"《仪礼·大射仪》"笙磬西面"注:"笙犹生也,东为阳中,万物以生。"《周礼·春官·眡瞭》"击颂磬、笙磬"注:"磬在东方曰笙,笙,生也。"疏:"云'磬在东方谓之笙,笙,生也'者,以东方是生长之方,故云笙。"《御览》卷五百八十一引邯郸绰《五经析疑》:"笙者,法万物始生,导达阴阳之气,故有长短。"

77.《礼乐篇》:"箫者,中吕之气也,万物生于无声,见于无形,勠也,肃也,故谓之箫。箫者以禄为本,言承天继物为民本,人力加,地道化,然后万物勠也,故谓之箫也。"

此为《白虎通》之说。

后世沿用者,如《释名·释乐器》:"箫,肃也,其声肃肃然清也。"《公羊传·哀公十四年》"有王者则至"注《尚书》曰'箫韶九成,凤凰来仪'"疏引宋均《乐说》注云:"箫之言肃,舜时民乐其肃敬而纪尧道,故谓之箫。"

---

① "笙"各本作"匏",据《初学记》卷十六、《书钞》卷一百十、《白氏六帖》卷十八、《御览》卷五百八十一、《记纂渊海》卷七十八引改。"正月"各本讹"十二月",今据刘说改,详《〈白虎通义〉校释》。

78.《礼乐篇》:"瑟者,啬也,闲也。所以惩忿窒欲,正人之德也。"

此为《白虎通》之说。

先儒有训"洁"者,如《御览》卷五百七十六引《世本》:"瑟,洁也,使人精洁于心,淳一于行也。"

后世有更训"瑟"者,如《释名·释乐器》:"瑟,施弦张之,瑟瑟然也。"

79.《礼乐篇》:"琴者,禁也,所以禁止淫邪、正人心也。"

此为先儒旧说,如《文选·长门赋》"援雅琴以变调兮"李善注引《七略》:"琴之言禁也,雅之言正也,君子守正以自禁也。"

后世沿用者,如《说文·珡部》:"琴,禁也,神农所作。"《风俗通·声音篇》:"琴之为言禁也。"

80.《礼乐篇》:"磬者,夷则之气也,象万物之成也,其气磬。"

"磬"训"成""磬"并先儒旧说,如《诗·商颂·那》"依我磬声"传:"磬,声之清者也,以象万物之成。"《礼记·乐记》:"石声磬,磬以立辨,辨以致死。"①

后世沿用者,如《礼记·乐记》"石声磬,磬以立辨"注:"'石声磬磬'当为'磬',字之误也。"《释名·释乐器》:"磬,磬也。其声磬磬然坚致也。"

后世有更训"庆"者,如《汉学堂丛书·叶图征》宋均注:"磬,庆也。"

81.《礼乐篇》:"钟之为言动也,阴气用事,万物动成。"

此为《白虎通》之说。

后世有更训"种"者,如《说文·金部》:"钟,乐钟也,秋分之音,万物种成,故谓之钟。"(从段改本)后世沿用者,如《旧唐书·音乐志》:"钟,种也,立秋之音,万物种成也。"有更训"空"者,《释名·释乐器》:"钟,空也,内空受气多,故声大也。"有更有训"攻"者,如《汉学堂丛书·叶图征》宋均注:"钟,攻也,凡有罪者,鸣钟以攻之也。"

82.《礼乐篇》:"镈者,时之气声也,节度之所生也。君臣有节度则万物昌,无节度则万物亡,亡与昌正相迫,故谓之镈。"

此为《白虎通》之说。

83.《礼乐篇》:"柷敔者,终始之声,万物之所生也。阴阳顺而复,故曰柷;承顺天地,序迎万物,天下乐之,故乐用柷。柷,始也。敔,终也。"

此为《白虎通》之说。

---

① 疏:"'石声磬'者,石,磬也,磬是乐器,故读磬音磬然矣。……叩其磬,则其声之磬磬然也。"

后世沿用者，如《释名·释乐器》："柷敔，柷状如桼桶，敔状如伏虎。柷如物始见，柷柷然也。柷，始也，故训柷为始，以作乐也。敔，衙也，衙，止也。所以止乐也。"《汉书·律历志》"木曰柷"注："柷与俶同，俶，始也，乐将作，先鼓之，故谓之柷。"

84.《封公侯篇》："唐虞谓之牧何？尚质，使大夫往来牧视诸侯，故谓之牧。"

此以牧养之"牧"训州牧之"牧"。此为《白虎通》之说。

后世沿用者，如《尚书·立政》"宅乃牧"疏："牧者，言牧养下民。"《诗·小雅·小明》"二月初吉，载离寒暑"笺"诗人，牧伯之大夫"疏："言牧伯者，以牧一州之方伯谓之牧伯，然单言之直'牧'耳。"

85.《京师篇》："禄者，录也，上以敬录接下，下各以谨录事上。"①

此为先儒旧说，如《诗·周南·樛木》"福履绥之"传"履禄绥安也"疏引《援神契》："禄者，录也，取上所以敬录接下，下所以谨录事上。"

后世有更训"谷"者，如《周礼·春官·天府》"若祭天之司民、司禄"注："禄之言谷也，年谷登乃后制禄。"《礼记·王制》"王者之制禄爵"疏："禄者，谷也。"

---

① "禄者，录也，上以敬录接下，下各以谨录事上"十七字各本无，参卢、刘说，正之如此，详《〈白虎通义〉校释》。

# 卷 二

**86.《五行篇》:"言行者,欲言为天行气之义也。"**

此以运行之"行"训五行之"行"。此为《白虎通》之说。

后世沿用者,如《洪范政鉴》卷一引郑玄云:"行者,言顺天行气。"《释名·释天》:"五行者,五气也,于其方各施行也。"《汉书·五行志》"五行"注:"谓之行者,言顺天行气。"《尚书·洪范》"五行"疏:"谓之行者,若在天则五气流行,在地世所行用也。"

先儒有训为品行之"行"者,如《春秋繁露·五行之义篇》:"五行者,乃孝子忠臣之行也,五行之为言也,犹五行欤?是故以得辞也。"《春秋繁露·五行对篇》:"五行者,五行也。"以此言人,而《白虎通》欲言天,故不取也。

**87.《五行篇》:"水之为言准也,养物平均,有准则也。"**

此为先儒旧说,如《天地瑞祥志》卷十六引《元命苞》:"水之为言准也。"《管子·水地篇》:"水者,万物之准也。"

后世沿用者,如《说文·水部》:"水,准也,北方之行,象众水并流,中有微阳之气也。"《释名·释天》:"水,准也,准平物也。"

先儒有训"演""毁"者,如《御览》卷五十八引《元命苞》:"水之为言演也,阴化淖濡,流施潜行也。故其立字两人交一,以中出者为水。一者数之始,两人譬男女,言阴阳交,物以一起也。"《汉学堂丛书·元命苞》:"水之为言毁也,毁尽则更生,故物遇水而生,亦遇水而败也。"

**88.《五行篇》:"木之为言触也,阳气动跃,触地而出也。"**

此为先儒旧说,《御览》卷九百五十二引《元命苞》:"木者阳精,生于阴,故水者木之母。木之为言触也,气动跃也,其字八推十为水,八者阴合,十者阳数。"《七纬·元命苞》:"木者,触也,触地而生。"

后世有更训"冒"者,如《说文·木部》:"木,冒也,冒地而生,东方之行,从中,下象其根。"《释名·释天》:"木,冒也,华叶自覆冒也。"

227

89.《五行篇》:"火之为言委随也,言万物布施;火之为言化也,阳气用事,万物变化也。"

火训"委随"为先儒旧说,如《御览》卷八百六十八引《元命苞》:"火之为言委随也,故其立字人散二者为火也。"火训"化"为《白虎通》之说。

后世沿用者,如《释名·释天》:"火,化也,消化物也。"

后世有更训"毁"者,如《释名·释天》:"火,亦言毁也,物入中皆毁坏也。"

90.《五行篇》:"金在西方,西方者,阴始起,金之为言禁也,言秋时万物阴气所禁止也。"①

此为先儒旧说,如《汉学堂丛书·元命苞》:"金之为言禁也,当秋之时,万物收禁而止也。"

后世沿用者,如《释名·释天》:"金,禁也,其气刚严,能禁制也。"

91.《五行篇》:"土在中央,土之为言吐也,主吐含万物。"②

此为先儒旧说,如《尚书·周官》"司空掌邦土"孔传:"土能吐生百谷,故曰土。"《御览》卷三十七引《元命苞》:"土为言吐也,言子成父道,吐③气精以辅也,阳立于三,故成生,其立字十夹一为土。"《七纬·元命苞》:"土之为言吐也,含吐气精,以生于物。"

后世沿用者,如《说文·土部》:"土,地之吐生万物者也,二象地之上、地之中,丨物出形也。"(段注本)《尚书·禹贡》"厥田惟中中"疏引郑玄云:"地当阴阳之中,能吐生万物者曰土。"《周礼·地官·大司徒》"辨十有二壤之物"注:"壤亦土也,变言耳。以万物自生焉则言土,土犹吐也。"《尚书·周官》"司空掌邦土"疏:"土则地利为之名,以其吐生百谷,故曰土也。"《释名·释天》:"土,吐也,能吐生万物也。"《释名·释地》:"土,吐也,吐生万物也。"《御览》卷三十七引《圣证论》:"孔晁云:能吐生百谷谓之土。"《续汉书·祭祀志》"立大社稷于洛阳"注引王肃注《礼·郊特牲》:"五行之主也,能吐生百谷者也。"

92.《五行篇》:"水味所以咸何?是其性也。所以北方咸者,万物咸与所以坚之也,犹五味得咸乃坚也。"

此为《白虎通》之说。

---

① "金之为言禁也,言秋时万物阴气所禁止也"卢本作"万物禁止,金之为言禁也",据《礼记·月令》疏、《礼记集说》卷三十八、《天原发微》载郑氏引改,详《白虎通义》校释》。

② "土在中央,土之为言吐也,主吐含万物"卢本作"土在中央,中央者土,土主吐含万物,土之为言吐也",据《礼记·月令》疏、《礼记集说》卷三十八、《天原发微》载郑氏引改,详《白虎通义》校释》。

③ "也"字盖衍文。

后世沿用者,如《五行大义》卷三:"北方物咸,所以坚之也,犹五味得咸乃坚也。"

先儒有训"镰"者,如《宝典》卷十引《元命苞》:"咸者镰,镰,清也,言物始萌,镰虚以寒。"①

后世有更训"衔"者,如《说文·卤部》:"咸者,衔也,北方味也。"

93.《五行篇》:"所以名之为东方者,动方也,万物始动生也。"

此为先儒旧说,如《五行大义》卷一引《尸子》:"东者,动也,震气故动。"《尚书大传·尧典》:"东方者何也?动方也,物之动也。"

后世沿用者,如《汉书·律历志》:"少阳者东方,东,动也,阳气动物。"《说文·东部》:"东,动也。"《续汉书·五行志》"虎贲寺东壁"注引《风俗通》:"东者,动也。"《御览》卷十九引《元命苞》:"春含名出,位东方动。"注:"春之言蠢,东之言动。"

94.《五行篇》:"南方者,任养之方,万物怀任也。"

此为先儒旧说,如《尸子》卷下:"南,任也。"《尚书大传·尧典》:"南方者何也?任方也,任方者,物之方任。"《宝典》卷四引《元命苞》:"位在南方,南方者任长。"

后世沿用者,如《汉书·律历志》:"大阳者南方,南,任也,阳气任养物。"《御览》卷二十一引《三礼义宗》:"夏谓南者,南,任也。"

95.《五行篇》:"西方者,迁方也,万物迁落也。"

此为先儒旧说,如《宝典》卷七引《元命苞》:"名为西方,西方者迁,方者,旁也。"②

后世沿用者,如《汉书·律历志》:"少阴者,西方,西,迁也,阴气迁落物。"

先儒有训"鲜"者,如《尚书大传·尧典》:"西方者,何也?鲜方也,鲜,讯也,讯者,始入之貌。"

96.《五行篇》:"北方者,伏方也,万物伏藏也。"

此为先儒旧说,如《尸子》卷下:"北方为冬,冬,终也,北,伏方也,是故万物至冬皆伏。"《尚书大传·尧典》:"北方者,何也?伏方也。伏方也者,万物伏藏之方。"

后世沿用者,如《汉书·律历志》:"太阴者北方,北,伏也,阳气伏于下。"《宝典》卷十引《元命苞》"冬者,终也。"杜台卿注:"北方者,伏方也,物藏伏,

---

① 杜台卿注:"镰,寒清难犯,因以名其味者。"
② 杜台卿注:"物已成熟,可迁移。方者,言物虽迁,不离其旁侧也。"

因以为方名。"

**97.《五行篇》:"寅者,演也。"**

此为先儒旧说,如《宝典》卷一引《元命苞》:"少阳见于寅,寅者,演。"①《汉学堂丛书·推度灾》:"寅者,演也,物演渐大,少阳之气也。"

后世沿用者,如《释名·释天》:"寅,演也,演生物也。"

先儒有训"移"者,《宝典》卷一引《泛历枢》:"寅者,移也,阳气动从内戢,蓋氏执功,天兵修。"宋均注:"蓋氏执其农功之事,天兵修。"后世沿用者,如《五行大义》卷一:"寅者,移也,亦云引也,物牙稍吐,引而申之,移出于地也。"此前有训为"螾"者,同"引"(《说文·虫部》"螾"或作"蚓"),如《史记·律书》:"寅言万物始生螾然也。"《淮南子·天文训》:"寅则万物螾螾也。"注:"动生貌。"后世沿用者,如《汉书·律历志》:"引达于寅。"《礼记·月令》"孟春之月"注"日月之行,一岁十二会,圣王因其会而分之,以为大数焉,观斗所建,命其四时"疏云:"《律历志》云'引达于寅',则寅,引也。"《五行大义》卷一引《三礼义宗》:"寅者,引也,肆途之义也。"《五行大义》卷一:"寅者,移也,亦云引也,物牙稍吐,引而申之,移出于地也。"

后世有更训"津"者,如《晋书·乐志》:"寅者,津也,谓生物之津涂也。"有更训"敬"者,《太玄·玄数》"寅辰卯"范望注:"寅,敬也。"

**98.《五行篇》:"律之言率,所以率气令生也。"**

此为先儒旧说,如《御览》卷十六引《元命苞》云:"律之为言率也,所以率气令达也。"

后世沿用者,如《续汉书·律历志》"此声气之元,五音之正也"注引《月令章句》:"律,率也。……律者,清浊之率法也。"

先儒有训"述"者,如《尔雅·释言》:"律,述也。"②后世沿用者,如《周礼·春官·典同》"掌六律"注:"律,述气者也。"《史记·律书》"一禀于律"索隐引《释名》:"律,述也,所以述阳气也。"

后世有更训"法"者,如《晋书·乐志》:"律之为言法也,言阳气施生,各有法也。"有更训"帅"者,《五行大义》卷四引《三礼义宗》:"律,帅也,帅导阳气,使之通达也。"

**99.《五行篇》:"卯者,茂也。"**

此为先儒旧说,如《史记·律书》:"卯之为言茂也,言万物茂也。"《淮南子·天文训》:"卯则茂茂然。"《汉学堂丛书·推度灾》:"卯者,茂也,物茂渐

---

① 宋均注:"演犹生也。"
② 疏:"律管所以述气。"

成也。"《宝典》卷二引《元命苞》:"卯者,茂也。"

后世沿用者,如《五行大义》卷一引《三礼义宗》:"卯,茂也。阳气至此,物生滋茂。"《五行大义》卷一:"卯者,冒也,物生长大,覆冒于地也。"《晋书·乐志》:"卯者,茂也。言阳气生而孳茂也。"

先儒有训"质"者,《宝典》卷二引《泛历枢》:"卯者,质也,阴质阳。"

后世有更训"冒"者,如《汉书·律历志》:"冒茆于卯。"《礼记·月令》"孟春之月"注"日月之行,一岁十二会,圣王因其会而分之,以为大数焉,观斗所建,命其四时"疏:"《律历志》云'冒茆于卯',则卯,冒也。"《说文·卯部》:"卯,冒也。二月万物冒地而出。"《释名·释天》:"卯,冒也,载冒土而出也。"《太玄·玄数》"寅辰卯"范望注:"卯,取其冒牟而生也。"《五行大义》卷一:"卯者,冒也,物生长大,覆冒于地也。"

**100.《五行篇》:"辰者,震也。"**

此为先儒旧说,《汉学堂丛书·推度灾》:"辰者,震也,物振而动也。"《宝典》卷三引《泛历枢》:"辰者,震也,雷电起而万物震。"《宝典》卷三引《元命苞》:"辰者,震也。"

后世沿用者,如《汉书·律历志》:"振美于辰。"《礼记·月令》"孟春之月"注"日月之行,一岁十二会,圣王因其会而分之,以为大数焉,观斗所建,命其四时"疏:"《律历志》云:'振美于辰',则辰,振也。"("震"同"振")《说文·辰部》:"辰,震也。三月阳气动,雷电振,民农时也,物皆生。"《晋书·乐志》:"辰者,震也,谓时物尽震动而长也。"《五行大义》卷一引《三礼义宗》:"此月之时,物尽震动而长。"《五行大义》卷一:"辰者,震也,震动奋迅,去其故体也。"

先儒有训"娠"者,如《史记·律书》:"辰者,言万物之娠也。"

后世有更训"伸"者,如《释名·释天》:"辰,伸也,物皆伸舒而出也。"或更训"长",如《太玄·玄数》"辰辰戌丑未"范望注:"辰取其延长。"

**101.《五行篇》:"甲者,万物孚甲也。"**

此以"孚甲"之"甲"训天干之"甲"。此为先儒旧说,如《史记·律书》:"甲者,言万物剖符甲而出也。"[①]《宝典》卷一引《元命苞》:"甲者,物始孳甲。"《汉学堂丛书·推度灾》:"甲者,甲也,万物孚甲,犹苞幕也。"

后世沿用者,如《礼记·月令》"其日甲乙"注:"时万物皆解孚甲。"《汉书·律历志》:"出甲于甲。"《礼记·月令》"孟春之月"注"日月之行,一岁十

---

[①] 索隐:"符甲犹孚甲也。"

二会,圣王因其会而分之,以为大数焉,观斗所建,命其四时"疏:"《律历志》云'出甲于甲',则甲是孚甲也。"《说文·甲部》:"甲,东方之孟,阳气萌动,从木戴孚甲之象。"《释名·释天》:"甲,孚甲也,万物解孚甲而生也。"《太玄·玄数》"日甲乙"范望注:"甲取孚甲而生。"

先儒有训"押"者,如《五行大义》卷一引《推度灾》:"甲者,押也,春则开也,冬则阖也。"《宝典》卷一引《泛历枢》:"甲,押者也。春则闿,冬则阖。"宋均注:"押之为言苞押,言万物苞押也。"《广雅·释言》"甲,押也"王念孙疏证:"万物初出,有孚甲以自辅,故云押也。"

**102.《五行篇》:"乙者,物蕃屈有节欲出。"**

此为先儒旧说,如《汉学堂丛书·推度灾》:"乙者,屈也,屈折而起也。"《宝典》卷一引《元命苞》:"乙者,物蟠诎有萌,欲出,阳气含荣以一达。"①"屈""诎"通。

后世沿用者,如《说文·乙部》:"乙,象春艸木冤曲而出,阴气尚强,其出乙乙也。""曲"通"屈"。

此前有训"轧"者,如《史记·律书》:"乙者,言万物生轧轧也。"后世沿用者,如《汉书·律历志》:"奋轧于乙。"《礼记·月令》"其日甲乙"注:"乙之言轧也。"《释名·释天》:"乙,轧也,自抽轧而出也。"《太玄·玄数》:"日甲乙"范望注:"乙之言轧也,取其抽轧而出也。"《五行大义》卷一:"乙者,轧也。春时万物皆解孚甲,自抽轧而出也。"

**103.《五行篇》:"春之为言偆,偆动也。"②**

此为先儒旧说,如《礼记·乡饮酒义》:"东方者春,春之为言蠢也,产万物者圣也。"《汉学堂丛书·元命苞》:"春之为言蠢也,蠢蠢蝡动也。"《宝典》卷一引《说题辞》:"春,蠢兴也。"《春秋繁露·王道通三篇》:"春之为言犹偆偆。……偆偆者,喜乐之貌也。"见270条。

后世沿用者,如《汉书·律历志》:"时为春,春,蠢也,物蠢生乃动运。"《释名·释天》:"春,蠢也,万物蠢然而生也。"《风俗通·祀典》:"春者,蠢也。蠢蠢摇动也。"《楚辞·大招》"春气奋发"注:"春,蠢也。"《管子·四时》"其时曰春"尹知章:"春,蠢也,时物蠢而生也。"《太玄·玄数》"为春"范望注:"春,蠢也,取物蠢动,始于东方,故为春也。"

先儒有训"生"者,如《汉学堂丛书·元命苞》:"春之为言生也,当春之气,万物屯生也,故其立字'屯'下'日'为'春'也。"有训"动"者,如《尸子》卷

---

① 宋均注:"乙者,一之诘诎者也。"
② "偆"为"蠢"之借,《说文·䖵部》:"蠢,虫动也。"

下:"春为忠,东方为春,春,动也,是故鸟兽孕字,草木华生,万物咸遂,忠之至也。"又有训"出"者,《尚书大传·尧典》:"何以谓之春?春,出也。"《御览》卷十九引《元命苞》:"春含名出,位东方动,春明达,六合俱生。"又有训"推"者,如《御览》卷十九引《元命苞》:"春者神明推移,精华结纽。"注:"神明犹阴阳也,相推使物精华结成,纽结,要也。"后世沿用者,如《说文·艸部》:"春,推也。"

104.《五行篇》:"角者,气动跃也。"

此为先儒旧说。见70条。

105.《五行篇》:"太皞者,大起万物扰也。"①

此为先儒旧说,如《宝典》卷一引《元命苞》:"其帝太昊,太昊者大起,言万物动扰扰。"(太昊即太皞)

106.《五行篇》:"句芒者,物之始生,芒之为言萌也。"②

此为先儒旧说,如《宝典》卷一引《元命苞》:"其神勾芒者,始萌。"

后世沿用者,如《御览》引《三礼义宗》:"木正曰勾芒者,物始生皆勾屈而芒角,因用为官名也。"《太玄·玄数》"神句芒"范望注:"勾取物春勾屈而生芒,取其有芒角也。"

107.《五行篇》:"巳者,物必起。"③

此为先儒旧说,如《宝典》卷四引《元命苞》:"巳者物毕起。"

后世沿用者,如《晋书·乐志》:"四月之辰谓为巳,巳者起也,物至此时毕尽而起也。"《五行大义》卷一引《三礼义宗》:"巳,起也,物至此时,皆毕尽而起。"

先儒有训"次"者,如《汉学堂丛书·推度灾》:"巳者,次也,渐次而进也。"又有训"已"者,《史记·律书》:"巳者,言阳气之已尽也。"《淮南子·天文训》:"巳则生已定也。"《宝典》卷四引《泛历枢》:"巳者,已也。阳气已出,阴气已藏,万物出,成文章。"后世沿用者,如《汉书·律历志》:"已盛于巳。"《说文·巳部》:"巳,已也。四月阳气已出,阴气已藏,万物见,成文章,故巳为蛇,象形。"《释名·释天》:"巳,已也。阳气毕布已也。"《太玄·玄数》"辰巳午"范望注:"巳,取其已盛。"《五行大义》卷一:"巳者,已也,故体洗去,于是已竟也。"

---

① 《周礼·天官·大宰》"以安邦国,以教官府,以扰万民"注:"扰犹驯也。"然则此"扰"义为少阳之气大起惊扰万物使之顺从。
② "芒之为言萌也"上各本有"其精青龙",今从陈立说改,详《〈白虎通义〉校释》。
③ 卢云:"必与毕字通。"

## 108.《五行篇》:"午,物满长。"

此为先儒旧说,《宝典》卷五引《元命苞》:"午者,物满长。"宋均注:"午,五也。五,阳所立,故应而谓满长也。"

后世沿用者,如《晋书·乐志》:"五月之辰谓为午,午者,长也,大也,言物皆长大也。"《五行大义》卷一引《三礼义宗》:"午,长也,大也。明物皆长大也。"

先儒有训"甫"者,如《汉学堂丛书·推度灾》:"午者,甫也,其时可以哺也。"又有训"仵"(或训"午""忤""悟""鄂"者,同,为交午义),如《史记·律书》:"午者,阴阳交,故曰午。"《淮南子·天文训》:"午者,忤也。"《宝典》卷五引《泛历枢》:"午,仵也。阳气极于上,阴气起于下,阴为政,时有武,故其立字,十在人下为午。"宋均注:"午,仵也,适也,皆相敌之言也。"后世沿用者,如《汉书·律历志》:"咢布于午。"《说文·午部》:"午,悟也,五月阴气午逆阳,冒地而出。"《释名·释天》:"午,仵也,阴气从下上,与阳相仵逆也。"《五行大义》卷一:"午者,仵也,亦云萼也,仲夏之月,万物盛大,枝柯萼布于午。"《太玄·玄数》"辰巳午"范望注:"午取其鄂布也。"

## 109.《五行篇》:"未,味也。"

此为先儒旧说,如《史记·律书》:"未者,言万物皆成,有滋味也。"《汉学堂丛书·推度灾》:"未者,味也,别其滋味,异其美恶也。"

后世沿用者,如《说文·未部》:"未,味也,六月滋味也。"《晋书·乐志》:"六月之辰谓之未,未者,味也,言时万物向成有滋味也。"《五行大义》卷一引《三礼义宗》:"时物向成,皆有气味。"

先儒有训"昧"者,《淮南子·天文训》:"未,昧也。"《宝典》卷六引《元命苞》:"未者,昧也。"宋均注:"昧,蒙昧,明少貌也。"《宝典》卷六引《泛历枢》:"未者,昧也,昧者,盛也。"宋均注:"昧者,昧昧事众多之类,故曰盛。"后世沿用者,如《汉书·律历志》:"昧薆于未。"《释名·释天》:"未,昧也,日中则昃向幽昧也。"《五行大义》卷一:"未者,昧也,阴气已长,万物稍衰,体薆昧也,故曰薆昧于未。"《太玄·玄数》:"辰辰戌丑未。"范望注:"未,取其冥昧者也。"

## 110.《五行篇》:"丙者,其物炳明。"

此为先儒旧说,如《汉学堂丛书·推度灾》:"丙者,炳也,万物明见,无有所隐也。"《宝典》卷四引《元命苞》:"丙者,物炳明。"

后世沿用者,如《礼记·月令》"其日丙丁"注:"丙之言炳也。"《汉书·律历志》:"明炳于丙。"《说文·丙部》:"丙,位南方,万物成,炳然。"《释名·释天》:"丙,炳也,物生炳然,皆著见也。"《五行大义》卷一:"丙者,柄也,物之生长,冬执其柄。"《太玄·玄数》"日丙丁"范望注:"丙,取其炳明。"

先儒有训"明"者,如《史记·律书》:"丙者,言阳道著明,故曰丙。"又有训"柄"者,如《宝典》卷四引《泛历枢》:"丙者,柄也。"

**111.《五行篇》:"丁者,强也。"**

此为先儒旧说,如《宝典》卷四引《元命苞》:"丁者,强。"宋均注:"时物炳然且丁强,因以为日名也。"

后世沿用者,如《礼记·月令》"其日丙丁"注:"时万物皆炳然著见而强大,又因以为日名焉。"

先儒有训"亭"者,如《宝典》卷四引《泛历枢》:"丁者亭。"宋均注:"亭犹止,阳气著止而止也。"后世沿用者,如《五行大义》卷一:"丁者,亭也,亭犹止也,物之生长,将应止也。"有训"劲"者,如《汉学堂丛书·推度灾》:"丁者,劲也,正强壮也。"有训"壮"者,如《史记·律书》:"丁者,言万物之丁壮也,故曰丁。"后世沿用者,如《释名·释天》:"丁,壮也,物体皆丁壮也。"《太玄·玄数》:"日丙丁。"范望注:"丁,取其丁壮也。"

后世有更训"实"者,如《说文·丁部》:"丁,夏时万物皆丁实。"又有训为"盛"("成")者,如《汉书·律历志》:"大盛于丁。"

**112.《五行篇》:"夏之言大也。"**

此为先儒旧说,如《汉学堂丛书·元命苞》:"夏之为言大也,万物当夏而壮也。其象深,其质坚也,故其立字,'百'下'久'为'夏'也。"

后世沿用者,如《御览》卷二十一引《三礼义宗》:"夏,大也,谓万物长大也。"《御览》卷二十三引《三礼义宗》:"夏,大也,至此之时,物已长大,故以为名。"《太玄·玄数》"为夏"范望注:"夏,大也,万物皆长大也。"《宝典》卷四引《元命苞》:"夏者,物满纵。"

先儒有训"假"者,与"大"通,如《礼记·乡饮酒义》:"南方者夏,夏之为言假也,养之、长之、假之,仁也。"《尚书大传·尧典》云:"何以谓之夏?夏者,假也,吁荼万物养之外者也,故曰南方夏也。"后世沿用者,如《汉书·律历志》:"时为夏,夏,假也,物假大乃宣平。"《释名·释天》:"夏,假也,宽假万物,使生长也。"《管子·四时》"其时曰夏"注:"夏,假也,谓时物皆假大也。"又有训"兴"者,如《尸子》卷下:"夏为乐,南方为夏,夏,兴也;南,任也。是故万物莫不任兴,蕃殖充盈,乐之至也。"

**113.《五行篇》:"徵,止也,阳度极也。"**

此为《白虎通》之说。

**114.《五行篇》:"祝融者,属续也。"**

此为先儒旧说。见23条。

《宝典》卷四引《元命苞》夏于五神属朱芒,"其神朱芒,朱芒者,注芒也。"杜台卿注:"注芒者,注春所物产,使生芒。"与此不同。

### 115.《五行篇》:"申者,身也。"

此为《白虎通》之说。

后世沿用者,如《释名·释天》:"申,身也,物皆成其身体,各申束之,使备成也。"《晋书·乐志》:"七月之辰谓为申,申者,身也,言时万物身体皆成就也。"《五行大义》卷一引《三礼义宗》:"申者,身也,物皆身体成就也。"

先儒有训"呻"者,如《淮南子·天文训》:"申者,呻之也。"有训"申"者,如《史记·律书》:"申者,言阴用事,申贼万物。"有训"伸"者,同"申",如《汉学堂丛书·推度灾》:"申者,伸也,至是而万物大舒精也。"《宝典》卷七引《泛历枢》:"申者,伸也。"宋均注:"阳气衰,阴气伸。"后世沿用者,如《说文·申部》:"申,神[①]也。七月阴气成,体自申束。"《五行大义》卷一:"申者,伸,伸犹引也,长也,衰老引长。"有训"吞"者,如《宝典》卷七引《元命苞》:"申者,吞也。"杜台卿注:"吞阳所生而成之也。"

后世有更训"坚"者,如《汉书·律历志》:"申坚于申。"

### 116.《五行篇》:"酉者,老也,物收敛。"

此为先儒旧说,如《史记·律书》:"酉者,万物之老也。"《宝典》卷八引《诗泛历枢》:"酉者,老也,万物衰,枝叶槁。"《宝典》卷八引《元命苞》:"壮于酉,酉者,老也,物收殿。"宋均注:"物壮健极则老,老则当殿。"

后世沿用者,如《五行大义》卷一:"酉者,老也,亦云熟也,万物老极而成熟也。"

先儒有训"饱"者,如《淮南子·天文训》:"酉者,饱也。"有训"丑"者,如《汉学堂丛书·推度灾》:"酉者,丑也,物至是而形不嘉,凋残老丑也。"

后世有更训"留"者,如《汉书·律历志》:"留孰于酉。"《太玄·玄数》"辰申酉"范望注:"酉,取毕成可留聚也。"或训"就",如《说文·酉部》:"酉,就也,八月黍成,可为酎酒。"或训"秀",如《释名·释天》:"酉,秀也;秀者,物皆成也。"或训"缩",如《晋书·乐志》:"八月之辰谓为酉,酉者,缩也,谓时物皆缩缩也。"或训"犹",如《五行大义》卷一引《三礼义宗》:"酉,犹也,犹伦之义也,此时物皆缩小而成也。"

### 117.《五行篇》:"戌者,灭也。"

此为先儒旧说,如《史记·律书》:"戌者,言万物尽灭。"《淮南子·天文

---

[①] 段玉裁云:"神不可通,当是本作'申',如'已,已也'之例,谓此申、酉之篆即今引申之义也,浅人不得其例,妄改为神。"(《说文解字注》,146页,上海古籍出版社,1988年)

训》:"戌者,灭也。"《汉学堂丛书·推度灾》:"戌者,灭也,物至是而衰灭也。"

后世沿用者,如《说文·戌部》:"戌,灭也。九月阳气微,万物毕成,阳下入地也。"《晋书·乐志》:"九月之辰谓之戌,戌者,灭也,谓时物皆衰灭也。"《五行大义》卷一引《三礼义宗》:"此时物衰灭也。"《五行大义》卷一:"戌者,灭也,杀也,九月杀极,物皆灭也。"

后世有更训"毕"者,如《汉书·律历志》:"毕入于戌。"有训为"恤"者,如《释名·释天》:"戌,恤也,物当收敛,矜恤之也。"

**118.**《五行篇》:"庚者,物更也。"

此为先儒旧说,如《汉学堂丛书·推度灾》:"庚者,更也,物至是而改,将更之也。"《宝典》卷七引《泛历枢》:"庚者,更也,阴代阳也。"《宝典》卷七引《元命苞》:"庚者,物色更。"宋均注:"于是物更而成,故因以为日名之也。"又《史记·律书》:"庚者,言阴气庚万物,故曰庚。"此"阴气庚万物"之"庚"即"更"也。

后世沿用者,如《汉书·律历志》:"敛更于庚。"《礼记·月令》"其日庚辛"注:"庚之言更也,……万物皆肃然改更。"《释名·释天》:"庚,犹更也,庚,坚强貌也。"《御览》卷二十四引《三礼义宗》:"庚,更也;辛,新也。言物皆改更而新也。"《五行大义》卷一:"庚者,更也。……谓万物成代,更改复新也。"《太玄·玄数》"日庚辛"范望注:"庚,取其改更。"

后世有更训"庚"者,如《说文·庚部》:"庚,位西方,象秋时万物庚庚有实也。"

**119.**《五行篇》:"辛者,阴始成。"

此为先儒旧说,如《宝典》卷七引《元命苞》:"辛者,阴治成。"①宋均注:"于是物更而成,故因以为日名之也。"

后世沿用者,如《说文·辛部》:"辛,秋时万物成而孰。"

先儒有训"新"者,如《史记·律书》:"辛者,言万物之辛生,故曰辛。"("辛生"之"辛"即"新"字)《宝典》卷七引《泛历枢》:"辛者,新也,万物成熟,始尝新也。"宋均注:"新既辛螫,且兼物新成者也。"后世沿用者,如《汉书·律历志》:"悉新于辛。"《礼记·月令》"其日庚辛"注:"辛之言新也……万物皆肃然改更,秀实新成。"《释名·释天》:"辛,新也,物初新者,皆收成也。"《御览》卷二十四引《三礼义宗》:"庚,更也;辛,新也。言物皆改更而新也。"《五行大义》卷一:"辛者,新也,谓万物成代,更改复新也。"《太玄·玄数》"日

---

① "治"当为"始"之讹。

庚辛"范望注:"辛取其万物皆新熟也,百卉坼也。"

先儒亦有训"兵"者,如《汉学堂丛书·推度灾》:"辛者,兵也,物至是而残笃也。"

## 120.《五行篇》:"秋之为言愁也。"

此为先儒旧说,如《礼记·乡饮酒义》:"西方者秋,秋之为言愁也,愁之以时察守义者也。"①《尚书大传·尧典》:"何以谓之秋？秋者,愁也。愁者,万物愁而入也。"②《宝典》卷七引《元命苞》:"时为秋,秋者物愁。"③《宝典》卷七引《元命苞》:"秋,愁也,物愁而入也。"《汉学堂丛书·元命苞》:"秋之为言愁也,万物至此而愁,恐残败也。故其立字'禾'被'火'者为'秋'也。"又《春秋繁露·王道通三篇》:"秋之为言犹湫湫也。……湫湫者,忧悲之状也。"《月令广义》卷十四引《孝经说》:"秋者,揫也,万物于此揫敛也。""揫""湫"与"愁"同义。

后世沿用者,如《周礼·秋官·司寇》郑《目录》云:"秋者,遒也。"《御览》卷二十五引《三礼义宗》曰:"七月立秋,秋之言揫缩之意,阴气出地,始杀万物,故以秋为节名。"《汉书·律历志》:"时为秋,秋,𪓹也,物𪓹敛乃成孰。"《释名·释天》:"秋,緧也,緧迫品物,使时成也。"《管子·四时》"其时曰秋"尹知章注:"秋,揫也,时物成熟,揫敛之。"《太玄·玄数》"为秋"范望注:"秋,揫也。物成可揫聚也。""遒""𪓹""緧"并与"愁"同义。

先儒有训"就"者,如《太玄·玄文篇》:"秋也,物皆成象而就也。"后世沿用者,如《文选·秋兴赋》李善注引刘熙《释名》:"秋,就也,言万物就成也。"此前有训"肃"者,如《尸子》卷下:"秋为礼,西方为秋,秋,肃也,万物莫不肃敬,礼之至也。"

## 121.《五行篇》:"商者,强也。"

此声训为《白虎通》之说。

后世沿用者,如《晋书·乐志》:"商为臣,商之为言强也,谓金性之坚强也。"《通典》卷一百四十三《五声八音名义》注:"商者,金也,金坚强,故名之,亦当时物皆强坚成就之义也。"

先儒有训"章"者,如《汉学堂丛书·叶图征》:"宫为君,商为臣,商,章也,言臣章明君之功德。"《风俗通·声音篇》引刘歆《钟律书》:"商者,章也,

---

① 注:"愁读为揫,揫,敛也。"
② 郑玄注:"秋,收敛貌。"
③ 杜台卿云:"愁犹遒也,物至此而遒熟。"

238

物成孰可章度也。"①后世沿者,如《汉书·律历志》:"商之为言章也,物成孰可章度也。"

后世有更训"量"者,如《汉纪》卷十四:"商者,量也,物盛而可量度也。"

**122.《五行篇》:"虎之为言搏讨也。"**

此为《白虎通》之说。按:《方言》卷八:"虎,自关东西或谓之伯都。""搏讨"盖"伯都"之转,又西方属秋,主刑杀,虎有威,《汉上易》引马注:"兑为虎,秋主肃杀,征讨不义,故取于白虎。"故《白虎通》有此说。

**123.《五行篇》:"亥者,该也。"**②

此为先儒旧说,如《史记·律书》:"亥者,该也,言阳气藏于下,故该也。"《宝典》卷十引《泛历枢》:"亥者,核也。"《淮南子·天文训》:"亥者,阂也。"

后世沿用者,如《汉书·律历志》:"该阂于亥。"《释名·释天》:"亥,核也,收藏百物,核取其好恶真伪也,亦言物成皆坚核也。"《五行大义》卷一引《三礼义宗》:"亥,劾也,言阴气劾杀万物也。"《五行大义》卷一:"亥者,核也,阂也。十月闭藏,万物皆入核阂。"《晋书·乐志》:"十月之辰谓为亥,亥者,劾也,言时阴气劾杀万物也。"

先儒有训"骇"者,如《宝典》卷十引《元命苞》:"亥者,骇。"宋均注:"子为母主藏宝物,亦还归其母,出入无畏惧之心,故鸟兽饶驯,不可惊骇也。"又有训"太"者,如《汉学堂丛书·推度灾》:"亥者,太也,既灭既尽,将复,又有始者也。"

后世有更训"荄"者,如《说文·亥部》:"亥,荄也,十月微阳起,接盛阴。"《太玄·玄数》"辰子亥"范望注:"亥,取其荄生也。"

**124.《五行篇》:"子者,孳也。"**

此为先儒旧说,如《史记·律书》:"子者,滋也,滋者,言万物滋于下也。"《汉学堂丛书·推度灾》:"子者,孳也,自是渐孳生也。"《宝典》卷十一引《泛历枢》:"子者,孳也,天地壹欎,万物蓄孳,上下接体,天下治也。"③《宝典》卷十一引《元命苞》:"壮于子,子者,孳也。"④或训"兹",同,如《淮南子·天文训》:"子者,兹也。"

后世沿用者,如《汉书·律历志》:"孳萌于子。"《说文·子部》:"子,十一

---

① 《玉海》卷七引徐景安《乐书》引刘歆云:"商,章也,臣也,其声敏疾,如臣之节而为敏。"
② "该"卢本作"侅",据《辅行记》引、《史记·律书》改作"该",详《〈白虎通义〉校释》)。"该"为闭塞之义,或作"阂""核",同。
③ 宋均注:"欎,温也。"
④ 宋均注:"番孳生物也。"

239

月,阳气动,万物滋。"《释名·释天》:"子,孳也,阳气始萌,孳生于下也。"《晋书·乐志》:"十一月之辰谓为子,子者,孳也,谓阳气至此更孳生也。"《五行大义》卷一引《三礼义宗》:"阳气至,孳养生。"《太玄·玄数》"辰子亥"范望注:"子,取其滋番。"《五行大义》卷一:"子者,孳也。阳气既动,万物孳萌。"

125.《五行篇》:"丑者,纽也。"

此为先儒旧说,如《史记·律书》:"丑者,纽也,言阳气在上未降,万物厄纽未敢出。"《淮南子·天文训》:"丑者,纽也。"《宝典》卷十二引《元命苞》:"衰中于丑,丑者,纽也。"①或训"钮",同,如《汉学堂丛书·推度灾》:"丑者,钮也,万物之生已定枢钮也。"

后世沿用者,如《汉书·律历志》:"纽牙于丑。"《说文·丑部》:"丑,纽也,十二月,万物动,用事。"《释名·释天》:"丑,纽也。寒气自屈纽也。"《五行大义》卷一引《三礼义宗》:"言居终始之际,故以纽结为名。"《五行大义》卷一:"丑者,纽也;纽者,系也。续萌而系长也,故曰孳萌于子,纽牙于丑。"《晋书·乐志》:"十二月之辰谓为丑,丑者,纽也,言终始之际,以纽结为名也。"

此前有训"好"者,如《宝典》卷十二引《泛历枢》:"丑者,好也,阳施气,阴受道,阳好阴,阴好阴,刚柔相好,品物厚,制礼作乐,道文明也。"

126.《五行篇》:"壬者,阴始任。"②

此为先儒旧说,如《宝典》卷十引《元命苞》:"壬者,阴始任。"③

后世沿用者,如《说文·壬部》:"壬,象人怀妊之形。"《五行大义》卷一:"壬者,任也。……阴任于阳。"余皆为万物怀任,如《汉书·律历志》:"怀任于壬。"《礼记·月令》"其曰壬癸"注:"壬之言任也,癸之言揆也,……时万物怀任于下,揆然萌芽。"《释名·释天》:"壬,妊也,阴阳交,物怀妊也,至子而萌也。"《太玄·玄数》"日壬癸"范望注:"壬取其怀任。"《御览》卷二十六引《三礼义宗》:"壬,任也;癸,揆也。言万物更任生于黄泉,皆有法度也。"

先儒有训"任",义为任养、任事者,如《史记·律书》:"壬之为言任也,言阳气任养万物于下也。"《汉学堂丛书·推度灾》:"壬者,任也,至精之专。"《宝典》卷十引《泛历枢》:"壬者,任也,阴任事于上,阳任事于下,阴为政,民

---

① 宋均注:"纽心不进,避阳之解纽当生也,于是纽合义。"
② "始"卢本误"使"。
③ 宋均注:"壬,始任育。"

不与,阳持为政,王天下,故其立字,'壬'似'王'也。"①

**127.《五行篇》:"癸者,揆度也。"**

此为先儒旧说,如《史记·律书》:"癸之为言揆也,言万物可揆度,故曰癸。"《宝典》卷十引《泛历枢》:"癸者,揆也,度息阳持法者则也。"《汉学堂丛书·推度灾》:"癸者,揆也,谓可度其将生之理也。"《宝典》卷十引《元命苞》:"癸者,有度可揆绎。"宋均注:"至癸,萌渐欲生,可揆寻绎而知。"

后世沿用者,如《礼记·月令》"其曰壬癸"注:"壬之言任也,癸之言揆也,……时万物怀任于下,揆然萌芽。"《汉书·律历志》:"陈揆于癸。"《说文·癸部》:"癸,冬时水土平,可揆度也。"《释名·释天》:"癸,揆也,揆度而生,乃出土也。"《太玄·玄数》"日壬癸"范望注:"癸,取其揆然向萌芽也。"《御览》卷二十六引《三礼义宗》:"壬,任也;癸,揆也。言万物更任生于黄泉,皆有法度也。"《五行大义》卷一:"癸者,揆也。……揆然萌牙于物也。"

**128.《五行篇》:"冬之为言终也。"**

此为先儒旧说,如《尸子》卷下:"冬为信,北方为冬,冬,终也。"《宝典》卷十引《元命苞》:"冬者,终也。"《汉学堂丛书·元命苞》:"冬之为言终也,言万物终成也,水至是而坚冰,故其立字'冰'在'舟'中者为'冬'也。"《汉学堂丛书·河图稽耀钩》:"冬,终也,立冬之时,万物成终,为节名。"《七纬·援神契》:"冬者,终也,万物皆收藏也。"

后世沿用者,如《汉书·律历志》:"时为冬,冬,终也,物终臧,乃可称。"《御览》卷二十六引《说文》:"冬,终也,尽也。"《释名·释天》:"冬,终也,物终成也。"《御览》卷二十七引《月令章句》:"冬,终也。万物于是终也。"《御览》卷二十八引《三礼义宗》:"冬,终也,立冬之时,万物终成。"《太玄·玄数》"为冬"范望注:"冬,终也,物皆终藏也。"

先儒有训"中"者,如《礼记·乡饮酒义》:"北方者冬,冬之为言中也,中者,藏也。"《尚书大传·尧典》:"何以谓之冬?冬者,中也,中也者,万物方藏于中也。"后世沿用者,如《管子·四时》"其时曰冬"尹知章注:"冬,中也,言藏收万物于中也。"

**129.《五行篇》:"羽之为言舒,言万物始孳。"**

此为先儒旧说。见73条。

**130.《五行篇》:"颛顼者,寒缩也。"**

此为先儒旧说,如《宝典》卷十引《元命苞》:"其帝颛顼,颛顼者,寒缩。"

---

① 下"王"字《宝典》卷十引作"土",据文义当作"王",宋均注:"民不与则不能王者也。"

杜台卿注:"时寒缩,因以名其帝。"

### 131.《五行篇》:"戊者,茂也。"

此为先儒旧说,如《宝典》卷六引《元命苞》:"戊者,茂也。"

后世沿用者,如《礼记·月令》"其日戊己"注:"戊之言茂也,……至此万物皆枝叶茂盛。"《汉书·律历志》:"丰楙于戊。"《释名·释天》:"戊,茂也,物皆茂盛也。"《太玄·玄数》"日戊己"范望注:"戊,茂也;己,言起也:至此时万物茂盛,抑屈皆起也。"

先儒有训"贸"者,如《宝典》卷六引《泛历枢》:"戊者,贸也,阴贸阳、柔变刚也。"宋均注:"贸,易也。"①后世沿用者,如《五行大义》卷一:"戊者,贸也,生长既极,极则应成,贸易前体也。"此前又有训"富"者,如《汉学堂丛书·推度灾》:"戊者,富也,庶类富满也。"

### 132.《五行篇》:"己者,抑屈起。"②

此为先儒旧说,如《宝典》卷六引《元命苞》:"己者,抑诎而起。"③《汉学堂丛书·推度灾》:"己者,起也,万物壮起也。"

后世沿用者,如《礼记·月令》"其日戊己"注:"己之言起也,……至此万物皆枝叶茂盛,其含秀者抑屈而起,故因以为日名焉。"《太玄·玄数》"日戊己"范望注:"戊,茂也;己,言起也:至此时万物茂盛,抑屈皆起也。"

先儒有训"纪"者,如《宝典》卷六引《泛历枢》:"己者,纪也,阴阳造化,臣子成道。"后世沿用者,如《汉书·律历志》:"理纪于己。"《释名·释天》:"己,纪也,皆有定形可纪识也。"《五行大义》卷一:"己者,纪也。物既始成,有条纪也。"

### 133.《五行篇》:"宫者,中也。"

此为先儒旧说,如《风俗通·声音篇》引《钟律书》:"宫者,中也,居中央,畅四方,倡始施生,为四声纲也。"《宝典》卷六引《元命苞》:"其音宫,宫者,中也,精明。"

后世沿用者,如《汉书·律历志》:"宫,中也,居中央,畅四方,唱始施生,为四声纲也。"《汉纪》卷十四:"宫者,中也。"《晋书·乐志》:"宫为君,宫之为言中也,中和之道,无往而不理焉。"《通典》卷一百四十三注:"宫者义取宫室之象,所以安容于物。宫者,土也,土亦无所不容,故谓之宫。又,宫者,中也,义取中和之理,其余四声而和调之。"

---

① "易"《宝典》卷六引讹"男"。
② "抑屈起",卢云:"疑当作'抑屈而起也',盖因'己'字之文生义。"是。
③ 宋均注:"此阳物尽盛,抑诎者犹起。"

134.《五行篇》:"十一月律谓之黄钟何?黄者中和之色,钟者,动也。言阳气动于黄泉之下,动养万物也。"①

此为先儒旧说,如《五行大义》卷四引《淮南子》云:"黄,土色;钟者,气之所动。黄钟为君,冬至得之。"②

先儒有仅训黄为五色之黄者,如《宝典》卷十一引《元命苞》:"律中黄钟,黄钟者,始黄也。"后世沿用者,如《晋书·乐志》:"十一月之管谓之黄钟,黄者阴阳之中色也,天有六气,地有五才,而天地数毕焉,或曰,冬至德气为土,土色黄,故曰黄钟。"此前有训"钟"为"踵"者,如《史记·律书》:"黄钟者,阳气踵黄泉而出也。"后世沿用者,如《独断》卷上:"律中黄钟,言阳气踵黄泉而出。"

后世有更训"钟"为"种"者,如《汉书·律历志》:"黄者,中之色,君之服也,钟者,种也。"《太玄·玄数》"黄钟生林钟"范望注:"钟,种也,色莫甚于黄,声莫大于宫,故以为律始也。阳气施种于黄泉,万物得以萌芽也。"又有训"钟"为"应"者,如《五行大义》卷四引《三礼义宗》:"钟,应也,言阳气潜动于黄泉之下,应养万物,萌芽欲出。"或训"钟"为"钟聚"之"钟",如《国语·周语》"夫六,中之色也,故名之曰黄钟"注:"黄,中之色也,钟之言阳气钟聚于下也。"《淮南子·天文训》"音比黄钟"注:"黄钟,十一月也,钟者,聚也,阳聚于黄泉之下也。"又或训"黄"为物之黄,非土之黄,如《淮南子·时则训》"律中黄钟"注:"钟者,阳气聚于下,阴气盛于上,万物黄萌于地中,故曰黄钟。"《吕氏春秋·仲冬纪》"律中黄钟"注:"阳气聚于下,阴气盛于上,万物黄萌,聚于黄泉之下,故曰黄钟也。"此亦以"钟"为钟聚义。

135.《五行篇》:"十二月律谓之大吕何?大者,大也;吕者,拒也。言阳气欲出,阴不许也。吕之为言拒者,旅拒难之也。"③

此为《白虎通》之说。

后世沿用者,如《尔雅·释器》疏引《律历志》云:"吕,拒也,言与阳相承,更迭而至也。"《御览》卷二十七引《风俗通》:"十二月律谓之大吕何?大者,太也;吕,拒也。言阳气欲出,其阴不许也。吕之言拒也,旅抑拒难之也。"④《五行大义》卷四:"大者,太也;吕者,拒也。言阳气欲出,阴距难也。"

先儒有训"略睹"者,如《宝典》卷十二引《元命苞》:"律中大吕,大吕者,

---

① 卢本据《史记正义》引删"动于黄泉"之"动"字,今不从,详《〈白虎通义〉校释》。
② 今《淮南子·天文训》作:"黄者,土德之色,钟者,气之所种也。"
③ "旅"下各本衍"抑"字,据《宝典》卷十二引删订。
④ "旅抑"《御览》引作"依即",王利器改。按:此盖《白虎通》文。

略睹起。"杜台卿注:"略,较略也,万物于是萌渐,故出,较略可见也。"又有训"吕"为"旅"者,如《淮南子·天文训》:"大吕者,旅旅而去也。"后世沿用者,如《汉书·律历志》:"大吕,吕,旅也。言阴大,旅助黄钟宣气而牙物也。"《淮南子·时则训》"律中大吕"注:"吕,旅也,万物萌动于黄泉,未能达见,所以旅旅去阴即阳,助其成功,故曰大吕。"《吕氏春秋·季冬纪》"律中大吕"注:"万物萌生,动于黄泉,未能达见。吕,旅也,所以旅去阴即阳,助其成功,故曰大吕也。"《太玄·玄数》"蕤宾生大吕"范望注:"吕,旅也,言阴大吕助黄钟宣气而牙物也。"

后世有更训"助"者,如《独断》卷上:"律中大吕,言阴气大胜,助黄钟宣气而万物生。"《国语·周语》"元间大吕,助宣物也"注:"大吕,助阳宣散物也,天气始于黄钟,萌而赤地,受之于大吕,牙而白,成黄钟之功也。"《尔雅·释器》疏引《律历志》云:"吕,助也,言助阳宣气。"《五行大义》卷四引《三礼义宗》:"吕,助也,十二月阳方生长,阴气助之,生育之功,其道广大也。"《晋书·乐志》:"十二月之管名为大吕,吕者,助也,谓阳气方之,阴气助也。"有更训"侣"者,如《淮南子·天文训》"音比大吕"注:"大吕,十二月也,吕,侣也,万物萌动于下,未能达见,故曰大吕,所以配黄钟,助阳宣功也。"

136.《五行篇》:"正月律谓之太簇何? 太者,大也;①簇者,凑也。言万物始大,凑地而出也。"

此为先儒旧说,如《史记·律书》:"律中泰簇,泰簇者,言万物簇生也。"("泰"通"太")《淮南子·天文训》云:"太簇者,簇而未出也。"《宝典》卷一引《元命苞》:"大簇者,凑未出。""凑""簇"音义并同。

后世沿用者,如《汉书·律历志》:"太族,族,奏也,言阳气大,奏地而达物也。"("太族"同"太簇")《独断》卷上:"律中太簇,言万物始簇而生。"《国语·周语》"二曰大簇"注:"大簇言阳气大簇,达于上也。"《吕氏春秋·孟春纪》"律中太簇"注:"太阴气衰,少阳气发,万物动生,簇地而出,故曰律中太簇。"《淮南子·时则训》"律中太簇"注:"阴衰阳发,万物太簇地而生,故曰太簇。"《淮南子·天文训》"音比太簇"注:"太簇,正月也,簇,簇也,阴衰阳发,万物簇地而生,故曰太簇。"《五行大义》卷四引《三礼义宗》:"族者,凑之义也。正月之时,万物始大,族地而出。"《晋书·乐志》:"正月之管谓为太簇,簇者,簇也,谓万物随于阳气,太簇而生也。"《五行大义》卷四:"大簇,言万物始大,凑地而出也。"《太玄·玄数》"林钟生太簇"范望注:"簇,奏也,言阳气

---

① "者"各本作"亦",今从《宝典》卷一、《史记·律书》正义引改。

太奏地而达物也。"("奏"通"凑")

**137.《五行篇》:"二月律谓之夹钟何? 夹者,孚甲也。言万物孚甲,种类分也。"**

此为先儒旧说,如《淮南子·天文训》:"夹钟者,种始莢也。""莢"即孚甲。

后世沿用者,如《淮南子·天文训》"音比夹钟"注:"夹钟,二月也,夹,夹也,万物去阴,夹阳地而生,故曰夹钟也。"①《五行大义》卷四:"夹钟者,言万物孚甲,种类而出也。"

先儒有训"夹"为夹厕之"夹"者,如《史记·律书》:"夹钟者,言阴阳相夹厕也。"有训"侠"者,如《宝典》卷二引《元命苞》:"夹钟者,始侠,谓游侠之侠,言壮健也。"后世沿用者,如《五行大义》卷四引《三礼义宗》:"一云,夹者,侠也。言万物为孚甲所侠,至此方解,钟应而出。"

后世有更训"夹"(夹助)、"种"者,如《汉书·律历志》:"言阴夹助太族,宣四方之气,而出种物也。"《太玄·玄数》"夷则生夹钟"范望注:"言阴夹助太簇,宣四方之气,而出种物也。"有训"夹""聚"者,如《淮南子·时则训》"律中夹钟"注:"是月万物去阴夹阳,聚地而生,故曰夹钟也。"《吕氏春秋·仲春纪》"律中夹钟"注:"是月万物去阳夹阴而生,故竹管音中夹钟也。"有训"助""聚"者,如《国语·周语》"二间夹钟"注:"夹钟,助阳钟聚也。"又有训"夹"为"佐"者,如《五行大义》卷四引《三礼义宗》:"夹者,佐也,二月之中,物未尽出,阴佐阳气,应物而出。"《晋书·乐志》:"二月之管名为夹钟,夹者,佐也,谓时物尚未尽出,阴德佐阳而出物也。"

**138.《五行篇》:"三月律谓之姑洗何?② 姑者,故也;洗者,鲜也。言万物皆去故就其新,莫不鲜明也。"**

此为《白虎通》之说。

后世沿用者,如《吕氏春秋·季春纪》"律中姑洗"注:"姑,故;洗,新,是月阳气养生,去故就新,竹管音中姑洗也。"《淮南子·时则训》"律中姑洗"注:"姑,故也;洗,新也,是月阳气养生,去故就新,故曰姑洗。"《淮南子·天文训》"音比姑洗"注:"姑洗,三月也,姑,故也;洗,新也,阳气养生,去故就新,故曰姑洗也。"《五行大义》卷四"姑洗者,姑者,古也;洗者,鲜也,万物去故就新,莫不鲜明也。"

---

① 刘文典云:"'夹,夹也'义不可通,疑当作'夹,莢也',下文云'夹钟者,种始莢也'是其证。"(《〈淮南鸿烈〉集解》,100页,中华书局,1989年)

② "三月"下"律"字各本无,陈本有,按《宝典》引各月下均有"律"字,今本《白虎通》十一、十二、正月、二月下有"律"字,其余月下无,必有脱文,今并据补。

先儒有作"沽洗"者,如《宝典》卷三引《元命苞》:"沽洗者,陈去新来,少阳至辰,气烁易荄。"杜台卿云:"沽犹槁也,即阳也,荄,干也。""沽洗"同"姑洗",《淮南子·天文训》:"姑洗者,陈去而新来也。"又有训"洗"为"洗"者,如《史记·律书》:"姑洗者,言万物洗生。"

后世有更训"姑洗"为"辜洁"者,如《汉书·律历志》:"姑洗:洗,洁也。言阳气洗物,辜洁之也。"注引孟康曰:"辜,必也,必使之洁也。"有训"姑"为"枯"者,如《五行大义》卷四引《三礼义宗》:"姑者,枯也;洗,濯之义;三月物生新洁,洗除其枯也。"《晋书·乐志》:"三月之管名为姑洗,姑洗者,姑,枯也;洗,濯也,谓物生新洁,洗除其枯,改柯易叶也。"又有训"姑"为"洁"者,如《国语·周语》"三曰姑洗"注:"姑,洁也;洗,濯也。……言阳气养生,洗濯姑秽,改柯易叶也。"又有训"故絜"者,如《太玄·玄数》"南吕生姑洗"范望注:"姑,故也;洗,絜也。言阳气絜精新物去故物也。"

**139.《五行篇》:"四月律谓之仲吕何?言阳气将极,故复中难之也。"**①

此为先儒旧说,如《淮南子·天文训》:"仲吕者,中充大也。"此训"仲"为"中",由"复中难之"可知,训"吕"为"距"。"中难之"者,阳难阴也。

后世沿用者,如《五行大义》卷四引《三礼义宗》:"吕者,距难之义,言阴欲出,阳气在于中距执之。"《五行大义》卷四:"中吕者,万物当中皆出也。"

先儒有训"吕"为旅行之"旅"者,如《史记·律书》:"中吕者,言万物尽旅而西行也。"

后世有更训"吕"为旅助之"旅"者,如《汉书·律历志》:"仲吕,言微阴始起未成,著于其中,旅助姑洗,宣气齐物也。"《淮南子·时则训》"律中仲吕"注:"是月阳散在外,阴实在中,所以旅阳成功,故曰仲吕。"《吕氏春秋·孟夏纪》"律中仲吕"注:"阳散在外,阴实在中,所以旅阳成功也,故曰仲吕。"《太玄·玄数》"无射生仲吕"范望注:"言微阴在地中,旅助姑洗,宣气齐物也。"又有更训"吕"为"助"者,如《淮南子·天文训》"音比仲吕"注:"仲吕,四月也,阳在外,阴在中,所以吕中于阳,助成功也,故曰仲吕。"《五行大义》卷四引《三礼义宗》:"一云,吕者,四月之时,阳气盛长,阴助功微,故云尔。"《晋书·乐志》:"四月之管名为仲吕,吕者,助也,谓阳气盛长,阴助成功也。"又有更训"中"为"踊"者,如《宝典》卷四引《元命苞》"中吕者,大踊"宋均注:"中,踊也,相应而吕出,故曰'中吕者,大踊'也。"

---

① "言阳气将极"卢本作"言阳气将极中充大也",据《宝典》卷四、《御览》卷十六引改,详《〈白虎通义〉校释》。

140.《五行篇》："五月律谓之蕤宾何？蕤者，下也；宾者，敬也。言阳气上极，阴气始起，故宾敬之也。"

此为《白虎通》之说，此以宾敬之"宾"训之蕤宾之"宾"。

后世沿用者，如《五行大义》卷四引《三礼义宗》："蕤者，垂下之义；宾者，敬也：五月阳气下降，阴气始起，共相宾敬。"《晋书·乐志》："五月之管名为蕤宾，葳蕤，垂下貌也，宾，敬也：谓时阳气下降，阴气始起，相宾敬也。"《御览》卷二十一引《释名》："五月谓之蕤宾，蕤者，下也；宾者，敬也。言阳气下，阴气上极，阴气始宾敬之也。"（《事类赋》卷四引同）又有训字不同而义同者，如《淮南子·天文训》"音比蕤宾"注："蕤宾，五月也，阴气萎蕤在下，似主人；阳在上，似宾客，故曰蕤宾也。"《淮南子·时则训》"律中蕤宾"注："是月阴气萎蕤在下，像主人也；阳气在上，像宾客也，故曰蕤宾。"《吕氏春秋·仲夏纪》"律中蕤宾"注："蕤宾，阳律也，是月阴气萎蕤在下，象主人；阳气在上，象宾客。"《国语·周语》"四曰蕤宾，所以安靖神人，献酬交酢也"注："蕤，委蕤，柔貌也。言阴气为主，委蕤于下，阳气盛长于上，有似于宾主，故可用之宗庙、宾客，以安静神人，行酬酢也。"《汉书·律历志》："蕤，继也；宾，道也。言阳始道阴气，使继养物也。"后世沿用者，如《太玄·玄数》"应钟生蕤宾"注："五月之律也，蕤，继也；宾，导也。言阳气始道阴气，使继养万物也。"

先儒有训"蕤宾"者，如《史记·律书》："蕤宾者，言阴气幼少，故曰蕤痿；阳不用事，故曰宾。"有训"委宾"者，与《史记》同，如《宝典》卷五引《元命苞》："律中蕤宾，蕤宾者，委宾。"杜台卿云："委犹予也，宾见归予也，此阳用事而谓之宾者，时阴在下，为主，尊奉之，故变阳云宾。南方为礼，万物相见，立宾主以相承事，取此义。"

141.《五行篇》："六月律谓之林钟何？林者，众也，万物成熟，种类众多也。"

此为《白虎通》之说。

后世沿用者，如《三礼义宗》卷四："林钟者，林者，众也。万物成熟，种类众多也。""林钟"之训多从《白虎通》之旨，而各为义训，如《淮南子·天文训》"音比林钟"注："林钟，六月也，林，众；钟，聚也：阳极阴生，万物众聚而盛，故曰林钟。"《淮南子·时则训》"律中百钟"注："百钟，林钟也，是月阳盛阴起，生养万物，故曰百钟。"《吕氏春秋·季夏纪》"律中林钟"注："林，众；钟，聚。阴律也，阳气衰，阴气起，万物众聚而成，竹管之音应林钟也。"《国语·周语》"四间林钟"注："林，众也。言万物众盛也。钟，聚也。"《五行大义》卷四引

《三礼义宗》:"林,茂盛也,六月之中,物皆盛茂,聚积于野,故为林也。"《晋书·乐志》:"六月之管名为林钟,林者,林茂也,谓时物茂盛于野也。"《汉书·律历志》复为异说云:"林,君也。言阴气受任,助蕤宾,君主种物,使长大茂盛也。"后世沿用者,如《太玄·玄数》"黄钟生林钟"范望注:"林,君也。言阴气受任,助蕤宾,君主种物使茂盛也。"

先儒有训"林"为"引"者,如《宝典》卷六引《元命苞》:"律中林钟,林钟者,引入阴。"《淮南子·天文训》:"林钟者,引而止也。"《白虎通》不取者,《元命苞》《淮南子》自阴阳言,《白虎通》自万物言。此前又有训"林"为"林林"者,无生气之义,如《史记·律书》:"林钟者,言万物就死,气林林然也。"

**142.《五行篇》:"七月律谓之夷则何?夷,伤也;则,法也。言万物始伤,被刑法也。"①**

此为《白虎通》之说。

后世沿用者,如《汉书·律历志》:"夷则:则,法也,言阳气正法度,而使阴气夷当伤之物也。"《淮南子·天文训》"音比夷则"注:"夷则,七月也,夷,伤;则,法也。阳衰阴发,万物雕伤,应法成性,故曰夷则也。"《淮南子·时则训》"律中夷则"注:"夷,伤也;则,法也。是月阳衰阴盛,万物凋伤,应法成性,故曰夷则也。"《吕氏春秋·孟秋纪》"律中夷则"注:"太阳气衰,太阴气发,万物肃然,应法成性,故曰律中夷则。"《五行大义》卷四:"夷则者,夷,伤也;则,法也。言万物始伤,被刑法也。"《太玄·玄数》"大吕生夷则"范望注:"夷,伤也;则,法也。言阳正法于上阴,行伤物于下也。"

先儒或训"则"为"贼",或训"夷"为"易",如《史记·律书》:"夷则,言阴气之贼万物也。"《淮南子·天文训》:"夷则者,易其则也,德以去矣。"②《宝典》卷七引《元命苞》:"律中夷则,夷则者,易其法。"杜台卿注:"易法者,阳性仁施而之也。"

后世有义训"夷"为"平"者,如《国语·周语》"五曰夷则"注:"夷,平也;则,法也。言万物既成,可法则也。"《五行大义》卷四引《三礼义宗》:"夷,平也;则,法也。七月万物将成,平均结实,皆有法则,德吉也。"《晋书·乐志》:"七月之管名为夷则,夷,平也;则,法也,谓万物将成,平均皆有法则也。"

---

① 此假"夷"为"痍",训"痍"为"伤"。段玉裁云:"凡注家云'夷,伤也'者,谓'夷'即'痍'之假借也。"(见《说文解字注》,493页,上海古籍出版社,1988年)

② 《御览》卷十六引并注:"德以去,生气尽也。"

**143.**《五行篇》:"八月律谓之南吕何? 南者,任也。言阳气尚有,任生荠麦也,故阴拒之也。"

此为《白虎通》之说。

后世沿用者,如《五行大义》卷四:"南吕者,南者,任也,言阳气有,任生孳长也。"《晋书·乐志》:"八月之管名为南吕,南者,任也,谓时物皆秀,有怀任之象也。"《五行大义》卷四引《三礼义宗》:"南,任也,八月之中,物皆含秀,有怀任之象,助成功之义。"《三礼义宗》惟"吕"训"助",与《白虎通》不同。

先儒仅训"南"为"任",如《淮南子·天文训》:"南吕者,任包大也。"《宝典》卷八引《元命苞》:"南吕者,任纪。"杜台卿注:"纪,法也,言物皆任法备成者也。"或训"吕"为"旅",助义,如《史记·律书》:"南吕者,言阳气之旅入藏也。"后世沿用者,如《汉书·律历志》:"南,任也,言阴气旅助夷则,任成万物也。"《国语·周语》"五间南吕"注:"南,任也,阴任阳事,助成万物也。"《太玄·玄数》"太簇生南吕"范望注:"南,任也;吕,旅也。言阴气旅进,助夷则任成物也。"或更训"侣"者,与"旅"同,如《淮南子·天文训》"音比南吕"注:"南吕,八月也,南,任。言阳气内藏,阴侣于阳,任成其功,故曰南吕也。"《淮南子·时则训》"律中南吕"注:"南,任也,言阳气吕旅而志助阴,阴任成万物也。"《吕氏春秋·仲秋纪》"律中南吕"注:"是月阳气内藏,阴旅于阳,任其成功,竹管音中南吕。"

**144.**《五行篇》:"九月律谓之无射何? 射者,终也。言万物随阳而终,当复随阴而起,无有终已也。"①

此为《白虎通》之说。

后世沿用者,如《五行大义》卷四:"无射者,射者,终也。言万物随阳而终,当复随阴而起,无终已也。"

先儒有训"无余"者,如《史记·律书》:"无射者,阴气盛用事,阳气无余也。故曰无射。"又有训"无厌"者,为无厌足之义,如《淮南子·天文训》:"无射,入无厌也。"后世沿用者,如《汉书律·律历志》:"亡射:射,厌也,言阳气究物,而使阴气毕剥落之,终而复始,亡厌已也。"《太玄·玄数》"夹钟生无射"范望注:"射,厌也,言阳究物,阴剥落之,终而复始,无厌已也。"王念孙云:"《尔雅》:'射,厌也。'厌与终义亦相近,凡事终谓之绎,终其事亦谓绎。"②

---

① "射"训"终"为"斁"之借,段玉裁云:"经典亦假'射'为'斁'。"(见《说文解字注》,124页,上海古籍出版社,1988年)

② 王念孙《〈广雅〉疏证》,129页,中华书局,2004年。

后世有更训"射"(yì)为"射"(shè)者,如《淮南子·时则训》"律中无射"注:"阴气上升,阳气下降,万物随阳而藏,无射出见也。"《淮南子·天文训》"音比无射"注:"无射,九月也,阴气上升,阳气下降,万物随阳而藏,无有射出见也,故曰无射。"《吕氏春秋·季秋纪》"律中无射"注:"阴气上升,阳气下降,故万物随而藏,无射出见也。"《晋书·乐志》:"九月之管名为无射,射者,出也,言时阳气上升,万物收藏,无复出也。"又有训为"厌恶"之"厌"者,如《五行大义》卷四引《三礼义宗》:"射,厌也,厌恶之义,九月物皆成实,无可厌恶。"

## 145.《五行篇》:"十月律谓之应钟何?应者,应也;钟者,动也。言万物应阳而动下藏也。"

此为《白虎通》之说。

后世沿用者,如《五行大义》卷四引《三礼义宗》:"应者,应和之义,言此时将复应阳气而动于下也。"《五行大义》卷四:"应钟者,言万物应时而钟下藏也。"《御览》卷二十七引《风俗通》:"应者,应也;钟者,动也。言万物应阳而动不藏也。"①

先儒有训"应种"者,如《宝典》卷十引《元命苞》:"律占应钟,其种。"②后世沿用者,如《汉书·律历志》:"应钟,有阴气应无射,该藏万物,而杂阳阂种也。"先儒又有训"钟"为"钟聚"者,如《淮南子·天文训》:"应钟者,应其钟也。"后世沿用者,如《国语·周语下》"六间应钟,均利器用"注:"言阴应阳用事,万物钟聚。"《淮南子·时则训》"律中应钟"注:"阴应于阳,转成其功,万物聚成,故曰应钟。"《淮南子·天文训》"音比应钟"注:"应钟,十月也,阴应于阳,转成其功,万物应时聚藏,故曰应钟。"《吕氏春秋·孟冬纪》"律中应钟"注:"阴应于阳,转成其功,万物聚藏,故曰律中应钟。"《五行大义》卷四引《三礼义宗》:"十月之时,岁功皆成,阴气之用,应阳之功,收而聚积,故云钟也。"《晋书·乐志》:"十月之管名为应钟,应者,和也,谓岁功皆成,应和阳功,收而聚之也。"又《太玄·玄数》"姑洗生应钟"范望注:"言阴气应无射,该藏万物也。"此以"应"为应无射,与上述应阳不同。

## 146.《诛伐篇》:"伐者,败也,欲败去之也。"③

此为先儒旧说,如《御览》卷三百四引《说题辞》:"伐者,涉人国内行威,

---

① "不藏"为"下藏"之误。
② "其种"上盖有脱文。杜台卿注:"应钟者,应其种也。"
③ "伐者,败也,欲败去之也"九字各本无,据《慧琳音义》卷二十七、《金光明经文句新记》卷六引补,详《〈白虎通义〉校释》。

有所斩坏,伐之为言败也。"

后世沿用者,如《说文·人部》:"伐,败也。"

147.《诛伐篇》:"征犹正也,欲言其正也。"

此为先儒旧说,如《孟子·尽心下》:"征之为言正也。"

后世沿用者,如《礼记·月令》"以征不义"注:"征之言正。"《国语·周语》"穆王将征犬戎"注:"征,正也,上讨下之称。"《国语·鲁语》"是以上能征下"《国语·楚语》"抚征南海"注并云:"征,正也。"《吕氏春秋·孟秋纪》"以征不义"注:"征,正也。"《尚书·胤征》"胤征"传"奉辞伐罪曰征"疏:"征者,正也,伐之以正其罪。"

148.《诛伐篇》:"战者,何谓也?《尚书大传》曰:'战者,惮惊之也。'"①

此为先儒旧说,如《白虎通》所引《尚书大传》。

149.《诛伐篇》:"《春秋谶》曰:'战者,延改也。'"②

此为先儒旧说,如《白虎通》所引《春秋谶》。

150.《诛伐篇》:"弑者何谓也?弑者,杀也,欲言臣子杀其君父,不敢卒,候间伺事,可稍稍试之。"③

此为《白虎通》之说。

后世沿用者,如《论语·公冶长》"崔子弑其君"皇侃疏:"弑,试也,下之害上,不得即而致杀,必先相试以渐。"《左传·宣公十八年》"凡自虐其君曰弑"疏:"弑者,试也,言臣下伺候间隙试犯其君。"

后世有更训"渐"者,如《左传·宣公十八年》"凡自虐其君曰弑"注:"弑者积微而起,所以相测量,非一朝一夕之渐。"《谷梁传·昭公十三年》"弑其君虔于干溪"释文:"君父曰弑,取积渐之名。"有更训"伺"者,如《释名·释丧制》:"下杀上曰弑,弑,伺也,伺间而后得施也。"

151.《谏诤篇》:"赐之环则还④,赐之玦则去,明君子重耻也。"

此为先儒旧说,如《白虎通》引《援神契》文,又《御览》卷六百九十二引《随巢子》曰:"召人以环,绝人以玦。"《荀子·大略篇》:"绝人以玦,反绝以环。"参278条。

---

① "惊"字各本作"警",据《御览》卷三百四、《类聚》卷五十九、《御览》卷三百八引《尚书大传》改。
② 陈立云:"'延改也'三字未详何义,盖'改'是'攻'之误。《吕览·上农篇》'不可以战',注'战,攻也',延改者,古'延'与'诞'通,……'诞'训为大,言其大相攻斗也。"
③ "杀也"卢本作"试也","稍稍试之"卢本作"稍稍弑之",据刘说订,详《〈白虎通义〉校释》。
④ "还"卢本作"反",据《御览》卷四百五十六引《援神契》、《御览》卷五百三十一引此文改。

后世沿用者,如《国语·晋语》"骊姬使奄楚以环释言"注:"环,玉环,环,还也。"《楚辞·九歌·云中君》"捐余玦兮江中"注:"玦,玉佩也,先王所以命臣之瑞也,故与环即还,与玦即去也。"《谷梁传·宣公二年》注:"君赐之环则还,赐之玦则往",孔颖达以为范宁"用荀卿之言以为说"①。《荀子·大略篇》"绝人以玦,反绝以环"注:"古者,臣有罪待放于境三年,不敢去,与之环则还,与之玦则绝,皆所以见意也。"

152.《谏诤篇》:"赐之环则还,赐之玦则去,明君子重耻也。"

此为先儒旧说,如《白虎通》引《援神契》文,又《御览》卷六百九十二引《随巢子》曰:"召人以环,绝人以玦。"《荀子·大略篇》:"绝人以玦,反绝以环。""绝"同"决"。"赐之玦则去"者,玦即决也,此"决"为决别义,与279条决断义不同。

后世沿用者,如《楚辞·九歌·云中君》"捐余玦兮江中"注:"玦,玉佩也,先王所以命臣之瑞也,故与环即还,与玦即去也。"《荀子·大略篇》"绝人以玦,反绝以环"注:"古者,臣有罪待放于境三年,不敢去,与之环则还,与之玦则绝,皆所以见意也。"

153.《谏诤篇》:"谏者何?谏者,间也,更也,是非相间,革更其行也。"

此为《白虎通》之说。

后世沿用者,如《论衡·谴告篇》:"谏之为言间也。"

154.《谏诤篇》:"讽谏者,智也,知患祸之萌,深睹其事,未彰而讽告焉:此智之性也。"

此以讽告之"讽"训讽谏之"讽"。

此为《白虎通》之说。

后世沿用者,如《后汉书·李云传》"礼有五谏"注:"讽谏者,知祸患之萌而讽告也。"

155.《谏诤篇》:"顺谏者,仁也。出词逊顺,不逆君心:此仁之性也。"

此为《白虎通》之说。

后世沿用者,如《后汉书·李云传》"礼有五谏"注:"顺谏者,出辞逊顺,不逆君心也。"

156.《谏诤篇》:"指谏者,信也,指者,质也,质相其事而谏,此信之性也。"

此为《白虎通》之说。

后世沿用者,如《后汉书·李云传》"礼有五谏"注:"指谏者,质指其事而

---

① 《诗·桧风·羔裘》疏。

谏也。"

157.《谏诤篇》:"所以谓之史何? 明王者使为之也。"

此为《白虎通》之说。

先儒有训"纪"者,如《御览》卷二百三十五引《元命苞》:"屈中挟一而起者为史,史之为言纪也,天度文法以此起也。"

后世有更训"事"者,如《说文·史部》:"史,记事者也。"

158.《谏诤篇》:"谓之宰何? 宰,制也,使制法度也。"

此为《白虎通》之说。

后世有更训"治"者,如《尚书·周官》"冢宰掌邦治"疏引马融云:"冢,大也;宰,治也;大治者,兼万事之名也。"

159.《乡射篇》:"天子所以射熊何? 示服猛,远巧佞也。熊为兽猛巧者,非但当服猛也,示当服天下巧佞之臣也。"①

此为《白虎通》之说。

160.《乡射篇》:"诸侯射麋何? 示远迷惑人者也,麋之为言迷也。"②

此为先儒旧说,如《春秋·庄公十七年》:"冬,多麋。"《公羊传》注引《感精符》:"象鲁为郑瞻所迷惑也。"

后世沿用者,如《公羊春秋·庄公十七年》:"冬,多麋。"注:"麋之为言犹迷也。"《周礼·天官·司裘》"王大射则共虎侯、熊侯、豹侯"注:"用虎、熊、豹、麋之皮,示服猛,讨迷惑者。"疏:"麋者,迷也,将以为侯,示能讨擊迷惑诸侯。"《汉书·五行志》:"麋之为言迷也,盖牝兽之淫者也。"《汉书·五行志》"国多麋"注引李奇曰:"麋,迷也。"

161.《乡射篇》:"名之为侯者何? 明诸侯有不朝者,则当射之。"

此以诸侯之"侯"训射侯之"侯"。此为先儒旧说,如《仪礼·大射仪》"乐正反位,奏狸首以射"注:"狸首,逸诗曾孙也,狸之言不来也,其诗有'射诸侯首不朝者'之言,因以名篇。"

后世沿用者,如《论衡·乱龙篇》:"名布为侯,示射无道诸侯也。夫画布为熊麋之象,名布为侯,礼贵意象,示义取名也。"《周礼·天官·司裘》"王大射,则共虎侯、熊侯、豹侯"注:"所射正谓之侯者,天子中之,则能服诸侯;诸侯以下中之,则得为诸侯。"《仪礼·大射仪》"司马命量人量侯道"注:"侯,谓所射布也,尊者射之,以威不宁侯;卑者射之,以求为侯。"

---

① 卢云:"'示当服'疑是'亦当服'。"
② "者""为"二字各本无,据刘说补,详《白虎通义》校释》。

先儒有异说,如《礼记·射义》:"天子之大射谓之射侯,射侯者,射为诸侯也,射中则得为诸侯,射不中,则不得为诸侯。"

162.《乡射篇》:"老者,寿考也,欲言所令者多也。"

此为《白虎通》之说。

后世有更训为"久""旧""寿"者,如《独断》卷上:"三老,老谓久也,旧也,寿也。"

163.《乡射篇》:"更者,更也,所更历者众也。"

此以更历之"更"训五更之"更"。此为《白虎通》之说。

后世有更训为"长"者,如《独断》卷上:"更者,长也,更相代至五也,能以善道改更已也。"

164.《致仕篇》:"致仕者,致其事于君。"

此为《白虎通》之说。

后有作"致事"者,如《礼记·曲礼上》:"大夫七十而致事。"注:"致事,致其所掌之事于君而告老。"疏:"致事,致职于君。"

165.《辟雍篇》:"学之为言觉也,以觉悟所不知也。"

此为《白虎通》之说。

后世沿用者,如《说文·教部》:"敩,觉悟也。"《论语·学而》"学而时习之"皇侃疏引《白虎通》"学,觉也,悟也"并解云:"言用先王之道导人情性,使自觉悟,而去非取是,积成君子之德也。"《论语·阳货》"好仁不好学"疏:"学者,觉也。所以觉寤未知也。"《御览》卷五百三十四引《礼记外传》:"学者,觉也,人生也皆禀五常之正性,故圣人修道以教之,使其发觉,不失其性也。"

先儒有训"效"者,如《尚书大传·洛诰》:"学,效也。"《白虎通》不取者,以其重上对下之教化,非下对上之效法也。

166.《辟雍篇》:"辟者,象璧圆,法天;雍者,雍之以水,象教化流行。"①

此为先儒旧说,如《诗·大雅·灵台》"于乐辟廱"毛传:"水旋邱如璧曰辟廱,以节观者。"《诗·鲁颂·泮水》"思乐泮水,薄采其芹"传"天子辟廱,诸侯泮宫"疏引申传:"辟廱者,筑土为堤,以壅水,之外使圆如璧,令四方来观者均,故谓之辟廱也。"《诗·大雅·灵台·序》"灵台"疏引《韩诗说》:"辟廱者,天子之学,圆如璧,壅之以水,示圆。"《通典》卷五十三引《五经通义》:"天

---

① "辟者"下卢本有"璧也"二字,"法天"卢本作"以法天也",句末卢本有"也"字,今并据《初学记》卷十三、《类聚》卷三十八、《白氏六帖》卷三十七、《御览》卷五百三十四引订。

子曰辟雍,谓以土雍水,外员如璧,故曰辟雍,义取四方来观者平均耳。"《御览》卷五百三十四引桓谭《新论》:"王者作圆池如璧形,实水其中,以圜壅之,故曰辟雍,言其上承天地,以班教令,流转王道,终而复始。"

后世沿用者,如《诗·大雅·灵台·序》"灵台"疏引卢植《礼记注》:"圆之以水,似璧,故谓之辟廱。"又引蔡邕《月令论》云:"取其周水圆如璧,则曰辟廱。"《后汉书·崔骃传》"临雍泮以恢儒"注:"璧(通"辟")雍者,环之以水,圆而如璧也。"《独断》卷上:"天子曰辟雍,谓流水四面如璧,以节观者。"《诗·鲁颂·泮水》"思乐泮水,薄采其芹"传"天子辟廱,诸侯泮宫"笺:"辟廱者,筑土雝水,之外圆如璧,四方来观者均也。"《御览》卷五百三十四引《礼统》:"辟雍之制奈何?《王制》曰:辟雍圆如璧,雍以水,内如覆,外如偃盘也。"《文选·东都赋》"曷若辟雍海流道德之富"李周翰注:"辟雍,宣德化之所,拥水环之,以象德教流行也。"

先儒有训雍和之"雍"者,《诗·大雅·灵台·序》"灵台"疏引《韩诗说》:"辟廱者,天子之学,圆如璧,壅之以水,示圆;言辟,取辟有德。不言'辟水'言'辟廱'者,取其廱和也。"

**167.《辟雍篇》:"辟之为言积也,积天下之道德;雍之为言壅也,壅天下之残贼,故谓之辟雍也。"**①

此为《白虎通》之说。

**168.《辟雍篇》:"诸侯曰泮宫者,半于天子宫也。明尊卑有差,所化少也。"**

此为先儒旧说,如《通典》卷五十三引《五经通义》:"泮水者,泮之言半也。……泮宫,水雍其半,盖东西门以南通水,北无水也。"《类聚》卷三十八引《五经通义》:"诸侯不得观四方,故缺东以南,半天子之学,故曰頖宫。""泮""頖"通。

后世沿用者,如《诗·鲁颂·泮水》"思乐泮水,薄采其芹"传"天子辟廱,诸侯泮宫"笺:"泮之言半也。"《独断》卷上:"诸侯曰頖宫,頖言半也。"《后汉书·崔骃传》"临雍泮以恢儒"注:"頖,半也,诸侯半天子之宫。"("頖"通"泮")《御览》卷五百三十四引《礼统》:"诸侯泮宫,半有水,半有宫也,诸侯所化者少,故半有宫焉。"

后世有更训"班"者,如《礼记·王制》"頖宫,周学也"注:"頖之言班也,所以班政教也。"疏:"云'頖之言班也,所以班政教也'者,頖是分判之义,故

---

① "残贼"卢本改作"仪则",今不从,详《〈白虎通义〉校释》。

为班。于此学中施化,使人观之,故云'所以班政教也'。案:《诗》注'筑土廱水,之外圆如璧',注又云'頖之言半,以南通水,北无也',二注不同者,此注解其义,《诗》注解其形。"

169.《辟雍篇》:"庠之言详也,言所以详礼仪之所也。"①

此为《白虎通》之说。

后世沿用者,如《礼记·明堂位》"米廪,有虞氏之庠也"注:"庠之言详也,于以考礼详事也。"

先儒有训"养"者,如《通典》卷五十三引魏文侯《孝经传》:"庠言养也,所以养雋德也。"《孟子·滕文公上》:"庠者,养也。"注:"养者,养耆老。"后世沿用者,如《礼记·王制》"有虞氏养国老于上庠"注:"庠之言养也。"

170.《辟雍篇》:"序者,序长幼也。"

此次序之"序"训庠序之"序"。此为《白虎通》之说。

后世沿用者,如《御览》卷一百八十五引《尔雅》"东西厢谓之序"舍人注:"殿东西堂序尊卑处。"又,《礼记·明堂位》"序,夏后氏之序也"注:"序,次序王事也。"所指不同。

先儒有训"射"者,《孟子·滕文公》:"序者,射也。"注:"射者,三耦四矢,以达物导气也。"疏:"序者,所以讲射于此,而行尊卑揖逊之礼者也。"

171.《灾变篇》:"《春秋潜潭巴》曰:'灾之言伤也,随事而诛。'"②

此为先儒旧说,如上所引《潜潭巴》。

先儒有训"该"者,如《汉学堂丛书·推度灾》:"灾者,该也。君不度德,臣不量功,该垦为灾。"

172.《灾变篇》:"《春秋潜潭巴》曰:'……异之言怪也,先发感动之也。'"

此为先儒旧说,如上所引《潜潭巴》。

后世沿用者,如《公羊传·隐公三年》"记异也"注:"异者,非常可怪先事而至者。"《史记·鲁周公世家》"鲁君有异焉"集解引服虔曰:"异犹怪也。"《左传·昭公二十六年》"然据有异焉"注:"异犹怪也。"

---

① "庠之言详也,言所以详礼仪之所也"卢本作"庠者,庠礼义也",据孙、刘说订,详《〈白虎通义〉校释》。

② "随事而诛"之"诛"不可解,或是"至"字之误,《公羊传·隐公六年》注:"灾者,有害于人物,随事而至者。"《隐公三年》注:"异者,非常可怪,先事而至者。""随事而至"针对"先发感动之"即《公羊》注之"先事而至"。

后世有更训"异"者,如《释文·释天》:"异者,异于常也。"

**173.《灾变篇》:"霜之为言亡也,阳以散亡。"**

此为先儒旧说,如《御览》卷十四引《考异邮》:"霜之为言亡也,物以终也。"《汉学堂丛书·潜潭巴》:"霜之为言亡也,六月陨霜,君其亡之。"

后世有更训为"丧"者,如《说文·雨部》:"霜,丧也,成物者。"《释名·释天》:"霜,丧也,其气惨毒,物皆丧也。"

**174.《灾变篇》:"雹之为言合也,阴气专精,凝合为雹。"①**

此为先儒旧说,如《后汉书·五行志》引《考异邮》:"阴气之专精,凝合生成雹,雹之为言合也。"《古微书·感精符》:"阴气之专精,凝合生雹,雹之为言合也。"《古微书·说题辞》:"盛阳之气温暖为雨,阴气薄而胁之,则合而为雹。"

先儒有训"薄"者,如《汉学堂丛书·潜潭巴》:"雹之为言薄也,阴气专精,积合为雹。"《南齐书·五行志》引《传》:"雹者,阴薄阳之象也。"

后世有更训为"跑"者,如《释名·释天》:"雹,跑也,其所中物皆摧折,如人所蹴跑也。"

---

① "凝"卢本作"积",今从刘说改,详《〈白虎通义〉校释》。

# 卷　　三

175.《封禅篇》："所以必于泰山何？万物所交代之处也。"①

此为先儒旧说，如《御览》卷三十九引《五经通义》："（泰山）一曰岱宗，言王者受命易姓，报功告成，必于岱宗也，东方，万物始交代之处。"

后世沿用者，如《风俗通·正失篇》："所以必于岱宗者，……万物之宗，阴阳交代。"《礼记·王制》"岁二月，东巡守，至于岱宗"疏："必先于此岱山者，言万物皆相代于东方。"

176.《封禅篇》："封者，附广也。"②

此为《白虎通》之说。

177.《封禅篇》："言禅者，明以成功相传也。"

此为《白虎通》之说。

后世沿用者，如《淮南子·缪称训》"禅于家国"注："禅，传也，言尧舜禹相传，天下服之也。"

先儒有训"禅"为"坛"者，《礼记·礼器》"因名山，升中于天"注"禅乎梁甫"疏引《尚书说》："禅者，除地为坛。"《续汉书·祭祀志》"禅，祭地于梁阴"注引项威云："除地为墠，后改墠曰禅，神之矣。"《大戴礼记·保傅篇》"封泰山而禅梁甫"注："禅谓除地于梁甫之阴，为墠以祭地也，变墠为禅，神之也。"《初学记》卷五注："禅，除地为坛，字本为墠，以其祭神，故从示。"《诗·周颂·时迈·序》"时迈，巡守告祭柴望也"笺"巡守告祭者，天子巡行邦国，至于方岳之下而封禅也"疏："聚土曰封，聚地曰墠，变墠言禅，神之也。"《后汉书·光武帝纪》"禅于梁父"注："封谓聚土为坛，墠谓除地而祭，改墠为禅，神之也。"

178.《封禅篇》："三皇禅与绎绎之山，明己成功而去，有德者居之，绎绎者，无穷之意也。"

此以无穷之"绎"训绎绎之山之"绎"。此为《白虎通》之说。

---

① "所"卢本改"之始"，今不从，详《〈白虎通义〉校释》。
② "附"字各本无，今从刘说改，详《〈白虎通义〉校释》。

**179.**《封禅篇》:"五帝禅于亭亭之山,亭亭者,制度审谛,道德著明也。"

此为《白虎通》之说。

**180.**《封禅篇》:"三王禅于梁甫之山,梁者,信也。甫者,辅也。信辅天地之道而行之也。"

此为《白虎通》之说。

后世有作"梁父"训"信父"者,如《风俗通·正失篇》:"三王禅于梁父,梁者,信也,信父者子,言父子相信与也。"《御览》卷五三六引《礼记·逸礼》:"三王禅梁甫,义连延不绝,父死子继也。"

**181.**《巡狩篇》:"巡者,循也;狩者,牧也。为天循行守牧民也。"①

此为先儒旧说,如《御览》卷五百三十七引《礼记·逸礼》曰:"巡狩者何?巡,循也;狩,牧也;为天循行牧民也。"

后世沿用者,如《风俗通·山泽篇》:"巡者,循也,狩者,守也。"《文选·东都赋》"省方巡狩"李周翰注:"巡狩,循行守牧之人,谓查四方之士,观诸侯之政。"

先儒有训"循守"者,如《尚书大传·尧典》:"巡犹循也,狩犹守也:循行守视之辞。亦不可国至人见为烦扰,故至四岳,足以知四方之政而已。"后世沿用者,如《公羊传·隐公八年》"天子有事于泰山"注:"巡犹循也,守犹守也,循行守视之辞,亦不可国至人见,为烦扰,故至四岳足以知四方之政而已。"此前亦有训"巡守"者,如《孟子·梁惠王下》:"巡狩者,巡所守也。"《说苑·修文篇》:"巡狩者,巡其所守也。"后世沿用者,如《汉书·郊祀志》"岁二月,东巡狩,至于岱宗"注:"狩,守也,诸侯为天子守土,故巡行。"

**182.**《巡狩篇》:"岳者何谓也?岳之为言捔也,捔功德也。"

此为《白虎通》之说。

后世沿用者,如《风俗通·山泽篇》:"岳者,捔功考德,黜陟幽明也。"《礼记·王制》"岁二月,东巡守,至于岱宗"疏:"岳者何?岳之为言桷也,桷功德也。""桷""捔"通。

**183.**《巡狩篇》:"东方为岱宗者何?言万物更相代于东方也。"

此为先儒旧说,如《御览》卷三十九引《五经通义》:"(泰山)一曰岱宗,言王者受命易姓,报功告成,必于岱宗也,东方,万物始交代之处。"

后世沿用者,如《风俗通·正失篇》:"所以必于岱宗者,……万物之宗,阴阳交代。"《礼记·王制》"岁二月,东巡守,至于岱宗"疏:"必先于此岱山者,言

---

① "天"下各本有"下"字,今从卢说删,详《〈白虎通义〉校释》。

万物皆相代于东方。"《御览》卷十八引《三礼义宗》:"东岳所以谓之岱者,代谢之义,阳春用事,除故生新,万物更生相代之道,故以代为名也。"费长房《历代三宝记》九引《提谓经》:"东方泰山,汉言代岳,阴阳交代,故谓代岳。"

后世有更训"始"者,如《风俗通·山泽篇》:"岱,始①也,宗长也。万物之始,阴阳交代,云触石而出,肤寸而合,不崇朝而遍雨天下,其惟泰山乎!"

184.《巡狩篇》:"南方为霍山者?霍之为言护也,言太阳用事,护养万物也。"

此为《白虎通》之说。

后世沿用者,如《御览》卷二十一引《三礼义宗》:"南岳谓之霍,霍者,护也,言阳气用事盛夏之日,护养万物,故以为称。"

后世有更训为"霍然"之"霍"者,如《风俗通·山泽篇》:"南方衡山,一名霍山,霍者,万物盛长,垂枝布叶,霍然而大。"

185.《巡狩篇》:"西方为华山者何?华之为言获也,言万物成熟,可得获也。"

此为《白虎通》之说。

后世有更训为"华"(通"哗")者,如《风俗通·山泽篇》:"西方华山,华者,华也,万物滋熟,变华于西方也。"

186.《巡狩篇》:"北方为恒山者何?恒者,常也,万物伏藏于北方有常也。"

此为《白虎通》之说。

后世沿用者,如《风俗通·山泽篇》:"恒者,常也,万物伏藏于北方有常也。"

187.《巡狩篇》:"中央为嵩高者何?嵩言其高大也。"

此为《白虎通》之说。

后世沿用者,如《风俗通·山泽篇》:"中央曰嵩高,嵩者,高也。"

后世有更训"竦"者,如《释名·释山》:"山大而高曰嵩,嵩,竦也,亦高称也。"

188.《巡狩篇》:"谓之渎何?渎者,浊也,中国垢浊,发源东注海,其功著大,故称渎也。"

此为《白虎通》之说。

先儒有训"通"者,如《风俗通·山泽篇》引《尚书大传》《礼·三正记》:"渎者,通也,所以通中国垢浊。"

后世有更训"独"者,如《释名·释水》:"渎,独也,各独出其所而入海

---

① "始"《续汉书·祭祀志》刘昭注引作"胎"。

也。"《新唐书·许敬宗传》:"渎之言独也,不因余水,独能赴海者也。"王观国《学林》卷四云:"《前汉·郊祀志》曰:'天子祭名山大川,五岳视三公,四渎视诸侯。'颜师古注曰:'江、河、淮、济为四渎,渎者,发源而注海者也。'所谓'发源而注海'者,江、河、淮、济皆发源于西,而注乎东,受他水而不为他水之所受,有直通之意,故谓之渎。天下洪流巨谷虽多,然自发源以往,皆为他水之所受,未有如四渎,不为他水之所受;许敬宗乃言'渎,独也,不因余水,独能赴海',其说非也。'渎'与'独'虽同音,而其义则大不同,岂遽以'渎'为'独'耶?四渎正因受余水,而不为余水之所夺,故能直赴于海,而敬宗乃言不因余水独能赴海,非也。"盖不知许说出自《释名》也。

**189.《考黜篇》:"地者,人所任也。"**

此为《白虎通》之说。

**190.《蓍龟篇》:"龟之为言久也。"**

此为先儒旧说,如《初学记》卷三十引《洪范五行传》:"龟之言久也,千岁而灵,此禽兽而知吉凶者也。"《礼记·曲礼》"假尔泰龟有常"疏引刘向云:"龟之为言久,龟千岁而灵,……以其长久,故能辨吉凶也。"《汉学堂丛书·说题辞》:"龟之言久也,千岁知吉凶也。"

先儒有训"旧"者,《论衡·卜筮篇》引孔子曰:"夫蓍之为言耆也,龟之为言旧也,明狐疑之事,当问耆旧也。"盖亦纬书之说也,后世沿用者,如《说文·龟部》:"龟,旧也。"

**191.《蓍龟篇》:"蓍之为言耆也,久长意也。"**

此为先儒旧说,如《御览》卷九百九十七引《洪范五行传》:"蓍之言耆也,百年一本生百茎,此草木之寿知吉凶者也,圣人以问鬼神焉。"《礼记·曲礼》"假尔泰筮有常"疏引刘向云"蓍之言耆,……蓍百年而神,以其长久,故能辩吉凶也。"《论衡·卜筮篇》引孔子曰:"夫蓍之为言耆也,龟之为言旧也,明狐疑之事,当问耆旧也。"

**192.《蓍龟篇》:"卜,赴也,爆见兆也。"**

此为先儒旧说,如《礼记·曲礼》"卜筮不过三"疏引刘向云:"卜,赴也,赴来者之心。"

后世沿用者,如《周礼·春官·序官》"大卜"疏:"卜,赴也,赴来者之心。"

先儒有训"报"者,如《诗·小雅·大田》"秉畀炎火"释文:"(秉)韩《诗》作卜,卜,报也。"

后世有更训"覆"者,如《礼记·曲礼》"卜筮不过三"疏引师说云:"卜,覆也,以覆审吉凶。"

193.《蓍龟篇》:"筮者,信也,见其卦也。"

此为《白虎通》之说。

先儒有训"问"者,如《礼记·曲礼》"卜筮不过三"疏引刘向云:"筮,问也,问筮者之事。"

后世有更训"决"者,如《礼记·曲礼》"卜筮不过三"疏引师说云:"筮,决也,以决定其惑。"

194.《蓍龟篇》:"必以荆者,取其究音也。"

此为《白虎通》之说。

195.《圣人篇》:"圣者,通也,道也,声也。道无所不通,明无所不照,闻声知情,'与天地合德,日月合明,四时合序,鬼神合吉凶'。"

"圣"训"通"为先儒旧说,如《尚书大传·洪范五行传》"思心之不容,是谓不圣"郑注引《孔子说休征》:"圣者,通也。"《尚书·大禹谟》"乃圣乃神"孔传:"圣,无所不通。"《尚书·洪范》"当睿作圣"孔传:"于事无不通谓之圣。"

后世沿用者,如《国语·越语下》"圣人不出"注:"圣,通也。"《类聚》卷二十引《风俗通》:"圣者,声也,通也,言其闻声知情,通于天地,条畅万物也。"《说文·耳部》:"圣,通也。"《礼记·乐记》"作者之谓圣"疏:"圣者,通达物理。"《诗·小雅·小宛》"人之齐圣"疏:"圣者,通也。《大司徒》注云'圣通而先识'是也。"《左传·文公十八年》"齐圣广渊"疏:"圣者,通也,博达众务,庶事尽通也。"《荀子·臣道篇》"是圣臣者也"注:"圣者,无所不通之谓也。"《管子·白心篇》"上圣之人"注:"圣,通也。"

先儒有训"设"者,如《春秋繁露·五行五事篇》:"圣者,设也,王者心宽大,无不容,则圣,能施设事,各得其宜也。"

196.《八风篇》:"风者何谓也? 风之为言萌也。"

此为先儒旧说,如《御览》卷九引《考异邮》:"风之为言萌也,其立字,虫动于几中者为风。"注:"虫动于几,言阳气无不周也,明昆虫之属得阳乃生,遇阴则死,故风为阴中之阳者也。"《御览》卷九引《礼纬》:"风,萌也,养物成功,所以八风象八卦也。"

先儒有训"令"者,如《易集解·小畜·象传》引《九家易》:"风者,天之命令也"《后汉书·蔡邕传》"风者,天之号令,所以教人也"注引《翼氏风角》:"风者,天之号令,所以谴告人君者。"后世沿用者,如《后汉书·蔡邕传》:"风者,天之号令,所以教人也。"《后汉书·郎𫖮传》:"风者,号令,天之威怒。"《文选·东京赋》"声与风翔"薛综注:"风者,天之号令。"

后世有更训为"泛""放"者,如《释名·释天》:"风,兖、豫、司、冀横口合唇言之,风,泛也,其气博泛而动物也;青、徐言风,踧口开唇推气言之,风,放也,气放散也。"

197.《八风篇》:"明庶者,迎众也。"

此为先儒旧说,如《御览》卷九引《考异邮》云:"四十五日明庶风至,明庶者,迎众也。"注:"春分之侯,言庶众也,阳以施惠之恩德迎众庶而生之。"

此前有训"明众"者,如《史记·律书》:"明庶风居东方。明庶者,明众物尽出也。"

198.《八风篇》:"清明者,清芒也。"①

此为先儒旧说,如《御览》卷九引《考异邮》云:"四十五日清明风至,精芒挫收。"注:"立夏之后也,挫犹止也,时荠麦之属秀出已备,故挫止其锋芒,收之使成实。"

199.《八风篇》:"不周者,不交也,言阴阳未合化也。"

此为先儒旧说,如《御览》卷九引《考异邮》云:"四十五日不周风至,不周者,不交也,阴阳未合化也。"

后世有更训"周遍"之"周"者,如《通典》卷一百四十三:"不周者,象天道广被无不周遍。"

200.《八风篇》:"广莫者,大莫也,开阳气也。"

此为先儒旧说,如《御览》卷九引《考异邮》云:"四十五日广莫风至,广莫者,精大满也。"注:"冬至之候也。言冬物无见者,风精大满莫无偏。"《史记·律书》:"广莫者,言阳气在下,阴莫阳广大也,故曰广莫。"

按:此"莫"为覆盖义,言阴气至广大而遮阳,然亦以开阳气。《通典》卷一百四十三:"广者,大也;莫者,虚无也。言时风体大,养物于地下,阳气虚无难见之道,故以广莫为名。"此亦一说,惟不合于《白虎通》耳。

201.《商贾篇》:"商之为言商也,商其远近,度其有亡,通四方之物,故谓之商也。"

此以商量之"商"训商贾之"商"。此为《白虎通》之说。

202.《商贾篇》:"贾之为言固也,固其有用之物,以待民来,以求其利者也。"

此为《白虎通》之说。

---

① "清芒"卢本误"青芒",按,"清芒""清芒"盖"精芒"之讹。

203.《商贾篇》:"因井为市,故曰市井。"①

此为《白虎通》之说。

后世沿用者,如《诗·陈风·东门之枌·序》"歌舞于市井尔"疏引《风俗通》云:"市,恃也,养赡老少,恃以不匮也。俗说,市井谓至市者,当于井上洗濯其物香洁及自严饰,乃到市也。谨案:古者二十亩为一井,因为市交易,故称市井。"《史记·平准书》"山川园池市井"正义:"古人未有市,及井,若朝聚井汲水,便将货物于井边货卖,故言市井。"《史记·刺客列传》"政乃市井之人"正义:"古者相聚汲水,有物便卖,因成市,故云市井。"《管子·小匡篇》"处商必就市井"尹知章注:"立市必四方,若造井之制,故曰市井。"

后世有更训"井"为井田者,如《公羊传·宣公十五年》"什一者天下之中正也"注:"井田之义:一曰无泄地气,二曰无费一家,三曰同风俗,四曰合巧拙,五曰通财货,因井田以为市,故俗语曰市井。"《诗·陈风·东门之枌·序》"歌舞于市井尔"疏:"由本井田之中交易为市,故国都之市亦因名市井。"

204.《瑞贽篇》:"珪之为言洁也。"②

此为《白虎通》之说。

205.《瑞贽篇》:"璧之为言积也。"

此为《白虎通》之说。

206.《瑞贽篇》:"璜者,横也,质尊之命也。阳气横于黄泉,故曰璜。璜之为言光也,阳光所及,莫不动也。"

此为《白虎通》之说。

207.《瑞贽篇》:"璋之为言明也,赏罚之道,使臣之礼,当章明也。南方之时,万物莫不章,故谓之璋。"

此为《白虎通》之说。

208.《瑞贽篇》:"琮之为言聚也,象万物之宗聚也。"③

此为《白虎通》之说。

后世有更训"宗"者,如《说文·玉部》徐锴《系传》:"琮之言宗也,八方所宗,故外八方,中虚圆,以应无穷。"

209.《瑞贽篇》:"瑁之为言冒也,上有所覆,下有所冒也。"

此为先儒旧说,如《尚书·顾命》"上宗奉同瑁"孔传:"瑁,所以冒诸侯圭。"《尚书大传·尧典》:"古者圭必有冒,言下之必有冒,不敢专达也。"

---

① 此句各本无,据刘说补,详《〈白虎通义〉校释》。
② "洁"卢据《类聚》卷八十三引改"圭",今不从,详《〈白虎通义〉校释》。
③ 上"聚"字卢本作"宗",据刘说改,详《〈白虎通义〉校释》。

后世沿用者,如《周礼·冬官·玉人》"天子执冒四寸以朝诸"注:"名玉曰冒者,言德能覆盖天下也。"《说文·玉部》:"诸侯执圭朝天子,天子执玉以冒之,似犁冠。"《说文·玉部》徐锴《系传》:"圭上有物冒之也。"《白虎通》自人言之,《系传》自物言之。

210.《瑞贽篇》:"贽者,质也,质己之诚,致己之悃愊也。"

此为先儒旧说,如《说苑·修文篇》:"庶人以鹜为贽者,所以质也。"

后世有更训"至"者,如《仪礼·士相见礼》"贽,冬用雉,夏用腒"注:"贽,所执以至者,君子见于所尊敬,必执贽以将其厚意。"《谷梁传·庄公二十四年》"男子之贽,羔、雁、雉、腒"注:"贽,所以至者也。"《周礼·春官·大宗伯》"以禽作六挚"注:"挚之言至,所执以自致。""挚""贽"通。有更训"执"者,如《孔子家语·六本篇》"衣穰而提贽"王肃注:"贽,所以执为礼也。"《汉书·郊祀志上》"三帛二生一死为贽"注:"贽者,所执以为礼也。"

211.《瑞贽篇》:"后夫人以枣栗腶脩者,凡内修阴也。枣取其朝早起,栗,战慄自正也。"①

此为《白虎通》之说。

后世沿用者,如《公羊传·庄公二十四年》"枣栗云乎!腶脩云乎"注:"腶脩者,脯也,礼,妇人见舅姑以枣栗为贽,见女姑以腶脩为贽,见夫人至尊兼而用之。'云乎',辞也,枣栗取其早自谨敬,腶脩取其断断自修正,执此者若其辞云尔,所以叙情配志也。"《谷梁传·庄公二十四年》"妇人之贽,枣栗腶脩"注:"枣取其早自矜庄,栗取其敬栗,腶脩取断断自修饬。"《左传·庄公二十四年》"女贽不过榛、栗、枣、脩,以告虔也"注"皆取其名以示敬"疏:"先儒以为,栗取其战栗也,枣取其早起也,脩取其自修也,唯榛无说,盖以榛声近虔,取其虔于事也。"

后世有更训"缩"者,如《释名·释饮食》:"脩,缩也,干燥而缩也。"

212.《瑞贽篇》:"后夫人以枣栗腶脩者,凡内修阴也。枣取其朝早起,栗,战慄自正也。"

此为《白虎通》之说。

后世沿用者,如《公羊传·庄公二十四年》"枣栗云乎!腶脩云乎"注:"腶脩者,脯也,礼,妇人见舅姑以枣栗为贽,见女姑以腶脩为贽,见夫人至尊兼而用之。'云乎',辞也,枣栗取其早自谨敬,腶脩取其断断自修正,执此者

---

① "脩"字,各本作"修",今从小字本。下"枣"字各本讹"又",今从杨本。详《〈白虎通义〉校释》。

若其辞云尔,所以叙情配志也。"《谷梁传·庄公二十四年》"妇人之贽,枣栗腶脩"注:"枣取其早自矜庄,栗取其敬栗,腶脩取断断自修饬。"《国语·鲁语》"夫妇贽不过枣、栗"注:"枣取蚤起,栗取敬栗。"《左传·庄公二十四年》"女贽不过榛、栗、枣、脩,以告虔也"注"皆取其名以示敬"疏:"先儒以为,栗取其战栗也,枣取其早起也,脩取其自修也,唯榛无说,盖以榛声近虔,取其虔于事也。"《礼记·曲礼》"妇人之挚,椇、榛、脯、脩、枣、栗"疏:"枣,早也;栗,肃也;妇人有法,始至修身早起肃敬也。故后夫人以下皆以枣、栗为挚,取其早起战栗自正也。"

**213.《瑞贽篇》:"后夫人以枣栗腶脩者,凡内修阴也。枣取其朝早起,栗,战慄自正也。"**

　　此为《白虎通》之说。参343条。

　　后世沿用者,如《公羊传·庄公二十四年》"枣栗云乎!腶脩云乎"注:"腶脩者,脯也,礼,妇人见舅姑以枣栗为贽,见女姑以腶脩为贽,见夫人至尊兼而用之。'云乎',辞也,枣栗取其早自谨敬,腶脩取其断断自修正,执此者若其辞云尔,所以叙情配志也。"《谷梁传·庄公二十四年》"妇人之贽,枣栗腶脩"注:"枣取其早自矜庄,栗取其敬栗,腶脩取断断自修饬。"《左传·庄公二十四年》"女贽不过榛、栗、枣、脩,以告虔也"注"皆取其名以示敬"疏:"先儒以为,栗取其战栗也,枣取其早起也,脩取其自修也,唯榛无说,盖以榛声近虔,取其虔于事也。"《礼记·曲礼》"妇人之挚,椇、榛、脯、脩、枣、栗"疏:"枣,早也;栗,肃也;妇人有法,始至修身早起肃敬也。"

**214.《三正篇》:"朔者,苏也,革也,言万物革更于是,故统焉。"**

　　此为先儒旧说,如《论语·为政》"殷因于夏礼,所损益可知也"集解引马融曰"所损益谓文质三统也"皇侃疏引《尚书大传》:"朔者,苏也,革也,言万物革更于是,故统焉。"

　　后世沿用者,如《论语·八佾》"告朔之饩羊"皇侃疏:"朔者,苏也,生也,言前月已死,此月复生也。"《尚书·胤征》"乃季秋月朔"疏:"朔者苏也,言月死而更苏也。"《汉书·武帝纪》"元朔元年"注引应劭曰:"朔,苏也。"《说文·月部》:"朔,月一日始苏也。"《释名·释天》:"朔,苏也,月死复苏生也。"

　　先儒有训"始"者,如《尚书大传·尧典》:"朔,始也。"后世沿用者,《汉书·成帝纪》"阳朔元年"注:"朔,始也。"《汉书·武帝纪》"元朔元年"注:"朔犹始也,言更为初始也。"

215.《三正篇》:"三微者,何谓也? 阳气始施黄泉,万物始动,微而未著也。"①

此以微末之"微"训三微之"微"。此为《白虎通》之说。

后世沿用者,如《后汉书·陈宠传》"三微成著,以通三统"注引《三礼义宗》:"三微,三正也,言十一月阳气始施,万物动于黄泉之下,微而未著。"《后汉书·章帝纪》"慎三微也"注:"三微者,三正之始,万物皆微,物色不同,故王者取法焉。"

216.《三教篇》:"教者,何谓也? 教者,效也,上为之,下效之。"

此为先儒旧说,如《御览》卷三百六十引《元命苞》:"教之为言效也,上为下效,道之始也。"又《御览》卷五百九十三引《元命苞》:"天垂文象,人行其事谓之教,教,效也,言上为而下效也。"《玄应音义》卷二引《三苍》曰:"教,效也。"

后世沿用者,如《说文·教部》:"教,上所施下所效也。"《礼记·中庸》"修道之谓教"注:"治而广之,人放效之,是曰教。"《释名·释言语》:"教,效也,下所法效也。"《吕氏春秋·诬徒》"教人则不精"注:"教,效也。"《汉书·儒林传》"乡里有教"注:"教,效也,言可效道艺也。"《文选·序》"又诏告教令之流"吕向注:"教者,效也,言上为下效。"

217.《三纲六纪篇》:"纲者,张也。"

此为《白虎通》之说。

后世沿用者,如《诗·大雅·棫朴》"纲纪四方"笺:"张之为纲,纪之为理。"《诗·大雅·卷阿》"四方为纲"笺:"纲者,能张众目。"

218.《三纲六纪篇》:"纪者,理也。"

此为《白虎通》之说。

后世沿用者,如《诗·大雅·棫朴》"纲纪四方"笺:"张之为纲,纪之为理。"

219.《三纲六纪篇》:"君者,群也,群下之所归心也。"②

此为先儒旧说。见 19 条。

220.《三纲六纪篇》:"臣者,繵也,坚也,属志自坚固也。"③

"臣"训"坚"为先儒旧说,如《御览》卷六百二十一引《孝经说》:"臣者,坚也。守节明度,修义奉职也。"

后世有更训为"牵"者,如《说文·臣部》:"臣,牵也,事君者,象屈服之

---

① 下"始"字卢本无,据刘说增,详《〈白虎通义〉校释》。
② "者"字卢本无,据刘说增,详《〈白虎通义〉校释》。
③ "繵也坚也"各本作"繵坚也",卢据《礼记·曲礼上》疏引改作"坚也",据刘说订,详《〈白虎通义〉校释》。

形。"(段注本)有更训为"慎"者,如《御览》卷六百二十一引韦昭《释名》:"臣,慎也,慎于其事,以奉上也。"

221.《三纲六纪篇》:"父者,矩也,以法度教子也。"

此为《白虎通》之说。

后世沿用者,如《说文·又部》:"父,矩也,家长率教者,从又举杖。"

后世有更训"甫"者,《释名·释亲属》:"父,甫也,始生己也。"

222.《三纲六纪篇》:"子者,孳也,孳孳无已也。"

此为先儒旧说,如《大戴礼记·本命篇》:"男者,任也;子者,孳也。男子者,言任天地之道,如长万物之义也。"

后世沿用者,如《释名·释亲属》:"子,孳也,相生蕃孳也。"

后世有更训"孜"者,如《尔雅·释亲》:"子之子为孙。"疏:"子,孜也,以孝事父,常孜孜也。"

223.《三纲六纪篇》:"夫者,扶也,以道扶接也。"

此为先儒旧说,如《大戴礼记·本命篇》:"丈者,长也;夫者,扶也。言长万物也,知可为者,知不可为者,知可言者,知不可言者,知可行者,知不可行者,是故审论而明其别,谓之知,所以正夫德者。"

后世有更训"肤"者,如《意林》卷四引《风俗通》:"《礼》云:'十尺曰丈,成人之长也。'里语:'八尺男子。'夫者,肤也,言其知能肤敏弘毅也,故曰丈夫。"

224.《三纲六纪篇》:"妇者,服也,以礼屈服也。"

此为先儒旧说,如《大戴礼记·本命篇》:"妇人,伏于人也,是故无专制之义,有三从之道,在家从父,适人从夫,夫死从子,无所敢自遂也。""服"同"伏"。

先儒有训"服"者,如《礼记·曲礼下》:"有世妇者,妇,服也,言其进以服事君子也。"

225.《三纲六纪篇》:"朋者,党也。"

此为《白虎通》之说。

后世沿用者,如《论语·学而》"有朋自远方来"皇侃疏:"朋,犹党也。"《楚辞·离骚》"世并举而好朋兮"注:"朋,党也。"

226.《三纲六纪篇》:"友者,有也。"

此为先儒旧说,如《荀子·大略》:"友者,所以相有也。"杨倞注:"友,与有同义,相有,谓不使丧亡。"

后世沿用者,如《释名·释言语》:"友,有也,相保有也。"

227.《三纲六纪篇》:"舅者,旧也。"

此为《白虎通》之说。

后世沿用者,如《尔雅·释亲》"母之晜弟为舅"疏引孙炎云:"舅之言旧,尊长之称。"

后世有更训"久"者,如《释名·释亲属》:"夫之父曰舅,舅,久也,久,老称也。……母之兄弟曰舅,亦如之也。"

228.《三纲六纪篇》:"姑者,故也。"

此为《白虎通》之说。

后世沿用者,如《释名·释亲属》:"父之姊妹曰姑,姑,故也,言于己为久故之人也。"《尔雅·释亲》"父之姊妹为姑"疏:"姑,故也,言尊如故也。"又有训"古"者,同"故",《诗·邶风·泉水》"问我诸姑"疏引孙炎曰:"姑之言古,尊老之名也。"

229.《三纲六纪篇》:"姊者,咨也。"

此为《白虎通》之说。

后世沿用者,如《尔雅·释亲》"女子先生为姊"疏:"姊,咨也,以其先生,言可咨问。"

后世有更训"积"者,如《释名·释亲属》:"姊,积也,犹日始出,积时多而明也。"

230.《三纲六纪篇》:"妹者,末也。"

此为《白虎通》之说。

后世沿用者,如《庄子·天道篇》"而弃妹不仁也"释文引《释名》:"妹,末也。"

后世有更训"昧"者,如《释名·释亲属》:"妹,昧也,犹日始入,历时少尚昧也。"

231.《三纲六纪篇》:"兄者,况也,况父法也。"

此为《白虎通》之说。

后世有更训"荒"者,如《释名·释亲属》:"兄,荒也,荒,大也,故青徐人谓兄为荒也。"

232.《三纲六纪篇》:"弟者,悌也,心顺行笃也。"

此为《白虎通》之说。

后世沿用者,如《尔雅·释亲》"后生为弟"疏:"弟,悌也,言顺于兄。"

后世有更训"弟"("弟"即次第之"第"本字)者,如《释名·释亲属》:"弟,弟也,相次第而生也。"

233.《**情性篇**》:"情者,静也。"

此为《白虎通》之说。

234.《**情性篇**》:"性者,生也。"

此为先儒旧说,如《孟子·告子上》:"生之谓性也。"《荀子·正名篇》:"生之所以然者谓之性。"

后世沿用者,如《礼记·乐记》"则性命不同矣"注:"性之言生也。"《申鉴·杂言下》:"生之谓性也。"《论语·公冶长》"夫子之言性与天道"集解:"性者,人之所受以生者也。"皇侃疏:"云'性者人之所受以生者也'者,人禀天地五常之气以生曰性,性,生也。"《论语·阳货》"性相近也"皇侃疏:"性者,人所禀以生也。"邢昺疏:"性谓人所禀受以生而静者也。"《易·干卦》"各正性命"疏:"所禀生者谓之性。"《汉书·东平思王刘宇传》"情乱其性"注引张晏曰:"性者,所受而生也。"《庄子·缮性篇》"缮性于俗"成玄英疏:"性,生也。"《庄子·在宥篇》"恐天下之淫其性也"成玄英疏:"性者,禀生之理。"

235.《**情性篇**》:"仁者,不忍也,施生爱人也。"

此为先儒旧说,如《孟子·尽心下》:"仁也者,人也。"《礼记·中庸》《礼记·表记》并云:"仁者,人也。"《春秋繁露·仁义法篇》:"仁之为言人也。"《御览》卷三百六十引《元命苞》:"仁者情志好生爱人,故其为仁以人,其立字,二人为仁。"

后世沿用者,如《孔子家语·哀公问政篇》:"仁者,人也。"

后世有更训"忍"者,如《释名·释言语》:"仁,忍也。好生恶杀,善含忍也。"此以"含忍"解"仁"。

236.《**情性篇**》:"义者,宜也,断决得中也。"

此为先儒旧说,如《礼记·祭义》:"义者,宜此者也。"《礼记·中庸》:"义者,宜也。"《尸子》卷上:"义者,天地万物宜也。"《论语·为政》"见义不为"集解引孔安国曰:"义者,所宜为也。"《管子·心术篇》:"义者,谓各处其宜也。"《韩非子·解老篇》:"义者,谓其宜也。"《新书·道术篇》:"行充其宜谓之义。"《太玄·玄攡篇》:"列敌度宜之谓义也。"《淮南子·齐俗训》:"义者,循理而行宜也。……义者,宜也。"《法言·重黎篇》:"事得其宜之谓义。"

后世沿用者,如《诗·大雅·荡》"而秉义类"笺:"义之言宜也。"《礼记·表记》"道者,义也"注:"义也,谓断以事宜也。"《礼记·礼器》"宾客之交,义也"注:"义之言宜也。"《论语·学而》"信近于义"皇侃疏:"义,合宜也。"邢昺疏:"于事合宜为义。"《论语·为政》"见义不为"邢昺疏:"义,宜也。"《论语·卫灵公》"君子义以为质"皇侃疏:"义,宜也。"《论语·子路》"上好义"皇侃疏:"义者,宜也。"《孝经·圣治章》"德义可尊"疏引刘炫曰:"义者,宜于事也。"《大戴礼记·曾子制言》"如此之谓义"卢辩注:"义,宜也。"《诗·鲁颂·有駜·序》"颂僖公君臣之有道也"笺"有道者以礼义相与之谓也"疏:"行允事宜谓之义。"《周礼·地官·大司徒》"知、仁、圣、义、忠、和"疏:"义,宜也。"《礼记·礼运》"以著其义"《礼记·郊特牲》"以其义称也"《礼记·乐记》"礼义立"《礼记·经解》"义与信"《礼记·表记》"义者,天下之制也""道者,义也""君子以义度人"疏并云:"义,宜也。"《易·系辞上》"道义之门"疏:"义,谓得其宜也。"《尚书·高宗肜日》"典厥义"疏:"义者,宜也。"《左传·成公二年》"礼以行义"疏:"义者,宜也,尊卑各有其礼,上下乃得其宜,此礼所以行其物宜也。"《左传·成公十六年》"德刑详,义礼信"疏:"义者,宜也,物皆得宜利乃生焉,故义所以生立利益也。"《孟子·尽心上》"君子之于物也"疏:"事得其宜,故谓之义者也。"《战国策·秦策》"则不义矣"鲍彪注:"义,宜也。"《汉书·公孙弘传》:"义者,宜也。"《释名·释言语》:"义,宜也,裁制事物使合宜也。"《孔子家语·哀公问政篇》:"义者,宜也。"《列子·说符篇》:"人而无义。"张湛注:"义者,宜也。"《管子·七法篇》"义也"尹知章注:"义者,所以合宜也。"《荀子·强国篇》"分义则明"张倞注:"义,谓各得其宜。"《法言·吾子篇》"由于礼义入自人门"吴秘注:"义者,人之所宜。"

先儒有训"我"者,如《春秋繁露·仁义法篇》:"义之为言我也。"

后世有更训"仪"者,如《说文·我部》:"义,己之威仪也。"

### 237.《情性篇》:"礼者,履也,履道成文也。"

此为先儒旧说。见58条。

### 238.《情性篇》:"智者,知也,独见前闻,不惑于事,见微知著也。"

此为先儒旧说,如《法言·问道篇》:"智也者,知也。"

后世沿用者,如《释名·释言语》:"智,知也,无所不知也。"

### 239.《情性篇》:"肝之为言干也。"

此为先儒旧说,如《白虎通》引《乐动声仪》文。

后世沿用者,如《释名·释形体》:"肝,干也,五行属木,故其体状有枝干也。"

### 240.《情性篇》:"肺之为言费也,情动得序。"

此为先儒旧说,如《白虎通》引《乐动声仪》文。

后世有更训"勃"者,如《释名·释形体》:"肺,勃也,言其气勃郁也。"有更训"敷"者,如《太玄·玄数》"藏肺"范望注:"肺之言敷也,象火敷扬,故火在肺。"

241.《情性篇》:"心之为言任也,任于思也。"①

此为先儒旧说,如《白虎通》引《乐动声仪》文,又如《春秋繁露·深察名号》:"栣众恶于内,弗使得发于外者,心也。故心之为名栣也。""栣"通"任"。

后世有更训为"纤"者,如《释名·释形体》:"心,纤也,所识纤微,无物不贯也。"

242.《情性篇》:"肾之为言写也,以窍写也。"

此为先儒旧说,如《白虎通》引《乐动声仪》文。

后世有更训"引"者,如《释名·释形体》:"肾,引也,肾属水,主引水气灌注诸脉也。"

243.《情性篇》:"脾之为言辨也,所以积精禀气也。"②

此为先儒旧说,如《白虎通》引《乐动声仪》文。

先儒有训"弁"者,《五行大义》卷三引《元命苞》:"脾者,弁也,心得之而贵,肝得之而兴,肺得之而大,肾得之以化。"

后世有更训"裨"者,如《释名·释形体》:"脾,裨也,在胃下,裨助胃气主化谷也。"

244.《情性篇》:"府者,为五藏宫府也。"

此以宫府之"府"训脏府之"府",脏府之"府"后写作"腑"。此为《白虎通》之说。

后世有更训"聚"者,如《周礼·春官·序官》"天府"疏:"府,聚也,凡物所聚皆曰府,官人所聚曰官府,在人身中,饮食所聚谓之六府。"

245.《情性篇》:"胃者,谷之委也。"

此为先儒旧说,如《御览》卷三百七十六引《元命苞》:"胃者,脾之府,主禀气,胃者,谷之委,故脾禀气也。"

后世有更训"围"者,如《释名·释形体》:"胃,围也,围受食物也。"

246.《情性篇》:"肝者,木之精也,木之为言牧也。"

此为《白虎通》之说。

247.《情性篇》:"魂者,伝也,犹伝伝也,行不休也。"③

此为《白虎通》之说。

248.《情性篇》:"魄者,迫也,犹迫然著人也。"④

此为《白虎通》之说。

---

① "思"各本作"恩",据《五行大义》卷三引改,详《〈白虎通义〉校释》。
② "辨"卢据《御览》卷三百七十六引改"并",今不从,详《〈白虎通义〉校释》。
③ 此句卢本作"魂犹伝伝也,行不休也",据孙说订,详《〈白虎通义〉校释》。
④ 此句卢本作"魄者,犹迫然着人也",据孙说订,详《〈白虎通义〉校释》。

249.《情性篇》："魂者，芸也，情以除秽。"

此为先儒旧说，如《政事要略》卷二十六引《援神契》："魂者，芸也；魄者，白也。"①《左传·昭公七年》"既生魄，阳曰魂"疏引《孝经说》曰："魄，白也；魂，芸也。"②

250.《情性篇》："魄者，白也，性以治内。"

此为先儒旧说，如《政事要略》卷二十六引《援神契》："魂者，芸也；魄者，白也。"《左传·昭公七年》"人生始化曰魄"疏引《孝经说》曰："魄，白也；魂，芸也。"

251.《宗族篇》："宗者，何谓也？宗者，尊也，为先祖主者，宗人之所尊也。"

此为先儒旧说，如《尚书·舜典》"禋于六宗"传："宗，尊也。"《尚书·舜典》"汝作秩宗"传："宗，尊也。"

后世沿用者，如《说文·宀部》："宗，尊祖庙也。"③《释名·释宫室》："宗，尊也。"《周礼·春官·序官》"春官宗伯"注："宗，尊也。"《诗·周颂·清庙》"清庙"疏引《孝经注》云："宗，尊也；庙，貌也。亲虽亡没，事之若生，为立宫室，四时祭之，若见鬼神之容貌。"《孝经·丧亲章》"为之宗庙"注引旧解云："宗，尊也。"《战国策·秦策》"周，天下之宗室也"鲍彪注："宗，尊也。"《汉书·郊祀志》"鼎宜视宗祢庙"注："宗，谓先帝有德可尊者也。"

252.《宗族篇》："族者，何也？族者，凑也，聚也。谓恩爱相流凑也。"

此为《白虎通》之说。

后世有更训"属"者，《礼记·仲尼燕居》"故三族和也"疏："族，属也。"《仪礼·丧服》"族昆弟"疏："族，属也，骨肉相连属，以其亲尽，恐相疏，故以族言之耳。"《左传·隐公八年》"胙之土而命之氏"疏："族者，属也，与其子孙共相连属。"

253.《宗族篇》："族所以九者何？九之为言究也，亲疏恩爱究竟，谓之九族也。"

此为先儒旧说。见61条。

254.《姓名篇》："姓者，生也，人禀天气所以生者也。"

此为《白虎通》之说。

---

① 宋均注："芸，除秽浊也，洁白情性，所以芸情白性者，特以苞含供奉之道也。"
② 孔颖达云："白，明白也；芸，芸动也；形有体质，取明白为名，气唯嘘吸，取芸动为义。"
③ 段玉裁以为"尊"下当补"也"字。（《说文·宀部·宗》注）

后世沿用者,如《说文·女部》:"姓,人所生也。"《礼记·曲礼下》"纳女于天子,曰备百姓"注:"姓之言生也。"《礼记·丧大记》"卿大夫父兄子姓"注:"姓之言生也。"《礼记·玉藻》"子姓之冠也"疏:"姓,生也。"《礼记·郊特牲》"戒百姓也"疏引皇氏云:"姓者,生也。"《左传·隐公八年》"胙之土而命之氏"疏:"姓者,生也。"《左传·昭公十一年》"归,姓也"注:"姓,生也。"《周礼·夏官·司士》"凡祭祀"注"此所谓赐王之子姓兄弟"疏:"姓,生也。"《史记·孝文帝本纪》"诸侯皆同姓"索隐:"姓,生也。"

255.《姓名篇》:"夏姓姒氏,祖以薏苡生。"①

此为先儒旧说,如《御览》卷三百六十二引《刑德放》:"禹姓姒,祖昌意以薏苡生。"《御览》卷一百三十五引《礼含文嘉》:"夏姒氏,祖以薏苡生。"《史记·五帝本纪》"帝禹为夏后而别氏,姓姒氏"索隐引《礼纬》:"禹母修已吞薏苡而生禹,因姓姒氏。"

后世沿用者,如《论衡·奇怪篇》:"禹母吞薏苡而生禹,故夏姓曰姒。"

256.《姓名篇》:"殷姓子氏,祖以玄鸟子生也。"

此以子嗣之"子"训殷姓子氏之"子"。

此为先儒旧说,如《御览》卷三百六十二引《刑德放》:"殷姓子氏,祖以玄鸟子生也。"《史记·五帝本纪》"契为商,姓子氏"索隐引《礼纬》:"契姓子氏者,亦以其母吞鳦子而生。"

后世沿用者,如《论衡·奇怪篇》:"禼母吞燕子而生禼,故殷姓曰子。"

先儒有训"兹"者,如《史记·三代世表》引《诗传》:"姓之曰子氏,子者,兹兹益大也。"

257.《姓名篇》:"周姓姬氏,祖以履大人迹生也。"

此为先儒旧说,如《御览》卷三百六十二引《刑德放》:"周姓姬氏,祖以履大人迹生也。"

后世沿用者,如《论衡·奇怪篇》:"后稷母履大人迹而生后稷,故周姓曰姬。"

先儒有训"基"者,如《御览》卷八十四引《元命苞》:"伐殷者为姬昌。"注:"姬昌之言基始也。"(《史记·三代世表》引《诗传》:"姓之曰姬氏,姬者,本也。"亦以"姬"为"基"复训"本"也)后世沿用者,如《论衡·奇怪篇》:"姜原履大人迹,迹者,基也。姓当为'其'下'土',乃为'女'旁'姬'。非基迹之字。"

---

① "夏"各本作"禹",据《御览》卷一百三十五引《含文嘉》改,详《〈白虎通义〉校释》。

258.《姓名篇》:"必桑蓬何?桑蓬者,相逢接之道也。"①

此《白虎通》之说。

259.《姓名篇》:"拜之言服也。"

此为先儒旧说,如《礼记·郊特牲》:"拜,服也。"

260.《姓名篇》:"伯者,长也,伯者,子最长,迫近父也。"

此为《白虎通》之说。

后世有更训"把"者,如《释名·释亲属》:"伯,把也,把持家政也。"

261.《姓名篇》:"仲者,中也。"

此为先儒旧说,如《慧琳音义》卷四十六引《韩诗》:"仲,中也,言位在中也。"

后世沿用者,如《礼记·月令》"仲春之月"注:"仲,中也。"《诗·大雅·大明》"挚仲氏任"疏:"仲者,中也。"《史记·五帝本纪》"岁二月"正义:"二月,仲月也,仲,中也,言得其中也。"《史记·吕不韦列传》"号称仲父"正义:"仲,中也。"《说文·人部》:"仲,中也。"《释名·释亲属》:"仲,中也,位在中也。"

262.《姓名篇》:"叔者,少也。"

此为《白虎通》之说。

后世沿用者,如《释名·释亲属》:"仲父之弟曰叔父,叔,少也。"《释名·释亲属》:"叔,少也,幼者称也。"

---

① 上"桑蓬"旧作"桑弧",下"桑蓬"旧作"桑",从刘说改,详《〈白虎通义〉校释》。

## 卷　　四

263.《天地篇》："天者，何也？天之为言镇也，居高理下，为人镇也。"

此为先儒旧说，如《尔雅·释天》释文引《说题辞》云："天之言镇也，居高理下，为人经纬，故其字一大以镇之也。"

后世沿用者，如《御览》卷一引《礼统》："天地者，元气之所生，万物之祖也，天之为言镇也。"

先儒有训"瑱"者，如《诗·墉风·君子偕老》"胡然而天也"疏引《元命苞》云："天之言瑱。"孔颖达云："取其瑱实也。"

后世有更训"颠"者，如《说文·一部》："天，颠也。"或训为"显""坦"者，如《释名·释天》："天，豫、司、兖、冀以舌腹言之，天，显也，在上高显也；青、徐以舌头言之，天，坦也，坦然高而远也。"或训为"镇""神""陈""珍"者，如《御览》卷一引《礼统》："天地者，元气之所生，万物之祖也，天之为言镇也，神也，珍也，施生为本，运转精神，功效列陈，其道可珍重也。"或训为"旋""均"者，如《御览》卷二引杨泉《物理论》曰："天者，旋也，均也，积阳纯刚，其体回旋，群生之所大仰。"

264.《天地篇》："地之言易也，谛也，言养万物怀任，交易变化，审谛不误，敬始重终，故谓之地也。"①

"地"训"易"为先儒旧说，如《御览》卷三十六引《元命苞》："地者，易也，言养物怀任，交易变化，含吐应节，故其立字，'土''力'于'一'者为地。"

后世沿用者，如《尔雅·释地》"释地"释文引《礼统》："地，施也，谛也，应变施化，审谛不误。"《释名·释地》："地，……亦言谛也，五土所生，莫不审谛也。"

先儒有训"媲"者，如《御览》卷三十六引《说题辞》："地之为言媲也，承天行其义也，居下，以山为位，道之经也，山陵之大，非地不制，含功以牧生，故其立字，'土''力'于'一'者为地。"

---

① 此句卢本作"地者，元气之所生，万物之祖也，地之言施也，谛也，应施变化，审谛不设，敬始重终，故谓之地也"，今据刘说订，详《〈白虎通义〉校释》。

后世有更训"任"者,如《后汉书·光武纪》:"夫地者,任物至重,静而不动者也。"或训"丽",如《尔雅·释地》"释地"释文引许慎注《淮南子》:"地,丽也。"或训"底",如《释名·释地》:"地,底也,其体底下,载万物也。"或训"底""著",如《尔雅·释地》"释地"释文引《物理论》:"地,底也,著也,阴体下著。"

265.《日月篇》:"日之为言实也,常满有节。"

此为先儒旧说,如《开元占经》卷五引《元命苞》:"日之为言实也,节也,含一,开度立节,使物咸别,故谓之日,言阳布散合如一,故其立字四合共一者为日。"

后世沿用者,如《后汉书·丁鸿传》:"臣闻日者阳精,守实不亏。"《说文·日部》:"日,实也,太阳之精不亏。"《释名·释天》:"日,实也,光明盛实也。"《御览》卷三引《礼统》:"日者,实也。形体光实,人君之象。"《周礼·春官·冯相氏》"冬夏致日"疏:"日,实也。"

先儒有训"热"者,如《汉学堂丛书·说题辞》:"日之为言热也,阳之宗也。远之则寒,近之则热也,如人之目也。"宋均注:"日为天之一目。"

266.《日月篇》:"月之为言阙也,有满有阙也。所以有阙何?归功于日也。"

此为先儒旧说,如《御览》卷四引《元命苞》:"月之为言阙也。"

后世沿用者,如《说文·月部》:"月,阙也,大阴之精。"《释名·释天》:"月,阙也,满则阙也。"《周礼·春官·冯相氏》"冬夏致日"疏:"月者,阙也。"

先儒有训"假"者,如《汉学堂丛书·说题辞》:"月之为言假也,阴之相也,假日之光,而助其明。"

267.《日月篇》:"所以名之为星何?星者,精也,据日节言也。"

此为先儒旧说,如《御览》卷五引《说题辞》:"星之为言精也,荣也,阳之精也,阳精为日,日分为星,故其字日生为星。"《御览》卷六引《感精符》:"山川之精上为星。"《玉海》卷一引《河图括地象》:"川德布精上为星。"《隋书·天文志》引张衡《灵宪》:"星也者,体生于地,精发于天。"

后世小沿用者,如《说文·晶部》:"曑,万物之精,上为列星。"《论衡·说日》:"夫星,万物之精,与日月同。"《颜氏家训·归心篇》:"星为万物之精。"

后世有更训"散"者,如《释名·释天》:"星,散也,列位布散也。"

268.《四时篇》:"所以名为岁何?岁者,遂也。"

此为先儒旧说,如《御览》卷十七引《元命苞》:"岁之为言遂也。"

后世有更训"越"者,如《释名·释天》:"岁,越也,越故限也。"或以岁星

277

为名,如《尚书·尧典》"九载"疏引孙炎云:"岁取岁星行一次也。"

269.《四时篇》:"时者,期也,阴阳消息之期也。"

此为《白虎通》之说。

后世沿用者,如《释名·释天》:"时,期也,物之生死各应节期而止也。"

270.《四时篇》:"四时不随正朔变何?以为四时据物为名,春当生,……皆以正为时也。"

此为先儒旧说,如《汉学堂丛书·元命苞》:"春之为言'蠢'也,蠢,蠢动也,春之为言'生'也,当春之气,万物屯生也,故其立字'屯'下'日'为春也。"按:"'屯'下'日'为春",即"𣆕"(《郭店楚墓竹简·语丛一》)汉印"宜春左园"中"春"作"𣈷"。(《汉印文字征·艸部》)参103条。

271.《四时篇》:"四时不随正朔变何?以为四时据物为名,……冬当终,皆以正为时也。"

此为先儒旧说。见128条。

272.《四时篇》:"年者,仍也,年以纪事,据月言年。"

此为《白虎通》之说。

后世有更训"进"者,如《释名·释天》:"年,进也,进而前也。"

273.《四时篇》:"载之言成也,载成万物,终始言之也。"

此为《白虎通》之说。

后世沿用者,如《独断》:"载,岁也,言一岁莫不覆载,故曰载也。"

后世有更训"始"者,如《尚书·尧典》"九载"疏引孙炎云:"载,取万物终而更始。"《尔雅·释天》"唐虞曰载"注:"载,取物终更始。"疏:"载,始也,取物终更始。"或训承载之"载"者,如《释名·释天》:"唐虞曰载,载生物也。"

274.《四时篇》:"朔之言苏也。明消更生,故言朔。"

此为先儒旧说。见214条。

275.《四时篇》:"日言朝何?……日昼见夜藏,有朝夕,故言朝也。"

此以朝夕(朝夕觐见之礼)之"朝"训四时之"朝"。此为《白虎通》之说。

276.《衣裳篇》:"衣者,隐也。"

此为《白虎通》之说。

后世有更训"依"者,如《说文·衣部》:"衣,依也。"《释名·释衣服》:"衣,依也,人所依以芘寒暑也。"

277.《衣裳篇》:"裳者,障也,所以隐形自障闭也。"

此为《白虎通》之说。

后世沿用者,如《释名·释衣服》:"裳,障也,所以自障蔽也。"

278.《衣裳篇》:"循道无穷则配环。"

此为《白虎通》之说。

后世沿用者,如《礼记·玉藻》"孔子配象环五寸"注:"环取可循而无穷。"

先儒有训"还"者,如《御览》卷四百五十六引《援神契》:"赐之环即还之,玦则去。"《白虎通·谏诤篇》云:"赐之环则还,赐之玦则去,明君子重耻也。"此不取者,配饰重其道德循环义。参151条。

279.《衣裳篇》:"能决嫌疑则配玦。"

此为先儒旧说,如《庄子·田子方》:"儒者……缓佩玦者,事至而断。"是以玦有决断义。参152条。

后世沿用者,如《御览》卷六百九十二引王隐《晋书》:"礼,能使决疑者配玦,故遣其臣亦授之以玦。……凡受命将即天子之位,皆众人之所疑,以武皇帝能断决,应天顺民,受曹氏禅而无疑,德应佩玦,故以赐焉。"《后汉书·齐武王演传》"御史申屠建随献玉玦"注:"玦,决也,令早决断。"

先儒有训诀别之"决"者,如《御览》卷四百五十六引《援神契》:"赐之环即还之,玦则去。""玦则去"者,"玦"即"决"也。《白虎通·谏诤篇》云:"赐之环则还,赐之玦则去,明君子重耻也。"此不取者,配饰重其决断义。

后世更训"缺"者,为其得名之义,如《左传·闵公二年》"玦离"杜预注:"玦如环而缺不连。"

280.《五刑篇》:"宫者,女子淫,执置宫中,不得出也。"①

此以宫廷之"宫"训宫刑之"宫"。此为先儒旧说,如《御览》卷六百四十八引《刑德放》:"宫者,女子淫乱,执置宫中不得出也。"

后世沿用者,如《周礼·秋官·司刑》"宫罪五百"注:"宫者,丈夫则割其势,女子闭于宫中。"《孝经·五刑章》"五刑之属三千"注:"五刑谓墨、劓、剕、宫、大辟也。"释文:"宫,男子割势,女子宫闭之。"

281.《五刑篇》:"膑者,脱其膑也。"②

此以膝盖意之"膑"训五刑之"膑"。此为先儒旧说,如《御览》卷六百四十八引《刑德放》:"膑者,脱去人之膑也。"

282.《五刑篇》:"劓者,劓其鼻也。"③

此为先儒旧说,如《尚书·康诰》"又曰劓刵人"孔传:"劓,截鼻。"

---

① 此句卢本无,刘据旧本补。
② 此句卢本无,刘据《书钞》卷四十四《御览》卷六百四十八补。
③ 此句卢本无,刘据《书钞》卷四十四所引补,《御览》卷六百四十八引无"者"字。

后世沿用者,如《战国策·秦策一》"劓劕其傅"注:"截其鼻曰劓也。"《周礼·秋官·司刑》"劓罪五百"注:"劓,截其鼻也。"《易·困卦》"劓刖困于赤绂"集解引虞翻曰:"割鼻曰劓。"《左传·昭公十三年》"后者劓"注:"劓,截鼻。"《汉书·武帝纪》"唐虞画象而民不犯"注:"劓,截其鼻也。"《汉书·刑法志》"劓罪五百"注:"劓,截鼻也。"《易·睽卦》"其人天且劓"、《尚书·舜典》"五刑有服"孔传"五刑:墨、劓、剕、宫、大辟"释文并云:"劓,截鼻也。"《孝经·五刑章》"五刑之属三千"注"五刑谓墨、劓、剕、宫、大辟也"释文:"劓,截鼻之刑。"《左传·哀公十一年》"则劓殄无遗育"疏:"刑名以截鼻为劓。"《史记·五帝本纪》"五刑有服"正义:"劓,截其鼻也。"《后汉书·西羌传》"又与劓女遇于野"注:"劓,截鼻也。"

**283.《五刑篇》:"墨者,谓以墨黥其面也,一曰墨其额也。"**①

此以颜料之墨训墨刑之"墨"。此为《白虎通》之说。

后世沿用者,如《周礼·秋官·司刑》"墨罪五百"注:"墨,黥也,先刻其面,以墨窒之。"《史记·五帝本纪》"五刑有服"正义:"墨,点凿其额,涅以墨。"《汉书·百官公卿表》"正五刑"注:"墨,凿其额而涅以墨也。"《汉书·刑法志》"墨罪五百"注:"墨,黥也,凿其面以墨涅之。"《孝经·五刑章》"五刑之属三千"注"五刑谓墨、劓、剕、宫、大辟也"释文:"墨,刻其额而涅之以墨。"

**284.《五刑篇》:"囹,令也;圄,举也。令其思愆举罪。"**②

此为《白虎通》之说。

后世沿用者,如《宝典》卷二引《风俗通》:"周曰囹圄,囹,令;圄,举也。言令人幽闭思愆,改恶为善,因原之也。"

后世有更训"领御"者,如《释名·释宫室》:"囹,领也。圄,御也:领录囚徒禁御之也。"有更训"牢止"者,如《礼记·月令》疏引蔡邕云:"囹,牢也;圄,止也。所以止出入,皆罪人所舍也。"

**285.《五经篇》:"孝者,自天子下至庶人,上下通《孝经》者。"**

此以《孝经》之"孝"训孝行之"孝"。此为《白虎通》总括纬书而为之说,如《旧唐书·礼仪志》引《援神契》:"天子孝曰就,就之为言成也,天子德被天下,泽及万物,始终成就,则其亲获安,故曰就也。诸侯孝曰度,度者,法也,诸侯居国,能奉天子法度,得不危溢,则其亲获安,故曰度也。卿大夫孝曰

---

① 此句卢本无,刘据《汉书·武帝纪》注、《御览》卷六百四十八引补,并补"者"字,"一曰"二字。

② 此句卢本无,据《大般涅盘经疏》卷五、《南本大般涅盘经会疏》卷二引补,"愆"后者引作"誉"。

誉,誉之为言名也,卿大夫言行布满,能无恶称,誉达遐迩,则其亲获安,故曰誉也。士孝曰究,究者以明审为义,士始升朝,辞亲入仕,能审资父事君之礼,则其亲获安,故曰究也。庶人孝曰畜,畜者,含畜为义,庶人含情受朴,躬耕力作,以畜其德,则其亲获安,故曰畜也。"汉重《孝经》,使天下诵之,故有此说。

先儒有训"畜"者,如《礼记·祭统》:"孝者,畜也,顺于道不逆于伦,是之谓畜。"疏:"《援神契》云:'天子之孝曰就,诸侯曰度,大夫曰誉,士曰究,庶人曰畜。'分之则五,总之曰畜,皆是畜养,但功有小大耳。"后世沿用者,如《旧唐书·礼仪志》:"孝者,畜也,养也,因之以心。"

后世有更训"好"者,如《释名·释言语》:"孝,好也,爱好父母,如所说好也。"

286.《五经篇》:"经所以有五何?经,常也,有五常之道,故曰五经。"

此为《白虎通》之说。

后世有更训"径"者,如王逸《离骚经章句》:"经,径也。言己放逐离别,中心愁思,犹依道径,以风谏君也。"①《释名·释典艺》:"经,径也,常典也。如径路无所不通,可常用也。"

287.《嫁娶篇》:"《春秋公羊传》曰:'娣者何?女弟也。'"

此为先儒旧说,引《公羊传·庄公十九年》文。

后世沿用者,如《仪礼·士昏礼》"虽无娣"郑玄注:"娣,女弟也。"《诗·召南·鹊巢》"维鸠盈之"笺"言众媵侄娣之多"释文:"娣,女弟也。"《左传·隐公元年》"继室以声子,生隐公"注"盖孟子之侄娣也"释文:"娣,女弟也。"《公羊春秋·隐公七年》"叔姬归于纪"注"叔姬,伯姬之娣"释文:"女弟曰娣。"《说文·女部》:"娣,女弟也。"《释名·释亲属》:"娣,弟也,已后来也。"

288.《嫁娶篇》:"天子之妃谓之后何?后者,君也。天子妃至尊,故谓后也。明配至尊,为海内小君,天下尊之,故系王言之曰王后也。"

此无训释词,实以先后之"后"为训,此为《白虎通》之说。"系"《礼记·曲礼下》疏引作"继",似更合"后者后也"之义。参37条。

后世沿用者,如《礼记·曲礼下》"天子之妃曰后"注:"后之后后也。"《释名·释亲属》:"天子之妃曰后,后,后也,言在後,不敢以副言也。"《独断》卷上:"天子之妃曰后,后之言后也。"《后汉书·皇后纪》注:"郑玄注《礼记》曰

---

① 洪兴祖云:"古人引《离骚》未有言'经'者,盖后世之士祖述其词,尊之为经耳,非屈原原意也,逸说非是。"

"后之言后",言在夫之后也。"《礼记·曲礼》"天子有后"疏:"谓之为后者,后,后也,言其后于天子,亦以广后胤也。"

**289.《嫁娶篇》:"国君之妻称之曰夫人何?明当扶进八人,谓八妾也。"**

此为《白虎通》之说。

后世沿用"扶"之训,然所指不同者,如《礼记·曲礼下》"诸侯曰夫人"注:"夫之言扶。"《独断》卷上:"诸侯之妃曰夫人,夫人之言扶也。"《左传》疏以为能扶成人君之德,《左传·隐公元年》"惠公元妃孟子"注"言元妃,明始适夫人也"疏:"郑玄以为'夫之言扶',言能扶成人君之德也。"《文选》注以为能以礼自扶,《文选·闲居赋》"太夫人乃御版舆、升轻轩"李善注:"《礼记》曰:'诸侯曰夫人。'注:'夫之言扶也。'言能以礼自扶。"有以为扶助其君者,如《释名·释亲属》:"诸侯之妃曰夫人,夫,扶也,扶助其君也。"《礼记·曲礼下》"天子有后,有夫人,有世妇,有嫔,有妻,有妾"疏:"有夫人者,夫,扶也,言扶持于王也。"《论语·季氏》"君称之曰夫人"疏:"君称之曰夫人者,夫之言扶也,能扶成人君之德也。"

后世有更训"因夫成人"者,如《慧琳音义》卷二十一引《慧苑音义》"夫人采女"注:"夫人者,案:因夫以成人,故曰夫人也。"《慧琳音义》卷二十二引《慧苑音义》"摩耶夫人"注:"夫者,男子美称,妇因夫以成人,故名夫人也。"

**290.《嫁娶篇》:"自称小童者,谦也,言己智能寡少如童蒙也。"**

此以童蒙之"童"训夫人自称小童之"童"。此为《白虎通》之说。

后世沿用者,如《论语·季氏》"夫人自称曰小童"疏:"'夫人自称曰小童'者,自称谦言己小弱之童稚也。"

**291.《嫁娶篇》:"妻者,齐也,与夫齐体。自天子下至庶人,其义一也。"**

此为《白虎通》之说。

后世沿用者,如《后汉书·樊英传》:"妻,齐也。"《东汉文纪·蔡邕·月令问答》:"妻者,齐也。"《说文·女部》:"妻,妇与己齐者也。"《礼记·曲礼下》"庶人曰妻"注:"妻之言齐。"《礼记·内则》"聘则为妻"注:"妻之言齐也,以礼聘问,则得与夫敌体。"疏:"妻,齐也。"《独断》卷上:"庶人曰妻,妻之言齐也。"《释名·释亲属》:"士庶人曰妻,妻,齐也,夫贱不足以尊称,故齐等言也。"《通典》卷八十八引雷次宗《丧服注》:"言妻以明其齐,所以得称夫也。"《魏书·乐浪王传》:"妻者,齐也,理与己齐。"《仪礼·丧服》"妻为夫"疏:"妻者,齐也,妇人无爵,从夫之爵,坐以夫之齿,是言妻之尊卑与夫齐者也。"《礼记·曲礼上》"三十曰壮,有室"注"妻称室"疏:"妻者,齐也。"《诗·小雅·十月之交》"艳妻煽方处"疏:"妻之言齐,齐于夫也,虽天子之尊,其妻亦与夫敌也。"《急救篇》卷三"妻妇聘嫁赍媵童"颜师古注:"妻者,齐夫之名。"《荀子·君子篇》"天子无妻"注:"妻者,齐也。"《庄子·德充符》"与为人妻宁为夫子妾"成玄英疏:"妻者,齐也,言其位齐于夫。"《论语·季氏》"邦君之妻"疏:"妻者,齐也。言与夫齐体,上下之通称。"

292.《嫁娶篇》:"妾者,接也,以时接见也。"

此为《白虎通》之说。

后世沿用者,如《礼记·内则》"奔则为妾"注:"妾之言接也,闻彼有礼,走而往焉,以得接见于君子也。"疏:"妾者,妾,接也,接见于君子也。"《尔雅·释亲》"父之妾为庶母"疏:"妾,接也。"《通典》卷八十八引雷次宗《丧服注》"妾为君"注:"言妾以见其接。"《说文·辛部》:"妾,有罪女子给事之得接于君者。"《释名·释亲属》:"妾,接也,以贱见接幸也。"《庄子·庚桑楚》"其妾之挈然仁者远之"成玄英疏:"妾,接也。"《庄子·德充符》"与为人妻宁为夫子妾"成玄英疏:"妾者,接也,适可接事君子。"又有以"接"为接事嫡妻者,如《仪礼·丧服》"妾为女君"疏:"妻既与夫体敌,妾不得体夫,故名妾,妾,接也,接事适妻,故妾称妾。"

293.《嫁娶篇》:"嫁者,家也,妇人外成,以出适人为家。"

此为《白虎通》之说。

294.《嫁娶篇》:"娶者,取也。"

此为先儒旧说,如《慧琳音义》卷七十:"娶妻。"玄应注:"《诗》云:'取妻如之何'传曰:'娶,取妇也。'"

后世沿用者,如《说文·女部》:"娶,取妇也。"

295.《嫁娶篇》:"男者,任也,任功业也。"

此为先儒旧说,如《大戴礼记·本命篇》:"男者,任也;子者,孳也;男子者,言任天地之道,如长万物之义也。"参6条。此为男子之男,彼为男爵之男。

后世沿用者,如《释名·释长幼》:"男,任也,典任王事也。"《尔雅·释亲》"男子谓女子先生为姊"疏:"男,任家事也。"

296.《嫁娶篇》:"女者,如也,从如人也,在家从父母,既嫁从夫,夫没从子也。"

此为先儒旧说,如《大戴礼记·本命篇》:"女者,如也,子者,孳也,女子者,言如男子之教,而长其义理者也。"

后世沿用者,如《释名·释长幼》:"女,如也,妇人外成如人也,故三从之义:少如父教,嫁如夫命,老如子言。"《尔雅·释亲》"男子谓女子先生为姊"疏:"女,如也。"

283

297.《嫁娶篇》:"夫者,扶也,扶以人道者也。"

此为先儒旧说。

298.《嫁娶篇》:"妇者,服也,服于家事,事人者也。"

此为先儒旧说,如《礼记·曲礼下》:"有世妇者,妇,服也,言其进以服事君子也。"

后世沿用者,如《说文·女部》:"妇,服也。"《礼记·曲礼下》"士曰妇人"注:"妇之言服。"《释名·释亲属》:"大夫之妃曰命妇,妇,服也,服家事也,夫受命于朝,妻受命于家也。"《独断》卷上:"士曰妇人,妇之言服也。"《礼记·曲礼下》"有世妇"疏:"妇,服也,言其进以服事君子也。"《后汉书·皇后纪序》"世妇主丧祭宾客"注:"妇,服也,明其能服事于人也。"《急就篇》"妻妇聘嫁赍媵僮"颜师古注:"妇者,服事舅姑之称。"

先儒有训"伏"者,如《大戴礼记·本命篇》:"妇人,伏于人也,是故无专制之义,有三从之道,在家从父,适人从夫,夫死从子,无所敢自遂也。"

299.《嫁娶篇》:"妃者,匹也。"

此为先儒旧说,如《尔雅·释诂》:"妃,匹也。""妃,媲也"同。

后世沿用者,如《说文·女部》:"妃,匹也。"《左传·隐公元年》"惠公元妃孟子"疏:"妃者,配匹之言,非有尊卑之异。"

后世有更训"辈"者,如《释名·释亲属》:"妃,辈也,一人独处,一人往辈耦之也。"

300.《嫁娶篇》:"婚者,昏时行礼,故曰婚。"

此为先儒旧说,如《仪礼·士昏礼》:"士昏礼,凡行事必用昏、昕。"《说文·女部》引《礼》云:"娶妇以昏时。"

后世沿用者,如《释名·释亲属》:"妇之父曰婚,言壻亲迎用昏,又恒以昏夜成礼也。"

301.《嫁娶篇》:"姻者,妇人因夫而成,故曰姻。"

此为《白虎通》之说。

后世沿用者,如《说文·女部》:"姻,壻家也,女之所因,故曰姻。"或以"因"为因媒,如《释名·释亲属》:"壻之父曰姻,姻,因也,女往因媒也。"

302.《嫁娶篇》:"媾,厚也,重昏曰媾也。"①

此为先儒旧说,如《诗·曹风·候人》"不遂其媾"传:"媾,厚也。"②

后世沿用者,如《国语·晋语四》引此诗"不遂其媾",注:"媾,厚也。"

---

① 此句各本无,据刘说补,详《〈白虎通义〉校释》。
② 疏:"重昏媾者,以情必深厚,故媾为厚也。"

303.《绋冕篇》:"绋者,蔽也,行以蔽前者,示有事因以别尊卑、彰有德也。"①

此为《白虎通》之说。

后世沿用者,如《礼记·玉藻》"一命缊韨幽衡"注:"韨之言亦蔽也。"《礼记·玉藻》"韠,君朱,大夫素,士爵韦"注:"韠之言蔽也。"《说文·韦部》:"韠,韨也,所以蔽前者,以韦。下广二尺,上广一尺,其颈五寸。"《释名·释衣服》:"韨,韠也,韠蔽膝也,所以蔽前也。""绋"同"韠""韨"。

304.《绋冕篇》:"冠者,卷也,所以卷持其发也。"

此为《白虎通》之说。

后世沿用者,如《说文·冖部》:"冠,絭也,所以絭发,弁冕之总名也。""卷""絭"通。

后世有更训"贯"者,如《释名·释首饰》:"冠,贯也,所以贯韬发也。"

305.《绋冕篇》:"弁之为言攀也,所以攀持其发也。"

此为《白虎通》之说。

后世有更训"盘"者,如《仪礼·士冠礼》"周弁,殷冔,夏收"注:"弁名出于盘,盘,大也,言所以自光大也。"② 有更训"抃"者,如《释名·释首饰》:"弁,如两手相合抃时也。"

306.《绋冕篇》:"素积者,积素以为裳也,言腰中辟积。"

此为《白虎通》之说。

后世沿用者,如《仪礼·士冠礼》"皮弁服素积"注:"积犹辟也,以素为裳,辟蹙其要中。"《释名·释衣服》:"素积,素裳也,辟积其要中,使蹙,因以名之也。"

307.《绋冕篇》:"十一月之时,阳气俯仰黄泉之下,万物被施如冕,前俯而后仰,故谓之冕也。"

此为《白虎通》之说。

后世沿用"俯"(同"俛")训,然所指有异,如《后汉书·明帝纪》"帝及公卿列侯始服冠冕"注引《三礼图》:"冕以三十升布染而为之,广八寸,长尺六寸,前圜后方,前下后高,有俛伏之形,故谓之冕,欲人之位弥高而志弥下,故以名焉。"《左传·桓公二年》"衮冕黻珽"疏:"冕,俛也,以其后高前下,有俛俯之形,故因名焉。盖以在上位者失于骄矜,欲令位弥高而志弥下,故制此

---

① "者示"卢据《御览》卷六百九十一引改作"者尔",今不从,详《〈白虎通义〉校释》。
② 疏:"云'弁名出于盘,盘,大也'者,无正文,郑以意解之。"

服,令贵者下贱也。"《论语·卫灵公》"服周之冕"疏同。《仪礼·士冠礼》"爵弁"注"爵弁者,冕之次"疏:"冕者,俛也,低前一寸二分,故得冕称。其爵弁则前后平,故不得冕名。"《释名·释首饰》:"冕,犹俛也,俛,平直貌也。"

308.《绋冕篇》:"谓之冔者,十二月之时,施气受化诇张,而后得牙,故谓之冔。"

此为《白虎通》之说。

后世有更训为"幠"者,如《仪礼·士冠礼》"周弁,殷冔,夏收"注:"冔,名出于幠,幠,覆也,言所以自覆饰也。"①《释名·释首饰》:"冔,幠也,幠之言覆,言以覆首也。"

309.《绋冕篇》:"谓之收者,十三月之时,阳气收本,举生万物而达出之,故谓之收。"

此以收束之"收"训衣冠之"收"。此为《白虎通》之说。

后世沿用"收"训,然所指有异,如《仪礼·士冠礼》"周弁,殷冔,夏收"注:"收,言所以收敛发也。"疏:"云'收言所以收敛发也'者,皆以意解之也。"《释名·释首饰》:"收,夏后氏冠名也,言收敛发也。"

310.《绋冕篇》:"所以谓之委貌何?周统十一月为正,万物始萌,小,故为冠饰最小,故曰委貌。委貌者,言委曲有貌也。"

此以"委曲有貌"训周冠"委貌"。此为《白虎通》之说。

后世沿用其训释词,然所指不同,如《释名·释首饰》:"委貌,冠形委曲之貌,上小下大也。"

后世有更训"委"为"安"者,如《仪礼·士冠礼》"委貌,周道也"注:"委犹安也,言所以安正容貌。"

311.《绋冕篇》:"夏统十三月为正,其饰最大,故曰毋追。毋追者,言其追大也。"

此以"追"(通"堆")训夏冠"追"。此为《白虎通》之说。

后世有沿袭其"追"训者,然所指不同,如《仪礼·士冠礼》"毋追,夏后氏之道也"注:"毋,发声也,追犹堆也,夏后氏质,以其形名之。"或作"牟追",如《释名·释首饰》:"牟追,牟,冒也,言其形冒发追追然也。"

312.《绋冕篇》:"爵弁者,何谓也?其色如爵头,周人宗庙士之冠也。"

此为《白虎通》之说。爵头之"爵"通"雀"。

后世沿用者,如《仪礼·士冠礼》"爵弁"注:"爵弁者,冕之次,其色赤而

---

① 疏:"云'冔名出于幠,幠,覆也,言所以自覆饰也'者,皆以意解之也。"

微黑,如爵头然,或谓之緅。"或作"雀弁",《尚书·顾命》"二人雀弁,执惠立于毕门之内"疏引郑玄云:"赤黑曰雀,言如雀头色也。"《释名·释首饰》:"弁,如两手相合抃时也,以爵韦为之,谓之爵弁。"《隋书·礼仪志七》引《礼图》:"爵弁,士助君祭服之,色如爵头,无旒,有𢄐。"《后汉书·舆服志》:"爵弁,一名冕。广八寸,长尺二寸,如爵形,前小后大,缯其上似爵头色,有收持笄,所谓夏收殷冔者也。"

### 313.《丧服篇》:"所以杖竹桐何?取其名也。竹者,蹙也。"

此为《白虎通》之说。

后世有说竹者,不以声训,但取其象,如《仪礼·丧服传》"苴杖,竹也"疏:"所以杖竹者,父者子之天,竹圆亦象天,竹又外内有节,象子为父亦有外内之痛,又竹能贯四时而不变,子之为父哀痛亦经寒温而不改,故用竹也。"《礼记·丧服小记》"苴杖,竹也;削杖,桐也"疏:"必用桐者,明其外虽被削而心本同也,且桐随时凋落,此谓母丧,示外被削杀,服从时除,而终身之心当与父同也。"

### 314.《丧服篇》:"桐者,痛也。"

此为《白虎通》之说。

后世有更训"同"者,如《仪礼·丧服传》"削杖,桐也"疏:"为母杖桐者,欲取桐之言同,内心同之于父,外无节,象家无二尊,屈于父为之齐衰,经时而有变,又案变除,削之使方者,取母象于地故也。"《礼记·丧服小记》"苴杖,竹也;削杖,桐也"疏:"必用桐者,明其外虽被削而心本同也,且桐随时凋落,此谓母丧,示外被削杀,服从时除,而终身之心当与父同也。"

### 315.《崩薨篇》:"崩之为言憪然僵。"①

此为《白虎通》之说。

后世沿用者,如《释名·释丧制》:"天子曰崩,崩坏之形也;崩,硼声也。""憪""硼"通。

先儒有训"殒"者,如《御览》卷五百四十八引《说题辞》:"天子曰崩,崩之为言殒也。"

### 316.《崩薨篇》:"薨之言奄也,奄然亡也。"

此为先儒旧说,如《御览》卷五百四十八引《说题辞》:"诸侯称薨,薨之为言奄然而亡。"

后世更以本字为训,以象声词"薨"训崩薨之"薨"者,如《礼记·曲礼

---

① "憪然伏僵",各本作"崩伏强",卢本作"憪然伏僵",据《通典》卷八十三引改,详《〈白虎通义〉校释》。

下》"诸侯曰薨"注:"薨,颠坏之声。"疏:"诸侯曰薨者,薨者,崩之余声也,而《诗》云'虫飞薨薨',是声也。诸侯卑,死不得效崩之形,但如崩后之余声,远劣于形压,诸侯之死,知者亦局也。"《释名·释丧制》:"诸侯曰薨,薨坏之声也。"

317.《崩薨篇》:"卒之为言终于国也。"

此为先儒旧说,如《御览》卷五百四十八引《说题辞》:"大夫曰卒,精辉终卒,卒之为言绝,绝于邦也。"《通典》卷八十三引《说题辞》:"大夫曰卒,精耀终也,卒之为言终于国也。"

后世沿用者,如《礼记·曲礼下》"大夫曰卒"注:"卒,终也。"《公羊传·隐公三年》"大夫曰卒"注:"卒,犹终也。"《释名·释丧制》:"大夫曰卒,言卒竟也。"

318.《崩薨篇》:"士曰不禄,失其忠节,不忠终君之禄。禄之言消也,身消名彰。"①

此为先儒旧说,如《御览》卷五百四十八引《说题辞》:"士曰不禄,失其忠也,不禄之言削名章也。"

后世沿用其"不终其禄"说,如《礼记·曲礼下》"士曰不禄"注:"不禄,不终其禄。"《释名·释丧制》:"士曰不禄,不复食禄也。"《公羊传·隐公三年》"士曰不禄"注:"不禄,无禄也。"《通典》卷八十三引高堂隆云:"云'士不禄'者,言士业未卒,不终其禄也。"

319.《崩薨篇》:"死之为言澌,精气穷也。"

此为先儒旧说,如《御览》卷五百四十八引《说题辞》:"庶人曰死,魂魄去心,死之为言精爽穷也。"《素问·热论注》:"死犹薪也,言精气皆薪也。""澌""薪"通。

后世沿用者,如《说文·死部》:"死,澌也,人所离也。"《礼记·曲礼下》"庶人曰死"注:"死之言澌也,精神澌尽也。"《礼记·檀弓上》"小人曰死"注:"死之言澌也,……消尽为澌。"《释名·释丧制》:"人始气绝曰死,死,澌也,就消澌也。"《风俗通义·怪神篇》:"死者,澌也。"《御览》卷五百四十八引《物理论》:"人含气而生,精气尽而死,死犹澌灭也。"

320.《崩薨篇》:"丧者,何谓也?丧者,亡也。人死谓之丧何?言其丧亡,不可复得见也。"

此为《白虎通》之说。

---

① 卢本作"士曰不禄,不终君之禄,禄之言'消'也,身消名彰",据刘说订,详《白虎通义》校释)。

后世沿用者,如《仪礼·丧服·目录》:"不忍言死而言丧,丧者,弃亡之辞,若全存居于彼焉,已亡之耳。"《诗·小雅·节南山》"丧乱弘多"疏:"丧者,死亡之名。"

321.《崩薨篇》:"赠之为言称也,玩好曰赠。"

此为先儒旧说,如《御览》卷五百五十引《说题辞》:"玩好曰赠,决其义也,……赠,称也。"

322.《崩薨篇》:"禭之为言遗也,衣被曰禭。"

此为先儒旧说,如《御览》卷五百五十引《说题辞》:"衣被曰禭,养死具也,……禭,遗也。"

后世沿用者,如《仪礼·士丧礼》"君使人禭"注:"禭之言遗也,衣被曰禭。"《公羊传·隐公元年》"衣被曰禭"注:"禭犹遗也。"

323.《崩薨篇》:"赗者,助也。"

此为先儒旧说,如《御览》卷五百五十引《说题辞》:"赗之为言助也,……货财曰赗。"《周礼·秋官·小行人》"丧则令赗补之"注引郑司农云:"赗补之谓赗丧家,补助其不足也。"①

后世沿用者,如《仪礼·既夕礼》"若赗"注:"赗之言补也,助也,货财曰赗。"《礼记·檀弓上》"使子贡说骖而赗之"注:"赗,助丧用也。"《公羊传·隐公元年》"车马曰赗,货财曰赙"注:"赗犹覆也,赙犹助也,皆助生送死之礼。"

后世有更训"补"者,如《仪礼·既夕礼》"若赗"注:"赗之言补也,助也,货财曰赗。"

324.《崩薨篇》:"赗者,覆也。"

此为先儒旧说,如《御览》卷五百五十引《说题辞》:"赗之为言覆也,舆马曰赗。"

后世沿用者,如《左传·隐公元年》"天王使宰咺来归惠公仲子之赗"疏引服虔云:"赗,覆也,天王所以覆被臣子。"疏:"盖谓覆被亡者耳。"《公羊传·隐公元年》"车马曰赗,货财曰赙"注:"赗犹覆也,赙犹助也,皆助生送死之礼。"

325.《崩薨篇》:"祖者,始也,始载于庭也。乘轴车辞祖祢,故名为祖载也。"

《白虎通》以为"祖载"有二义,其一,"祖"训"始","祖载"即柩车"始载于庭"。其二,"祖"为"祖祭","祖载"即将葬,以车载柩,行祖祭礼。一为《白虎

---

① 《慧琳音义》卷九十三"慰赗"注引郑注《周礼》云:"赗,谓赠丧家死衣,助不足也。"

通》之说,一为先儒旧说,如《周礼·春官·丧祝》"及祖,饰棺,乃载,遂御"注引郑司农云:"祖谓将葬,祖于庭,象生时出则祖也,故曰事死如事生,礼也。"①

后世沿用者,如《周礼·春官·丧祝》"及祖,饰棺,乃载,遂御"注:"或谓'及祖',至祖庙也,玄谓祖为行始,饰棺设柳池纽之属,其序载而后饰,既饰当还车乡外,丧祝御之。"此郑玄用"始载"之说。《文选·挽歌诗》"祖载当有时"李善注:"郑玄曰:'祖为行始也,其序载而后饰。'《白虎通》曰:'祖者,始也,始载于庭,輤车辞祖祢,故名曰"祖载"也。'《白虎通》与郑说不同,故俱引之。"

326.《崩薨篇》:"棺之为言完,所以载尸令完全也。"

此为《白虎通》之说。

后世沿用者,如《慧琳音义》卷五十五"梓棺"注:"棺,完也,关也。"《庄子·人间世》"则轴解而不可以为棺椁"成玄英疏:"周身为棺,棺,完也。"

后世有更训"关"者,如《说文·木部》:"棺,关也,所以掩尸。"《释名·释丧制》:"棺,关也,关闭也。"

327.《崩薨篇》:"椁之为言廓,所以开廓辟土,无令迫棺也。"

此为《白虎通》之说。

后世沿用,所指略有不同,如《释名·释丧制》:"椁,廓也,廓落在表之言也。"

328.《崩薨篇》:"墍周,谓墍木相周,无胶漆之用也。"

此为《白虎通》之说,谓"墍周"为"墍木相周"。案:"墍"为"垐"之古文,《说文》:"垐,以土增大道上。"引申为增益义,即《盐铁论·散不足篇》所谓:"古者瓦棺容尸,木板墍周,足以收形骸,藏发齿而已。"

《礼记·檀弓上》:"有虞氏瓦棺,夏后氏墍周,殷人棺椁,周人墙置翣。"注:"火熟曰'墍',烧土冶以周于棺也。或谓之土周。"依郑意,于瓦棺外烧土以围之,谓之"墍周",与《白虎通》不同。

329.《崩薨篇》:"尸之为言失也、陈也,失气亡神,形体独陈。"②

此为先儒旧说,如《礼记·郊特牲》:"尸,陈也。"③

---

① 《后汉书·蔡邕传》"恒思皇后祖载之时"注:"《周礼》曰:'丧祝掌大丧,及祖,饰棺,乃载,遂御。'郑玄注云:'祖谓将葬祖祭于庭,载谓升柩于车也。'"盖糅合二郑之说。

② "失也"二字卢据《书钞》卷九十二、《御览》卷五百四十九引删,今不从,详《〈白虎通义〉校释》。

③ "尸""屍"二字有别,"尸"为祭尸,"屍"为死尸,经典多借"尸"为"屍"。此"尸"之训"陈"者,为"死"之借,《礼记·郊特牲》注:"尸或诂为主,此尸神象,当从主训之,言陈,非也。"

后世沿用者,如《礼记·曲礼下》"在床曰尸"注:"尸,陈也,言形体在也。"《御览》卷五百四十九引《礼统》:"尸之言矢也,陈也。"

后世有更训"舒"者,如《释名·释丧制》:"尸,舒也,骨节解舒,不复能自胜敛也。"

330.《崩薨篇》:"柩之为言究也,久也,久不复变也。"①

此为《白虎通》之说。

后世沿用者,如《礼记·曲礼下》"在棺曰柩"注:"柩之言究也。"《释名·释丧制》:"尸已在棺曰柩,柩,究也,送终随身之制皆究备也。"《白虎通》之"究"指尸,《释名》之"究"指"送终随身之制",此不同也。

331.《崩薨篇》:"葬之为言下藏之也。"

此为先儒旧说,如《礼记·檀弓上》:"葬也者,藏也;藏也者,欲人之弗得见也。"《吕氏春秋·节丧篇》:"葬也者,藏也。"《御览》卷五百五十三引《说题辞》:"葬,尸下藏也。人生于阴,含阳充,死入地,归所与也。"

后世沿用者,如《大戴礼记·保傅篇》"身死不葬"注:"葬之为言藏也。"《说文·茻部》:"葬,藏也。"《释名·释丧制》:"葬,藏也。"《三国志·魏志·文帝纪》:"夫葬也者,藏也,欲人之不得见也。"

---

① 下"久"字据刘说补,详《〈白虎通义〉校释》。

# 阙　　文

332.《阙文》："宗者，尊也，言尊重信受也。"①

此为先儒旧说。见251条。

333.《阙文》："庙者，貌也，象先祖之尊貌也。"

此为先儒旧说，如《尚书大传·洛诰》："庙者，貌也，以其貌言之也。"②

后世沿用者，如《说文·广部》："庙，尊先祖貌也。"《诗·周颂·清庙·序》"清庙"笺："庙之言貌也，死者精神不可得而见，但以生时之居，立宫室象貌为之耳。"《礼记·祭法》"设庙祧坛墠而祭之"注："庙之言貌也，宗庙者，先祖之尊貌也。"《公羊传·桓公二年》"纳于大庙"注："庙之为言貌也，思想仪貌而事之。"《孝经·丧亲章》"为之宗庙"疏引旧解云"宗，尊也；庙，貌也。言祭宗庙，见先祖之尊貌也。"《释名·释宫室》："宗，尊也；庙，貌也。先祖形貌所在也。"《御览》卷五百三十一引王婴《古今通论》："周曰宗庙，尊其生存之貌，示不死之。"《古今注·都邑》："庙者，貌也，所以仿佛先人之灵貌也。"《左传·桓公二年》"是以清庙茅屋"疏："宗者，尊也；庙者，貌也。象先祖之尊貌。"《左传·宣公十二年》"卜临于大宫"注"大宫，郑祖庙"疏："象其尊貌则谓之为庙。"

334.《阙文》："禘之为言谛也，序昭穆，谛父子也。"

此为先儒旧说，如《御览》卷五百二十八引《五经通义》："禘者，谛也，取已迁庙主合食太祖庙中。"《说苑·修文篇》："禘者，谛也。……禘者，谛其德而差优劣也。"《后汉书·张纯传》引《礼说》："禘之为言谛，谛定昭穆、尊卑之

---

① "言尊重信受也"六字刘据《慧琳音义》卷二十一引补。

② 孔颖达以为庙为宫室，所以尊祖，非象先祖之尊貌。以入其庙则想见其尊貌，故云尔。《诗·周颂·清庙·序》疏："《明堂》《乐记》注云：'文王之庙为明堂制。'则文王之庙不类生宫，而云'象貌为之'者，文王以纣尚在，武王初定天下，其宫室制度未暇为天子制耳。若为天子之制，其寝必与庙同，亦是象王生宫也。若然，《祭法》注云：'宗庙者，先祖之尊貌也。'《孝经》注云：'宗，尊也；庙，貌也。亲虽亡没，事之若生，为立宫室，四时祭之，若见鬼神之容貌。'如此二注象先祖身之形貌者，以庙类生人之室，祭则想见其容，故彼注通言其意耳。作庙者为室，不为形，必不得象先祖之面貌矣。"

义也。"盖礼纬也。

后世沿用者,如《说文·示部》:"禘,谛祭也。"《公羊传·文公二年》"五年而再殷祭"注:"禘犹谛也,审谛无所遗失。"《续汉书·祭祀志》:"禘之为言谛,谛諟昭穆、尊卑之义。"《通典》卷四十九引崔灵恩云:"禘以夏者,以审谛昭穆,序列尊卑,夏时阳在上,阴在下,尊卑有序,故大次第而祭之,故禘者,谛也,第也。"《论语·八佾》"禘自既灌而往者"皇侃疏:"禘者,谛也,谓审谛昭穆也。"邢昺疏:"禘者,谛也,言使昭穆之次审谛而不乱也。"《左氏春秋·闵公二年》"吉禘于庄公"疏:"禘者,谛也,言使昭穆之次审谛而不乱也。"《汉书·韦贤传》"言壹禘壹祫也"注:"禘,谛也。"

先儒有训"递"者,如《礼记·王制》"祫禘"疏引王肃论引《左传·闵公二年》"吉禘于庄公"贾逵说:"禘者,递也,审谛昭穆迁主递位。"

后世有更训"第"者,如《通典》卷四十九引崔灵恩云:"禘者,谛也,第也。"

335.《阙文》:"祫者,合也,毁庙之主,皆合食于太祖也。"

此为先儒旧说,如《说苑·修文篇》:"祫者,合也。……祫者,大合祭于祖庙也。"《公羊传·文公二年》:"大祫者何?合祭也,其合祭奈何?毁庙之主陈于大祖,未毁庙之主皆升,合食于大祖。"《后汉书·张纯传》引《礼说》:"祫祭以冬十月,冬者,五谷成熟,物备礼成,故合聚饮食也。"

后世经沿用者,如《说文·示部》:"祫,大合祭先祖亲疏远近也。"《礼记·王制》"祫禘"注:"祫,合也,天子诸侯之丧毕,合先君之主于祖庙而祭之谓之祫。"《公羊传·文公二年》"五年而再殷祭"注:"祫犹合也。"《通典》卷四十九引崔灵恩云:"祫以秋者,以合聚群主,其礼最大,必秋时万物成熟,大合而祭之,祫者,合也。"《礼记·曾子问》"祫祭于祖"疏:"祫,合祭。"《论语·八佾》"禘自既灌而往者"疏:"祫者,合也。"《汉书·韦贤传》"言壹禘壹祫也"注:"祫,合也。"

336.《阙文》:"春曰祠者,物微故祠名之。祠,嗣也,百神之庙皆曰祠。"①

此为《白虎通》之说。

后世沿用者,如《公羊传·桓公八年》"春曰祠"注:"祠犹食也,犹继嗣也,春物始生,孝子思亲,继嗣而食之,故曰祠。"

先儒有训"司"者,《春秋繁露·祭义篇》:"始生故曰祠,善其司也。"

后世有更训"食"者,如《公羊传·桓公八年》"春曰祠"注:"祠犹食也,

---

① "祠,嗣也,百神之庙皆曰祠"十字刘据《慧琳音义》卷三十六引补。"祠名之"盖当作"词名之",《说文·示部》:"祠,春祭曰祠,品物少,多文辞也。"

犹继嗣也,春物始生,孝子思亲,继嗣而食之,故曰祠。"《诗·小雅·天保》"禴祠烝尝"疏引孙炎曰:"祠之言食。"《汉书·景帝纪》"遣光禄大夫吊襚祠赗"注引应劭曰:"祠,饮食也。"《尔雅·释天》"春祭曰祠"注:"祠之言食。"有更训"伺"者,如《急就篇》卷四"祠祀社稷丛腊奉"注:"祠者,伺而祭之。"

337.《阙文》:"秋曰尝者,新谷熟尝之。"

此以品尝之"尝"训秋祭之"尝"。此为先儒旧说,如《春秋繁露·四祭篇》:"尝者,以七月尝黍稷也。"

后世沿用者,《周礼·春官·肆师》"尝之日"注:"尝者,尝新谷。"《公羊传·桓公八年》"秋曰尝"注:"荐尚黍肫,尝者,先辞也,秋谷成者非一,黍先熟,可得荐,故曰尝。"《诗·小雅·天保》"禴祠烝尝"疏引孙炎曰:"尝,尝新谷。"《尔雅·释天》"秋祭曰尝"注:"尝新谷。"

先儒有训"甘"者,如《春秋繁露·祭义篇》:"先成故曰尝,尝言甘也。"

338.《阙文》:"冬曰烝者,烝之为言众也,冬之物成者众。"

此为先儒旧说,如《春秋繁露·祭义篇》:"毕熟故曰烝,烝言众也。"

后世沿用者,如《公羊传·桓公八年》"冬曰烝"注:"荐尚稻雁,烝,众也,气盛貌,冬万物毕成,所荐众多,芬芳备具,故曰烝。"

后世有更训"进"者,如《尔雅·释天》"冬祭曰蒸"注:"进品物也。"《诗·小雅·天保》"禴祠烝尝。"疏引孙炎曰:"烝,进品物也。"《礼记·王制》"冬曰烝"疏引孙炎云:"烝,进也,进品物也。"

339.《阙文》:"谓之绎者何?绎者若将地出也。"①

此以寻绎之"绎"训绎祭。此为《白虎通》之说。

340.《阙文》:"谓之肜者何?昨日祭之,恐礼有不备,故复祭也,肜犹言肜肜若从天下也。"②

此以相寻不绝之之"肜"训肜祭。此为《白虎通》之说。

341.《阙文》:"《论语》云:'鲁哀公问主于宰我,宰我对曰:"夏后氏以松,松者,所以自竦动。"'"

此为先儒旧说,如所引《论语·八佾》。

---

① "谓之绎者何?绎者若将地出也"十二字卢本无,据原本《玉篇·食部》残卷引补,详《〈白虎通义〉校释》。绎祭得名于寻绎。

② "谓之肜者何"据上下文意补。"昨日祭之,恐礼有不备,故复祭也,肜犹言肜肜若从天下也"二十三字卢本无,据刘说补,详《〈白虎通义〉校释》。肜祭得名于肜肜不绝之意。

后世有更训"容"者,如《公羊传·文公二年》"练主用栗"注:"夏后氏以松,殷人以柏,周人以栗,松犹容也,想见其容貌而事之,主人正之意也。"

**342.《阙文》:"《论语》云:'鲁哀公问主于宰我,宰我对曰:"……殷人以柏,柏者,所以自迫促。"'"**

此为先儒旧说,如所引《论语·八佾》,又《史记·张耳陈余列传》:"柏人者,迫于人也。"

后世沿用者,如《公羊传·文公二年》"练主用栗"注:"夏后氏以松,殷人以柏,周人以栗……柏犹迫也,亲而不远,主地正之意也。"《汉书·高帝纪》《张耳陈余传》并云:"柏人者,迫于人。"

**343.《阙文》:"《论语》云:'鲁哀公问主于宰我,宰我对曰:"……周人以栗,栗者,所以自战栗。"'"**

此为先儒旧说,如所引《论语·八佾》,集解引孔曰:"凡建邦立社,各以其土所宜之木,宰我不本其意,妄为之说,因周用栗,便云'使民战栗'。"参213条。

后世沿用者,如《说文·卤部》引徐巡曰:"木至西方战栗也。"《公羊传·文公二年》"练主用栗"注:"夏后氏以松,殷人以柏,周人以栗……栗犹战栗谨敬貌,主天正之意也。"

**344.《阙文》:"虞,安其神。"**

此为《白虎通》之说。参33条。

后世沿用者,如《仪礼·既夕礼》"三虞"注:"虞,安也,骨肉归于土,精气无所不之,孝子为其彷徨,三祭以安之。"《礼记·丧服小记》"报葬者报虞"注:"虞,安神也。"郑玄《仪礼目录·士虞礼》:"虞,安也,士既葬父母,迎精而反,日中祭之于殡宫,以安之。"《公羊传·文公二年》"虞主用桑"注:"虞犹安神也。"《释名·释丧制》:"既葬还祭于殡宫曰虞,谓虞乐安神使还此也。"《周礼·春官·丧祝》"掌丧祭祝号"注"丧祭,虞也"疏:"虞者,安也,葬日虞祭,所以安神,不使父母一日离散,故设虞祭也。"

**345.《阙文》:"聘者,问也,缘臣子欲知其君父无恙,又当奉土地所生珍物以助祭,是以皆得行聘问之礼也。"**

此为先儒旧说,如《礼记·曲礼》:"诸侯使大夫问于诸侯曰聘。"《荀子·大略篇》:"聘,问也。"

后世沿用者,如《公羊春秋·隐公七年》"齐侯使其弟年来聘"注:"聘者,问也。"郑玄《仪礼·聘礼目录》:"大问曰聘,诸侯相于久无事,使卿相问之礼。"《荀子·大略篇》:"聘,问也。"注:"聘所以相问也。"

346.《阙文》:"谓之朝何?朝者,见也,五年一朝,备文德而明礼义也。因用朝时见,故谓之朝,言诸侯当时朝于天子。"

此以朝夕之"朝"训朝聘之"朝"。此为《白虎通》之说。

后世沿用者,如《周礼·春官·大宗伯》"春见曰朝"注:"朝犹朝也,欲其来之早。"

347.《阙文》:"名车为辂者,言所以步之于路也。"

此为《白虎通》之说。

后世沿用者,如《释名·释车》:"天子所乘曰路,路亦车也,谓之路者,言行于道路也。""辂"同"路"。

348.《阙文》:"春谓之田何?春,岁之本,举本名而言之也。"①

此田地之"田"训春猎之"田"。此为《白虎通》之说。

后世沿用者,如《诗·郑风·叔于田》"叔于田"疏:"田者,猎之别名,以取禽于田,因名曰田。"

349.《阙文》:"秋谓之狝何?搜索肥者也。"

此以搜索之"搜"训秋猎之"狝"。此为先儒旧说,如《说苑·修文篇》:"搜,搜索之。""搜"同"狝"。(《说苑》以春曰搜,夏曰苗,秋曰狝,冬曰狩,《白虎通》以春谓之田,夏谓之苗,秋谓之狝,冬谓之狩)

后世"狝"猎季节或与《白虎通》不同,声训沿用者,如《周礼·夏官·大司马》"遂以狝田"疏:"狝,搜也,春时鸟兽孚乳,搜择取不孕任者,故以狝为名。"《尔雅·释天》"春猎为狝"注:"搜索取不任者。"《汉书·主父偃传》:"春搜秋狝。"注:"搜,搜索也,取不孕者。"

350.《阙文》:"冬谓之狩何?守地而取之也。"

此为先儒旧说,如《说苑·修文篇》:"狩者,守留之。"

后世沿用者,如《周礼·夏官·大司马》"遂以狩田"注:"冬田为狩,言守取之无所择也。"《诗·郑风·叔于田》"叔于狩"疏引《尔雅·释天》"冬猎为狩"李巡注:"围守取之,无所择也。"《左传·隐公五年》"冬狩"注:"狩,围守也,冬物毕成,获则取之,无所择也。"《左传·宣公十二年》"以岁之非时,献禽之未至"疏:"礼,冬猎曰狩,言围守而取之,获禽多也。"《国

---

① 《玄应音义》卷四引《白虎通》云:"为田除害,故曰畋猎。"

296

语·周语》"狩于毕时"注:"冬田曰狩,围守而取之。"《国语·齐语》"田狩毕弋"注:"狩,围守而取禽也。"《汉书·刑法志》"冬大阅以狩"注:"狩,守也,围守而取之。"

后世有更训"兽"者,如《公羊传·桓公四年》"冬曰狩"注:"狩,犹兽也,冬时禽兽长大,遭兽可取。"

351.《阙文》:"四时之田,总名为田何?为田除害,故曰田猎也。"①

此田地之"田"训田猎之"田"。此为《白虎通》之说。

352.《阙文》:"禽者何?鸟兽之总名,明为人所禽制也。"

此以禽制之"禽"训禽鸟之"禽"。此为《白虎通》之说。

后世沿用者,如《礼记·曲礼上》"鹦母能言不离飞鸟,猩猩能言不离禽兽"疏:"凡语有通别,别而言之,羽则曰禽,毛则曰兽。所以然者,禽者,擒也,言鸟力小,可擒捉而取之。兽者,守也,言其力多,不易可擒,先须围守,然后乃获,故曰兽也。通而为说,鸟不②可曰兽,兽亦可曰禽。"《尔雅·释鸟》疏全袭之。《匡谬正俗》卷八:"禽者,取禽制于人。"

353.《阙文》:"宫之为言中也。"

此为先儒旧说,如《史记·天官书》"紫宫"索隐引《元命苞》:"紫之言此也,宫之言中也。言天神运动,阴阳开闭,皆在此中也。"此言紫宫,《白虎通》用以说宫室。

先儒有训"宣"者,如《史记·天官书》:"中宫天极星。"索隐引《元命苞》:"宫之为言宣也,宣气立精,为神垣。"

后世有更训"穹"者,如《释名·释宫室》:"宫,穹也,屋见于垣上,穹隆然也。"

354.《阙文》:"室,实也。"③

此为《白虎通》之说。

后世沿用者,如《说文·宀部》:"室,实也。"《释名·释宫室》:"室,实也,人物实满其中也。"《礼记·曲礼上》"三十曰壮,有室"疏:"宫、室通名,故《尔雅》云"宫谓之室,室谓之宫"别而言之,论其四面穹隆则曰宫,因其贮物充实则曰室,室之言实也。"

---

① "为田除害,故曰田猎也",卢本作"为田除害也",据《慧琳音义》卷二十七、《希麟音义》卷四、《净心诫观法发真钞》卷上引补,详《〈白虎通义〉校释》。据此则"总名为田何"似当作"总名为田猎何"。

② "不"字《尔雅·释鸟》疏作"亦"。

③ "室实也"三字各本无,刘据《慧琳音义》卷二十五引补。

355.《阙文》:"堂之为言明也,所以明礼义也。"

此为《白虎通》之说。

后世有更训"堂堂"者,如《释名·释宫室》:"堂,犹堂堂,高显貌也。"有更训"扬"者,如《楚辞·七谏》"鸡鹜满堂坛兮"注:"高殿敞扬为堂。"

356.《阙文》:"所以必有塾何?欲以饰门,因取其名也。明臣下当见于君,必先孰思其事也。"

此为《白虎通》之说。

后世沿用者,如《古今注·都邑》:"塾,门外之舍也,臣来朝君,至门外,当就舍,更详熟所应对之事也,塾之言熟也。""熟"通"孰"。

357.《阙文》:"阙者何?阙疑也。"

此以阙疑之"阙"训门阙之"阙"。此为《白虎通》之说。

后世沿用此声训,侧重各有不同,如《释名·释宫室》:"阙,阙也,在门两旁,中央阙然为道也。"《御览》卷一百七十九引《广志》:"阙,缺也,门两边缺然为道也。"此为其得名之由。《水经注》卷十六《谷水》引颍容云:"阙者,上有所失,下得书之于阙,所以求论誉于人,故谓之阙矣。"此书君主之阙。《古今注·都邑》:"阙,观也,古每门树两观于其前,所以标表门宫也,其上可居,登之则可远观,故谓之观,人臣将至此,则思其所阙,故谓之阙。"《三辅黄图》卷六:"阙,观也,周置两观以表宫门,其上可居,登之可以远观故谓之观,人臣将朝,至此则思其所阙。"此臣子之阙。

358.《阙文》:"天子曰崇城,言崇高也。"

此以崇高之"崇"训崇城之"崇"。此为《白虎通》之说。

359.《阙文》:"诸侯曰干城,言不敢自专,御于天子也。"

此以"城"为城邦之"城"。此为先儒旧说,盖鲁诗说,《吕氏春秋·报更篇》:"故诗曰:'赳赳武夫,公侯干城。'"注:"言其贤可为公侯捍难其城藩也。"高诱习鲁诗。王先谦云:"云'不敢自专,御于天子'者,城乃天子之城,非诸侯所得专,但为天子捍御而已。"[1]

先儒有以"城"为动词者,按:"干城"出《诗·兔罝》:"赳赳武夫,公侯干城。"毛传:"干,捍也。"笺:"干也,城也,皆以御难也。此罝兔之人,贤者也,有武力可任,为将帅之德,诸侯可任以国守,捍城其民,折冲御难于未然。"毛、郑不同者,毛以"干城"为动宾结构,捍卫城邦义,与鲁诗同。郑以"干城"并列结构,即捍之城之。郑说出《左传·成公十二年》:"故诗曰:

---

[1] 王先谦《〈诗〉三家义集疏》,《续修四库全书》77册,400页,上海古籍出版社,2002年。

'赳赳武夫,公侯腹心。'天下有道,则公侯能为民干城而制其腹心,乱则反之。"注:"诗言治世则武夫能合德公侯,外为捍城,内制其腹心。"疏:"诗言,治世则武夫能合德公侯,外则捍城其民,内则制其腹心也,以其人心则本贪纵之则害物矣,美公侯能以武夫制己腹心,自守捍难而已,不害人也。"

后世有训"阙"者,按:《公羊传·定公十二年》注:"天子周城,诸侯轩城,轩城者,缺南面以受过也。"城有四门,门上有台,谓之阁,诸侯缺其南面,即"阙"。("干"通"轩")

360.《阙文》:"斋者,言己之意念专一精明也。"

此无训释词,实以"齐"为训。此为先儒旧说,如《礼记·祭统》:"齐(通"斋")之为言齐也,齐不齐以致其齐也。"

后世沿用者,如《周礼·秋官·腊氏》"凡国之大祭祀"疏:"祭者皆齐,齐者,洁静不欲见秽恶也。"《庄子·人间世》"则可以为斋乎"成玄英疏:"斋,齐也,谓心迹俱不染尘境也。"

后世有更训"洁""絜"者,如《说文·示部》:"斋,戒洁也。"《吕氏春秋·孟秋纪》"天子乃斋"注:"斋,自禋洁。"《国语·楚语下》"为齐敬也"注:"齐,絜也。"《谷梁传·庄公三十二年》"以齐终也"注:"齐,絜。"疏:"齐者,斋絜之名,故记称斋之为言齐也,是齐斋意同,故范训为絜。"

361.《阙文》:"天子病曰'不豫',言不复豫政也。"

此为《白虎通》之说。"不豫"源自今文《尚书·金縢》:"王有疾不豫。"《史记·鲁周公世家》《论衡·死伪篇》《福虚篇》《后汉书·礼仪志》并同。[1]《白虎通》以"不复豫政"解之。

古文《尚书》作"王有疾弗豫",或作"不念"。如《说文·心部·念》引作"有疾不念",云:"念,喜也。"

362.《阙文》:"诸侯曰'负子',子,民也,言忧民不复子之也。"[2]

此为《白虎通》之说。"负子"源自今文《尚书·金縢》:"若尔三王,是有负子之责于天,以旦代某之身。"《史记·鲁周公世家》作"负子"。段玉裁云:"今文《尚书》'负子之责'说当如此,惟以诸侯之称通加诸天耳。"《白虎通》以"负"为"背","子"为子民,"负子"即背弃子民,不复子之。后世沿用者,如《后汉书·隗嚣传》:"申命百姓,各安其所,庶无负子之责。"段玉裁云:"盖谓

---

[1] 孙星衍以为《史记》作"不豫"源自《尚书序》:"武王有疾。"《释文》:"马本作'有疾不豫'。"(《〈尚书〉今古文注疏》卷卅下)

[2] "子,民也"上卢补"诸侯"二字,今不从,详《〈白虎通义〉校释》。

民安其所，乃无背弃子民之咎。负者，背也。《金縢》今文'是有负子之责于天'谓武王有背弃子民之咎而将死也。隗嚣用今文家说。"①

今文或作"负兹"，如《公羊传·桓十六年》："属负兹舍，不即罪尔。"注："天子有疾称不豫，诸侯称负兹。"疏："诸侯言负兹者，谓负事繁多，故致疾。"是徐彦以"负"为负担义，以"兹"为此，"负兹"义为"负事繁多"。《史记·周本纪》："卫康叔封布兹。"《集解》引徐广曰："兹者，籍席之名。诸侯病曰负兹。"索隐："'兹'一作'芓'，公明草也，言'兹'，举成器；言'芓'，见挈草也。"徐广以"负"为背负义，以"兹"为籍席，"负兹"义为卧病辗转籍席。凌曙以索隐义为确，云："盖取此草以织席，当指卧病不起，辗转床第，惟与席相枕藉而已。雅训较为亲切。子与兹虽通，而义不同，不必取《白虎通》之说。若徐疏云'负事繁多'，又以为皆汉礼之名，则俱失之左矣。"②

古文《尚书》作"丕子"，马融以"丕"如字，《释文》："丕，普悲反，马同。"孙星衍云："马氏盖训'丕'为大，与史公、郑康成俱异义者，言天与三王以大慈爱其子孙之责任也。"③是马融以"丕子"为大子爱。郑玄以"丕子"为"不子"即不子爱义，孔疏引郑玄云："丕读曰不，爱子孙曰子，元孙遇疾，若汝不救，是将有不爱子孙之过，为天所责，欲使为之请命也。"

363.《阙文》："鳏之言鳏鳏无所亲。"④

此以"鳏鳏"无所亲之貌训鳏夫之"鳏"。此《白虎通》之说。

先儒有训"端"者，如《尚书大传·尧典》："不见室家之端，故谓之鳏。"⑤

后世更训为"昆"者，如《释名·释亲属》："无妻曰鳏，鳏，昆也，昆，明也，愁悒不寐，目恒鳏鳏然也。故其字从鱼，鱼目恒不闭者也。"

---

① 段玉裁《古文〈尚书〉撰异》卷十四，《续修四库全书》46册，192页，上海古籍出版社，2002年。
② 凌曙《〈春秋公羊〉问答》卷上，《续修四库全书》129册，444页，上海古籍出版社，2002年。
③ 孙星衍《〈尚书〉今古文注疏》卷十三，《续修四库全书》46册，628页，上海古籍出版社，2002年。
④ 此句不见于卢本，据《诗·周南·桃夭·序》疏引补。
⑤ 《尚书·尧典》疏："鳏者，无妻之名，不拘老少，……《书传》以舜年尚少为之说耳。"

# 附录　先秦两汉义理声训疏证

## 释天第一

**穹苍**[①]

《诗·王风·黍离》"悠悠苍天"疏引《尔雅·释天》"穹苍,苍天"李巡注:"古时人质,仰视天形穹隆而高,其色苍苍,故曰穹苍。"

**云**

或训"运",如《御览》卷八引《说题辞》:"云之为言运也,触石而起,谓之云。含阳而起,以精运也。"《吕氏春秋·圜道篇》注:"云,运也,周旋运布,肤寸而合,西行则雨也。"《释名·释天》:"云,运也,运行也。"《类聚》卷一引《礼统》:"云者,运气布恩普也。"

或训"云云",如《吕氏春秋·圜道篇》:"云气西行,云云然。"《释名·释天》:"云,犹云云,众盛意也。"

**宵**

《尔雅·释言》"宵,夜也"释文引舍人云:"阳气消也。"

**明**

《大戴礼记·诰志篇》:"明,孟也。"《史记·历书》:"明者,孟也。"

**幽**

《大戴礼记·诰志篇》:"幽,幼也。"《史记·历书》:"幽者,幼也。"

**沴**

或训"茬",如《汉书·五行志》:"气相伤谓之沴,沴犹临茬不和意也。"

或训"戾",如《汉书·孔光传》"六沴之作"《音义》引韦昭云:"沴谓皇极

---

① 段玉裁云:"穹苍者,谓苍天难穷极也。"(《说文解字注》,346页,上海古籍出版社,1988年)

五行之气相渗戾不和。"《汉书·五行志》"唯金渗木"注引如淳曰："渗音拂戾之戾,义亦同。"

## 妖

或训"夭",如《汉书·五行志》:"说曰,凡草木之类谓之妖,妖犹夭胎,言尚微。"

或训"殀",如《释名·释天》:"妖,殀也,殀,害物也。"

## 蚀

或训"食",如《汉学堂丛书·推度灾》:"蚀者,食也,如虫啮食。"《释名·释天》作"食","食,日月亏曰食,稍稍侵亏,如虫食草木叶也。"

或训"责",如《汉学堂丛书·潜潭巴》:"蚀之为言责也,凡日月蚀,人君当责躬以自警也。"

## 殃

或训"央",如《汉学堂丛书·推度灾》:"殃者,央也,土地非常,情性匪当,不遑为从,气患为殃。"

或训"凶",如《易·坤卦》:"积不善之家,必有余殃。"释文引《说文》:"凶也。"

## 魃

《汉学堂丛书·推度灾》:"夫魃者,拔也,拔苗而薪。"

## 雨

或训"羽",如《春秋繁露·五行事》:"雨者,水气也,其音羽也。"(《说文·雨部》:"霸,水音也。")《释名·释天》:"雨,羽也,如鸟羽动则散也。"

或训"辅",如《释名·释天》:"雨者,辅也,言辅时生养也。"

## 霰

《古微书·说题辞》:"盛阴之气凝滞为雪,阳气薄而胁之,则散而为霰。"《汉书·五行志》载刘向说:"盛阴雨雪,凝滞而冰寒,阳气薄之不相入,则散而为霰。"《释名·释天》:"霰,星也,水雪相搏如星而散也。"《大戴礼记·曾子天圆篇》"阴之专气为霰"注:"阴气在雨,凝滞为雪,阳气薄之,不相入,散而为霰。"

## 霆

《易·系辞上》"鼓之以雷霆"释文引京氏注:"霆者,雷之余气,挺生万物也。"《说文·雨部》:"霆,雷余声铃铃,所以挺出万物。"(段注本)

## 日(月)晕

或训"君",如《吕氏春秋·明理篇》"其日有斗蚀,有倍僪,有晕珥"注:

"晕、珥皆日旁之危气也,……晕读为君国子民之君,气围绕日,周匝有似军营相围守,故曰晕也。"

或训"卷",如《释名·释天》:"晕,卷也,气在外卷结之也。"

或训"圆"(员),如《开元占经》卷八引石氏云:"日傍有气,圆而周匝,内赤外青,名为晕。"《晋书·天文志中》:"日旁有气,员而周匝,内赤外青,名为晕。日晕者,军营之象。"

或训为"运""屯""围",如《开元占经》卷八引如淳曰:"晕,日运也。晕者,屯也;晕者,围也。一说:晕者,军营卫气也,营卫君也。"

## 日珥

《开元占经》卷七引王朔曰:"珥,耳也。珥者,仁也。珥者,近臣也。珥者,亲近之人也。珥者,当如珥也。"《释名·释天》:"珥,气在日两旁之名也。珥,耳也,言似人耳之在两旁也。"

## 日抉

或训"决",如《开元占经》卷七引如淳曰:"日刺日曰抉,抉,伤也。"《开元占经》卷七引王朔曰:"日抉,抉者,决也。抉者,臣下走也。抉者,臣下急也。"

或训"谪",如《开元占经》卷七引王朔曰:"日抉……形如背状微小而钩,则为抉,抉者,谪也,为乖离也。"

## 日格

《开元占经》卷七引甘氏曰:"有青气横在日上下者,为格也,格者,格斗之象也。"

## 朓

或训"条",如《尚书大传·洪范》"晦而月见西方谓之朓"郑玄注:"朓,条也,条达行疾貌。"

或训"眺",如《汉书·五行志》"三月晦朓鲁卫分"注引服虔曰:"朓,相眺也,日晦食为朓。"①

## 月晕

或训"圆",《开元占经》卷十五引《石氏占》:"月傍有气,圆而周匝,黄白,名为晕。"

或训"围""军",如《淮南子》作"运",《淮南子·览冥训》"月运阙"注:"运读连围之围也,运者,军也,将有军事相围守,则月运出也。"

---

① 臣瓒曰:"志云'晦而月见西方曰朓',以此名之,非日食晦之名也。"

或训"卷",如《释名·释天》:"晕,卷也,气在外卷结之也。"

## 侧匿

《尚书大传·洪范》"朔而月见东方谓之侧匿"郑玄注:"侧匿犹缩缩,行迟貌。"①

## 旋玑(机)

《尚书大传·尧典》:"旋机者,何也？传曰:旋者,还也;机者,几也,微也,其变几微而所动者大,谓之旋机。"

## 玉绳

《御览》卷五引《元命苞》:"玉衡北两星为玉绳,玉之为言沟刻也,瑕而不掩,折而不伤。宋均注:"绳能直物,故名玉绳,沟谓作器。"

## 紫宫

《史记·天官书》"紫宫"索隐引《元命苞》:"紫之言此也,宫之言中也,言天神运动,阴阳开闭,皆在此中也。"

## 摄提

《史记·天官书》"摄提"索隐引《元命苞》:"摄提之为言提携也,言提斗携角,以接于下也。"

## 营室

《史记·律书》:"(不周风)至于营室。营室者,主营胎阳气而产之。"②《诗·墉风·定之方中》"定之方中"传:"定,营室也。"笺:"于是可以营制宫室,故谓之营室。"

## 东壁

《史记·律书》:"东壁居不周风东,主辟生气而东之。"《汉学堂丛书·推度灾》:"壁主辟生。"

## 危

《史记·律书》:"(不周风)东至于危。危,垝也,言阳气之垝,故曰危。"《汉学堂丛书·推度灾》:"危主垝危。"

---

① 段玉裁云:"郑注讹夺,'侧匿'与'缩朒'叠韵双声。"(《说文解字注》,314 页,上海古籍出版社,1988 年)皮锡瑞云:"'侧匿'一作'朒',一作'朓',《说文》:'朒,月未成之名。'晦而月见西方谓之朓','朔而月见东方谓之缩朒。'此则'侧匿'与'缩朒'声近义一也。"(《《尚书大传》疏证》卷四,《续修四库全书》55 册,741—742 页,上海古籍出版社,2002 年)

② 索隐:"定星也,定中而可以作室,故曰营室。其星有室象也,故《天官书》主庙。此言'主营胎阳气而产之',是说异也。"正义:"《天官书》云'营室为清庙,曰离宫、阁道',是有宫室象。此言'主营胎阳气而产之',二说不同。"

## 虚

《史记·律书》:"(广莫风)东至于虚。虚者,能实能虚,言阳气冬则宛藏于虚,日冬至则一阴下藏,一阳上舒,故曰虚。"

## 须女

《史记·律书》:"(广莫风)东至于须女。言万物变动其所,阴阳气未相离,尚相胥如也,故曰须女。"

## 牵牛

《史记·律书》:"(广莫风)东至牵牛。牵牛者,言阳气牵引万物出之也。牛者,冒也,言地虽冻,能冒而生也。牛者,耕植种万物也。"《汉学堂丛书·推度灾》:"牵牛主牵冒。"

## 建星

《史记·律书》:"(广莫风)东至于建星。建星者,建诸生也。"

## 条风

《史记·律书》:"条风居东北,主出万物。条之言条治万物而出之,故曰条风。"《御览》卷九引《考异邮》:"距冬至四十五日条风至,条者,达生也。"

## 箕①

《史记·律书》:"(条风)南至于箕。箕者,言万物根棋,故曰箕。"

## 尾②

《史记·律书》:"(条风)南至于尾,言万物始生如尾也。"

## 心

《史记·律书》:"(条风)南至于心,言万物始生有华心也。"

## 房

《史记·律书》:"(条风)南至于房,房者,言万物门户也,至于门则出矣。"

## 农祥

《国语·周语下》"月之所在辰马农祥也"注:"言月在房,合于农祥也,祥犹象也,房星晨正而农事起,故谓之农祥。"③

## 氐

或训"至",如《史记·律书》:"(明庶风)南至于氐者。氐者,言万物皆

---

① 《尔雅·释天》郝懿行义疏:"箕者,四星状如簸箕。"
② 同上书,郝懿行义疏:"尾者,九星如钩首上歧。"
③ 《国语·周语上》"农祥晨正"注:"农祥,房星也。"

## 亢

《史记·律书》："（明庶风）南至于亢。亢者，言万物亢见也。"②《汉学堂丛书·推度灾》："亢主康见。""康"通"亢"。

## 角

或训"角"，如《史记·律书》："（明庶风）南至于角。角者，言万物皆有枝格如角也。"③

或训"触"，如《汉学堂丛书·推度灾》："角主触动。"

## 轸

《史记·律书》："（清明风）至于轸。轸者，言万物益大而轸轸然。"

## 翼

《史记·律书》："（清明风）西至于翼。翼者，言万物皆有羽翼也。"

## 七星

《史记·律书》："（清明风）西至于七星。七星者，阳数成于七，故曰七星。"

## 张

《史记·律书》："（清明风）西至于张。张者，言万物皆张也。"

## 注

《史记·律书》："（清明风）西至于注。注者，言万物之始衰，阳气下注，故曰注。"④

## 织女

《初学记》卷二十七引《元命苞》："织女之为言神女也，成衣立纪，故齐能成文绣，应天道。"

## 景风

《史记·律书》："景风居南方。景者，言阳气道竟，故曰景风。"

## 弧

《史记·律书》："（景风）西至于弧。弧者，言万物之吴落且就死也。"

## 狼

《史记·律书》："（景风）西至于狼。狼者，言万物可度量，断万物，故曰狼。"

---

① 《尔雅·释天》郝懿行义疏："氐者，四星侧象以承抵。"
② 同上书，"亢者，四星似弯弓。"
③ 同上书，"角者，两星相对触。"
④ 索隐："注，咮也。《天官书》云：'柳为鸟咮。'则注，柳星也。"

# 罚

《史记·律书》:"(凉风)北至于罚。罚者,言万物气夺可伐也。"

# 参

《史记·律书》:"(凉风)北至于参。参言万物可参也,故曰参。"

# 浊

《史记·律书》:"(凉风)北至于浊。浊者,触也,言万物皆触死也,故曰浊。"①

# 留

《史记·律书》:"(凉风)北至于留。留者,言阳气之稽留也,故曰留。"②

# 昴

《诗·召南·小星》"嘒彼小星,维参与昴"传:"昴,留也。"疏引《元命苞》:"昴之为言留,言物成就,系留是也。"

# 阊阖风

《史记·律书》:"阊阖风居西方。阊者,倡也;阖者,藏也。言阳气道万物,阖黄泉也。"

# 胃

《史记·律书》:"(阊阖风)北至于胃。胃者,言阳气就藏,皆胃胃也。"

# 娄

《史记·律书》:"(阊阖风)北至于娄。娄者,呼万物且内之也。"③

# 奎

《史记·律书》:"(阊阖风)北至于奎。奎者,主毒螫杀万物也,奎而藏之。"④

# 孛

或训"茀",如《谷梁传·文公十四年》"秋七月有星孛入于北斗"注:"孛之为言犹茀也。"孛即彗星。

或训"孛孛",如《汉书·五行志》引董仲舒说,"孛者,恶气之所生也,谓之孛者,言其孛孛有所妨蔽,暗乱不明之貌也。"《释名·释天》:"孛星,星旁气孛孛然也。"

# 彗

《公羊传·昭公十七年》:"何以书?记异也。"何休注:"彗者,邪乱之气,

---

① 《尔雅·释天》"浊谓之毕"注:"掩兔之毕或呼为浊,因星形以名。"
② 索隐:"留即昴,毛《传》亦以留为昴。"
③ 此以娄空之"娄"释娄星,《说文·女部》:"娄,空也。"段注:"凡中空曰娄,今俗语尚如是。"
④ 集解引徐广曰:"一作'婁'。"

扫故置新之象。"《释名·释天》:"彗星,光梢似彗也。"《尔雅·释天》"彗星为欃枪"郭璞注:"彗,亦谓之孛,言其形孛孛似扫彗。"

## 玄枵

或训"枵"为"耗",如《左传·襄公二十八年》:"玄枵虚中也。枵,耗名也,土虚而民耗,不饥何为?"《左传·襄公二十八年》"岁在星纪,而淫于玄枵"疏引孙炎曰:"虚在正北,北方色玄,故曰玄枵,枵之言耗,耗,虚之意也。"

或训"枵"为"虚",如《尔雅·释天》:"玄枵,虚也。"

## 旱

或训"干",如《尚书大传·洪范五行传》:"旱之为言干也,万物伤于干而不得水也。"

或训"捍""悍",如《汉学堂丛书·推度灾》:"旱者,捍也,毒捍忍残。"《御览》卷三十五引《考异邮》:"旱之言悍也,阳骄蹇所致也。"

## 蓐收

《宝典》卷七引《元命苞》:"(秋)其神蓐收者,刏收也。"杜台卿注:"物结刏而强也。"

## 立春

《月令广义》卷五引《孝经纬》:"正月节,立,始建也,春气始至,故为之立也。"

## 雨水

《月令广义》卷五引《孝经纬》:"正月中,雨水中气,雪散为水也。"

## 惊蛰

《月令广义》卷六引《孝经纬》:"二月节,惊蛰者,蛰虫震惊起而出也。"

## 春分

《月令广义》卷六引《孝经纬》:"二月中,分者半也,当九十日之半也,故谓之分。夏、冬不言分,言天地间二气而已矣。阳生于子,极于午,即其中分也。"

## 清明

《月令广义》卷七引《孝经纬》:"三月节,万物至此,皆洁齐而清明矣。"

## 谷雨

《月令广义》卷七引《孝经纬》:"三月中,言雨生百谷,清净明洁也。"

## 立夏

《月令广义》卷九引《孝经纬》:"四月节,言物至此,皆假大也。"

小满

　　《月令广义》卷九引《孝经纬》:"四月中小满者,物长于此,小得盈满也。"

芒种

　　《月令广义》卷十引《孝经纬》:"五月节,言有芒之谷,可播种也。"

夏至

　　《月令广义》卷十引《孝经纬》:"言万物于此假大而极至也。"

伏日

　　《月令广义》卷十一引《历忌释》:"伏者何也?金气伏藏之日也。"

小(大)暑

　　《月令广义》卷十一引《孝经纬》:"六月中,小、大者,就极热之中,分为大小,初后为小,望后为大也。"

处暑

　　《月令广义》卷十四引《孝经纬》:"言渎暑将退,伏而潜处也。"

白露

　　《月令广义》卷十五引《孝经纬》:"言阴气渐重,露凝而白也。"

秋分

　　《月令广义》卷十五引《孝经纬》:"阴生于午,极于亥,故酉其中分也,仲月之节为秋分,秋为阴中,阴阳适中,故昼夜长短亦均焉。"

寒露

　　《月令广义》卷十六引《孝经纬》:"言露冷寒,而将欲凝结也。"

霜降

　　《月令广义》卷十六引《孝经纬》:"言气肃露凝,结而为霜矣。"

小雪

　　《月令广义》卷十八引《孝经纬》:"天地积阴,温则为雨,寒则为雪,时言小者,寒未深而雪未大也。"

大雪

　　《月令广义》卷十九引《孝经纬》:"十一月节,言积阴为雪,至此栗烈而大矣。"

小寒

　　《月令广义》卷二十引《孝经纬》:"十二月节,阳极阴生,乃为寒,今月初寒,尚小也。"

冬至

　　《御览》卷二十八引《孝经说》:"斗指子,为冬至,至有三义:一者阴极之至,二者阳气始至,三者日行南至,故谓为至。"

## 释地第二

**田**①

或训"敕""陈",如《尔雅·释地》"郊外谓之牧"释文引李巡云:"田,敕也,谓敕列种谷之处。"敕音陈。或训"陈",如《说文·田部》:"田,陈也,树谷曰陈。"

或训"佃",如《周礼·考工记·匠人》:"一耦之伐,广尺深尺谓之畎,田首倍之。"注:"田,一夫之所佃。"

或训"填",如《释名·释地》:"已耕者曰田,田,填也,五稼填满其中也。"

**籍(藉)田**

或训"籍"为"借"如,《初学记》卷三引蔡邕《月令章句》:"天子藉田千亩,以供上帝之粢盛,借人力以成其功,故曰帝藉。"《礼记·王制》"古者公田藉而不税"注:"藉之言借也,借民力,治公田。"《周礼·天官·甸师》"耕耨王藉"注:"藉之言借也。"《诗·周颂·载芟·序》"春籍田而祈社稷也"笺:"籍之言借也,借民力治之故谓之籍田。"《国语·周语》"不藉千亩"注:"籍,借也,借民力以为之。"《公羊传·宣公十五年》"藉而不税"疏引徐邈曰:"籍,借也,谓借民力治公田,不税民之私也。"《风俗通·祀典》:"古者,使民如借,故曰籍田。"《汉书·贾山传》"什一而籍"注:"籍,借也,谓借人力也。一曰为簿籍而税之。"《御览》卷五百三十七引《礼记外传》:"籍者,借也,天子耕千亩,但三推、发耒三反而止,借民力治之。"

或训"籍"为蹈籍之"籍"如,《史记·孝文本纪》"其开籍田"集解引臣瓒曰:"景帝诏曰:'朕亲耕,后亲桑,为天下先,本以躬亲为义,不得以假借为称也,籍,蹈籍也。'"

**圭田**

《周礼·考工记·匠人》"九夫为井"注:"圭之言珪,洁也。"《孟子·滕文公上》"卿以下必有圭田"注:"古者卿以下至于士,皆受圭田五十亩,所以供祭祀也。圭,洁也。"②

**宅田**

《周礼·地官·司徒》"以宅田、士田、贾田任近郊之地,以官田、牛田、赏田、牧田任远郊之地"注引郑司农云:"宅者,民宅曰宅,宅田者以

---

① 段玉裁云:"取其陈列整齐谓之田。"(《说文解字注》,694页,上海古籍出版社,1988年)
② 《礼记·王制》疏:"必云圭者,圭,洁白也,言卿大夫德行洁白,乃与之田,此殷礼也。"

备益多也。"
## 士田
　　《周礼·地官·司徒》"以宅田、士田、贾田任近郊之地,以官田、牛田、赏田、牧田任远郊之地"注引郑司农云:"士田者,士大夫之子得而耕之田也。"
## 贾田
　　《周礼·地官·司徒》"以宅田、士田、贾田任近郊之地,以官田、牛田、赏田、牧田任远郊之地"注:"贾田,在市贾人其家所受田也。"
## 官田
　　《周礼·地官·司徒》"以宅田、士田、贾田任近郊之地,以官田、牛田、赏田、牧田任远郊之地"注引郑司农云:"官田者,公家之所耕田。"郑玄注:"官田,庶人在官者其家所受田也。"
## 牛田
　　《周礼·地官·司徒》"以宅田、士田、贾田任近郊之地,以官田、牛田、赏田、牧田任远郊之地"注引郑司农云:"牛田者,以养公家之牛。"
## 赏田
　　《周礼·地官·司徒》"以宅田、士田、贾田任近郊之地,以官田、牛田、赏田、牧田任远郊之地"注引郑司农云:"赏田者,赏赐之田。"
## 牧田
　　《周礼·地官·司徒》"以宅田、士田、贾田任近郊之地,以官田、牛田、赏田、牧田任远郊之地"注引郑司农云:"牧田者,牧六畜之田。"郑玄注:"牛田、牧田,畜牧者之家所受田也。"
## 伐
　　《周礼·冬官·考工记》"一耦之伐,广尺深尺谓之畎,田首倍之"注:"垄中曰畎,畎上曰伐,伐之言发也。"《续汉书·礼仪志》"天子、三公、九卿、诸侯、百官以次耕"注引卢植注《礼记》曰:"耦一耜之伐,广尺深尺,伐,发也。"
## 鸠
　　《左传·襄公二十五年》"井衍沃"注"衍沃,平美之地,则如《周礼》制,以为井田六尺为步,步百为亩,亩百为夫,九夫为井"疏引贾逵云:"薮泽之地,九夫为鸠,八鸠而当一井也。"
## 规
　　《左传·襄公二十五年》"井衍沃"注"衍沃,平美之地,则如《周礼》制,以为井田六尺为步,步百为亩,亩百为夫,九夫为井"疏引贾逵云:"偃猪之地,九夫为规,四规而当一井也。"

# 原

或训"端"，如《御览》卷五十七引《说题辞》："原，端也，平而有度也。"宋均注："度，法则也。"

或训"元"，如《释名·释地》："广平曰原，原，元也，如元气广大也。"

# 隰

《尚书大传·禹贡》："下而平者谓之隰，隰之犹言湿也。"《御览》卷五十七引《说题辞》："下湿曰隰，隰者，湿也，下而泽也。"《尔雅·释地》"下湿曰隰"疏引李巡曰："下湿谓土地窊下，常沮洳，名为隰也。"《尚书·禹贡》"原隰厎绩"传、《诗·邶风·简兮》"隰有苓"传、《秦风·车邻》"隰有栗"传、《小雅·皇皇者华》"于彼原隰"传、《周礼·地官·大司徒》"辨其山林川泽丘陵坟衍原隰之名物"注、《国语·周语》"犹其有原隰衍沃也"注、《吕氏春秋·孟春纪》"善相丘陵阪险原隰"注并云："下湿曰隰。"《尔雅·释地》："下湿曰隰。"《释名·释地》："下湿曰隰，隰，垫也，垫湿意也。"①《周礼·地官·遂大夫》"修稼政"注"善相丘陵阪险原隰土地所宜"疏："下湿者曰隰。"《周礼·地官·小司徒》"经土地而井牧其田野"注引郑司农云"井牧者，《春秋传》所谓'井衍沃、牧隰皋'者也"疏："下湿曰隰。"《尔雅·释地》"下湿曰隰"疏："谓地形痹下而水湿者。"《汉书·地理志上》"原隰厎绩"、《司马相如传》"循阪下隰"、《货殖传》"辩其土地川泽丘陵衍沃原隰之宜"注并云："下湿曰隰。"《后汉书·公孙瓒传》"厉五千铁骑于北隰之中"注："下湿曰隰。"

## 释山第三

# 山

或训"宣"，如《开元占经》卷一引张衡《灵宪》："地有山岳以宣其气。"《类聚》卷七引《说题辞》："山之为言宣也，含泽布气，调五神也。"《说文·山部》："山，宣也，谓能宣散气，生万物也。"（段注本）

或训"含"，如《类聚》卷七引《元命苞》："山者气之包含，所以含精藏云，故触石而出。"

或训"产"，如《释名·释山》："山，产也，产生物也。"

---

① 二"垫"本并作"蛰"，从王先慎说改，详《释名疏证补》。

## 阜

或训"茂",如《风俗通·山泽篇》:"阜者,茂也,言平地隆踊,不属于山陵也。"

或训"厚",如《释名·释山》:"土山曰阜,阜,厚也,言高厚也。"

## 陵

或训"棱",如《御览》卷五十三引《说题辞》:"陵之为言棱也,辅山成其广,层棱扶推益厥长也。"

或训"隆",如《释名·释山》:"大阜曰陵,陵,隆也,体隆高也。"

## 陂

或训"繁",如《风俗通·山泽篇》:"传曰:'陂者,繁也。'言因下钟水以繁利万物也。"

或训"陂陁",如《释名·释山》:"山旁曰陂,言陂陁也。"

## 畎①

或训"谷",如《尚书·禹贡》"岱畎丝枲"传:"畎,谷也。"《汉书·地理志上》:"岱畎丝枲"注:"畎,小谷也。"

或训"吮",如《释名·释山》:"山下根之受溜处曰甽,甽,吮也,吮得山之肥润也。""甽"同"畎"。

## 麓(鹿)

或训"属",如《谷梁传·僖公十四年》:"林属于山为鹿。"《说文》"麓"下引一曰:"林属于山为麓。"《左氏春秋·僖公十四年》"沙鹿崩"疏引服虔曰:"林属于山曰鹿。"《淮南子·泰族训》"既入大麓,烈风雷雨而不迷"注:"林属于山曰麓。"《风俗通·山泽篇》:"麓,林属于山者也。"

或训"陆",如《释名·释山》:"山足曰麓,麓,陆也,言水流顺陆燥也。"

## 石

或训"托",如《御览》卷五十一引《说题辞》:"《易》艮为山,为小石,石阴中之阳,阳中之阴,阴精辅阳,故山合石,石之为言托,立法也。"②

或训"格",如《释名·释山》:"山体曰石,石,格也,坚捍格也。"

或训"核",如《初学记》卷五引《物理论》:"土精为石,石,气之核也。气之生石,犹人筋络之生爪牙也。"

## 盘

或训"盘",如《易·渐卦》"鸿渐于盘"疏引马融云:"山中石盘纡,故称盘也。"

或训"安",如《易·渐卦》"鸿渐于盘"王弼注:"盘,山石之安者也。"释

---

① 王念孙云:"畎之言穿也。"(《〈广雅〉疏证》,303页,中华书局,2004年)

② 四库本作"石之为言托也,托立法也"。

文：" 盘，山石之安也。"
## 会稽
《史记·夏本纪》："禹会诸侯江南计功而崩，因葬焉，命曰会稽，会稽者，会计也。"《吴越春秋》卷四："禹登茅山以朝四方群臣，观示中州诸侯，防风后至，斩以示众，示天下悉属禹也，乃大会计治国之道，……遂更名茅山曰会稽之山。"

# 释水第四

## 海
或训"晦"，如《博物志》卷一引《尚书考灵曜》云："七戎、六蛮、九夷、八狄，经总而言之，谓之四海，言皆近海，海之言晦昏无所睹也。"《尔雅·释地》"九夷八狄七戎六蛮谓之四海"疏引孙炎曰："海之言晦，晦暗于礼义也。"《礼记·曲礼下》"其在东夷北狄西戎南蛮，虽大曰子"疏引李巡注《尔雅》云："四海远于四荒，晦冥无形，不可教诲，故云四海也，海者，晦也，言其晦暗无知。"《释名·释水》："海，晦也，主承秽浊，其色黑而晦也。"《诗·小雅·蓼萧·序》"泽及四海"释文："海者，晦也，地险，言其去中国险远，禀政教昏昧也。"《周礼·秋官·布宪》"达于四海"疏："海之言晦，晦漫礼仪也。"《史记·张仪列传》"利尽西海而天下不以为贪"正义："海之言晦也，西夷晦昧无知，故言海也。"《荀子·王制篇》"北海则有走马吠犬焉"注："海谓荒晦绝远之地，不必至海水也。"

或训"委"，如《礼记·乡饮酒义》"祖天地之左海也"注："海，水之委也。"

## 江
或训"贡"，如《风俗通·山泽篇》引《尚书大传》《礼·三正记》："江者，贡也，珍物可贡献也。"

或训"公"，如《释名·释水》："江，公也，诸水流入其中，所公共也。"

## 河
或训"伯"，如《御览》卷八引《援神契》："河者，水之伯，上应天汉。"宋均注："伯，其最长也，水始于河，而终入于海，故曰'河者水之伯'也。"

或训"荷"，如《水经注·河水》引《说题辞》："河之为言荷也，荷精分布，怀阴引度也。"

或训"播"，如《风俗通·山泽篇》引《尚书大传》《礼·三正记》："河者，播也,播为九流,出龙图也。"

或训"下",如《释名·释水》:"河,下也,随地下处而通流也。"

## 湖

《风俗通·山泽篇》:"湖者,都也,言流渎四面所猥都也,川泽所仰以溉灌也。"

## 淮

或训"均",如《水经注》卷三十《淮水》引《说题辞》:"淮者,均,均其势也。"《风俗通·山泽篇》引《尚书大传》《礼·三正记》:"淮者,均,均其务①也。"

或训"围",如《释名·释水》:"淮,围也,围绕扬州北界,东至海也。"

## 济

或训"齐",如《水经注》卷七《济水》引《说题辞》:"济,齐也,齐,度也,贞也。"《风俗通·山泽篇》引《尚书大传》《礼·三正记》:"济者,齐,齐其度量也。"

或训"济",如《释名·释水》:"济,济也,言源出河北,济河而南也。"

## 川

《说文·川部》:"川,贯穿通流水也。"《尔雅·释水》"所渠并千七百一川"释文引李云:"水流而分,交错相穿,故曰川也。"《释名·释水》:"川,穿也,穿地而流也。"《汉书·李寻传》"汝、颍畎浍皆川水漂踊"注:"川者,水贯穿而通流也。"

## 洛

《御览》卷六十二引《说题辞》:"洛出熊耳山,雒之为言绎也,绎其耀也。"宋均注:"水光耀也。"

## 渭

《初学记》卷六引《说题辞》:"渭之为言布也,渭渭流行貌。"②

## 汝

《御览》卷六十三引《说题辞》:"汝出猛山,汝之为言女也。"宋均注:"女取其生孕也。"

## 潮

或训朝见之"朝",如《说文·水部》:"潮,水朝宗于海也。"

或训朝夕之"朝",如《楚辞·九章·悲回风》"听潮水之相击"注:"海水

---

① "务"《水经注·淮水》引《说题辞》作"势",义较长。

② "布",《广雅·释水》"渭,儰也"王念孙疏证引作"渭",云:"《说文》《玉篇》《广韵》《集韵》皆无'儰'字,疑是'猬'字之讹。……'渭'也之'渭','渭渭'之'渭'疑皆'猬'字之讹,《玉篇》《广韵》并云'猬,行也',正合流行之义。"(《〈广雅〉疏证》,303页,中华书局,2004年)

以月加子午之时一日而再至者也,朝曰潮。"

## 汐

《楚辞·九章·悲回风》"听潮水之相击"注:"海水以月加子午之时一日而再至者也,……夕曰汐。"

## 汭

或训"入",如《尚书·禹贡》"泾属渭汭"释文引马云:"汭,入也。"《说文·水部》:"汭,水相入皃。"(段注本)《诗·大雅·公刘》"芮鞫之即"笺:"芮之言内也,水之内曰隩,水之外曰鞫。"①《水经注》卷十九《渭水》"东入于河"引王肃云:"汭,入也。"《文选·西陵遇风献康乐》"昨发浦阳汭"刘良注:"汭,外之交入也。"

或训"内",如《左传·庄公四年》"为会于汉汭而还"注:"汭,内也。"《尚书·尧典》"厘降二女于妫汭"释文:"汭,水之内也。"《尚书·召诰》"太保乃以庶殷攻位于洛汭"疏:"水内曰汭。"

## 亹

《诗·大雅·凫鹥》"凫鹥在亹"传:"亹,山绝水也。"笺:"亹之言门也。"《汉书·地理志》"浩亹水出西塞外"注:"亹者,水流峡山,岸深若门也。"《后汉书·马援传》"拒浩亹隘"注:"亹者,水流峡山间,两岸深若门也。"

## 潴(猪)

或训"停",如《尚书·禹贡》"大野既猪"传:"水所停曰猪。"释文引马云:"水所停止深者曰猪。"

或训"都",如《礼记·檀弓下》"杀其人坏其室洿其宫而猪焉"注:"猪,都也。"疏:"孔注《尚书》云'都,谓所聚也。'此经云洿其宫而猪焉,谓掘洿其宫使水之聚积焉,故云'猪,都也'。"

## 溪

《御览》卷六十七引《说题辞》曰:"溪者,隐也,深虚绕山,令得博也。"宋均注:"无水曰谷,有水曰溪。"

## 渠

《风俗通·山泽篇》引《传》曰:"渠者,水所居也。"《说文·水部》:"渠,水所居也。"

## 沦

或训"轮",如《诗·魏风·硕鼠》"河水清且沦猗"《传》:"小风水成文,转如轮也。"

---

① 按:"芮"即"汭"之借,《周礼·夏官·职方氏》作"汭"。

或训"伦",如《释名·释水》:"水小波曰沦,沦,伦也,水文相次有伦理也。"

## 汇[①]

《尚书·禹贡》:"东汇泽为彭蠡"传:"汇,回也。"《慧琳音义》卷十引《三苍》:"水回之貌也。"《汉书·地理志》"东汇泽为彭蠡"注:"汇,回也。"

## 州（洲）

或训"居",如《尚书·舜典》"流共工于幽洲"传:"水中可居者曰洲。"《楚辞·九怀·陶壅》"淹低佪兮京沶"注:"水中可居为洲。"《淮南子·时则训》"以息壤埋洪水之州"注:"州,水中可居也。"《汉书·地理志》"天下分绝,为十二州""灵州,惠帝四年置"《汉书·司马相如传》"行乎州淤之浦"注并云:"水中可居者曰州。"

"居"之外,或训"周",如《说文·川部》:"州,水中可居者曰州,水周绕其旁。"(段注本)

或训"聚",如《释名·释水》:"水中可居者曰洲,洲,聚也,人及鸟兽所聚息之处也。"

## 渚

或训"居",如《国语·齐语》"渠弭于有渚"注引贾逵注:"水中可居者曰渚。"《慧琳音义》卷七十、七十三引《尔雅》"小洲曰渚"李巡注:"四方有水,独高可居,故曰渚。"《淮南子·地形训》"东方曰大渚"注:"水中可居者曰渚。"《庄子·秋水篇》"两涘渚崖之间"释文引司马云:"水中可居曰渚。"

或训"洲",如《诗·召南·江有汜》"江有渚"传:"渚,小洲也。"《礼记·礼运》"不使渚者居中原"注:"小洲曰渚。"《淮南子·览冥训》"遵回蒙汜之渚"注:"渚,小洲也。"《楚辞·九怀·陶壅》"淹低佪兮京沶"注:"小洲为渚。"《山海经·中山经》"南望墠渚"郭璞注:"水中小洲名渚。"《左传·文公十年》"王在渚宫"注:"小洲曰渚。"《庄子·秋水篇》"两涘渚崖之间"成玄英疏:"渚,洲也。"

或训"遮",如《释名·释水》:"小洲曰渚,渚,遮也,体高能遮水,使从旁回也。"

## 池

《初学记》卷七引《说文》:"池者,陂也。"《左传·隐公三年》"涧溪沼沚之毛"注"沼,池也"疏引《风俗通》:"池者,陂也,从水也声。"

---

[①] 段玉裁云:"汇之言围也,大泽外必有陂围之,如器之围物,古人说淮水曰:'淮,围也。''汇'从'淮',则亦围也。《尚书》'东汇泽为彭蠡'谓东有围受众水之彭蠡,非谓汉水回而成泽也。"(《说文解字注》,637页,上海古籍出版社,1988年)

## 沆

《风俗通·山泽篇》引传曰:"沆者,莽也,言其平望莽莽无涯际也。"

## 沛

《风俗通·山泽篇》:"沛者,草木之蔽茂,禽兽之所蔽匿也。"

# 释州国第五

## 州

或训"殊",如《御览》卷一百五十七引《说题辞》:"州之言殊也,合同类,异其界也。"宋均注:"殊,不同也。"

或训"聚",如《礼记·王制》"二百一十国以为州"注:"州犹聚也。"

或训"畴",如《说文·川部》一曰:"州,畴也,各畴其土而生也。"《御览》卷一百五十七引《风俗通》:"州,畴也。"

或训"周",如《御览》卷一百五十七引《风俗通》:"州,畴也,州有长,使之相周足也。"

或训"注",如《释名·释州国》:"州,注也,郡国所注仰也。"

## 冀州

或训"冀"为"近",如《尚书·禹贡》"济河惟兖州"疏引李巡云:"两河间其气清,性相近,故曰冀,冀,近也。"

或训"冀"为"希冀",如《晋书·地理志》引《元命苞》:"昴毕散为冀州,分为赵国,其地有险有易,帝王所都,乱则冀安,弱则冀强,荒则冀丰。"《释名·释州国》:"冀州亦取地以为名也,其地有险有易,帝王所都,乱则冀治,弱则冀强,荒则冀丰也。"

## 雍州①

或训"雍"为"其气蔽壅",如《尚书·禹贡》"济河惟兖州"疏引李巡云:"河西其气蔽壅,厥②性急凶,故云雍,雍,壅也。"

或训"雍"为"雍翳",如《释名·释州国》:"雍州,在四山之内雍翳也。"

## 荆州

或训"荆"为"强",如《尚书·禹贡》"济河惟兖州"疏引李巡云:"荆州,其

---

① 《类聚》卷六引《太康地记》:"雍州兼得梁州之地,西北之位,阳所不及,阴气雍阏,故取名焉。"
② 本作"受",据《尔雅·释地》"河西曰雝州"疏引李巡语改。

气燥刚,禀性强梁,故曰荆,荆,强也。"《晋书·地理志下》引《元命苞》:"轸星散为荆州,荆,强也,言其气躁强。"①

或训"荆"为"警",如《释名·释州国》:"荆州,取名于荆山也,必取荆为名者,荆,警也,南蛮数为寇逆,其民有道后服,无道先强,常警备之也。"

## 扬州

或训"扬"为其气"轻扬",如《尚书·禹贡》"济河惟兖州"疏引李巡云:"江南其气燥劲,厥性轻扬,故曰扬,扬,轻也。"《晋书·地理志》引《元命苞》:"牵牛流为扬州,分为越国,以为江南之气躁劲,厥性轻扬。"

或训"扬"为水波扬,如《释名·释州国》:"扬州,州界多水,水波扬也。"

## 兖州

或训"兖"为"信",如《尔雅·释地》释文引李巡云:"济河间,其气专质,厥性信谨,故曰兖,兖,信也。"

或训"兖"为"端",如《类聚》卷六引《元命苞》:"五星流为兖州,兖之言端也,言堤精端,故其气纤杀,分为郑国。"《晋书·地理志》引《元命苞》云:"五星流为兖州,兖,端也,信也。"

或以兖州得名于兖水,如《释名·释州国》:"兖州,取兖水以为名也。"

## 豫州

或训"豫"为"序",如《尔雅·释地》疏引《元命苞》:"豫之言序也,言阳气分布,各得其处,故其气平静多序也。"

或训"豫"为"舒",如《尚书·禹贡》"济河惟兖州"疏引李巡云:"河南其气著密,厥性安舒,故曰豫,豫,舒也。"

或训"豫"为"安豫",如《释名·释州国》:"豫州,地在九州岛之中,京师东都所在,常安豫也。"

## 徐州

《类聚》卷六引《元命苞》:"天弓星主司弓弩,流为徐州,别为鲁国,徐之为言舒也,言阴牧内,安详也。"《晋书·地理志》引《元命苞》:"天氐流为徐州,盖取舒缓之义,或云因徐丘以立名。"《释名·释州国》:"徐州,徐,舒也,土气舒缓也。"《尚书·禹贡》"济河惟兖州"疏引李巡云:"淮海间其气宽舒,禀性安徐,故曰徐,徐,舒也。"

## 幽州

或训"幽"为"恶",如《公羊传·庄公十年》"荆者何?州名也"注"州谓九

---

① 《类聚》卷六引《元命苞》:"轸星散为荆州,分为楚国,荆之为言强也,阳盛物坚,其气急悍也。"

州岛,冀、兖、青、徐、扬、荆、豫、梁、雍"疏引《尔雅·释地》"燕曰幽州",李巡云:"燕其意气恶,厥性僄疾,故曰幽,幽,恶也。"①

或训"幽"为"窈",如《类聚》卷六引《元命苞》:"箕星散为幽州,分为燕国,幽之为言窈也,言风出入窈冥,敏劲易晓,故其气躁急。"

或训"幽"为"幽冥",如《晋书·地理志》引《元命苞》:"箕星散为幽州,分为燕国,言北方太阴,故以幽冥为号。"

或训"幽"为"幽昧",如《释名·释州国》:"幽州,在北幽昧之地也。"

## 营州

或训"营"为"平",如《公羊传·庄公十年》"荆者何?州名也"注"州谓九州岛,冀、兖、青、徐、扬、荆、豫、梁、雍"疏引《尔雅·释地》"齐曰营州",李巡云:"齐其气清舒,受性平均,故曰营,营,平也。"

或训"营"为"营室",如《释名·释州国》:"齐卫之地,于天文属营室,取其名也。"

## 并州

或训"并"为"诚",如《类聚》卷六引《元命苞》:"营室流为并州,分为卫国之镇,立为明山,并之为言诚也,精舍交并,其气勇抗诚信也。"②

或训"并"为"兼并",如《释名·释州国》:"并州,并,兼并也,其州或并或设,故因以为名也。"

## 益州

或训"益"为"隘",如《类聚》卷六引《元命苞》:"觜参流为益州,益之言隘也,谓物类并决,其气急切决列也。"

或训"益"为"阸",如《晋书·地理志》引《元命苞》:"参伐流为益州,益之为言阸也,言其所在之地险阸也,亦曰疆壤益大,故以名焉。"《释名·释州国》:"益州,益,阸也,所在之地险阸也。"③

或训"益"为增益之"益",如《御览》卷一百六十六引应劭《地理风俗记》:"疆壤益广,故号益州。"

## 交址

《后汉书·光武帝纪》"交址牧邓让率七郡太守遣使奉贡"引应劭《汉官仪》:"始开北方,遂交于南,为子孙基址也。"④

---

① 《尔雅·释地》释文引李巡云:"燕,其气深要,厥性剽疾,故曰幽,幽,要也。"
② 《尔雅·释地》释文引《元命苞》云:"并之言并也,阳合交并,其气勇壮,抱诚信也。"
③ 《管子·山权数篇》:"阸者所以益也。""隘则易益也。"
④ 《礼记·王制》"南方曰蛮,雕题交趾"注:"交趾,足相乡然,浴则同川,卧则僢。"疏:"趾,足也,言蛮卧时,头向外而足在内而相交,故云交趾。"此释"交趾"之俗,实亦"交址"得名之由。

## 朔方

《尔雅·释训》"朔,北方也"疏引舍人曰:"朔,尽也,北方万物尽,故言朔也。"

## 郡

或训"群",如《意林》卷四引《风俗通》:"郡者,群也。"《释名·释州国》:"郡,群也,人所群聚也。"《史记·秦始皇本纪》"海内为郡县"正义:"郡,人所群聚也。"

或训"君",如《水经注》卷二《河水》引黄义仲《十三州记》曰:"郡之言君也,改公侯之封而言君者,至尊也。……今郡字,君在其左,邑在其右,君为元首,邑为载民,故取名于君,谓之郡。"

## 县

或训"玄",如《御览》卷一百五十七引《风俗通》:"《周礼》'百里曰同',所以奖王室,协风俗,总名县,县,玄也,言当玄静平徭役。"

或训"县"(同"悬"),如《释名·释州国》:"县,县也,县系于郡也。"

## 里

或训"止",如《御览》卷一百五十七引《风俗通》:"里者,止也,五十家共居止也。"

或训道里之"里",如《释名·释州国》:"五邻为里,居方一里之中也。"

## 羌

《御览》卷七百九十四引《风俗通》:"羌本西戎,卑贱者也,主牧羊,故羌字从羊人,因以为号。"《说文·羊部》:"羌,西戎牧羊人也。"

## 氐

《御览》卷七百九十四引《风俗通》:"氐言抵冒贪饕,至死好利。"

## 貊

《御览》卷七百八十引《风俗通》:"貊者,略也,薄也,不知送往劳来,无宗庙粢盛,赋殿轻薄也。"①

## 胡

《御览》卷七百九十九引《风俗通》:"胡者,谨按,《汉书》'山戎之别种也',……胡者,互也,其被发左衽,言语赘币,事殊互也。"

---

① "略"《御览》卷七百八十引作"路",《御览》卷七百九十九引《风俗通》:"貊者,略也,云无礼法。"今据改。

## 塞

《古今事文类聚·别集》卷六引《风俗通》："秦筑长城，土皆紫色，谓之紫塞。……塞者，壅塞夷、狄也。"《古今注·都邑》："塞者，塞也，所以拥塞戎狄也。"《汉书·邓通传》"人有告通盗出徼外铸钱"注："东北谓之塞，……塞者，以障塞为名。"《尚书·秦誓序》"晋襄公帅师败诸崤"传"崤，晋要塞也"疏："筑城守道谓之塞，言其要塞盗贼之路也。"

## 徼

或训"绕"，如《古今事文类聚·别集》卷六引《风俗通》："南徼土色丹，谓之丹徼。……徼，绕也。"《古今注·都邑》："徼者，绕也，所以绕遮蛮夷，使不得侵中国也。"

或训"徼遮"，如《汉书·邓通传》"人有告通盗出徼外铸钱"注："西南谓之徼，……徼者，取徼遮之义也。"

## 弘农

《御览》卷一百五十九引应劭《汉官仪》："弘，大也，所以广大农业也。"

## 酒泉

《水经注》卷二《河水》引应劭《地理风俗记》："酒泉，其水甘若酒味故也。"

## 张掖

《水经注》卷二《河水》引应劭《地理风俗记》："张掖，言张国臂掖以威羌狄。"

## 平阴县

《水经注》卷二《河水》引应劭《地理风俗记》："河南平阴县，故晋阴地，阴戎之所居。又曰，在平城之南，故曰平阴也。"

## 郁林郡

《水经注》卷二《河水》引应劭《地理风俗记》曰："《周礼》'郁人掌裸器，凡祭酹宾客之裸事和郁鬯以实樽彝'郁，芳草也，百草之华，煮以合酿黑黍，以降神者也。或说，今郁金香是也。一曰，郁人所贡，因氏郡矣。"

## 墟（虚）

或训"虚"，如《风俗通·山泽篇》："墟者，虚也。"

或训"居"，如《风俗通·山泽篇》："今故庐居处高下者，亦名为墟。"《汉书·王莽传》"名曰凶虚"注："虚，读曰墟，墟，故居也。"《左传·昭公十七年》"大辰之虚"疏："虚者，旧居之处也。"《礼记·檀弓下》"墟墓之间"疏："凡旧居皆曰墟。"

## 疆

《谷梁传·昭公元年》:"疆之为言犹竟也。"《公羊传·昭公元年》"疆运田者何"注:"疆,竟也。"《国语·周语上》"修其疆畔"、《国语·周语中》"侯不在疆"、《国语·晋语一》"君之疆也"注并云:"疆,境也。"《国语·周语中》"畺有寓望"注:"畺,境也。""疆""畺"通。

# 释爵秩第六

## 天王
《独断》卷上:"天王,诸夏之所称,天下之所归往,故称天王。"
## 天家
《独断》卷上:"天家,百官小吏之所称,天子无外,以天下为家,故称天家。"
## 丞相
《类聚》卷四十五引《风俗通》:"丞者,承也;相者,助也。"
## 司空
《尚书·洪范》"四曰司空"传:"主空土以居民。"《史记·宋微子世家》"四曰司空"集解引马融曰:"司空,掌营城郭,主空土以居民。"
## 司马
或训"马"为"武",如《周礼·夏官·司马》郑玄《目录》:"马者,武也,言为武者也。"①《吕氏春秋·勿躬篇》"请置以为大司马"注:"司马主武之官也。"《汉书·王莽传》"司马典致武应"注引张晏曰:"司马主武。"《汉书·百官公卿表》"初置大司马"注引应劭曰"司马,主武也,诸武官亦以为号。"《御览》卷二百九引韦昭《辩释名》曰:"大司马,马,武也,大总武事也,大司马掌军,古者兵车,一车四马,故以马名官。"

或训"马"为"马",如《国语·周语中》"司马陈刍"注:"司马掌帅圉人养马。"
## 司徒
《尚书·洪范》"五曰司徒"传:"主徒众,教以礼义。"《周礼·地官·司徒》郑玄《目录》:"司徒主众徒。"《周礼·地官·司徒》"以司徒之大旗"注:"司徒,致众庶者。"《国语·周语上》"司徒协旅"韦昭注:"司徒,掌合师旅之

---

① 《说文·马部》:"马,怒也,武也。"

323

众。"《管子·五行篇》"故使为司徒"尹知章注:"司徒,谓主徒众使务农也。"

## 司寇

《史记·宋微子世家》"六曰司寇"集解引马融曰:"主诛寇害。"

## 司仪

《周礼·秋官·司仪》:"司仪,掌九仪之宾客摈相之礼。"

## 司禄

《周礼·地官·序官》"司禄"注:"主班禄。"

## 司书

《周礼·天官·序官》"司书"注:"司书,主计会之簿书。"

## 尉

或训"尉"(同"慰"),如《古微书·元命苞》:"王者置廷尉,谳疑,刑者,官之平,下之信也。尉者,尉民心,抚其实也,故立字士垂一人,诘屈折者为廷尉,示戴尸首,以寸者为言,寸,度,治法数之分,示惟尸稽于寸,舍则法有分,故为尉:示与尸寸。"①《史记·高祖本纪》"太尉周勃道太原入"集解引应劭曰:"自上安下曰尉,武官悉以为称。"

或训"罚",如《御览》卷二百三十一引韦昭《辨释名》:"廷尉、县尉,皆古尉也,以尉尉人也,凡掌贼及司察之官皆曰尉。尉,罚也,言以罪罚奸非也。"

## 阜

《左传·昭公七年》"士臣阜"疏引服虔云:"阜,造也,造成事也。"

## 隶

《左传·昭公七年》"舆臣隶"疏引服虔云:"隶,隶属于吏也。"

## 僚

《左传·昭公七年》"隶臣僚"疏引服虔云:"僚,劳也,共劳事也。"

## 吏

或训"理",如《新书·大政下篇》:"吏之为言理也,故吏也者,理之所出也。"《汉书·王莽传》:"夫吏者,理也。"《汉书·百官公卿表》"是为长吏"注:"吏,理也。"

或训"治",如《说文·一部》:"吏,治人者也。"《汉书·惠帝纪》:"吏所以治民也。"《后汉书·百官志》注引《太公阴符》:"吏者,治也,所以为治其乱

---

① 宋均注:"士,事也;垂,系也;尸,人死也;人死不可无,乃戴之者,示天下不可无死也。"

者。"《类聚》卷五十四引《风俗通》："夫吏者,治也。"《左传·襄公二十五年》"自六正,五吏,三十帅"疏："吏者,治也。"

## 甸祝

《周礼·春官·序官》"甸祝"注："甸之言田也,田狩之祝。"

## 象胥

《周礼·秋官·大行人》"七岁属象胥"注："郑司农云:'象胥,译官也。'玄谓胥读为谞,《王制》曰:'五方之民,言语不通,耆欲不同,达其志通其欲,东方曰寄,南方曰象,西方曰狄鞮,北方曰译。'此官正为象者,周始有越重译而来献,是因通言语之官为象胥,云'谞',谓象之有才知者也。"

## 啬夫

《通典》卷三十三引《风俗通》："啬者,省也;夫,赋也。言当消息百姓,均其赋役。"

## 齐民

《庄子·渔父》"下以化于齐民"释文引许慎云："齐等之民也。"《淮南子·俶真训》"又况齐民乎"注："齐民,凡民,齐于民也。"《淮南子·原道训》"此齐民之所以淫泆流湎"注："齐于凡民,故曰齐民。"《史记·平准书》"齐民无藏盖"集解引如淳曰："齐等无有贵贱,故谓之齐民,若今言平民矣。"《史记·平准书》"乱齐民"索隐引晋灼云："中国被教齐整之民也。"《汉书·叙传下》"矧乃齐民"注："齐民,齐等之人也。"《文选·羽猎赋》"以赡齐民"李周翰注："齐民谓上下齐等无贵贱也,亦犹平人也。"


# 释礼乐第七

## 禹

《风俗通·皇霸篇》："禹者,辅也,辅续舜后,庶绩洪茂。"

## 商

《说苑·修文篇》："商者,常也。"

## 汤

《风俗通·皇霸篇》："汤者,攘也,昌也,言其攘除不轨,改亳为商,成就王道,天下炽盛。"①

---

① "盛"《御览》卷七十七引作"昌",当从之。

### 姬昌

《御览》卷八十四引《元命苞》:"伐殷者为姬昌。"注:"姬昌之言基始也。"

### 成王

或训骨节始成,或训成就二圣之功,或训成就人道,如《尚书·酒诰》"王若曰"释文引马本作"成王若曰",注云:"俗儒以为成王骨节始成,故曰成王;或曰,以成王为少成二圣之功,生号曰成王,没因为谥。卫、贾以为,戒成康叔以慎酒,成就人之道也,故曰成。"马融云:"此三者,吾无取焉,吾以为后录书者加之,未敢专从。"

或训周公成就王道,如《吕氏春秋·下贤篇》:"文王造之而未遂,武王遂之而未成,周公旦抱少主而成之,故曰成王。"《尚书·酒诰》"王若曰"疏引郑玄云:"成王,所言成道之王。"《诗·周颂·噫嘻》"噫嘻成王"传:"成王,成是王事也。"笺:"能成周王之功。"《类聚》卷十二引《元命苞》:"文王造之而未遂,武王遂之而未成,周公旦抱少主而成之,故曰成王。"

### 姞

《左传·宣公三年》:"吾闻姬、姞耦,其子孙蕃。姞,吉人也,后稷之元妃也。"①

### 振动

或训"振恸",如《周礼·春官·大祝》"辨九拜:……四曰振动"注引杜子春云:"振读为振铎之振,动读为哀恸之恸。"

或训"振董",如《周礼·春官·大祝》注引郑大夫云:"动读为董,书亦或为董,振董,以两手相击也。"②

或训"动"为"变动",如《周礼·春官·大祝》注:"振动,战栗变动之拜。"

### 奇拜

或训"奇"为奇偶之"奇",如《周礼·春官·大祝》"辨九拜:……七曰奇拜"注引杜子春云:"奇读为奇偶之奇,谓先屈一膝,今雅拜是也。"

或训"奇"为"倚",如《周礼·春官·大祝》注引或云:"奇读曰倚,倚拜谓持节持戟拜,身倚之以拜。"

或训"一拜",如《周礼·春官·大祝》注引郑大夫云:"奇拜谓一拜也。"

### 褒拜

《周礼·春官·大祝》"辨九拜:……八曰褒拜"注引郑大夫云:"褒读为

---

① 杨树达云:"姞,吉,声训。"见《读〈左传〉小笺》,《清华学报》(新)第12卷,第2期,1937年4月。
② 疏:"此读从《左氏》'董之以威'。"按:《左传·文公七年》"董之用威"注:"董,督也。"

报,报拜再拜是也。"

## 毕

《仪礼·特牲馈食礼》"宗人执毕先入,当阼阶南面"注:"毕,状如叉盖,为其似毕星,取名焉。"

## 鼓

《说文·鼓部》:"鼓,郭也,春分之音,万物郭皮甲而出,故谓之鼓。"《风俗通·声音篇》:"鼓者,郭也,春分之音也,万物郭皮甲而出,故谓之鼓。"《释名·释乐器》:"鼓,郭也,张皮以冒之,其中空也。"《汉书·律历志》"皮曰鼓"注:"鼓者,郭也,言郭张皮而为之。"《急就篇》卷三"钟磬鞀箫鼙鼓鸣"颜师古注:"鼓之言郭也,张郭皮革而为之也。"

## 应

《尔雅·释乐》"大鼓谓之鼖,小者谓之应"释文引李云:"小者音声相承,故曰应,应承也。"孙云:"和应大鼓也。"《释名·释乐器》:"鼙,在后曰应,应大鼓也。"

## 朄

《周礼·春官·大师》"令奏鼓朄"注引郑司农云:"朄,小鼓也,先击小鼓,乃击大鼓,小鼓革中为大鼓先引,故曰朄,朄读为道引之引。"

## 空侯

或训空国侯所造,如《资治通鉴》汉纪三十六"先帝时所赐呼韩邪竽、瑟、空侯皆败"注引《世本》:"空侯,空国侯所造。"《希麟音义》卷九引《世本》:"取空国之侯名也。"①《释名·释乐器》:"箜篌,师延所作靡靡之乐也。后出于桑间、濮上之地,盖空国之侯所存也。"

或以"空"训"坎",以"侯"为姓,如《风俗通·声音篇》:"《汉书》:孝武皇帝塞南越,祷祠太一后土,始用乐人侯调,依琴作坎坎之乐,言其坎坎应节奏也,侯以姓冠章耳。或说:空侯取其空中。"杜佑《通典》卷一百四十四:"箜篌,汉武帝使乐人侯调所作,以祠太一。或云侯晖所作。其声坎坎应节,谓之坎侯,声讹为空侯。侯者,因乐工人姓耳。"

或以"空"训"空中",如《风俗通·声音篇》引或说:"空侯取其空中。"

## 枇杷

《风俗通·声音篇》:"以手批把,因以为名。"《释名·释乐器》:"枇杷,本出于胡中,马上所鼓也,推手前曰枇,引手却曰杷,象其鼓时,因以为名也。"

---

① 段安节《乐府杂录》:"以其亡国之音,故号空国之侯。"(《古今说海》卷一百二十九引)

## 笛

或训荡涤之"涤",如《周礼·春官·笙师》"掌教龡竽笙埙钥箫篪篴管"注引杜子春读篴为荡涤之涤。《风俗通·声音篇》引《乐记》:"笛者,涤也,所以荡涤邪秽,纳之于雅正也。"[1]《御览》卷五百八十引《乐书》:"笛者,涤也,丘仲所作,可以涤荡邪气,出扬正声。"

或训象声词"涤",如《释名·释乐器》:"篴(同"笛"),涤也,其声涤涤然也。"

## 沂

《御览》卷五百八十引《尔雅》"大篪谓之沂"舍人曰:"大篪,其声悲沂锵然也。"《尔雅·释乐》"大篪谓之沂"疏引孙炎云:"篪声悲,沂,悲也。"[2]

## 巢

《御览》卷五百八十一引《尔雅》"大笙谓之巢,小者谓之和"舍人曰:"大笙音声众而高也。"《仪礼·乡射礼》:"三笙一和而成声。"疏引《尔雅》"大笙谓之巢"孙氏注云:"巢,高大。"《尔雅·释乐》"大笙谓之巢"释文:"巢,高也,言其声高。"

## 和

《御览》卷五百八十一引《尔雅》"大笙谓之巢,小者谓之和"舍人曰:"小者音相和也。"《尔雅·释乐》"大笙谓之巢,小者谓之和"疏引李巡云:"小者声少,音相和也。"孙炎云:"应和于笙。"

## 管

《风俗通·声音篇》引《礼·乐记》:"管,漆竹长一尺,六孔,十二月之音也。象物贯地而牙,故谓之管。"

## 箫

《御览》卷五百八十引《尔雅》"大管谓之箫,其中谓之篞,小者谓之筊"舍人曰:"大管者,声高大,故曰箫者,高也。"《尔雅·释乐》"大管谓之箫"疏引李巡云:"声高大,故曰箫,箫,高也。"

## 篞

《御览》卷五百八十引《尔雅》"大管谓之箫,其中谓之篞,小者谓之筊"舍人曰:"中者声精密故曰篞,篞,密也。"

---

[1] 《希麟音义》卷四引作"笛,涤也,言涤去邪秽,纳正气也"。
[2] 《释名·释乐器》:"篪,啼也,声从孔出,如婴儿啼声也。"

## 篎

《御览》卷五百八十引《尔雅》"大管谓之簥,其中谓之篞,小者谓之篎"舍人曰:"小者声音清,故曰篎,篎者,妙也。"①

## 筑

《风俗通·声音篇》引《汉书》旧注:"筑者,忼也,言其节忼威仪。"②

## 籈

《风俗通·声音篇》引《汉书》注:"籈,筲也。言其声音籈籈,名自定也。"

## 相

《御览》卷五百八十四引《风俗通》:"相,拊也,所以辅相于乐,奏乐之时先击相。"《礼记·乐记》"治乱以相"注:"相即拊也,亦以节乐,拊者,以韦为表,装之以穅,穅一名相,因以名焉,今齐人或谓穅为相。"

## 栈

《尔雅·释乐》:"大钟谓之镛……小者谓之栈。"疏引李巡云:"栈,浅也。"

## 镛

《周礼·春官·大司乐》"以六律、六同、五声、八音、六舞、大合乐以致鬼神"注"《虞书》云……笙镛以间"疏引古文《舜典》郑玄注:"镛者,西方之乐谓之镛,庸,功也,西方物熟有成功,亦谓之颂,颂亦是颂其成也。"《周礼·春官·眡瞭》"视瞭掌凡乐事,播鼗,击颂磬、笙磬"注:"磬……在西方曰颂,颂或作庸,庸,功也。"疏:"云'在西方曰颂,颂或作庸,庸,功也'者,以西方是成功之方,故云庸,庸,功也,谓之颂者,颂者,美盛德之形容,以其成功告于神明,故云颂。"

## 馨

或训"乔"《尔雅·释乐》"大磬谓之馨"疏引孙云:"馨,乔也,乔,高也,谓其声高也。"

或训"燥",《尔雅·释乐》"大磬谓之馨"疏李云:"大磬声清燥也,故曰馨,馨,燥也。"

## 操

《后汉书·曹褒传》"歌、诗、曲、操,以俟君子"注引刘向《别录》:"君子因雅琴之适,故从容以致思焉,其道闭塞,悲愁而作者,名其曲曰'操',言遇灾害,不失其操也。"《意林》卷三引桓谭《新论》:"古者圣贤玩琴以养心,

---

① 四库本如此,宋本作"小者声音清妙也",盖有脱文。
② 《说文·竹部》:"筑,吹鞭也。"徐锴《系传》:"盖于鞭上作孔,马上吹之呱呱然。"

穷则独善其身而不失其操,故谓之操。"《文选·芜城赋》"抽琴命操"李善注引《新论·琴道篇》:"琴有伯夷之操,夫遭遇异时,穷则独善其身,故谓之操。"《风俗通·声音篇》:"其遇闭塞,忧愁而作者,命其曲曰操,操者,言遇菑遭害,困厄穷迫,虽怨恨失意,犹守礼义,不惧不慑,乐道而不失其操者也。"

## 畅

《意林》卷三引桓谭《新论》:"古者圣贤玩琴以养心,……达则兼善天下,无不通畅,故谓之畅。"《风俗通·声音篇》:"其道行和乐而作者,命其曲曰畅,畅者,言其道之美畅,犹不敢自安,不骄不溢,好礼不以畅其意也。"

## 吕

或训"序",如《五行大义》卷四引《史记·律书》:"吕,序也,序述四时之气,定十二月之位也。"

或训"旅",如《汉书·律历志》:"吕以旅阳宣气。"

## 旋虫

《周礼·考工记·凫氏》"钟县谓之旋,旋虫谓之干"注引郑司农云:"旋虫者,旋以虫为饰也。"

## 万舞

《公羊传·宣公八年》"万者何?干舞也"注引《春秋说》:"万者其篇名,武王以万人服天下,民乐之,故名之云尔。"

## 干舞

《公羊传·宣公八年》"万者何?干舞也"注:"干谓楯也,能为人捍难而不使害人,故圣王贵之,以为武乐。"

## 钥舞

《周礼·春官·钥师》"掌教国子舞羽歗钥"注:"文舞有持羽吹钥者,所谓钥舞也。"《公羊传·宣公八年》"钥者何?钥舞也"注:"钥所吹以节舞也,吹钥而舞,文乐之长。"

## 皇舞

《周礼·春官·乐师》"皇舞"注:"皇,杂五采羽如凤皇色,持以舞。"

## 歌

或训"欢",《初学记》卷十五引《五经通义》曰:"歌之言欢也。"

或训"柯",《释名·释乐器》:"人声曰歌,歌,柯也,所歌之言是其质也。以声吟咏有上下,如草木之有柯叶也,故兖冀言歌声如柯也。"

## 郑声

或训郑国之声,或训踯躅之声,如《礼记·乐记》疏引《五经异议》:"今《论》说郑国之为俗,有溱洧之水,男女聚会、讴歌相感,故云'郑诗淫'。《左传》说烦手淫声谓之'郑声'者,言烦手踯躅之声使淫,过矣。谨按,郑诗二十一篇,说妇人者十九矣,故郑声淫也。"[①]《论语·阳货》"恶郑声之乱雅乐也"皇侃疏:"郑声者,郑国之音也,其音淫也。"

## 明堂

或训"王者之堂",如《孟子·梁惠王下》:"明堂者,王者之堂也。"

或训明尊卑、政教之堂,如《礼记·明堂位》:"明堂也者,明诸侯之尊卑也。"《大戴礼记·盛德篇》:"明堂者,所以明诸侯尊卑。"《周礼·冬官·匠人》"周人明堂"注:"明堂者,明政教之堂。"

或训得阳气之堂,如《周礼·冬官·匠人》"周人明堂"疏引《援神契》:"得阳气明朗,谓之明堂。"《淮南子·时则训》"朝于明堂左个"注:"南向堂当盛阳,故曰明堂也。"

或训"堂堂",如《御览》卷五百三十三引《释名》:"明堂,犹堂堂,高显貌也。"

## 射

《礼记·射义》:"射之为言者,绎也,或曰舍也,绎者,各绎己之志也,故心平体正,持弓矢审固,持弓矢审固则射中矣。"《仪礼·乡射礼》"宾主人大夫若皆与射"注:"射者,绎已之志,君子务焉。"

# 释政令第八

## 政

《论语·颜渊》:"政者,正也。"皇侃疏:"政训中正之正也。"《左传·桓公二年》:"政以正民。"《管子·法法篇》:"政者,正也,正也者,所以正定万物之命也。"《尸子》卷上:"政也者,正人者也,身不正则人不从。"《礼记·哀公问》:"政者,正也。"《周礼·夏官·司马》"掌邦政"注引《孝经说》曰:

---

[①] 左氏以踯躅之音为"郑声",与医书称声之不正者为"郑声"同,王夫之《四书稗疏·论语·郑声》:"医书以病声之不正者为郑声,么哇嚅呢而不可止者也。"《医宗金鉴·张仲景〈伤寒论·阳明全篇〉》:"夫实则谵语,虚则郑声。郑声者,重语也。"注:"戴元礼曰:'郑声者,郑重频烦,语虽谬而谆谆不已。'张锡驹曰:'郑声者,神气虚不能自主,故声音不正而语言重复也。'"

"政者,正也,正德名以行道。"《说文·攴部》:"政,正也。"《论语·子路》"对曰:'有政。'"集解引马曰:"政者,有所改更匡正。"《周礼·夏官·司马》"掌邦政"注:"政,正也,政所以正不正者也。"《释名·释言语》:"政,正也,下所取正也。"《孔子家语·大婚解》:"政者,正也,君为正则百姓从而正矣。"《左传·昭公六年》"纠之以政"疏:"政者,正也,齐正在下。"《文选·毛诗序》"言王政之所由废兴也"李周翰注:"政则正也,言正天下之事。"

### 彻

《孟子·滕文公上》:"彻者,彻也。"注:"彻犹取,人彻取物也。"

### 贡

《周礼·冬官·匠人》"九夫为井"注:"夫贡者,自治其所受田,贡其税谷。"

### 助(莇、耡)

或训"借"(通"藉""耤"),如《孟子·滕文公上》:"助者,藉也。"注:"藉者,借也,犹人相借力助之也。"《周礼·地官·遂人》"以兴耡利甿"注引郑大夫读耡为藉。《周礼·冬官·匠人》"九夫为井"注:"莇者,借民之力,以治公田,又使收敛焉。"《说文·耒部》:"耡,商人七十而耡,耡,耤税也。"①

或训佐助之"助",如《周礼·地官·遂人》"以兴耡利甿"注引杜子春读耡为助,谓起民人令相佐助。

### 律

或训"述",如《礼记·中庸》"上律天时"注:"律,述也。"《急救篇·卷四》颜师古注:"一曰述也,具述刑名也。"

或训"累",如《释名·释典艺》:"律,累也,累人心使不得放肆也。"

或训"率",如《急救篇·卷四》颜师古注:"律之言率也,制法以率下也。"

### 赦

《慧琳音义》卷四十四引《三苍》:"赦,舍也。"《尔雅·释诂》:"赦,舍也。"《周礼·秋官·司刺》"司刺掌三刺三宥三赦之法"注:"赦,舍也。"《汉书·刑法志》"三宥三赦之法"注:"赦,舍也,谓释置也。"

### 令

或训"命",如《尚书·说命》"臣下罔攸禀令"传:"令,亦命也。"《汉书·东方朔传》:"令者,命也。"《周礼·夏官·大司马》"犯令陵政则杜之"注:"令,犹命也,《王霸记》曰:'犯令者违命也。'"《国语·楚语上》:"王言以出令

---

① 段玉裁云:"耤税者,借民力以食税也。"(《说文解字注》,184页,上海古籍出版社,1988年)

也。"注："令,命也。"

或训"领",如《释名·释典艺》："令,领也,理领之使不得相犯也。"

## 燕令

《周礼·夏官·御仆》"掌王之燕令"注："燕居时之令。"

## 诏

《史记·秦始皇本纪》"令为诏"集解引蔡邕曰："诏,告也。"《独断》卷上："诏,犹告也,告教也。"《汉书·高帝纪》"诏曰"注引如淳曰："诏,告也。"《后汉书·光武帝纪》"辛未,诏曰"注："诏,告也。"

## 柄

《周礼·天官·大宰》"以八柄诏王驭群臣"注："柄,所以秉执以起事者也。"

## 盟

或训明白之"明",如《周礼·秋官·序官》"司盟"注："盟以约辞告神,杀牲歃血,明著其信也。"

或训神明之"明",如《释名·释言语》："盟,明也,告其事于神明也。"《左氏春秋·庄公十六年》"同盟于幽"疏引《释例》曰："盟者,假神明以要不信。"《左传·隐公元年》"三月公及邾仪父盟于蔑"疏："凡盟礼,杀牲歃血,告誓神明,若有背违,欲令神加殃咎,使如此牲也。"《左传·僖公三年》"公子友如齐莅盟"疏："盟者,杀牲歃血,告誓神明。"

## 述职

《孟子·梁惠王下》："诸侯朝于天子曰述职,述职者,述所职也。"《说苑·修文篇》："述职者,述其所职也。"《尚书大传·九共》："述职者,述其所职也。"《左传·昭公五年》"小有述职"释文："述职,述其所治国之功职也。"

## 桃殳

《韩诗外传》卷十："齐桓公出游,遇一丈夫,裘衣应步,带著桃殳。桓公怪而问之曰：'是何名？何经所在？何篇所居？何以斥逐？何以避余？'丈夫曰：'是名戒桃,桃之为言亡也。'"

## 方明

《仪礼·觐礼》"诸侯觐于天子,为宫方三百步,四门,坛十有二寻,深四尺,加方明于其上,方明者,木也,方四尺,设六色,东方青,南方赤,西方白,北方黑,上玄,下黄；设六玉,上圭,下璧,南方璋,西方琥,北方璜,东方圭"注："方明者,上下四方神明之象也,上下四方之神者,所谓明神也。"疏："云'方明者,上下四方神明之象也'者,谓合木为上下四方,故名方。此则神明之象,故名明,此约解得名方明神之义也。"

## 耡粟

《周礼·地官·旅师》"旅师掌聚野之耡粟、屋粟、间粟"注："耡粟,民相助作,一井之中所出,九夫之税粟也。"

## 间粟

《周礼·地官·旅师》"旅师掌聚野之耡粟、屋粟、间粟"注："间粟,闲民无职事者,所出一夫之征粟。"

## 囚

《初学记》卷二十引《风俗通》："囚,遒也,言辞穷情得,以罪诛遒也。"

## 刑

《宝典》卷四引《元命苞》："刑者,侀也,刀守井,井饮人,人入井陷于渊,乃守之,割其情也。"宋均注："井饮人则人乐之,乐不已则隳自陷于渊,故井加刀谓之刑,欲人畏慎以全节也。"《周礼·秋官·司寇》"以佐王刑邦国"注引《孝经说》："刑者,侀也,过出罪施。"《礼记·王制》："刑者,侀也,侀者,成也,一成而不可变,故君子尽心焉。"疏："'刑者,侀也'者,此说刑之不可变改,故云'刑者,侀也',上刑是刑罚之刑,下侀是侀体之侀,训此刑罚之刑以为侀体之侀,言刑罚之刑加人侀体;又云'侀者,成也'言侀体之侀是人之成就容貌,容貌一成之后,若以刀锯凿之,断者不可续,死者不可生,故云'不可变',故君子尽心以听刑焉,则上悉其聪明致其忠爱是也。"

## 罚

《新集藏经音义随函录》卷一引《元命苞》："网言为罾,刀罾为罚也,罚之言网也,谓网陷于害也。"

## 械①

《御览》卷六百四十四引《风俗通》："械,戒也,所以警戒使为善也。"

## 桎

《御览》卷六百四十四引《风俗通》："桎,实也,言其下垂至地,然后吐情首实。"②

# 释形体第九

## 脑

《御览》卷三百七十五引《元命苞》："脑之为言在也,人精在脑。"

---

① 王念孙云："桎之言窒,械之言碍,皆拘止之名也。"(《《广雅》疏证》,217页,中华书局,2004年)

② 《说文·木部》"桎,足械也"徐锴《系传》："桎之言踬也,踬碍之也。"

## 唇

或训"垣",如《御览》卷三百六十八引《元命苞》:"唇者齿之垣,所以扶神设端,若有列星,与外有限,故曰唇亡齿寒。"

或训"缘",如《释名·释形体》:"唇,缘也,口之缘也。"

或训"端",如《说文·肉部》:"唇,口端也。"《急就篇》卷三"鼻口唇舌齗牙齿"注:"唇,口端也。"

## 舌

或训"达",如《御览》卷三百六十七引《元命苞》:"舌之为言达也,阳立于三,故舌在口中者,长三寸,象斗玉衡,阴合有四,故舌沦入溢内者,长四寸。"

或训"泄",如《释名·释形体》:"舌,泄也,舒泄所当言也。"

## 颜[1]

《御览》卷三百六十四引《元命苞》:"在天为文昌,在人为颜颡,太一之谓也。颜之言气畔也,阳立于五,故颜博五寸。"

## 关

《申鉴》卷三:"邻脐二寸谓之关,关者,所以关藏呼吸之气以禀授四体也。"

## 胂

《御览》卷三百六十九引《元命苞》:"胂之为言附着也,如龙蟠虎伏,合附着也。"

## 髀

或训"跂",如《御览》卷三百七十二引《元命苞》:"髀之为言跂也,阴二,故人两髀。"

或训"卑",如《释名·释形体》:"髀,卑也,在下称也。"

## 痟

《周礼·天官·疾医》"春时有痟首疾"注:"痟,酸削也。"疏:"云'痟,酸削也'者,人患头痛则有酸嘶而痛,酸削则酸嘶也。"

# 释长幼第十

## 耇

或训"觏""狗",如《尔雅·释诂》"耇,寿也"疏引舍人曰:"耇,觏也,血气

---

[1] 王念孙云:"颜之为言岸然高也。"(《〈广雅〉疏证》,203页,中华书局,2004年)

精华靓竭,言色赤黑如狗矣。"

或训"垢",如《说文·老部》:"耇,老人面冻黎若垢。"《释名·释长幼》:"耇,垢也,皮色骊顉,恒如有垢者也。"《尔雅·释诂》"耇,寿也"疏引孙炎曰:"耇,面如冻黎,色如浮垢,老人寿征也。"

## 鲐(台)

《诗·大雅·行苇》"黄耇台背"笺:"台之言鲐也,大老则背有鲐文。"疏引《尔雅》"鲐背耇老寿也"舍人注:"老人气衰,皮肤消瘠,背若鲐鱼也。"《释名·释长幼》:"九十曰鲐背,背有鲐文也。"《方言》卷一"秦晋之郊、陈兖之会曰耇鲐"郭璞注:"言背皮如鲐鱼。"《尔雅·释诂上》"鲐背,寿也"注:"鲐背,背皮如鲐鱼。"

## 期颐

《礼记·曲礼上》"百年曰期颐"注:"期,犹要也;颐,养也。不知衣服食味,孝子要尽养道而已。"①《释名·释长幼》:"百年曰期颐,颐,养也,老昏不复知服味善恶,孝子期于尽养道而已也。"

## 颁

《孟子·梁惠王上》"颁白者"注:"颁者,班也,头半白班班者也。"

## 丈人

或训"长于人",如《易·师卦》"丈人"《释文》引郑玄云:"能以法度长于人。"

或训"杖于人",如《淮南子·道应训》"狐邱丈人"注:"丈人,老而杖于人者。"

或训"人形一丈",如《论衡·气寿篇》:"人形一丈,正形也。名男子为丈夫,尊公妪为丈人。"

或训可信杖之人,如《意林》卷四引《风俗通》:"《易》曰:'师贞,丈人吉。'非徒尊老,亦须德行先人也。《传》云:'杖德莫如信。'言其恩德可信杖也。"

## 先生

或训"先醒",如《韩诗外传》卷六:"古之知道者曰'先生',何也?曰:犹言'先醒'也,不闻道术之人,则冥于得失,不知治乱之所由,眊眊乎其犹醉也,故世主有先生者,有后生者,有不生者。"

---

① 孙希旦云:"百年者,饮食、居处、动作无所不待于养。方氏悫曰:'人生以百年为期,故百年以期名之。'"(《礼记集解》卷一,《续修四库全书》103册,792页,上海古籍出版社,2002年)王念孙云:"期之言极也,诗言'思无期''万寿无期'、《左传》言'贪惏无厌,忿纇无期',皆是究极之义,百年为年数之极,故曰百年曰期,当此之时,事事皆待于养,故曰颐。期、颐二字不连读,《射义》云:'旄期称道不乱。'是其证。"(《〈广雅〉疏证》,11页,中华书局,2004年)

或训"先人生者",如《淮南子·人间训》"以问先生"注:"先生,凡先人生者也。"《战国策·齐策三》"三先生"注:"先生,长老先已以生者也。"

## 叟[①]

或训"老",如《说文·又部》:"叟,老也。"《国语·齐语》"合群叟"注:"叟,老也。"《独断》卷上:"叟,老称。"《史记·魏世家》"叟不远千里辱幸至弊邑"集解引刘熙曰:"叟,长老之称,依皓首之言。"《孟子·梁惠王上》"叟不远千里而来"注:"叟,长老之称,犹父也。"疏:"叟,尊老之称也。"《庄子·在宥篇》"叟何人邪"成玄英疏:"叟,长老名也。"《汉书·叙传上》"北叟颇识其倚伏"注:"叟老人称也。"

或训"缩",如《释名·释亲属》:"叟,缩也,人及物老皆缩小于旧也。"

## 尚父

《诗·大雅·大明》"维师尚父"传:"尚父,可尚可父。"


# 释亲属第十一

## 伦

《礼记·礼器》"天地之祭,宗庙之事,父子之道,君臣之义,伦也"注:"伦之言顺也。"

## 丈夫

《论衡·气寿篇》:"人形一丈,正形也。名男子为丈夫,尊公妪为丈人。"《风俗通》云:"礼云十尺曰丈,成人之长也。"《说文·夫部》:"夫,丈夫也,周制八寸为尺,十尺为丈,人长八尺,故曰丈夫。"

## 嫡

《公羊传·隐公元年》"立适以长不以贤"注:"适,谓适夫人之子,尊无与敌。"《释名·释亲属》:"嫡,敌也,与匹相敌也。"

## 蘖

《公羊传·襄公二十七年》"臣仆庶孽之事"注:"庶孽,众贱子,犹树之有孽生。"《诗·小雅·白华·序》"以孽代宗"疏:"孽者,蘖也,树木斩而复生谓之蘖。"

---

[①] 钱大昕云:"叟之言宵,谓晦昧无所知也。"(《十驾斋养新录》卷四,《续修四库全书》1151册,138页,上海古籍出版社,2002年)

# 媵

或训"送",如《尔雅·释言》:"媵,送也。"《仪礼·士昏礼》"媵布席于奥"注:"媵,送也,谓女从者也。"《后汉书·光烈阴皇后纪》"列于媵妾"注引《尔雅》"媵送也"孙炎注:"送女曰媵。"《楚辞·天问》"媵有莘之妇"注:"媵,送也。"《左传·僖公五年》"以媵秦穆姬"注:"送女曰媵。"《左氏春秋·庄公十九年》"公子结媵陈人之妇于鄄"释文:"媵,送也。"《礼记·曲礼上》"取妻不取同姓"注"妾贱,或时非媵取之"疏:"媵,送也。"《诗·召南·江有汜·序》"媵遇劳而无怨"疏:"谓之媵者,以其从嫡以送为名也。"《诗·小雅·我行其野》"求尔新特"笺"必无肯媵之"疏:"妾送嫡而行,故谓妾为媵。媵之名不专施妾,凡送女适人者,男女皆谓之媵。"《汉书·平帝纪》"其出媵妾"注:"媵之为送也。"《急就篇》卷三"妻妇聘嫁赍媵僮"颜师古注:"媵,送女也。"

"送"之外,或训"从",如《谷梁春秋·隐公七年》"叔姬归于纪"注:"媵之为言送也,从也。"

或训"承",如《释名·释亲属》:"侄娣曰媵,媵,承也,承事嫡也。"

# 嫂

《仪礼·丧服传》"是嫂亦可谓之母乎"注:"嫂者,尊严之称,嫂犹叟也,叟,老人称也。"《释名·释亲属》:"嫂,叟也,叟,老者称也。"

# 孺人

《礼记·曲礼下》"大夫曰孺人"注:"孺之言属。"疏:"大夫曰孺人者,孺,属也,与人为亲属。"《独断》卷上:"大夫曰孺人,孺之言属也。"

# 婢

《说文·女部》:"婢,女之卑者也。"《史记·晋世家》"秦使婢子侍"集解引服虔曰:"《曲礼》云'世妇以下自称婢子',婢子,妇人之卑称。"《礼记·曲礼下》"自世妇以下自称曰婢子"注:"婢之言卑也。"《左传·僖公二十二年》"寡君之使婢子侍执巾栉"注:"婢子,妇人之卑称也。"

# 释言语第十二

## 忠

《大戴礼记·曾子大孝》:"忠者,中此者也。"《新书·道术篇》:"爱利出中谓之忠。"《周礼·地官·大司徒》"六德:知、仁、圣、义、忠、和"注:"忠,言以中心。"《论语·里仁》"忠恕而已矣"皇侃、邢昺疏并云:"忠,谓尽中心也。"《论语·宪问》"忠焉,能勿诲乎"皇侃疏:"忠者,尽中心也。"《论语·学而》"为人谋而不忠乎"皇侃疏:"忠,中心也。"《论语·述而》"文行忠信"疏:"中心无隐谓之忠。"《孟子·滕文公上》"教人以善谓之忠"疏:"中心之谓忠。"《礼记·祭义》"祀之忠也"释文:"忠,谓尽中心。"《左传·桓公六年》"忠于民而信于神也"疏:"于文,中心为忠,言中心爱物也。"

## 民

或训"瞑""冥",如《春秋繁露·深察名号》:"民者,瞑也。""民之号,取之瞑也。""民之为言固犹瞑也。"《诗·大雅·灵台·序》"民始附也"笺:"民者,冥也。"疏以"民者,冥也"为《援神契》文。《礼记·缁衣》"苗民匪用命"疏引郑注《吕刑》云:"民者,冥也,言未见仁道。"《论语·泰伯》"民可使由之"郑玄注:"民者,冥也。"(伯希和二五一〇号写本)《尚书·君陈》"尔无忿疾于顽"疏:"民者,冥也。"《周礼·地官·党正》"凡其党之祭祀"注"其党之民"疏:"民者,冥也。"《周礼·地官·遂人》"以下剂致甿"注"变民言甿,异外内也"疏:"民者,冥也;甿者,懵懵。皆是无知之貌也。"《史通》卷十:"民者,冥也,冥然罔知。"

或训"萌",如《新书·大政下篇》:"民为言萌也,萌之为言也,盲也,故惟上之所扶而以之,民无不化也,故曰民萌,民萌哉,直言其意而为之名也。"《说文·民部》:"民,众萌也。"

## 甿

《周礼·地官·遂人》"以下剂致甿"注:"变民言甿,异外内也,甿犹懵懵无知貌也。"

## 德

《管子·心术篇》:"德者,得也,得也者,其谓所得以然也。"《尸子》卷上:"德者,天地万物得也。"《庄子·天地篇》:"物得以生谓之德。"《新书·道德说篇》:"物所道始谓之道,所得以生谓之德。"《释名·释言语》:"德,得也,得事宜也。"《老子》"是以万物莫不遵道而贵德"王弼注:"德者,物之所得也。"《论语·为政》"导之以德"皇侃义疏引郭象云:"德者,得其性者也。"《论语·为政》"为政以德"疏:"德者,得也,物得以生谓之德。"《论语·述而》"据于德"疏:"德者,得也,物得其所谓之德。"

## 能

或训"耐",如《书钞》卷五十引《元命苞》:"能之为言耐也,天官器人,各以其材,因而任之。"

或训"该",如《释名·释言语》:"能,该也,无物不兼该也。"

## 恕

玄应《希麟音义》卷二引《仓颉篇》:"恕,如也。"《左传·昭公六年》"故诲之以忠"疏:"如心为恕,谓如其己心也。"《周礼·地官·大司徒》"六德:知、仁、圣、义、忠、和"疏:"如心曰恕,如下从心。"

## 媒

《说文·女部》:"媒,谋也,谋合二姓者也。"《周礼·地官·媒氏》"媒氏"注:"媒之言谋也,谋合异类使和成者。"《诗·召南·行露》"家室不足"笺"谓媒妁之言不和"释文:"媒,谋也。"《玄应音义》卷二十二"媒媾"注:"媒,谋也,谋合异姓使相成也。"

## 儒

或训"无",如《韩诗外传》卷五:"儒者,儒也。儒之为言无也,不易之术也,千举万变,其道不穷,六经是也。"

或训"柔",如《说文·人部》:"儒,柔也,术士之称。"《汉书·司马相如传》"相如以为列仙之儒居山泽间"注:"儒,柔也,术士之称也。"《尔雅·序》"英儒赡闻之士"疏:"儒者,柔也,能以德柔服人也。""柔"之外又训"濡",如《礼记·儒行》"儒行"疏引郑目录云:"儒之言优也,柔也,能安人,能服人。又儒者,濡也,以先王之道能濡其身。"①《论语·雍也》:"女为君子儒无为小人儒"皇侃疏:"儒者,濡也,夫习学事久则濡润身中,故谓久习者为儒也。"

或训"区",如《后汉书·杜林传》"时称通儒"注引《风俗通》:"儒者,区也,言其区别古今,居则玩圣哲之词,动则行典籍之道,稽先王之制,立当时之事,此通儒也,若能纳而不能出,能言而不能行,讲诵而已,无能往来,此俗儒也。"

## 贤

《御览》卷四百二引《风俗通》:"贤者,坚也,坚中廉外。"

## 盗

《诗·小雅·巧言》"君子信盗"传:"盗,逃也。"疏引《风俗通》:"盗,逃也。"

## 名

或训"命",如《春秋繁露·深察名号》:"名之为言鸣与命也。"《史记·晋世家》:"名,自命也。"《说文·口部》:"名,自命也。"《管子·七法篇》"义也,

---

① 释文引作"儒之言优也,和也,言能安人能服人也"。

名也,时也"尹知章注:"名者,所以命事也。"

或训"鸣",如《春秋繁露·深察名号》:"名之为言鸣与命也。"《庄子·天运篇》"名,公器也"成玄英疏:"名,鸣也。"

或训"真",如《春秋繁露·深察名号》:"名者,圣人之所以真物也,名之为言真也。"

或训"明",如《释名·释言语》:"名,明也,名实使分明也。"

宗

《周礼·春官·大宗伯》"夏见曰宗"注:"宗,尊也,欲其尊王。"

觐

《周礼·春官·大宗伯》"秋见曰觐"注:"觐之言勤也,欲其勤王之事。"

遇

《周礼·春官·大宗伯》"冬见曰遇"注:"遇,偶也,欲其若不期而偶至。"

酬

或训"周",如《仪礼·乡饮酒礼》"主人实觯酬宾"注:"酬,劝酒也,酬之言周,忠信为周。"

或训"厚",如《仪礼·士冠礼》"主人酬宾,束帛俪皮"注:"饮宾客而从之以财货曰酬,所以申畅厚意也。"

福

或训"备",如《礼记·祭统》:"福者,备也。备者,百顺之名也,无所不顺者之谓备,言内尽于己而外顺于道也。"《礼记·郊特牲》"富也者,福也"注:"福也者,备也。"《礼记·礼运》"是谓承天之祜"注:"祜,福也,福之言备也。"《诗·大雅·既醉》"介尔景福"疏:"福者,备也,备者,大顺之总名。"

或训"富",如《释名·释言语》:"福,富也,其中多品,如富者也。"

富

或训"福",如《礼记·郊特牲》:"富也者,福也。"《诗·大雅·瞻卬》"何神不富"传:"富,福。"《诗·大雅·召旻》"维昔之富"笺:"富,福也。"

或训"备",如《尚书·洪范》"二曰富"传:"富,财丰备。"《说文·宀部》:"富,备也。"《礼记·曲礼下》"不饶富"、《礼记·表记》"子曰后稷之祀易富也"注并云:"富之言备也。"

媛

《说文·女部》:"美女也,人所欲援也。"《诗·鄘风·君子偕老》"邦之媛也"笺:"媛者,邦人所依倚,以为援助也。"《尔雅·释训》"美女为媛"注:"所以结好媛"疏引孙炎曰:"君子之援助。"《玄应音义》卷十三"姻媛"注:"媛,谓

341

依倚援助也。"

## 功

或训"成",如《尔雅·释诂》:"功,成也。"《周礼·夏官·稿人》"乃入功于司弓矢"注:"功,成。"《尚书大传·洪范五行传》"维鲜之功"郑玄注:"功,成也。"

或训"攻""成",如《释名·释言语》:"功,攻也,攻治之乃成也。"

## 泉

《周礼·天官·外府》"外府掌邦布之入出"注:"布,泉也……其藏曰泉,其行曰布,取名于水泉,其流行无不遍。"《史记·平准书》:"龟贝金钱刀布之币兴焉。"索隐:"钱本名泉,言货之流如泉也。"

## 谀

《汉学堂丛书·易纬通卦验》:"谀臣进,忠臣退。"郑玄注:"谀之言裕也。"


## 释草木第十三

### 棘

《御览》卷六百三十九引《元命苞》:"树棘槐,听讼于其下,棘赤心有刺,言治人者,原其心不失赤实事,所以刺人其情,令各归实。"[①]《周礼·秋官·朝士》"左九棘,孤卿大夫位焉"注:"树棘以为位者,取其赤心而外刺,象以赤心三刺也。"

### 槐

或训"归",如《御览》卷六百三十九引《元命苞》:"树棘槐,听讼于其下,棘赤心有刺,言治人者,原其心不失赤实事,所以刺人其情,令各归实,槐之言归也,情见归实也。"

或训"怀",如《周礼·秋官·朝士》:"面三槐,三公位焉。"注:"槐之言怀也,怀来人于此,欲与之谋。"《淮南子·时则训》:"九月官侯,其树槐。"注:"槐,怀也,可以怀来远人也。"

### 麻

《御览》卷九百九十五引《说题辞》:"麻之为言微也,阴精寝密,女作纤微也。"

---

① "原其心不失赤实事,所以刺人其情"当有讹文,四库本作"原其心不失其实,所以刺人情"。

## 蜚廉

《稽瑞》引《潜潭巴》:"王者清廉,则蜚廉草生。"注:"言瑞应之物,应行而生。"

## 稼

或训"家",如《说文·禾部》:"稼,家事也。"

或训"嫁",如《周礼·地官·稻人》"稻人掌稼下地"注:"谓之稼者,有似嫁女相生。"《周礼·地官·序官》"司稼"注:"种谷曰稼,如嫁女以有所生。"《论语·子路》:"樊迟请学稼。"皇侃义疏:"稼犹嫁也,言种谷欲其滋长田苗,如人嫁娶生于子孙也。"

## 穑

《论语·子路》:"樊迟请学稼。"皇侃义疏:"穑,吝啬也,言谷熟而敛藏之,如悭贪吝啬之人。"按:皇说源自王弼,《老子》五十九章"治人事天莫若啬,夫唯啬,是谓早服,早服谓之重积德"王弼注:"啬,农夫。农夫之治田,务去其殊类,归于齐一也。全其自然,不急其荒病,除其所以荒病。"是王弼以"啬"为"穑"。

## 稻

《御览》卷八百三十九引《说题辞》曰:"稻之为言藉也,稻冬舍水,盛其德也,故稻太阴精,含水渐洳乃能化也,江旁多稻固其宜也。"

## 麦

《御览》卷八百三十八引《说题辞》:"麦之为言殖也,寝生触冻而不息,精射刺直,故麦含芒生且立也。"

## 粟

《说文·卤部》引孔子曰:"粟之为言续也。"《御览》卷八百四十引《说题辞》:"粟助阳扶阴,粟之为言续也,粟五变,一变而以阳生为苗,二变而秀为禾,三变而粲然谓之粟,四变入臼米出甲,五变而蒸饭可食。阳以一立为法,故粟积一大①分穗长一尺,文以七烈,精以五立,故其字西米为粟,西者,金所立,米者,阳精,故西字合米而为粟。"

## 菽

《御览》卷八百三十八引《说题辞》:"菽者,属也,春生秋熟,理通体属也。"

## 黍

或训"绪",如《宝典》卷五引《说题辞》:"黍者,绪也,若仲夏物并长,故纵酒,人众聚厥象也。"宋均注:"'绪'当作'序',言使人尊卑有次序,黍稷散布而相牵连,此又众集会,有次序列居之象也。"《御览》卷八百四十二引《说题

---

① "一大"本作"大一"。

辞》:"黍者,绪也,故其立字'禾'入'米'为'黍',为酒以扶老。"

或训"暑",如《齐民要术》卷二引《泛胜之书》:"黍者,暑也,种者必待暑。"《说文·黍部》:"以大暑而种故谓之黍。"

## 释禽虫第十四

**龙**

《御览》卷十九引《元命苞》:"其精青龙,龙之言萌也,阴中之阳也。"

**麟**

《汉学堂丛书·元命苞》"麟龙斗,则日月薄蚀"注:"麟之为言凌也,阳中之阴也。"

**鹜**

《说苑·修文篇》:"庶人以鹜为贽,鹜者,鹜鹜也,鹜鹜无他心,故庶人以鹜为贽者,所以质也。"

**鸡**

《御览》卷九百十八引《说题辞》:"鸡为积阳,南方之象,火阳,精物炎上,故阳出,鸡鸣以类感也。鸡之为言佳也,佳①而起,为人期,莫宝也。"

**狗**

《说文·犬部》引孔子曰:"狗,叩也。叩气吠以守。"②

**牛**

《史记·律书》:"牛者,冒也,言地虽冻,能冒而生也。牛者,耕植种万物也。"

**羊**

或训"详",如《初学记》卷二十九引《说题辞》:"羊者,详也,详以改也,合三为生,以养士也,故羊高三尺。"

或训"祥",如《春秋繁露·执贽篇》:"羔有角而不任,设备而不用,类好仁者;执之不鸣,杀之不谛③,类死义者;羔食于其母,必跪而受之,类知礼者。故羊之为言犹祥与!"《御览》卷九百二引《说题辞》:"羊者,祥也,合三而生,以养王也,故羊高三尺。"《说文·羊部》:"羊,祥也。"

---

① 《御览》原文如此,盖有误。
② 段玉裁云"'吠以'当作'以吠'。"(《说文·犬部·狗》注)
③ "谛"通"啼"。

## 兔

或训"僖呼",如《五行大义》卷四引《元命苞》:"月中有蟾蜍与兔……兔善走,象阳动也。兔之言僖呼,僖呼,温暖名也。"

或训"吐",如《汉学堂丛书·说题辞》:"兔之为言吐也,不能以类从也。"宋均注:"兔不生,以口吐之。"

## 雉

《类聚》卷九十九引《感精符》"鲁昭公时,雉衔环入"注:"雉之为言弟也,喻昭公弟为季氏,入之为君也。"《天地瑞祥志》卷十八引《援神契》"鲁昭公时,雉衔环入"注:"雉之为言弟也,喻昭公弟为季氏,入之为君之也。"

## 戴纴

《御览》卷九百二十三引《说题辞》:"戴纴之为言戴胜。"

《宝典》卷四引《说题辞》"孟夏戴纴出"宋均注:"任而戴之,明当趣时急也。"

《宝典》卷四引《考异邮》"孟夏戴纴降"宋均注:"戴胜也,孟夏则织纴止以趣蚕,故各因时要物,惟以明所为,戴之而已,言不施也。"

## 雁

《御览》卷九百十七引《说题辞》:"雁之言雁,雁起圣以招期,知晚蚤,故雁南北以阳动也。"此训释词"雁"通"晏"。

## 鹖

或训"晏",如《左传·昭公十七年》"以九扈为九农正"疏引贾逵云:"老扈,鹖鹖,趣民收麦不得晏起者也。"疏引贾逵、服虔云:"鹖鹖,亦声音为名也。"《御览》卷九百二十一引《尔雅》犍为舍人注:"主趣民收麦,不得晏起也。"

或训"鹖",如《御览》卷九百二十一引《考异邮》"水灭火故虿蛰鹖"宋均注:"鹖,柔良之鸟,鹖于水也。"

## 贷

《汉学堂丛书·推度灾》:"贷者,代之,小臣为乱,政变其法,故立字同于代。"

## 趣织

《御览》卷九百四十九引《考异邮》"立秋趣织鸣"宋均注:"趣织,蟋蟀也,立秋女功急,故趣之也。"《御览》卷九百四十九引《说题辞》:"趣织为言趣织也,织兴事遽,故趣织鸣,女作兼。"
## 蠡①
《类聚》卷一百引《春秋佐助期》:"蠡之为虫,赤头甲身,而翼飞行,阴中阳也,蠡之为言众,暴众也。"《公羊传·文公三年》"雨蠡者何"注:"蠡,犹众也。"
## 虫
《御览》卷九百四十九引《考异邮》:"虫之为言屈中也。"《说文·叙》:"虫者,屈中也。"

## 释饮食第十五

## 膳
《周礼·天官·序官》"膳夫"、《仪礼·燕礼》"主人酌膳"注并云:"膳之言善也。"《礼记·少仪》"为己祭而致膳于君子曰膳"疏:"膳,善也。"《礼记·王制》"七十贰膳"疏:"膳,善食也。"《汉书·宣帝纪》"损膳省宰"注:"膳,具食也,食之善者也。"《汉书·杜钦传》"亲二宫之饔膳"注:"具食曰膳,膳之言善也。"

## 疏食
《仪礼·丧服》"疏食水饮"注:"疏犹麤也。"《礼记·玉藻》"客飧,主人辞以疏"注:"疏之言麤也。"《论语·述而》"饭疏食,饮水"郑玄注:"疏之言粗。"(敦煌残卷《论语》伯希和二五一零号写本)

## 腊
或训"夕",如《周礼·天官·序官》"腊人"注:"腊之言夕也。"②
或训"昔",如《释名·释饮食》:"腊,干昔也。"

## 脯
或训"薄",如《周礼·天官·腊人》"凡田兽之脯腊膴胖之事"注:"薄析曰脯。"《周礼·秋官·掌客》"三问皆修"注"修,脯也"疏:"脯,干肉薄者。"
或训"搏",如《释名·释饮食》:"脯,搏也,干燥相搏著也。"③《礼记·曲礼下》"妇人之挚,椇榛脯修枣栗"疏:"脯,搏肉无骨而曝之。"

---

① 《广雅·释虫》"蟗蟒,螽也"王念孙云:"蠡之言众多也,丑类众多,斯谓之蠡矣。"(《〈广雅〉疏证》,362页,中华书局,2004年)
② 疏:"干曰腊,朝曝于夕乃干,故云腊之言夕。"(腊,音昔)
③ 毕沅疏证:"搏义当为傅。"

## 殷修

或训"殷"为"断",如《公羊传·庄公二十四年》"枣栗云乎!殷修云乎"注:"殷修者,脯也,礼,妇人见舅姑以枣栗为贽,见女姑以殷修为贽,见夫人至尊兼而用之。……殷修取其断断自修正,执此者若其辞云尔,所以叙情配志也。"《谷梁传·庄公二十四年》"妇人之贽,枣栗殷修"注:"殷修取断断自修饬。"

或训"殷"为"锻",如《仪礼·有司》:"取糗与殷修"注:"殷修,捣肉之脯。"释文:"加姜桂以脯而锻之曰殷修。"

## 酒

或训"乳",如《书钞》卷一百四十八引《说题辞》:"酒之言乳也,所以策身扶老。"《诗经类考》卷十一引《春秋纬》:"酒者,乳也,王者法酒旗以有政,施天乳以哺人。"《初学记》卷九引《元命苞》:"文王四乳,是谓含良,盖法酒旗,布恩舒明。"宋均注:"酒者,乳也,能乳天下,布恩之谓也。"

或训"就",如《说文·酉部》:"酒,就也,所以就人性之善恶。一曰造也,吉凶所造也。"

或训"酉",如《释名·释饮食》:"酒,酉也,酿之米曲酉泽,久而味美也。亦言踧也,能否皆强相踧持饮之也。又入口咽之皆踧其面也。"

## 事酒

《周礼·天官·酒正》"辨三酒之物:一曰事酒,二曰昔酒,三曰清酒。"郑玄注引郑司农云:"事酒,有事而饮也。"郑玄注:"事酒酌有事者之酒,其酒则今之醳酒也。"

## 酎

《礼记·月令》"天子饮酎"注:"酎之言醇也,谓重酿之酒也。"《楚辞·大招》"四酎并孰"注:"醇酒为酎。"《楚辞·招魂》"酎清凉些"注:"酎,醇酒也。"汉书·景帝纪》"高庙酎"注引张晏曰:"正月旦作酒,八月成,名曰酎,酎之言纯也。"("纯""醇"通)

## 泛齐

《周礼·天官·酒正》"五齐之名一曰泛齐。"注:"泛者,成而滓浮泛泛然,如今宜成醪矣。"疏:"言泛者,谓此齐孰时,滓浮在上泛泛然。"《释名·释饮食》:"泛齐,浮蚁在上,泛泛然也。"

## 醴齐

《周礼·天官·酒正》"五齐之名……二曰醴齐"注:"醴犹体也,成而汁滓相将,如今恬酒矣。"疏:"醴,体也,此齐熟时,上下一体,汁滓相将,故名醴齐。"《释名·释饮食》:"醴齐,醴,礼也,酿之一宿而成礼,有酒味而已也。"①

## 盎齐

《周礼·天官·酒正》"五齐之名,……三曰盎齐"注:"盎犹翁也,成而翁翁然,葱白色,如今酂白矣。"《释名·释饮食》:"盎齐,盎,滃也,滃滃然浊色也。"

## 沈齐

《周礼·天官·酒正》"五齐之名,……五曰沈齐"注:"沈者,成而滓沈,如今造清矣。"《释名·释饮食》:"沈齐,浊滓沈下,汁清在上也。"

## 酳

"酳"有二义,或为漱义,或为食卒复饮之义。

或训"演""安",如《仪礼·士昏礼》"赞洗爵,酌酳主人"注:"酳,漱也,酳之言演也,安也,漱所以絜口,且演安其所食。"《礼记·昏义》"合卺而酳"疏:"酳,演也,谓食毕饮酒演安其气。"《礼记·曲礼上》"客不虚口"注"虚口谓酳也"疏:"用酒曰酳,酳训演,言食毕以酒演养其气。"

或训"衍",如《仪礼·特牲馈食礼》"主人洗角升,酌酳尸"注:"酳犹衍也,是献尸也,云酳者,尸既卒食又欲颐衍养乐之。"

或训"羡",如《仪礼·少牢馈食礼》"北面酌酒,乃酳尸"注:"酳犹羡也,既食之而又饮之,所以乐之。"②

## 鬯

《说苑·修文篇》:"天子以鬯为贽,鬯者,百草之本也,上畅于天,下畅于地,无所不畅,故天子以鬯为贽。"《周礼·春官·序官》"鬯人"注:"鬯,酿秬为酒,芬香条畅于上下也。"《礼记·曲礼下》"凡挚天子鬯"疏:"鬯者,酿黑黍为酒,其气芬芳调畅,故因谓为鬯也。"或训"鬯"(通"畅"),如《易·震卦》"不丧匕鬯"郑玄注:"鬯秬酒,芬芳修鬯,因名焉。"(王应麟《易郑注》)③疏:"鬯者,郑玄之义,则为秬黍之酒,其气调畅,故谓之鬯。"《诗·大雅·江汉》"秬鬯一卣"笺:"谓之鬯者,芬香条鬯也。"疏引孙毓云:"鬯是酒名,以黑黍和一秬二米作之,芬香条鬯,故名曰鬯。"《礼记·郊特牲》"郁合鬯"疏:"鬯谓鬯酒,煮郁金草和之,其气芬芳调鬯也。"

## 酸

或训"端",如《宝典》卷一引《元命苞》:"酸之为言端也,气始生,阳分专

---

① 毕沅疏证:"'礼'皆当为'体',字之误也。"
② 《礼记·昏义》"合卺而酳"疏:"合卺而酳者,酳,演也,谓食毕饮酒演安其气。"
③ "修"当作"条"。

心自端。"①

或训"钻",如《吕氏春秋·孟春季》"其味酸"注:"木味酸,酸者,钻也,万物应阳钻地而出。"《淮南子·时则训》"其味酸"注:"酸之言钻也,万物钻地而生。"

# 苦

或训勤苦之"苦",如《五行大义》卷三引《元命苞》:"苦者,勤苦乃能养也。"

或训"吐",如《释名·释言语》:"苦,吐也,人所吐也。"

# 甘

或训"安",如《五行大义》卷三引《元命苞》:"甘者,食常言安其味也,甘味为五味之主,犹土之和成于四行也。"

或训"含",如《释名·释言语》:"甘,含也,人所含也。"

# 辛

或训辛辣之"辛",《五行大义》卷三引《元命苞》:"阴害故辛,杀义故辛刺,阴气使其然也。"《宝典》卷七引《元命苞》:"其味辛,辛者,阴蜇人,持度自辛,以固精。"

或训"腥",如《五行大义》卷三引许慎云:"未熟之气腥也,西方金之气象此。"

# 犒

《左传·僖公二十六年》"公使展喜犒师"疏引服虔云:"以师枯槁,故馈之饮食。"《淮南子·泛论训》"犒以十二牛"注:"牛羊曰犒劳,共其枯槁也。"《左传·成公二年》"以犒从者"疏:"士卒之劳于外,师众枯槁,以酒食劳之,谓之犒师。"

# 爵

《诗·周南·卷耳》"我姑酌彼兕觥"疏引《韩诗说》:"一升曰爵,爵,尽也,足也。"②

# 觚

《诗·周南·卷耳》"我姑酌彼兕觥"疏引《韩诗说》:"二升曰觚,觚,寡也,饮当寡少。"

# 象觚

《仪礼·燕礼》"象觚"注:"象觚,觚有象骨饰也。"《仪礼·大射仪》"象觚"注:"象觚,觚有象骨饰也。"

---

① "言"字无,据文义补。《五行大义》卷三引作:"酸之言端也,气始生,专心自端也。"
② 《九经字样·杂辨部》:"爵,礼器也,取其鸣节足,所以戒荒淫之饮也。"

### 觯

《诗·周南·卷耳》"我姑酌彼兕觥"疏引《韩诗说》:"三升曰觯,觯,适也,饮当自适也。"

### 角

《诗·周南·卷耳》"我姑酌彼兕觥"疏引《韩诗说》:"四升曰角,角,触也,不能自适,触罪过也。"

### 散

《诗·周南·卷耳》"我姑酌彼兕觥"疏引《韩诗说》:"五升曰散,散,讪也,饮不自节为人谤讪。"

### 爵

《诗·周南·卷耳》"我姑酌彼兕觥"疏引《韩诗说》:"总名曰爵,其实曰爵,爵者,饷也。……非所以饷不得名爵。"

### 觥

《诗·周南·卷耳》"我姑酌彼兕觥"疏引《韩诗说》:"觥亦五升,所以罚不敬,觥,廓也,所以著明之貌,君子有过,廓然著明。"

### 斝

或训"稼",如《礼记·明堂位》"殷以斝"注:"斝,画禾稼也。"疏:"殷亦爵形而画为禾稼,故名斝,斝,嫁也。"①

或训"嫁",如《周礼·夏官·量人》"与郁人受斝"注引郑司农云:"斝,读如嫁娶之嫁。"

或训"嘏",如《周礼·夏官·量人》"与郁人受斝"注郑玄以为:"斝读如嘏尸之嘏。"②

### 鸡彝

《周礼·春官·司尊彝》"春祠、夏禴祼用鸡彝、鸟彝"注:"鸡彝、鸟彝,谓刻而画之,为鸡、凤凰之形。"③

### 斝彝

《周礼·春官·司尊彝》"秋尝冬烝,祼用斝彝、黄彝"注引郑司农云:"斝读为稼,稼彝,画禾稼也。"

### 黄彝

《周礼·春官·司尊彝》"秋尝冬烝,祼用斝彝、黄彝"注引郑司农云:"黄

---

① "嫁"盖"稼"之误。
② 疏:"先郑云'斝读如嫁娶之嫁',直取音同。……周献用玉爵,无用斝,故后郑云'斝读如嘏尸之嘏',读从《少牢》'尸嘏主人'。《郊特牲》云'嘏者,长也,大也',谓使主人受长大之福。"
③ 当是画鸡、鸟之形,详聂崇义《新定三礼图》卷十四。

彝,黄目尊也。"郑玄云:"黄目,以黄金为目。"疏:"以黄金镂其外以为目,因取名也。"①

## 献尊②

《周礼·春官·司尊彝》"其朝践用两献尊"注引郑司农云:"'献'读为'牺'。"按:即牺牛形之尊,《左传·定公十年》"牺、象不出门"疏:"王肃以为牺尊、象尊为牛、象之形,背上负尊。魏太和中,青州掘得齐大夫子尾送女器为牛形,而背上负尊,古器或当然也。"《南史·刘杳传》载杳与沈约论宗庙牺尊事,"约云:'郑玄答张逸谓为'画凤皇尾婆娑然',今无复此器,则不依古。杳曰:'此言未必可安,古者樽彝皆刻木为鸟兽,凿顶及背,以出内酒。魏时,鲁郡地中得齐大夫子尾送女器,有牺樽,作牺牛形;晋永嘉中,贼曹嶷于青州发齐景公冢,又得二樽,形亦为牛、象,二处皆古之遗器,知非虚也。'约大以为然。"

## 象尊

或以"象"为象似,或以为象骨,如《周礼·春官·司尊彝》"再献用两象尊"注:"象尊以象凤皇,或曰,以象骨饰。"

或以"象"为画象之形状,如《左传·定公十年》"牺、象不出门"注"牺象,酒器,牺尊、象尊也"疏引阮谌《三礼图》:"牺尊,画牛以饰;象尊,画象以饰。当尊腹上画牛象之形。"

或以"象"为尊为象之形,如《左传·定公十年》疏:"王肃以为牺尊、象尊为牛、象之形,背上负尊。魏太和中,青州掘得齐大夫子尾送女器为牛形,而背上负尊,古器或当然也。"

或以象尊为象形之尊,如《左传·定公十年》"牺、象不出门"疏:"王肃以为牺尊、象尊为牛、象之形,背上负尊。"《南史·刘杳传》载刘杳云:"古者樽彝皆刻木为鸟兽,凿顶及背,以出内酒。……晋永嘉中,贼曹嶷于青州发齐景公冢,又得二樽,形亦为牛、象,二处皆古之遗器,知非虚也。"

---

① 按:此"目"为龟目,尊上刻画龟目也,《山堂考索前集》卷四十五引陆佃云:"旧图黄目尊画人目而黄之,人目不黄,作而黄之,理无有也。许慎说'曅'云'龟目酒尊',龟目黄,亦其气之清明,未有知之者也。然则黄目,宜画龟目如慎说,且龟亦因以为戒。"

② 黄以周云:(阮、王)"二说皆以羲、象为物,而一为象形、一为画文则不同也。考古'牺'本作'羲',《说文》'牺'训宗庙之牲,亦为牲之总名。不必定为牛。古人禽亦称牺,不特牛、羊、豕。《昭廿二年》雄鸡'自惮其牺',服注《昭廿五年传》'三牺雁、鹜、雉也',阮谌见'羲'字有从'牛',遂谓饰以牛。王肃更以为象形,于是伪器日出,而齐之子尾送女有牛形之器,亦未必定为羲尊。且羲尊以木为之,不以金,《庄子》《淮南子》之文可据,至太和时得于地中,已七百余年,尚不朽坏可辨识乎!"(《礼书通故》卷四十七《名物通故》三,《续修四库全书》112册,387—388页,上海古籍出版社,2002年)

## 壶尊

《周礼·春官·司尊彝》"其馈献用两壶尊"注引郑司农云:"壶者,以壶为尊。"

## 著尊

或训"著"为"著略",如《周礼·春官·司尊彝》"其朝献用两著尊"注引郑司农云:"著尊者,著略尊也。"①

或训"著"为著地之"著",如《周礼·春官·司尊彝》"其朝献用两著尊"注引郑司农引或曰:"著尊,著地,无足。"《礼记·明堂位》"著,殷尊也"注:"著,著地无足。"疏:"'著,殷尊也'者,无足而底著地,故谓为著也。"

## 大尊

《周礼·春官·司尊彝》"其朝践用两大尊"注引郑司农云:"大尊,太古之瓦尊。"

## 山尊

《周礼·春官·司尊彝》"其再献用两山尊"注引郑司农云:"山尊,山罍也。"郑玄注:"山罍,亦刻而画之,为山云之形。"

## 椷②

《礼记·礼器》"大夫士椷禁"注:"椷,斯禁也,谓之椷者,无足,有似于椷,或因名云耳。"《礼记·玉藻》"大夫侧尊用椷"注:"椷,斯禁也,无足,有似于椷,是以言椷。"

## 禁

《仪礼·士冠礼》"尊于房户之间,两甒,有禁"注:"禁,承尊之器也,名之为禁者,因为酒戒也。"疏:"'名之为禁者,因为酒戒也'者,……酒是所饮之物,恐醉因而禁之,故云'因为酒戒'。"

## 泽器

《周礼·冬官·幎氏》"实诸泽器"注引郑司农云:"泽器,谓滑泽之器。"

## 陪鼎

《左传·昭公五年》"宴有好货,飨有陪鼎"疏引服虔云:"陪牛羊豕鼎,故云陪鼎。"杜预注:"陪,加也,加鼎所以厚殷勤。"

---

① 孙诒让云:"著略,盖汉时常语,郑《诗大小雅谱》云'此其著略大校,见在书籍',孔疏以'著明质略'为释,以相参证,疑'著略'亦文饰简略之义。"(《周礼正义》卷三十八,《续修四库全书》83册,283页,上海古籍出版社,2002年)高亨疑"著"为"猪"之借,且《西清古鉴》卷九有猪樽。(见《文史述林·古铜器杂说·说着尊》,533—534页,中华书局,1980年)

② 此椷为酒具,以无足得名于几属之"椷",《仪礼·特牲馈食礼》"椷在其南"注:"椷之制,如今大木輂矣,上有四周,下无足。"椷状如车舆,故得名。

## 释衣服第十六

**袡**

《仪礼·士昏礼》"纯衣纁袡"注："袡亦缘也,袡之言任也,以纁缘其衣,象阴气上任也。"

**衮**

《诗·小雅·采菽》"玄衮及黼"传："衮,卷龙也。"笺："玄衮,玄衣而画以卷龙也。"《诗·豳风·九罭》"衮衣绣裳"传："衮衣,卷龙也。"《周礼·春官·司服》"享先王则衮冕"注引郑司农云："衮,卷龙衣也。"《说文·衣部》："衮,天子享先王,卷龙绣于下幅,一龙蟠阿上乡。"《释名·释首饰》："衮,卷也,画卷龙于衣也。"《文选·册魏公九锡文》"是用锡君衮冕之服"李善注引韦昭《汉书》注："衮,卷龙衣,玄上纁下。"

**裧**

《仪礼·士昏礼》"主人爵弁纁裳缁裧。"注："裧谓缘,裧之言施,以缁缘裳象阳气下施。"

**绶**

《礼记·玉藻》"天子佩白玉而玄组绶"注："绶者,所以贯佩玉相承受者也。"《初学记》卷二十六引《汉官仪》："绶者,有所承受也,所以别尊卑、彰有德也。"《御览》卷六百八十二引董巴《舆服志》："战国解去绂佩,留其丝襚以为章表,秦乃以采组结连于襚,光明章表,转相结绶,故谓之绶。"① 《急就篇》卷二"纶组縌绶以高迁"颜师古注："绶者,受也,所以承受环印也。"

**绅**②

《礼记·内则》"端韠绅"注："绅,大带,所以自绅约也。"《礼记·玉藻》"绅长制,士三尺"疏："绅谓带之垂者,绅,重也,谓重屈而舒申。"

**裨**③

或训"坤",如《仪礼·觐礼》"侯氏裨冕"注："裨冕者,衣裨衣而冠冕也,裨之为言埤也,天子六服,大裘为上,其余为裨。"疏："云'裨之为言埤'者,读从《诗》'政事一埤益我',取裨陪之义。"

或训"卑",如《荀子·富国篇》"大夫裨冕"注："天子六服,大裘为上,其余为

---

① "转相结绶"《后汉书·舆服志》作"转相结受",谊较长。
② 王念孙云："绅之言申也。"(《〈广雅〉疏证》,87页,中华书局,2004年)
③ 《〈说文〉通训定声》:"犹禾之秭,黍之䄧也。"

裨,裨之言卑也,以事尊卑服之,诸侯已下亦服焉。"《荀子·礼论篇》"卑絻、黼黻、文织"注:"裨之言卑也,天子六服,大裘为上,其余为卑,诸侯已下皆服焉。"

## 袆衣

《周礼·天官·内司服》:"王后之六服:袆衣、揄狄、阙狄、鞠衣、展衣、缘衣、素沙。"郑玄注:"狄当为翟,翟,雉名,伊雒而南,素质、五色皆备成章曰翚。……袆衣,画翚者。"《释名·释衣服》:"王后之上服曰袆衣,画翚雉之文于衣也。伊洛而南,雉青质五色备曰翚。"

## 揄狄(摇翟)

《周礼·天官·内司服》"王后之六服:袆衣、揄狄、阙狄、鞠衣、展衣、缘衣、素沙"郑玄注:"江淮而南,青质、五色皆备成章曰摇。王后之服,刻缯为之,形而采画之,缀于衣以为文章。……揄翟,画摇者。"《释名·释衣服》:"摇翟,画摇雉之文于衣也。江淮而南,青雉素五色皆备成章曰摇。"

## 阙狄(翟)

《周礼·天官·内司服》"王后之六服:袆衣、揄狄、阙狄、鞠衣、展衣、缘衣、素沙"郑玄注:"王后之服,刻缯为之,形而采画之,缀于衣以为文章。……阙翟,刻而不画。此三者皆祭服。"《释名·释衣服》:"阙翟,翦阙缯为翟雉形似缀衣也。"

## 鞠衣

或训为"色如鞠尘",《周礼·天官·内司服》郑玄注:"鞠衣,黄桑服也,色如鞠尘,象桑叶始生。"

或训为菊花色,《吕氏春秋·季春纪》"天子乃荐鞠衣于先帝"高诱注:"黄衣如菊花,故谓之菊花。"《释名·释衣服》:"鞠衣,黄如菊花色也。"

## 展(襢)衣

或训"亶",《周礼·天官·内司服》郑玄注:"襢之言亶,亶,诚也。"

或训"坦",《释名·释衣服》:"襢衣,襢,坦也,坦然正白无文采也。"盖源自《周礼·天官·内司服》注引郑司农曰:"展衣,白衣也。"①

## 缘(褖)衣

《周礼·天官·内司服》"王后之六服:袆衣、揄狄、阙狄、鞠衣、展衣、缘衣、素沙"郑玄注:"缘衣者,实作褖衣也,褖衣,御于王之服,亦以燕居,男子

---

① 马瑞辰云:"古字从单、旦、亶声者,多有白义,襢之色白,取义正同。"《毛〈诗〉传笺通释》卷五,《续修四库全书》68册,413页,上海古籍出版社,2002年)

之褖衣黑,则是亦黑也。"《释名·释衣服》:"褖衣,褖然黑色也。"
## 素沙
　　《周礼·天官·内司服》:"王后之六服:祎衣、揄狄、阙狄、鞠衣、展衣、缘衣、素沙。"郑玄注:"素沙者,今之白缚也,六服皆袍制,以白缚为里,使之张显,今世有沙縠者名出于此。"
## 瑞
　　《尚书大传·尧典》:"瑞也者,属也。无过行者得复其圭,以归其国。有过行者留其圭,能改过者复其圭。三年圭不复,少黜以爵;六年圭不复,少黜以地;九年圭不复而地毕。此所谓诸侯之朝于天子也。义则见属,不义则不见属。"
## 珈
　　《诗·墉风·君子偕老》"副笄六珈"笺:"珈之言加也,副既笄而加饰,如今步摇上饰,古之制所有,未闻。"
## 珥
　　《慧琳音义》卷五十五引《仓颉篇》:"珠在耳也,耳珰垂珠也。"《后汉书·舆服志》:"珥,耳珰垂珠。"《汉书·东方朔传》"去簪珥"注:"珥,珠玉饰耳者也。"
## 絇
　　《仪礼·士冠礼》"青絇繶纯"郑玄注:"絇之言拘也,以为行戒,状如刀衣鼻,在屦头。"《周礼·天官·屦人》"青句素屦葛屦"郑玄注:"絇谓之拘,著舄屦之头,以为行戒。"


## 释宫室第十七

## 箱[①]
　　或训"翔",如《仪礼·觐礼》"几俟于东箱"注:"东箱,东夹之前,相翔待事之处。"疏:"云'相翔待事之处'者,翔谓翱翔无事,故《公食》宾将食,辞于公亲临已食,公揖,退于箱,以俟宾食,是相翔待事之处也。"
　　或训箱箧之"箱",如《汉书·周昌传》"吕后侧耳于东箱听"注:"正寝之东西室皆曰箱,言似箱箧之形。"

---
　　[①] 王念孙云:"箱之言辅相也,箧谓之箱,太室两夹谓之箱,车两輔谓之箱,其义一也。"(《〈广雅〉疏证》,240页,中华书局,2004年)

## 清庙

或训清为"清静",如《诗·周颂·清庙·序》"清庙,祀文王也"疏引贾逵《左传》注云:"肃然清静谓之清庙。"《诗·大雅·灵台·序》"灵台,民始附也"疏引颖子容《春秋释例》:"肃然清静谓之清庙。"

或训清为"清明",《诗·周颂·清庙·序》"清庙,祀文王也"笺:"清庙者,祭有清明之德者之宫也。"①

## 坛

《礼记·祭法》"燔柴于泰坛祭天也"注:"坛,折封土为祭处也,坛之言坦也,坦明貌也。"《楚辞·七谏》"鸡鹜满堂坛兮"注:"平场广坦为坛。"

## 涤宫

《公羊传·宣公三年》"帝牲在于涤三月"注:"涤,宫名,养帝牲三牢之处也,谓之涤者,取其荡涤洁清。"

## 泽宫

《礼记·射义》:"天子将祭,必先习射于泽。泽者,所以择士也。"注:"泽,宫名也。"②《礼记·郊特牲》"卜之日,王立于泽"注:"泽,泽宫也,所以择贤之宫也。"《周礼·秋官·条狼氏》"凡誓,执鞭以趋与前"注:"卜之日,王立于泽"疏:"泽宫者,择士可与祭者之宫。"

## 倾宫

《淮南子·地形训》"倾宫旋室"注:"倾宫,宫满一顷。"《吕氏春秋·过理篇》"作为琁室筑为顷宫"注:"顷宫,筑作宫墙满一顷田中,言博大也。"

## 帷宫

《周礼·天官·掌舍》"为帷宫,设旌门"注:"谓王行昼止有所展肆,若食息张帷为宫,则树旌以表门。"

## 旋室

《淮南子·地形训》"倾宫旋室"注:"旋室,以旋玉饰室也。一说,室旋机关可转旋,故曰旋室。"《吕氏春秋·过理篇》"作为琁室筑为顷宫"注:"琁室,以旋玉文饰其室也。"

---

① 贾逵解与郑玄不同,疏云:"郑不然者,以书、传说清庙之义,云'于穆清庙',周公升歌文王之功烈德泽,尊在庙中,尝见文王者,愀然如复见文王,说清庙而言功德,则清是功德之名,非清静之义也。"

② 疏:"'天子将祭,必先习射于泽,泽者,所以择士也',泽是宫名,于此宫中射而择士,故谓此宫为泽。泽所在无文,盖于宽闲之处,近水泽而为之也。"

## 庖

《周礼·天官·序官》"庖人"注:"庖之言苞也,裹肉曰苞。"《玄应音义》卷十七"庖厨"注:"庖之言苞也,裹肉曰苞。"

## 阼

《仪礼·士冠礼》"立于阼阶下"注:"阼犹酢也,东阶所以答酢宾客也。"

## 校

或训"教",如《孟子·滕文公上》:"校者,教也。"注:"教者,教以礼义。"《御览》卷五百三十五引《五经通义》:"校之言教也。"《史记·儒林列传》"夏曰校"正义:"校,教也,可教道艺也。"

或训校正之"校",如《诗·郑风·子衿·序》"刺学校废也"笺:"郑国谓学为校,言可以校正道艺。"

## 胶

《礼记·王制》"养国老于东胶"注:"胶之言纠也。"

## 总章

《吕氏春秋·七月纪》"天子居总章左个"注:"总章,西向堂也,西方总成万物章明之也,故曰总章。"《淮南子·时则训》注同。

## 城

《说文·土部》:"城,以盛民也。"慧苑《华严音义》上引《风俗通》:"城之为言窚,郭之为言廓,谓宽廓窚受也。"①《释名·释宫室》:"城,盛也,盛受国都也。"崔豹《古今注·都邑篇》:"城者,盛也,所以盛受民物也。"

## 郭

慧苑《华严音义上》引《风俗通》:"城之为言窚,郭之为言廓,谓宽廓窚受也。"《释名·释宫室》:"郭,廓也,廓落在城外也。"

## 寺②

或训"司""止",如《左传·隐公七年》"戎朝于周,发币于公卿"注"朝而发币于公卿,如今计献诣公府卿寺"疏引《风俗通》:"寺,司也,庭有法度,令官所止,皆曰寺。"

或训"嗣",如《后汉书·张湛传》"望寺门而步"注引《风俗通》:"寺者,嗣

---

① "窚"《慧琳音义》卷二十一引《慧苑音义》作"盛"。《水经注》卷二《河水》引《风俗通》:"城,盛也。"

② 王念孙云:"寺之言止也。"(《〈广雅〉疏证》,211页,中华书局,2004年)

也,理事之吏,嗣续于其中也。"《释名·释宫室》:"寺,嗣也,治事者相嗣续于其内也。"

## 府

《左传·隐公七年》"戎朝于周,发币于公卿"注"朝而发币于公卿,如今计献诣公府卿寺"疏引《风俗通》:"府,聚也,公卿牧守府道德之所聚也,藏府、私府财货之所聚也。"《战国策·秦策一》"此所谓天府"注:"府,聚也。"《论语·先进》"鲁人为长府"疏:"府,犹聚也,言财货之所聚也。"《尔雅·释地》"九府"疏:"府,聚也,财物之所聚也。"《周礼·春官·序官》"天府"疏:"府,聚也,凡物所聚皆曰府,官人所聚曰官府,在人身中,饮食所聚谓之六府。"《汉书·娄敬传》"此所谓天府"注:"府,聚也,万物所聚。"

## 廷

或训"平",如《后汉书·郭太传》"母欲使给事县廷"注引《风俗通》:"廷,平也,又正也,言县廷、郡廷、朝廷皆取平均正直也。"①《汉书·张释之传》:"廷尉,天下之平也。"《汉书·百官公卿表》"廷尉,秦官,掌刑辟"注:"廷,平也,治狱贵平,故以为号。"

或训"停",如《释名·释宫室》:"廷,停也,人所停集之处也。"

## 狱

《诗·召南·行露》"何以速我狱"传:"狱,埆也。"疏引郑玄驳《五经异义》:"狱者,埆也,囚证于埆核之处。"②释文引卢植云:"相质穀争讼者也。"《急就篇》卷四"皋陶造狱法律存"颜师古注:"狱之言埆也,取其坚牢也,字从二犬,所以守备也。"《书钞》卷四十五引《元命苞》:"狱者,刻确。"《说文·㹜部》:"狱,确也。"《释名·释宫室》:"狱,确也,言实确人情伪也。""埆""确"通。

## 夏台

《御览》卷六百四十三引《风俗通》:"夏曰夏台,言不害人,若游观之台。"

## 羑里

《御览》卷六百四十三引《风俗通》:"殷曰羑里,言不害人,若于闾里。"

## 亭

或训"定",如《文选·初去郡》"止监流归停"李善注引《苍颉篇》:"亭,

---

① "平也,又"三字出《广韵·青韵》引。
② 疏:"然则狱者,核实道理之名。"

358

定也。"《说文·高部》:"亭,民所安定也。"《御览》卷一百九十四引《风俗通》:"今亭也,民所安定也。……亭亦平也,民有讼争,吏留辩处,勿失其正也。"

或训"停",如《释名·释宫室》:"亭,停也,亦人所停集也。"《汉书·高帝纪》"为泗上亭长"注:"亭,谓停留行旅宿食之馆。"

## 置

《后汉书·郭太传》"知范特祖邮置之役"注引《风俗通》:"汉改邮为置,置者,度其远近之间置之也。"

## 传舍

《文选·册魏公九锡文》"其上故传武平侯印绶"李善注引《风俗通》:"诸侯有传信,乃得舍于传。"①《释名·释宫室》:"传,传也。人所止息而去,后人复来,转转相传,无常主也。"②《汉书·郦食其传》"沛公至高阳传舍"注:"传舍者,人所止息,前人已去,后人复来,转相传也。一音张恋反,谓传置之舍也,其义两通。"《史记·外戚世家》"与我决于传舍中"索隐:"传舍,谓邮亭传置之舍。"

## 屏

或训屏气之"屏",如《御览》卷一百八十五引《风俗通》:"屏,卿大夫以帷,士以帘,稍有第以自障蔽也,示臣临见自整,屏气处也。"

或训屏蔽之"屏",如《释名·释宫室》:"屏,自障屏也。"《汉书·梁怀王刘揖传》"天子外屏"注:"屏,谓当门之墙,以屏蔽者也。"

## 萧墙

《论语·季氏》"萧墙之内"集解引郑玄曰:"萧之言肃也,萧墙谓屏也,君臣相见之礼,至屏而加肃敬焉,是以谓之萧墙。"《释名·释宫室》:"萧墙,在门内萧肃也,臣将入,于此自肃敬之处也。"

## 宁

《诗·齐风·著》"俟我于著乎而"疏引《尔雅·释宫》"门屏之间谓之宁"孙炎注:"门内屏外,人君视朝所宁立处也。"《释名·释宫室》:"宁,佇也,将见君,所佇立定气之处也。"《尔雅·释宫》"门屏之间谓之宁"注:"人君视朝所宁立处。"疏:"路门之外,屏树之内,人君视朝宁立之处,因名为宁。"

---

① 《意林》卷四引作:"使者传言乃得舍于传也。"
② "传,传也"据下文下"传"为"转"之误。

## 罘罳①

《汉书·王莽传》:"遣使坏渭陵延陵园门罘罳,曰:'毋使民复思也。'"《释名·释宫室》:"罘罳,在门外,罘,复也,罳,思也。臣将入请事,于此复重思之也。"

## 观

《诗·郑风·子衿》"在城阙兮"疏引《尔雅·释宫》"观谓之阙"孙炎注:"宫门双阙,旧章悬焉,使民观之,因谓之观。"《释名·释宫室》:"观,观也,于上观望也。"《左氏春秋·定公二年》"雉门及两观灾"疏:"刘熙《释名》云:'阙在门两旁,中央阙然为道也。'然则其上县法象,其状魏魏然高大,谓之象魏;使人观之,谓之观也;是观与象魏、阙,一物而三名也。"

## 欆

《周礼·地官·里宰》"以岁时合耦于欆,以治稼穑"注:"杜子春云:'欆读为助,谓相佐助也。'玄谓欆者,里宰治处也,若今街弹之室,于此合耦使相佐助因放而为名。"②

## 阇

《诗·郑风·出其东门》"出其闉阇"释文引孙炎云:"积土如水渚,所以望气祥也。"

## 皋门

《礼记·明堂位》"皋门"注:"皋之言高也。"

## 棘门

《周礼·天官·掌舍》"为坛壝宫棘门"注引郑司农云:"棘门,以戟为门。杜子春云,棘门或为材门。"③

## 衡门

《诗·陈风·衡门》"衡门之下,可以栖迟"传:"衡门,横木为门。"《类聚》卷六十三引《诗义问》:"横一木作门,而上无屋,谓之衡门。"《诗·陈风·衡门·序》"衡门,诱僖公也"释文:"衡,横也。"《汉书·韦玄成传》"使得自安衡门之下"注:"衡门,谓横一木于门上,贫者之所居也。"

---

① 《礼记·明堂位》"疏屏"注:"屏谓之树,今桴思也者。"疏:"汉时谓屏为桴思,故云'今桴思'。解者以为天子外屏,人臣至屏,俯伏思念其事。案:《匠人》注云:'城隅谓角桴思也,'汉时东阙桴思灾,以此诸文参之,则桴思,小楼也,故城隅阙上皆有之,然则屏上亦为屋以覆屏墙,故称屏曰桴思。"

② 疏:"'欆者,里宰治处也,若今街弹之室'者,郑以汉法况之,汉时在街置室,检弹一里之民,于此合耦,使相佐助,因放而名欆也。"

③ 疏:"郑司农云'棘门,以戟为门',知棘是戟者,见《左氏》隐十一年,郑欲伐许,授兵于大宫,子都与颍考叔争车,子都拔棘以逐之,故知棘即戟也。杜子春云'棘门,或为材门'者,闵二年,卫文公居楚丘,国家新立,齐桓公共门材,先令竖立门户,故知棘门亦得为材门,即是以材木为门也。"

360

## 虎门

《周礼·地官·师氏》"居虎门之左,司王朝"注:"虎门,路寝门也,王日视朝于路寝门外,画虎焉,以明勇猛于守宜也。"

## 旌门

《周礼·天官·掌舍》"为帷宫,设旌门"注:"谓王行昼止有所展肆,若食息张帷为宫,则树旌以表门。"

## 园

或训"援",如《御览》卷八百二十四引《风俗通》:"园,援也。"

或训"樊""蕃",如《周礼·地官·载师》"以场圃任园地"注:"樊圃谓之园。"《周礼·天官·大宰》"二曰园圃"注:"树果蓏曰圃,园,其樊也。"《诗·秦风·驷驖·序》"园囿之乐"疏:"有蕃曰园。"《诗·郑风·将仲子》"无逾我园"疏:"园者,圃之蕃,故其内可以种木也。"《诗·豳风·七月》"九月筑场圃"疏:"园者,外畔藩篱之名。"

或训蕃盛之"蕃",如《论语·子路》:"请学为圃。"皇侃义疏:"园之言蕃也,种菜于圃外为蕃盛也。"

## 圃

或训"补",如《御览》卷八百二十四引《风俗通》:"圃,补也。"

或训"布",如《论语·子路》:"请学为圃。"皇侃义疏:"圃之言布也,取其分布于地。"

## 菀(苑)

《御览》卷一百九十六引《风俗通》:"菀,蕴也,言薪蒸所蕴积也。"

## 囿

或训"有",如《御览》卷一百九十六引《风俗通》:"囿者,畜鱼鳖之处也,囿犹有也。"

或训"域",如《诗·大雅·灵台》"王在灵囿"传:"囿,所以域养禽兽也。"《国语·楚语上》"王在灵囿"注:"囿,域也。"《诗·秦风·驷驖·序》"园囿之乐"疏:"囿者,域养禽兽之处。"


# 释床帐第十八

## 席

或训"藉",如《说文·巾部》:"席,藉也。"(段本)《周礼·春官·序官》

"司几筵"注："筵亦席也,铺陈曰筵,藉之曰席。"①《诗·大雅·行苇》"或肆之筵"释文："铺陈曰筵,藉之曰席。"

或训"释",如《释名·释床帐》："席,释也,可卷可释也。"

## 昨席

或训"昨"为"坐",如《周礼·春官·司几筵》"祀先王,昨席亦如之"注引郑司农云："昨席,于主阶设席,王所坐也。"

或训"昨"为"酢",如《周礼·春官·司几筵》"祀先王,昨席亦如之"注："昨读曰酢,谓祭祀及王受酢之席。"

## 次席

《周礼·春官·司几筵》"次席"注："次席,桃枝席,有次列成文。"

## 柏席

《周礼·春官·司几筵》"凡丧事,……其柏席用萑黼纯"注引郑司农云："柏席,迫地之席,苇居其上。"②

## 蒩

或训"菹",如《周礼·地官·乡师》"共茅蒩"注引杜子春云："蒩,当为菹,以茅为菹,若葵菹也。"

或训"藉",如《周礼·地官·乡师》"共茅蒩"注引郑大夫读蒩为藉,谓祭前藉也。《说文·艸部》："蒩,茅藉也。"《周礼·春官·司巫》"及蒩馆"注："蒩之言藉也,祭食有当藉者。"

## 变几

《周礼·春官·司几筵》"凡吉事变几,凶事仍几"注引郑司农云："变几,变更其质,谓有饰也。"

## 仍几

《周礼·春官·司几筵》"凡吉事变几,凶事仍几"注："仍,因也,因其质谓无饰也。"

## 同几

《礼记·祭统》"铺筵设同几,为依神也"注："同之言詷也。"疏："同之言詷,詷,共也,言人生时形体异,故夫妇别,几死则魂气同归于此,故夫妇共几。"

---

① 疏："先设者为铺陈曰筵,后加者为藉之曰席也。……筵、席惟据铺之先后为名,其筵、席止是一物。"

② 郑玄云："柏,榨字磨灭之余。"王念孙以为郑说非,"柏"为"榨"之借字,以《唐韵正》"柏"字古读若"博",《庄子·齐物论篇》"南郭子綦"《徐无鬼》篇作"南伯子綦",是其例。详王引之《经义述闻》卷九《柏席》。

## 释书契第十九

**版**

《周礼·天官·宫伯》"掌王宫之士庶子凡在版者"注引郑司农云："版,名籍也,以版为之,今时乡户籍谓之户版。"

**珽**

《礼记·玉藻》"天子搢珽,方正于天下也"注："此亦笏也,谓之珽,珽之言挺然无所屈也。"

**镇圭**

《周礼·春官·大宗伯》"王执镇圭"注："镇,安也,所以安四方,镇圭者,盖以四镇之山为瑑饰,圭长尺有二寸。"①

**桓圭**

《周礼·春官·大宗伯》"公执桓圭"注："双植谓之桓,桓,宫室之象,所以安其上也,桓圭盖亦以桓为瑑饰,圭长九寸。"②

**信圭**

《周礼·春官·大宗伯》"侯执信圭,伯执躬圭"注："信当为身,声之误也,身圭、躬圭盖皆象以人形为瑑饰,文有粗缛耳,欲其慎行以保身,圭皆长七寸。"

**珍圭**

《周礼·春官·典瑞》"珍圭以征守,以恤凶荒"注引杜子春云："'珍'当为'镇',书亦或为'镇',以征守者,以征召守国诸侯,若今时征郡守以竹使符也。镇者,国之镇,诸侯,亦一国之镇,故以镇圭征之也,凶荒则民有远志,不安其土,故以镇圭镇安之。"

**琬圭**③

《周礼·冬官·玉人》"琬圭九寸而缫"注："琬,犹圜也,王使之瑞节也。"

**祼圭**④

《周礼·冬官·玉人》"祼圭尺有二寸有瓒"注："祼之言灌也,或作'淉',

---

① 疏："四镇者,谓扬州之会稽,青州之沂山,幽州之医无闾,冀州之霍山是也。"
② 疏："云'双植谓之桓'者,桓谓若屋之桓楹。……云'桓圭盖亦以桓为瑑饰'者,以无正文,故亦云'盖'也。"
③ 《周礼·春官·典瑞》:"琬圭以治德以结好。"注引郑司农云:"琬圭,无锋芒,故以治德结好。"
④ 《说文·玉部·玚》段注:"祼圭谓之玚圭,玚读如畅,鲁语谓之鬯圭,用以灌鬯者也。"

或作'果',祼谓始献酌奠也。"
## 牙璋
《周礼·春官·典瑞》"牙璋以起军旅,以治兵守"注引郑司农云:"牙璋,瑑以为牙,牙,齿,兵象,故以牙璋发兵,若今时以铜虎符发兵。"《梦溪笔谈》卷三《辨证》一:"牙璋,判合之器也,当于合处为牙,如今之合契。"
## 琥
《说文·玉部》:"发兵瑞玉,为虎文。"聂崇义《三礼图集注》卷十一引郑玄《三礼图》云:"(琥)以玉,长九寸,广五寸,刻伏虎形,高三寸。"
## 同
《三国志·吴志·虞翻传》"又为老子论语国语训注皆传于世"注引马融注《尚书》曰:"同者,大同天下。"
## 玺
或训"信",如《御览》卷六百八十二引《汉官仪》:"玺,施也,信也。"①《史记·秦始皇本纪》"矫王御玺"集解引蔡邕曰:"玺者,印信也。"《汉书·百官公卿表》"金玺盭绶"注:"玺之言信也,古者印玺通名,今则尊卑有别。"

或训"徙",如《释名·释书契》:"玺,徙也,封物使可转徙而不可发也。"
## 印
或训"信",如《慧琳音义》卷三十引《苍颉篇》:"印,信也。"《慧琳音义》卷六十七引《三苍》:"印,信也,检也。"《说文·印部》:"印,执政所持信也。"《独断》卷上:"印者,信也。"《释名·释书契》:"印,信也,所以封物为信验也。"

或训"因",如《释名·释书契》:"印,……亦言因也,封物相因付也。"
## 书
或训"如""舒""纪",如《御览》卷七百四十九引《援神契》:"题于竹帛,谓之书,书者,如也,舒也,纪也。"《说文·叙》:"书者,如也。"

或训"著",如《新书·道德说篇》:"书者,著德之理于竹帛而陈之,令人观焉,以著所从事,故曰,'书者,此之著者也'。"《说文·聿部》:"书,著也。"《释名·释书契》:"书,……亦言著也,著之简纸永不灭也。"

或训"庶",如《释名·释书契》:"书,庶也,纪庶物也。"
## 文
《御览》卷七百四十九引《援神契》:"得之自然,备其文理,象形之属,则

---

① 《汉书·高帝纪》"封皇帝玺符节"注引应劭曰:"玺,信也。"

为①之文。"
## 字
或训"孳"（通"滋"），如《御览》卷七百四十九引《援神契》："因而滋蔓，母子相生，形声会意之属，则谓之字，字者，言孳乳浸多也。"《说文·叙》："言孳乳浸多也。"《周礼·春官·外史》"掌达书名于四方"注"或曰古曰名，今曰字"疏："古者之文字少，直曰名，后代文字多，则曰字，字者，滋也，滋益而名，故更称曰字。"

或训"饰"，如《广韵·志韵》引《说题辞》："字者，饰也。"
## 方
《仪礼·聘礼》"不及百名书于方"注："方，板也。"《仪礼·既夕礼》"书赠于方"注："方，板也。"《礼记·曲礼下》"书方"注："方，板也。"《周礼·秋官·萏蔟氏》"以方书十日之号"注："方，版也。"《礼记·中庸》"文武之政，布在方策"注："方，版也。"《史记·张丞相列传》"主柱下方书"集解引如淳曰："方，版也，谓书事在版上者也"（"板""版"通）

## 雠校
《文选·魏都赋》"雠校篆籀"李善注引《风俗通》引刘向《别录》："雠校，一人读书，校其上下，得缪误为校；一人持本，一人读书，若怨家相对。"此以怨雠之"雠"训雠校之"雠"。

## 铭
《礼记·祭统》："夫鼎有铭，铭者，自名也。自名以称扬其先祖之美，而明著之后世者也。"《礼记·祭统》："铭者，论譔其先祖之有德善、功烈、勋劳、庆赏、声名，列于天下而酌之祭器，自成其名焉。"《周礼·夏官·司勋》"凡有功者，铭书于王之大常"注："铭之言名也。"《释名·释言语》："铭，名也，记名其功也。"《释名·释典艺》："铭，名也，述其功美，使可称名也。"《诗·鄘风·定之方中》"卜云其吉，终焉允臧"传"作器能铭"疏："铭者，名也，所以因其器名而书以为戒也。"《文选·封燕然山铭》吕延济注："铭，名也。"

## 玉仪
《晋书·天文志上》引《考灵曜》"乃命中星观玉仪之游"郑玄注："以玉为浑仪也。"

## 谗鼎
《左传·昭公三年》"谗鼎之铭"疏引服虔云："谗鼎，疾谗之鼎，《明堂》位

---
① "为"盖"谓"字之误。

所云'崇鼎'是也。一云，谗，地名，禹铸九鼎于甘谗之地，故曰谗鼎。"①

## 释典艺第二十

### 三坟

或训"坟"为"防"，如《左传·昭公十二年》"是能读三坟五典八索九丘"疏引张平子说："三坟，三礼，礼为人防，《尔雅》曰：'坟，大防也。'《书》曰：'谁能典朕三礼。'"

或训"坟"为"分"，如《释名·释典艺》："三坟，坟，分也，论三才分天地人之始，其体有三也。"

### 五典

或训为"五帝之典"，如《左传·昭公十二年》"是能读三坟五典八索九丘"疏引贾逵云："五典，五帝之典。"

或训"典"为"镇"，如《释名·释典艺》："五典，典，镇也，制教法所以镇定上下，差等有五也。"

### 八索

或训"索"为"素"，如《文选·闲居赋》"傲坟素之场圃"李善注引贾逵注《左传》"是能读三坟五典八索九丘"云："八索，素王之法。"《释名·释典艺》："八索，索，素也，著素王之法，若孔子者，圣而不王，制此法者有八也。"

或训"索"为"空"，如《左传·昭公十二年》"是能读三坟五典八索九丘"疏引张平子说："八索，周礼八议之刑，索，空，空设之。"

或训"索"为求索之"索"，如《尚书·序》："八卦之说谓之八索，求其义也。"

### 九丘

或训"丘"为"聚"，如《尚书·序》："九州之志，谓之九丘，丘，聚也，言九州所有、土地所生、风气所宜，皆聚此书也。"

或训"丘"为"空"，如《左传·昭公十二年》"是能读三坟五典八索九丘"疏引贾逵云："九丘，九州亡国之戒。"引张平子说："九丘，周礼之九刑，丘，空也，亦空设之。"

或训"丘"为"区"，如《释名·释典艺》："九丘，丘，区也，区别九州之土气，教化所宜施者也。"

---

① 疏："二者并无案据，其名不可审知，故杜直云'鼎名'而已。"

## 易①

《易正义·序》"第一论易之三名"引《乾凿度》:"易一名而含三义:所谓易也,变易也,不易也。"又云:"易者,其德也,光明四通,简易立节,天以烂明,日月星辰布设张列,通精无门,藏神无穴,不烦不扰,澹泊不失,此其易也;变易者,其气也,天地不变不能通气,五行迭终,四时更废,君臣取象变节相移,能消者息,必专者败,此其变易也;不易者,其位也,天在上,地在下,君南面,臣北面,父坐子伏,此其不易也。"《周礼·春官·大卜》"掌三易之法:一曰连山,二曰归藏,三曰易"注:"易者,揲蓍变易之数可占者也。"《易正义·序》"第一论易之三名"引郑玄《易赞》及《易论》云:"易一名而含三义:易简一也,变易二也,不易三也。"《汉学堂丛书·说题辞》:"易之为言易也,变易其道也。"《释名·释典艺》:"易,易也,言变易也。"

## 连山

《易正义·序》"第三论三代易名"引郑玄《易赞》及《易论》云:"夏曰连山,殷曰归藏,周曰易。"郑玄释云:"连山者,象山之出云连连不绝。"②

## 归藏

《易正义·序》"第三论三代易名"引郑玄《易赞》及《易论》云:"夏曰连山,殷曰归藏,周曰易。"郑玄释云:"归藏者,万物莫不归藏于其中。"③

## 河图

《水经注》卷一《河水》引《命历序》:"河图,帝王之阶图,载江河、山川、州界之分野。"

## 《易》

《易正义·序》"第三论三代易名"引郑玄《易赞》及《易论》云:"夏曰连

---

① 章学诚《文史通义·易教中》:"孔仲达曰:'夫《易》者,变化之总名,改换之殊称。'先儒之释《易》义,未有明通若孔氏者也。得其说而进推之,《易》为王者改制之巨典,事与治历明时相表里,其义昭然若揭矣。许叔重释'易'文曰:'蜥易,守宫,象形。秘书说"日月为易",象阴阳也。'《周官》太卜,掌三《易》之法,郑氏注:'易者,揲蓍变易之数可占者也。'朱子以谓'《易》有交易变易之义'。是皆因文生解,各就一端而言,非当日所以命《易》之旨也。三《易》之名,虽始于《周官》,而《连山》《归藏》,可并名《易》,《易》不可附《连山》《归藏》而称为三连三归者,诚以《易》之为义,实该羲、农以来不相沿袭之法数也。易之初见于文字,则帝典之'平在朔易'也,孔《传》谓岁改易,而周人即取以名揲卦之书,则王者改制更新之大义,显而可知矣。《大传》曰:'生生之谓易。'韩康伯谓'阴阳转易,以成化生'。此即朱子交易、变易之义所由出也。三《易》之文虽不传,今观《周官》太卜有其法,《左氏》记占有其辞,则《连山》《归藏》,皆有交易、变易之义。是羲、农以来,《易》之名虽未立,而《易》之意已行乎其中矣。上古淳质,文字无多,固有具其实而未著其名者。后人因以定其名,则彻前彻后,而皆以是为主义焉。"(章学诚撰、叶瑛校注《〈文史通义〉校注》,11 页,中华书局,1985 年)

② 《周礼·春官·大卜》:"掌三易之法:一曰连山,二曰归藏,三曰易。"注:"名曰连山,似山出内气也。"

③ 同上书,注:"归藏者,万物莫不归而藏于其中。"

山,殷曰归藏,周曰易。"郑玄释云:"易者,言易道周普无所不备。"

## 《礼》

或训"体",如《御览》卷六百十引《说题辞》:"礼者,体也,人情有哀乐,五行有兴灭,故立乡饮之礼,终始之哀,婚姻之宜,朝聘之表,尊卑有序,上下有体,王者行礼,得天中和,礼得,则天下咸得厥宜,阴阳滋液,万物调,四时和,动静常,用不可须臾惰也。"[1]《释名·释典艺》:"礼,体也,得其事体也。"

"体"之外或训"履",如《礼记》"礼记"疏引郑序云:"礼者,体也,履也,统之于心曰体,践而行之曰履。"

## 《诗》

或训"止",如《荀子·劝学篇》:"诗者,中声之所止也。"

或训"志",如《新书·道德说篇》:"诗者,志德之理而明其旨,令人缘之以自成也,故曰,'诗者,此之志者也'。"《史记·乐书》:"诗,言其志也。"《诗·诗谱序》"《虞书》曰'诗言志'"疏引《说题辞》:"在事为诗,未发为谋,恬澹为心,思虑为志,诗之为言志也。"《尚书大传·洪范五行传》"时则有诗妖"郑玄注:"诗之言志也。"《诗·诗谱序》"《虞书》曰'诗言志'"疏引郑注《尧典》云:"诗所以言人之志意也。"《楚辞·九章·悲回风》"窃赋诗之所明"注:"诗,志也。"《诗·小雅·天保·序》"天保,下报上也"疏:"诗者,志也,各自吟咏。"《诗·小雅·节南山》"琐琐姻亚"疏:"诗者,志也,各有以发。"《诗·大雅·旱麓·序》"旱麓,受祖也"疏:"诗者,志也,各言其志。"《诗·序》"莫近于诗"疏:"诗者,志之所歌。"陆德明《经典释文序录》:"诗者,所以言志,吟咏性情,以讽其上者也。"

或训"持",如《诗·诗谱序》"《虞书》曰'诗言志'"疏引《诗纬含神雾》:"诗者,持也。"[2]

---

[1] 《周礼·春官·宗伯》疏:"礼序云礼者,体也,履也。一字两训,盖有以也,统之于心名为体,《周礼》是也;践而行之名曰履,《仪礼》是也。"

[2] 《诗谱序》疏:"名为'诗'者,《内则》说负子之礼云'诗负之',注云:'诗之言承也。'《春秋说题辞》云:'在事为诗,未发为谋,恬澹为心,思虑为志,诗之为言志也。'《诗纬含神雾》云:'诗者,持也。'然则诗有三训:承也,志也,持也。作者承君政之善恶,述已志而作诗,为诗所以持人之行使不失队,故一名而三训也。"按:《内则》注'诗之言承也'为说假借,非诗义,孔误解,乃言"一名而三训"。成伯玙《毛诗指说·解说》:"郑玄云'诗者,承也'政善则下民承而赞咏之,政恶则讽刺之。"是唐人多有此误。又,孔解"持"义尚未尽善,钱锺书《管锥编·毛诗正义·诗谱序》:"《诗纬含神雾》云:'诗者,持也',即'止乎礼义'之'止';《荀子·劝学》篇曰:'诗者,中声之所止也',《大略》篇论《国风》曰:'盈其欲而不愆其止',正此'止'也。非徒如《正义》所云'持人之行',亦自持情性,使喜怒哀乐,合度中节,异乎探喉肆口,直吐快心。《论语·八佾》之'乐而不淫,哀而不伤';《礼记·经解》之'温柔敦厚';《史记·屈原列传》之'怨诽而不乱';古人说诗之语,同归乎'持'而'不愆其止'而已。"按:成伯玙《毛诗指说·解说》:"《诗含神雾》云:'诗者,持也',在于敦厚之教,自持其心,讽刺之道,可以扶持邦家者也。"语义指向包含二者。

或训"之",如《诗·序》"诗者,志之所之也。"①《释名·释典艺》:"诗,之也,志之所之也。"

或训"思""辞",如成伯玛《毛诗指说·解说》引梁简文帝云:"诗者,思也,辞也。"

## 《尚书》

或训为上古之书,如孔安国《尚书序》:"以其上古之书,谓之《尚书》。"《初学记》卷二十一引《说题辞》:"尚者,上也,上世帝王遗书也。"《论衡·正说篇》:"《尚书》者,以为上古帝王之书。"《释名·释典艺》:"尚书,尚,上也,以尧为上,始而书其时事也。"

或训为上所为下所书,如《论衡·正说篇》:"《尚书》者,……或以为上所为下所书。"陆德明《经典释文序录》引王肃云:"上所言,下为史所书,故曰尚书。"

或以"尚"为上天义,如《释文·序录》引郑玄《书赞》云:"孔子撰书,尊而命之曰《尚书》,尚者,上也,盖言若天书然。"

或训"书"为"如",如《尚书序》"尚书序"疏引《书纬璇玑钤》云:"书者,如也。"②《类聚》卷五十五引《书纬璇玑钤》云:"尚书,篇题号,尚者,上也,上天垂文象,布节度,书也,如天行也。"

或训为奉上之书,如《御览》卷二百一十二引韦昭《辩释名》:"尚,上也,言最在上总领之也。辩云,尚犹奉也,百官言事当省案平处奉之,故曰'尚书',尚食、尚方亦然。"

## 《春秋》

或以"春秋"为阴阳之中,如《公羊传》"春秋公羊经传解诂"疏引《三统历》云:"春为阳中,万物以生,秋为阴中,万物以成,故名'春秋'。"疏云:"贾、服依此以解'春秋'之义。"《左传·序》"故史之所记,必表年以首事,年有四时,故错举以为所记之名也"疏引贾逵云:"取法阴阳之中,春为阳中,万物以生;秋为阴中,万物以成。欲使人君动作不失中也。"《左传·序》"故史之所记,必表年以首事,年有四时,故错举以为所记之名也"疏引贺道养云:"春贵阳之始,秋取阴之初,计春秋之名理,包三统。据周以建子为正言之,则春非阳中秋非阴中,据夏以建寅为正言之,则春非阳始,秋非阴初,乃是窍混沌而画蛇足,必将夭性命而失卮酒。"

或以"春秋"为始终,如《公羊传》"春秋公羊经传解诂"疏引《春秋说》云:

---

① 疏:"诗者,人志意之所之适也。"
② 《尚书序》疏:"书者,舒也,《书纬璇玑钤》云'书者,如也',则书写其言如其意,情得展舒也。"

"始于春,终于秋,故曰'春秋'。"①《孟子·离娄下》"鲁之春秋"赵岐注:"春秋以二始举四时,记万事之名。"《释名·释典艺》:"春秋,言春秋冬夏终而成岁,举春秋则冬夏可知也。春秋书人事,卒岁而究备,春秋温凉中,象政和也,故举以为名也。"《谷梁传·隐公元年》"春秋谷梁传隐公第一"疏:"名曰'春秋'者,以史官编年记事,年有四时之序,春先于夏,秋先于冬,故举'春秋'二字以包之。"《左传·序》"故史之所记,必表年以首事,年有四时,故错举以为所记之名也"疏:"年有四时,不可遍举四字以为书号,故交错互举,取'春秋'二字以为所记之名也。春先于夏,秋先于冬,举先可以及后,言春足以兼夏,言秋足以见冬,故举二字以包四时也,'春秋'二字是此书之总名,虽举'春秋'二字,其实包冬夏四时之义。四时之内,一切万物生植、孕育,尽在其中。《春秋》之书,无物不包,无事不记,与四时义同,故谓此书为'春秋'。"

《论语》

《汉书·艺文志》:"《论语》者,孔子应答弟子时人,及弟子相与言而接闻于夫子之语也。当时弟子各有所记,夫子既卒,门人相与辑而论纂,故谓之'论语'。"

《释名·释典艺》:"论语,记孔子与诸弟子所语之言也。"

皇侃《论语义疏叙》:"先儒后学,解释不同,凡通此论字,大判有三途:第一舍字制音呼之为伦,一舍音依字而号曰论,一云伦论二称义无异也。第一舍字从音为伦,说者乃众的可见者,不出四家:一云:伦者,次也,言此书事义相生,首末相次也;二云伦者,理也,言此书之中蕴含万理也;三云伦者,纶也,言此书经纶今古也;四云伦者,轮也,言此书义旨周备,圆转无穷,如车之轮。第二舍音依字为论者,言此书出自门徒,必先详论,人人金允,然后乃记,记必已论,故曰论也。第三云伦、论无异者,盖是楚夏音殊、南北语异耳,南人呼伦事为论事,北士呼论事为伦事,音字虽不同,而义趣犹一也。"

《战国策》

刘向《战国策·序》:"战国时游士辅所用之国为之策谋,宜为《战国策》。"

《越绝书》

《越绝书·外传本事》:"问曰何谓越绝?越者,国之氏……绝者,绝也,句践之时,天子微弱,诸侯皆叛,于是句践抑强扶弱,绝恶反之于善。……故作此者,贵其内能自约,外能绝人也。"

---

① 疏:"'始于春,终于秋,故曰春秋'者,道,春为生物之始,而秋为成物之终,故云'始于春,终于秋,故曰春秋也'。而旧云《春秋说》云'哀十四年春,西狩获麟,作《春秋》,九月书成,以其春作秋成,故云春秋也'者,非也。"

## 赋

或训"铺",如《周礼·春官·大师》"教六诗,曰风,曰赋,曰比,曰兴,曰雅,曰颂"注:"赋之言铺,直铺陈今之政教善恶。"《楚辞·九章·悲回风》"窃赋诗之所明"注:"赋,铺也。"

或训"敷",如《释名·释典艺》:"敷布其义谓之赋。"

## 比

《周礼·春官·大师》"教六诗,曰风,曰赋,曰比,曰兴,曰雅,曰颂"注:"比见今之失,不敢斥言,取比类以言之。"《释名·释典艺》:"事类相似谓之比。"

## 风

《诗·周南·关雎·序》:"风,风也,教也,风以动之,教以化之。"①《诗·周南·关雎·序》:"上以风化下,下以风刺上,主文而谲谏,言之者无罪,闻之者足以戒,故曰风。"笺:"风化、风刺,皆谓譬喻不斥言也。"

## 颂

或训"容",如《诗·周南·关雎·序》:"颂者,美盛德之形容,以其成功告于神明者也。"②《诗·周颂谱》:"颂之言容,天子之德,光被四表,格于上下,无不覆焘,无不持载,此之谓容。"③《周礼·春官·大师》"教六诗,曰风,曰赋,曰比,曰兴,曰雅,曰颂"注:"颂之言诵也,容也,诵今之德广以美之。"《释名·释典艺》:"称颂成功谓之颂。"按:称颂义为"容"之借。

或训"成",如《东观汉记》卷五永平三年八月丁卯东平王苍引《诗传》曰:"颂言成也,一章成篇,宜列德,故登歌《清庙》一章也。"④

"容"之外或训"诵",如《诗·周颂》释文:"颂者,诵也,容也,歌诵盛德,序太平之形容,以此至美告于神明。"

## 乘

《孟子·离娄下》"晋之乘"注:"名乘者,兴于田赋乘马之事,因以为名。"⑤

---

① 疏:"'风,风也'并如字,徐上如字,下福凤反;崔灵恩集注本下即作'讽'字,刘氏云'动物曰风,托音曰讽';崔云'用风感物则谓之讽',沈云'上风是国风,即诗之六义也,下风即是风伯鼓动之风,君上风教能鼓动万物,如风之偃草也'今从沈说。"按:"风,风也"或以为上"风"字为《国风》,下"风"字为"讽"之初文,即《国风》,得名于"讽"。或以为上"风"字为《国风》,下"风"字为自然之风,譬喻王之德。孔疏从后者,然《关雎·序》又云:"上以风化下,下以风刺上,主文而谲谏,言之者无罪,闻之者足以戒,故曰风。"笺:"风化、风刺,皆谓譬喻不斥言也。"是为"讽"义明矣。

② 疏:"明训颂为容,解颂名也。"

③ 疏:"述盛德之容,至美之名。"

④ 陈乔枞以为:"所引诗传,疑为齐诗传,故其说与郑君《礼》注合。"(陈寿祺、陈乔枞《〈诗〉三家遗说考》,《续修四库全书》76册,467页,上海古籍出版社,2002年)

⑤ "乘"疏载丁公著音"剩",云:"晋名春秋为乘者,取其善恶无不载。"

## 梼杌

《孟子·离娄下》"楚之梼杌"注:"梼杌者,嚚凶之类,兴于记恶之戒,因以为名。"

## 卦

《易·乾卦》"乾:元,亨,利,贞"疏引《易纬》:"卦者,挂也,言悬挂物象以示于人,故谓之卦。"

## 爻

或训"效",如《易·系辞下》:"爻也者,效此者也。……爻也者,效天下之动者也。"《中说·述史》:"爻也者,效天下之动也。"《易·系辞》"爻法之谓坤"李鼎祚集解:"爻犹效也。"《易·系辞上》"是故谓之爻"疏:"爻者,效也,效诸物之通变。"

或训"交",如《说文·爻部》:"爻,交也,象《易》六爻头交也。"

或作"繇",训"抽",如《史记·孝文本纪》"注庚其繇文"索隐引荀悦云:"繇,抽也,所以抽出吉凶之情也。"

## 象

《易·系辞下》:"象也者,像此者也。""象也者,像也。"《易·乾卦》"象曰:天行健"李鼎祚集解:"象者,象也,取其法象卦爻之德。"

## 彖

《乾凿度》:"合于十五,则彖变之数,若之一也"郑玄注:"彖,断也。"《易·乾卦·彖传》"彖曰"释文:"彖,断也。"孔颖达引褚氏、庄氏说:"彖,断也,断定一卦之义,所以名为彖也。"李鼎祚集解引刘瓛曰:"彖者,断也,断一卦之才也。"

## 乾

《易·系辞下》:"夫乾,天下之至健也。"《易·说卦》:"乾,健也。"《释名·释天》:"天,……《易》谓之乾,乾,健也,健行不息也。"《易·乾卦》"天行健"疏:"健者强壮之名,乾是众健之训。"《易纬乾坤凿度》:"乾者,天也,川也,先也,川者,倚竖天者也。乾者,乾天也,又天也,乾、先也。乾训健,壮健不息,日行一度。"

或训"天""川""先",如《乾坤凿度》卷上:"乾者,天也,川也,先也,川者,倚竖天者也。"

## 坤

《易·系辞下》:"夫坤,天下之至顺也。"《易·说卦》:"坤,顺也。"《国语·晋语四》"坤,土也"注:"坤,顺也。"《释名·释地》:"地,……《易》谓之坤,坤,顺也,上顺乾也。"

## 震

《易·说卦》:"震,动也。"《释名·释天》:"卯……于《易》为震,二月之时,雷始震也。"《易·震卦》"震,亨"释文:"震,动也。"《左传·僖公十五年》"遇归妹"注"兑下震上归妹"疏:"震,动也。"

## 巽

或训"入",如《易·说卦》:"巽,入也。"《易·巽卦》"巽,小亨"释文:"巽,入也。"

或训"散",如《释名·释天》:"巳,……于《易》为巽,巽,散也,物皆生布散也。"

## 坎

或训"陷",如《易·说卦》:"坎,陷也。"《易·坎卦》"习坎"释文:"坎,险也,陷也。"《易·坎卦》"习坎"王弼注:"坎,险陷之名也。"

或训"险",如《释名·释天》:"子,……于《易》为坎,坎,险也。"

## 离

《易·离卦·彖》:"离,丽也。"《易·说卦》:"离,丽也。"集解引荀爽曰:"阴丽于阳,相附丽也,亦为别离,以阴隔阳也。"《释名·释天》:"午,……于《易》为离,离,丽也,物皆附丽阳气以茂也。"《易·系辞下》"盖取诸离"韩康伯注:"离,丽也。"《易·离卦》"离"释文:"离,丽也。"

## 艮

《易·说卦》《艮卦·彖》《杂卦》:"艮,止也。"《易·序卦》:"艮者,止也。"

《易·艮卦》释文引郑曰:"艮之言很也。"《易·艮卦》"艮其背,不获其身"王弼注:"艮者,止而不相交通之卦也。"释文、疏并云:"艮,止也。"《释名·释天》:"丑,……于《易》为艮,艮,限也,时未可听物生,限止之也。"

## 兑

《易·说卦》:"兑,说也。"《易·序卦》:"兑者,说也。"《释名·释天》:"酉,……于《易》为兑,兑,说也,物得备足,皆喜说也。"《易·兑卦》"兑亨利贞"释文:"兑,悦也。"《左传·僖公十五年》"遇归妹"注"兑下震上归妹"疏:"兑,说也。"

## 蒙

《易·序卦》:"蒙者,蒙也,物之稚也。"《公羊传·定公十五年》"三卜之运也"注"再三渎渎则不告"疏引《蒙卦·彖辞》"匪我求童蒙,童蒙求我"郑氏云:"蒙者,蒙蒙,物初生形,是其未开著之名也。"

## 比

《易·序卦》:"比者,比也。"①

## 履

《易·序卦》:"履者,礼也。"《易·履卦》"履,君子以辩上下"疏:"履,礼也,在下以礼承事于上。"《易·履卦》"履虎尾"释文:"履,礼也。"

## 剥

《易·序卦》:"剥者,剥也。"《易·剥卦》"剥,不利有攸往"疏:"剥者,剥落也,今阴长变刚,刚阳剥落,故称剥也。"

## 遯

或训"退",如《易·序卦》:"遯者,退也。"

或训"逃",如《易·遯卦》:"遯,亨,小利贞"李鼎祚集解引郑玄曰:"遯,逃去之名也。"

## 夬

《易·序卦》:"夬者,决也。"《易·夬卦·彖》《杂卦》并云:"夬,决也,刚决柔也。"《易·系辞下》"盖取诸夬"李鼎祚集解引《九家易》"夬者,决也。"《乾凿度》:"夬之为言决也。"《易·夬卦·象传》"泽上于天,夬"王弼注:"夬者,明法而决断之象也。"《易·夬卦》释文:"夬,决也。"《易·夬卦》"夬,扬于王庭"疏:"夬,决也,此阴消阳息之卦也。阳长至五,五阳共决一阴,故名为夬也。"

## 姤

《易·序卦》:"姤者,遇也。"《易·姤卦·彖》:"姤,遇也。"《易·杂卦》:"姤,遇也,柔遇刚也。"

## 萃

《易·序卦》:"萃者,聚也。"

## 无妄

《易·无妄卦》集解引京氏及俗儒以为:"大旱之卦,万物皆死,无所复望。"《易·无妄卦》释文引马、郑、王肃云:"妄犹望,谓无所希望也。"《后汉书·李通传》注引郑玄注《易·无妄卦》"无妄之往,何之矣":"妄之言望,人

---

① 《易·比卦·彖》:"比,辅也。"焦循云:"比卦之比,取比辅之义。"(《易章句》卷十一,《续修四库全书》27册,126页,上海古籍出版社,2002年)

所望宜正。行必有所望,行而无所望,是失其正,何可往也!"

## 诔

或训"累",如《周礼·春官·大祝》"作六辞,以通上下亲疏远近,一曰祠,二曰命,三曰诰,四曰会,五曰祷,六曰诔"注引郑司农云:"诔谓积累生时德行以锡之命,主为其辞也。"《礼记·曾子问》"贱不诔贵,幼不诔长"注:"诔,累也,累列生时行迹,读之以作谥。"释文:"诔,累也,谓谥也。"《释名·释典艺》:"诔,累也,累列其事而称之也。"《文心雕龙·诔碑》:"诔者,累也,累其德行,旌之不朽也。"《论语·述而》"诔曰"皇侃疏:"诔之言累也,人生有德行,死而累列其行之迹为谥也。"《文选·序》"美终于则诔发"吕延济注:"诔,累也,有功业而终者,累其功而记之。"《文选·王仲宣诔》"王仲宣诔"吕延济注:"诔者,累也,言人死后累其德行也。"

或训"类",如《礼记·曲礼》:"既葬见天子曰类见,言谥曰'类'。"疏:"王肃云:'请谥于天子必以其实为谥,类于平生之行也。'何允云:'类其德而称之,如经天纬地曰文也。'"

## 论

《诗·大雅·灵台》"于论鼓钟"笺:"论之言伦也。"《释名·释典艺》:"论,伦也,有伦理也。"《文心雕龙·论说篇》引彝训:"论者,伦也。"


# 释兵戈第二十一

## 斧

或训"补",《御览》卷七百六十三引《元命苞》:"斧钺主乱行,斩狂诈,斧之为言补也。"

或训"甫",《释名·释器用》:"斧,甫也,甫,始也。凡将制器,始用斧,伐木已乃制之也。"

## 齐斧

或训"齐"为"齐整",如《汉书·叙传下》"终用齐斧"注引张晏曰:"齐斧,越斧也,以整齐天下也。"

或训"齐"为斋戒之"斋",如《文选·檄吴将校部曲》"要领不足以膏齐斧"注引虞喜《志林》曰:"凡师出必齐戒、入庙受斧,故曰齐斧也。""齐戎"之"齐"通"斋"。

## 戈①

或训"句",如《诗·大雅·公刘》"干戈戚扬"笺:"戈,句子戟也。"《周礼·夏官·序官》"司戈盾"注:"戈,今时句子戟。"《周礼·冬官·考工记》"戈广二寸"注:"戈,今句子戟也。"《周礼·冬官·考工记》"已句则不决"注:"戈,句兵也。"《礼记·文王世子》"春夏学干戈"注:"戈,句子戟也。"

"句"之外,或训"过",如《释名·释兵》:"戈,句子戟也;戈,过也,所刺捣则决过,所钩引则制之,弗得过也。"

## 匕首

《御览》卷三百四十六引《通俗文》:"匕首,剑属,其头类匕,故曰匕首,短而便用。"《史记·刺客列传》"曹沫执匕首劫齐桓公"索隐引《盐铁论》以为:"长尺八寸,其头类匕,故云匕首也。"《汉书·邹阳传》"以信荆轲,而匕首窃发"注:"匕首,短剑也,其首类匕,便于用也。"《左传·昭公二十七年》"鱄设诸寘剑于鱼中以进"注"全鱼炙"疏:"匕首者,剑首如匕匙。"

## 弧

《说苑·修文篇》:"弧之为言豫也,豫者,豫吾意也。故古者,儿生三日,桑弧蓬矢六,射天地四方,天地四方者,男子之所有事也,必有意其所有事,然后敢食谷,故曰'不素飧兮',此之谓也。"

## 桃弧

《左传·昭公四年》"桃弧棘矢以除其灾"疏引服虔云:"桃,所以逃凶也。"

## 鍭矢

《周礼·夏官·司弓矢》"鍭矢"注:"鍭之言候也,可以司候射敌之近者。"或作"猴矢",《仪礼·既夕礼》"猴矢一乘"注:"猴犹候也,候物而射之矢也。"②

## 茀矢

《周礼·夏官·司弓矢》"茀矢"注:"茀之言刜也,可以弋飞鸟刜罗之也。"

## 痹矢

《周礼·夏官·司弓矢》"痹矢"注引郑司农云:"痹矢读为人罢短之罢。"郑玄谓:"痹读如痹病之痹,痹之言伦比。"

## 韘③

《诗·卫风·芄兰》"童子佩韘"笺:"韘之言沓,所以彄沓手指。"

---

① 《广雅·释器》"划,鎌也"王念孙疏证:"划之言过也,所割皆决过也。钩子戟谓之戈,义与此同也。"(《〈广雅〉疏证》,254页,中华书局,2004年)
② 《仪礼》疏:"郑君两注语异义同。"
③ 《说文》:"韘,射决也。"段注:"即今人之扳指也。经典多言'决',少言'韘','韘'惟见《诗》。"

干

《公羊传·宣公八年》"万者何？干舞也"注："干谓楯也，能为人捍难，而不使害人。"

《诗·周南·兔罝》"公侯干城"释文引《尔雅》孙炎注云："干，楯，所以自蔽捍也。"

酋矛

《周礼·考工记·庐人》"酋矛"注："酋之言遒也。"按：酋，短也。

虎贲

或训如虎之奔，如《御览》卷二百四十一引应劭《汉官仪》："虎贲中郎将，古官也，《书》称武王伐纣，戎车三百两，虎贲三千人，擒纣于牧之野，言其猛怒如虎之奔赴。"《风俗通·正失篇》："《尚书》武王戎车三百两，虎贲三千人，擒纣于牧野，言猛怒如虎之奔赴也。"《后汉书·百官志二》"虎贲中郎将"刘昭注："虎贲旧作虎奔，言如虎之奔也。王莽以古有勇士孟贲，故名焉。"《宋书·百官志下》："虎贲旧作虎奔，言如虎之奔走也，王莽辅政，以古有勇士孟贲，故以奔为贲。"孙奭《孟子音义》引丁公著云："先儒言如猛虎之奔。"

或训如虎贲兽，如《尚书·牧誓序》"虎贲三百人"孔传："勇士称也，若虎贲兽，言其猛也，皆百夫长。"《尚书·立政》"王左右常伯、常任、准人、缀衣、虎贲"疏："《周礼》'虎贲氏，下大夫'，言其若虎贲兽，是以武力事王者。"

羽林

或以"羽"为羽翼，如《御览》卷二百四十二引应劭《汉官仪》："羽林者，言其为国羽翼，如林盛也。一名为严郎，言其御侮严励。"《汉书·百官公卿表》"期门羽林皆属焉"注："一说羽所以为王者羽翼也。"

或取"羽"之疾义，如《汉书·百官公卿表》"期门羽林皆属焉"注："羽林亦宿卫之官，言其如羽之疾，如林之多也。"

正

《周礼·夏官·射人》"九节五正"注："正之言正也，射者内志正，则能中焉。"《礼记·射义》"发而不失正鹄者"注："画布曰正，……正之言正也，……言人正直乃能中也。"《仪礼·大射仪》"大侯之崇见鹄于参"注："《淮南子》曰：'鸤鸠知来。'然则所云'正者，正也'，亦鸟名。齐鲁之间名题肩为正。正、鹄皆鸟之捷黠者。"《礼记·中庸》"失诸正鹄"释文引一曰："正，正也。"

鹄

或训"梏"，如《礼记·射义》"发而不失正鹄者"注："栖皮曰鹄，……鹄之言梏也，梏，直也，言人正直乃能中也。"

或训"较",如《周礼·天官·司裘》"射其鹄"注:"谓之鹄者,取名于鳱鹄,鳱鹄,小鸟而难中,是以中之为隽。"① 亦取鹄之言较,较者,直也,射所以直己志。"《仪礼·大射仪》"大侯之崇见鹄于参"注:"鹄之言较,较,直也,射者所以直己志。或曰,鹄,鸟名,射之难中,中之为俊,是以所射于侯取名也。"

或训"觉",如《诗·小雅·宾之初筵》"大侯既抗"传"抗,举也"笺"举者,举鹄而栖之于侯也"释文引《说文》又云:"鹄者,觉也,直也,射者直己志。"

## 皮侯

《周礼·冬官·梓人》"张皮侯而栖鹄"注:"皮侯,以皮所饰之侯,《司裘职》曰:'王大射,则共虎侯、熊侯、豹侯设其鹄。'谓此侯也。"

## 侯弓

《周礼·冬官·弓人》"覆之而干至谓之侯弓"注:"射侯之弓也。"

## 深弓

《周礼·冬官·弓人》"覆之而筋至谓之深弓"注:"射深之弓也。"

## 珥(衈)

《周礼·地官·山虞》"致禽而珥焉"注引郑司农云:"珥者,取禽左耳以效功也,大司马职曰:'获者取左耳。'"疏:"珥当为衈,谓输禽者割取左耳以效功也。"《周礼·天官·兽人》"及弊田令禽注于虞中"注引郑司农云:"珥焉者,取左耳以致功,若斩首折馘。"疏:"谓田众大兽公之者,各割取左耳以拟效功。"《礼记·杂记下》"其衈皆于屋下"注:"衈谓将刲割牲以衅,先灭耳旁毛荐之。"

## 龙旗

《仪礼·觐礼》"墨车载龙旗"注:"交龙为旗,诸侯之所建。"《荀子·礼论篇》"龙旗九斿"注:"龙旗,画龙旗。"

## 藩盾

《周礼·夏官·司戈盾》"及舍,设藩盾,行则敛之"注:"藩盾,盾可以藩卫者,如今之扶苏与?"②

---

① 段玉裁云:"射有正鹄,正之言正,鹄之言较。较者,直也。非取名于鳱鹄也。鳱鹄非小而难中之鸟也。"(《说文解字注》,150页,上海古籍出版社,1988年)

② 孙诒让正义引惠士奇云:"苏与胥古文通,故扶苏一作扶胥,盖秦汉间语,周之藩盾也。建之乘车,以蔽左右;军旅会同,前后拒守,在车两藩,故曰藩盾。止则设焉,严其守也;行则敛焉,利其行也。王之乘车则然。若凡兵车,虽行亦设之。《掌舍》注谓险阻之处,王行止宿,次车为藩,以备非常。然则设车宫,建藩盾,掌舍设之,司戈盾建焉。'"孙诒让云:"惠谓扶苏即扶胥,是也。其谓藩盾设于掌舍之车宫,以在车藩得名,虽非郑义,然与《六韬》合。……亦得备一义也。"(《周礼正义》卷六十一,《续修四库全书》84册,111页,上海古籍出版社,2002年)按:《六韬·军用篇》"武卫大扶胥三十六乘"旧注:"扶胥,车上之蔽。"

## 释道路第二十二

**馗**

《文选·从军诗》"女士满庄馗"注引韩《诗》"肃肃兔罝,施于中馗"薛君注:"馗,九交之道也。"《说文·九部》:"馗,九达道也,似龟背,故谓之馗。"

**街**

《广韵·佳韵》引《风俗通》:"街者,携也,离也,四出之路,携离而别也。"

**市**

《诗·陈风·东门·序》"歌舞于市井"疏引《风俗通》:"市,恃也,养赡老少,恃以不匮也。"

**井**

或训"隐",如《汉学堂丛书·考异邮》:"井之为言隐也,隐于地中,其气反常,夏至井水跃。"宋均注:"寒气归至也,时烜井则寒,隐其烜也;时寒井则温,隐其寒心。"

或训"节",如《御览》卷一百八十九引《风俗通》云:"井,法也,节也,言法制居人,令节其饮食,无穷竭也。"

或训"通",如《御览》卷一百八十九引《易传》:"井,通也,物所通用也。"

或训"清",如《释名·释宫室》:"井,清也,泉之清洁者也。"《易·井卦》释文引师说:"井以清洁为义。"

**维舟**

《诗·大雅·大明》"造舟为梁"疏引李巡曰:"中央左右相维持曰维舟。"《公羊传·宣公十二年》"舟中之指可掬矣"疏引《尔雅》"诸侯维舟"孙氏注:"维连四船。"

**方舟**

《诗·大雅·大明》"造舟为梁"疏引李巡曰:"并两船曰方舟。"《说文·方部》:"方,并船也。"《尔雅·释水》"大夫方舟"注:"并两船。"《后汉书·班固传》"方舟并骛"注:"方舟,并两舟也。"《文选·吴都赋》"方舟结驷"李周翰注:"方舟,并舟也。"

**阙车**

《周礼·春官·车仆》"车仆掌阙车之萃"注:"阙车,所用补阙之车也。"

**苹车**

《周礼·春官·车仆》"车仆掌苹车之萃"注:"苹犹屏也,所用对敌自蔽隐之车也。"

379

### 驱逆之车

《周礼·夏官·司马》"乃设驱逆之车"注:"驱,驱出禽兽使趋田者也;逆,逆要不得令走。"

### 鹿车

《御览》卷七百七十五引《风俗通》:"鹿车,窄小裁容一鹿也。"

### 道车

《周礼·夏官·道右》"道右掌前道车"注:"道车,象路也,王行道德之车。"

### 齐车

《周礼·夏官·齐右》"齐右掌祭祀会同宾客,前齐车,王乘则持马,行则陪乘"注:"齐车,金路,王自整齐之车也。"

### 羊车

或以为车羊门,如《周礼·考工记·车人》"羊车二柯有参分柯之一"郑玄注引郑司农云:"羊车,谓车羊门也。"

或以"祥"训"羊",如《周礼·考工记·车人》郑玄注:"羊,善也。善车若今定张车,较长七尺。"《释名·释车》:"羊车,羊,祥也,祥,善也,善饰之车,今犊车是也。"

### 軘车

《左传·宣公十一年》"使軘车逆之"疏引伏虔云:"軘车,屯守之车。"

《释名·释车》:"軘车,戎者所乘也。"①

### 辕门

《周礼·天官·掌舍》"设车宫辕门"注:"谓王行止宿阻险之处,备非常,次车以为藩,则仰车以其辕表门。"疏:"言'仰车以其辕表门'者,谓仰两乘车,辕相向以表门,故名为辕门。"

### 幸

《独断》卷上:"幸者,宜幸也,世俗谓幸为侥幸。车驾所至,民臣被其德泽,以为侥幸,故曰幸也。"

## 释祭祀第二十三

### 祭

或训"察""至""荐",如《尚书大传·洛诰传》:"祭之为言察也,察者,至

---

① 此盖有脱误。

也,至者,人事至也,人事至然后祭,祭者,荐也,荐之为言在也,在也者,在其道也。"注:"《礼志》曰:斋之日,思其居处,思其笑语,思其志意,思其所乐,思其所耆。斋三日乃见其所为,斋者,祭之日入室僾然必有见乎其位,周旋出户,肃然必有闻乎其容声,出户而听,忾然必有闻乎其叹息之声,是之谓至。《礼志》曰:君子生则敬养,死则敬飨,思终身不忘,是之谓在其道。"《春秋繁露·祭义篇》:"祭者,察也,以善逮鬼神之谓也。善乃逮不可闻见者,故谓之察。"《谷梁传·成公十七年》:"祭者,荐其时也,荐其敬也,荐其美,非享味也。"

或训"际",如《春秋繁露·祭义篇》:"祭之为言际也。"《孝经·士章》"守其祭祀"疏:"祭者,际也,神人相接故曰际也。"《尔雅·释诂下》"禋、祀、祠、蒸、尝、禴,祭也"疏:"祭,际也,人神交际。"

或训"索",如《说苑·权谋》引孔子曰:"祭之为言索也,索也者,尽也,乃孝子所以自尽于亲也。"

# 祀

或训"已",如《说文·示部》:"祀,祭无已也。"《公羊传·定公八年》"定公顺祀"注:"言祀者,无已长久之辞。"《尚书·尧典》"九载"疏引孙炎曰:"祀,取四时祭祀一讫也。"①《急就篇》卷四"祠祀社稷丛腊奉"注:"祀者,祭无已也。"《玄应音义》卷二"祠祀"注:"祀,祭无已也,谓年常祭祀,洁敬无已也。"

或训"似",如《孝经·士章》"守其祭祀"疏:"祀者,似也,谓祀者似将见先人也。"

# 神

或训"引",如《说文·示部》:"神,天神引出万物者。"《礼记·礼运》"列于鬼神"注:"神者,引物而出,谓祖庙山川五祀之属也。"②《礼记·礼运》"列于鬼神"注:"神者引物而出。"

或训"申",如《风俗通·怪神篇》引传曰:"神者,申也。"《论衡·论死篇》:"神者,伸③也。申复无已,终而复始。"

# 鬼

《尸子》卷下:"鬼者,归也,故古者谓死人为归人。"《礼记·祭义》:"众生必死,死必归土,此之谓鬼。"④《礼记·祭法》"人死曰鬼"注:"鬼之言归也。"

---

① 《易·困卦》"利用亨祀"焦循《易章句》卷二云:"祀,已也,谓四时祭祀一讫,故通已止之已。"
② 疏:"宗庙能引出仁义,山川能引出兴作,五祀能引出制度,又俱能引出福庆,谓之神也。"
③ 以下文例之,"伸"当作"申"。
④ 疏:"鬼,归也,此归土之形,故谓之鬼也。"

《礼记·礼运》"列于鬼神"注:"鬼者,精魂所归。"《尔雅·释训》:"鬼之为言归也。"①《御览》卷八百八十三引《韩诗外传》:"人死曰鬼,鬼者,归也,精气归于天,肉归于土,血归于水,脉归于泽,声归于雷,动作归于风,眼归于日月,骨归于木,筋归于山,齿归于石,膏归于露,发归于革,呼吸之气归复于人。"《说文·鬼部》:"人所归为鬼。"《论衡·论死篇》:"人死精神升天,骸骨归土,故谓之鬼,鬼者,归也。"《汉书·杨王孙传》:"精神离形,各归其真,故谓之鬼,鬼之为言归也。"(《说苑·反质篇》引同)《风俗通·怪神篇》:"鬼者,归也,精气消越,骨肉归于土也。"《列子·天瑞篇》:"精神离形,各归其真,故谓之鬼,鬼,归也,归其真宅。"《孝经·感应章》"鬼神著矣"疏:"鬼者,归也,言人生于无,还归于无,故曰鬼也。"

## 禜

《说文·示部》:"禜,设绵蕝为营,以禳风雨、雪霜、水旱、厉疫于日月、星辰、山川也。"《史记·郑世家》"水旱之菑禜之"集解引服虔曰:"禜为营攒用币也,若有旱则禜祭山川之神,以祈福也。"《礼记·祭法》"雩宗祭水旱也"注:"宗皆当为禜字之误也,……禜之言营也。"《周礼·春官·鄩人》"禜门用瓟赍"注:"禜,谓营鄩所祭。"《左传·昭公元年》"于是乎禜之"注:"禜,祭为营攒,用币以祈福祥。"《后汉书·臧洪传》"禜祷群神"注:"禜,谓营攒,用币以禳风雨霜雪水旱厉疫于日月星辰山川也。"

## 祃

《汉书·叙传下》"类祃厥宗"注引应劭曰:"礼,……至所征伐之地表而祭之,谓之祃,祃者,马也,马者,兵之首,故祭其先神也。"《丹铅续录》卷一引《埤苍》:"祃,马上祭。"

## 禷②

《说文·示部》:"禷,以事类祭天神。"《汉书·叙传下》"类祃厥宗"注引应劭曰:"礼,将征伐告天而祭谓之类,告以事类也。"

## 诅

或训"沮",如《周礼·春官·诅祝》"诅祝"注:"诅,谓祝之使沮败。"

或训"阻",如《释名·释言语》:"诅,阻也,使人行事阻限于言也。"

## 祔

或训"属",如《仪礼·既夕礼》"明日以其班祔"注:"祔,卒哭之明日祭

---

① 疏:"谓之鬼者,鬼犹归也,若归去然,故尸子曰:'古者谓死人为归人。'"
② 《尔雅·释天》"是禷是祃"郝懿行义疏:"禷者,以类于郊祀而名也。"

名,袝,犹属也,祭昭穆之次而属之。"①

或训"袝""付"(并通"附"),如《释名·释丧制》:"又祭曰袝,祭于祖庙,以后死孙袝于祖也。"《后汉书·陈球传》"以冯贵人配袝"注:"袝谓新死之主袝于先死者之庙。"《尔雅·释诂下》"袝、祪,祖也"注:"袝,付也,付新死者于祖庙。"

## 禫

《仪礼·士虞礼记》"中月而禫"注:"禫,祭名也,与大祥间一月,自丧至此凡二十七月,禫之言澹,澹然平安意也。"《释名·释丧制》:"间月而禫,亦祭名也,孝子之意澹然,哀思亦衰也。"

## 命祭②

《周礼·春官·大祝》"辨九祭:一曰命祭"注引杜子春:"命祭,祭有所主命也。"郑玄注:"命祭者,《玉藻》曰:'君若赐之食,而君客之,则命之祭,然后祭'是也。"

## 衍祭

或训"衍"为"羡",如《周礼·春官·大祝》"辨九祭:……二曰衍祭"注引郑司农云:"衍祭,羡之道中,如今祭殇无所主命。"

或训"衍"为"延",如《周礼·春官·大祝》"辨九祭:……二曰衍祭"郑玄注:"衍字当为延,……声之误也。延祭者,《曲礼》曰:'客若降等,执食兴,辞。主人兴,辞于客,然后客坐,主人延客祭'是也。"

## 炮祭

《周礼·春官·大祝》"辨九祭:……三曰炮祭"注:"炮字当为包,……包犹兼也,兼祭者,《有司》曰'宰夫赞者取白黑以授尸,尸受,兼祭于豆祭'是也。"

## 振祭

《周礼·春官·大祝》"辨九祭:……五曰振祭"注引郑司农云:"至祭之末,礼杀之后,但擩肝盐中,振之,拟之若祭状,弗祭谓之振祭。"

## 擩祭

《周礼·春官·大祝》"辨九祭:……六曰擩祭"注引郑司农云:"擩祭,以肝肺菹擩盐醢中以祭也。……《特牲馈食礼》曰:'取菹,擩于醢,祭于豆间。'"

---

① 疏:"云'袝,犹属也,祭昭穆之次而属之'者,以其孙袝于祖,孙与祖昭穆同,故以孙连属于祖,而就祖而祭之也。"

② 凌廷堪云:"堕祭即《周礼·大祝》九祭中之命祭也,此祭必祝命之,故曰命祭。"(《礼经释例》卷九,《续修四库全书》90册,192页,上海古籍出版社,2002年)

## 绝祭

《周礼·春官·大祝》"辨九祭：……七曰绝祭"注引郑司农云："绝祭，不循其本直绝肺以祭也，重肺贱肝，故初祭绝肺以祭，谓之绝祭。……《乡饮酒礼》曰：'右取肺，却左手执本，坐，弗缭，右绝末以祭。'"

## 缭祭

《周礼·春官·大祝》"辨九祭：……八曰缭祭"注引郑司农云："缭祭，以手从持肺本循之至于末，乃绝以祭也。"郑玄云："绝祭、缭祭亦本同礼，多者缭之。"①

## 间祀

《周礼·春官·司尊彝》"凡四时之间祀"注引郑司农云："在四时之间，故曰间祀。"

## 时祀

《周礼·地官·牧人》"凡时祀之牲必用牷物"注："时祀，四时所常祀，谓山川以下至四方百物。"

## 方祀

《尚书大传·洪范五行传》"方祀"郑玄注："方祀，祀四方也。"

## 追享

《周礼·春官·司尊彝》"追享朝享"注："追享，谓追祭迁庙之主，以事有所请祷。"②

## 朝享

《周礼·春官·司尊彝》"追享朝享"注："朝享，谓朝受政于庙。《春秋传》曰：'闰月不告朔，犹朝于庙。'"

## 腊

或训"猎"，如《礼记·乐令》"腊先祖五祀"注："腊谓以田猎所得禽祭也。"《风俗通·祀典篇》："腊者，猎也，言田猎取禽兽，以祭祀其先祖也。"

或训"接"，如《风俗通·祀典篇》："或曰：腊者，接也，新故交接，故大祭以报功也。"《世说新语·德行篇》注引晋博士张亮引传曰："腊，接也，祭则新故交接也。"《急就篇·卷四》"祠祀社稷丛腊奉"注："腊，接也，广祭百神也。"《后汉书·陈宠传》"犹用汉家祖腊"注："腊，接也，新故交接，故大祭之报功也。"

---

① 孙诒让正义："此谓以左手从持肺本，以右手从本之离处摩循之，以至于末，使肺缭戾，而复绝之以祭也。"（《周礼正义》卷四十九，《续修四库全书》83册，570页，上海古籍出版社，2002年）

② 注引郑司农云："追享、朝享谓禘祫也。"

## 蜡

《礼记·郊特牲》:"天子大蜡八,……蜡也者,索也,岁十二月合聚万物而索飨之也。"注:"谓求索也。"《礼记·礼运》"仲尼与于蜡宾"注:"蜡者,索也,岁十二月合聚万物而索飨之。"《礼记·杂记下》"子贡观于蜡"注:"蜡也者,索也,岁十二月合聚万物而索飨之祭也。"《独断》卷上:"蜡之言索也,祭日索此八神而祭之也。"《孔子家语·观乡射篇》"子贡观于蜡"王肃注:"蜡,索也,岁十有二月索群神而祀之,今之腊也。"《世说新语·德行篇》注引晋博士张亮曰:"蜡者,合聚百物索飨之,岁终休老息民也。"《礼记·礼运》"仲尼与于蜡宾"释文:"蜡,索也,祭名。"

## 禬

或训"会",如《说文·示部》:"禬,会福祭也。"《周礼·春官·神仕》"以禬国之凶荒"疏:"禬为会合之义。"

或训"刮",如《周礼·天官·女祝》"掌以时招、梗、禬、禳之事,以除疾殃"注:"除灾害曰禬,禬,犹刮去也。"

## 侯

《周礼·春官·小祝》"将事侯禳祷祠之祝号"注:"侯之言候也,候嘉庆祈福祥之属。"《周礼·春官·肆师》"与祝侯禳于畺及郊"疏:"侯者,候迎善祥。"

## 禳①

《周礼·天官·女祝》"掌以时招、梗、禬、禳之事,以除疾殃"注:"却变异曰禳,禳,攘也。"或训"禳",义为"攘",如《周礼·春官·小祝》"将事侯禳祷祠之祝号"注:"禳,禳却凶咎,宁风旱之属。"《山海经·中山经》"禳而勿杀"注:"禳亦祭名,谓禳却恶气也。"《仪礼·聘礼》"禳乃入"注:"禳,祭名也,为行道累历不祥,禳之以除灾凶。"《周礼·春官·肆师》"与祝侯禳于畺及郊"疏:"禳者,禳去殃气。"《周礼·春官·鸡人》"凡祭祀面禳衅"疏:"禳谓禳去恶详也。"

## 祊

或训"倞",如《礼记·郊特牲》"祊之为言倞也"注:"倞犹索也。"

或训"旁",如《礼记·礼器》"为祊乎外"注:"祊,祭明日之绎祭也,谓之祊者,于庙门之旁因名焉。"

---

① 《说文·示部》徐锴《系传》:"禳之为言攘也。"《周礼·天官·女祝》"掌以时招、梗、禬、禳之事,以除疾殃"孙诒让云:"禳为却变异之祭,义与攘同,禳、攘同声,字亦相通。"(《周礼正义》卷十四,《续修四库全书》82册,344页,上海古籍出版社,2002年)

或训庙门名之"祊",如《礼记·郊特牲》"索祭祝于祊"注:"庙门曰祊,谓之祊者,以于绎祭名也。"①

或训旁皇之"旁",如《说文·示部》:"䃾("祊"或作"䃾"),门内祭先祖所旁皇也。"②(段注本)

## 肵③

《礼记·郊特牲》:"肵之为言敬也。"④《仪礼·少牢馈食礼》"载于肵俎"注:"肵之为言敬也,所以敬尸也。"《仪礼·少牢馈食礼》"主人羞肵俎"注:"肵,敬也。"《礼记·曾子问》"无肵俎"释文:"肵,敬也。"

## 禊

《风俗通·祀典》:"禊者,洁也。""洁"或作"絜",义同,如《南齐书·礼志》:"应劭云:'禊者,絜也。'言自絜濯也。"《文选·闲居赋》"或宴于林;或禊于汜"李善注:"《风俗通》曰:'禊者,絜也。'仲春之时,于水被除故事,取于清絜也。"《文选·三月三日曲水诗序》李善注:"《风俗通》曰:'禊者,絜也。'于水上盥絜也。"《南齐书·礼志》:"禊与曲水其义参差,旧言阳气布畅,万物讫出,姑洗絜之也。"

## 上巳

《风俗通·祀典》:"巳者,祉也,邪疾已去,祈介祉也。"《南齐书·礼志》:"禊与曲水其义参差,旧言阳气布畅,万物讫出,姑洗絜之也。巳者,祉也,言祈介祉也。"

## 辛⑤

《南齐书·礼志》引卢植云:"辛之为言自新絜也。"引郑玄云:"用辛日者,为人当斋戒自新絜也。"

---

① 《尔雅·释宫》:"闑谓之门。"疏:"祊本庙门之名,设祭于庙门,因名其祭亦名祊。"

② 《礼记·郊特牲》:"索祭祝于祊,不知神之所在,于彼乎?于此乎?或诸远人乎,祭于祊,尚曰求诸远者与?"此即旁皇义。按《尔雅·释宫》:"闑谓之门。"疏"祊本庙门之名,设祭于庙门,因名其祭亦名祊。凡祊有二种:一是正祭之时,既设于庙,又求神于庙门之内。《郊特牲》云:'索祭祝于祊。'及《诗》云'祝祭于祊'注云:'祊,平生门内之旁,待宾客之处。'与祭同日业。二是明日绎祭之时,设馔于庙门外西室,亦谓之祊,即《郊特牲》注云:'祊之礼宜于庙门外之西室。'及《礼器》云'为祊乎外'是也。"是《说文》所言为前者,《礼记》所云为后者也。

③ 钱大昕云:"《说文》无肵字,当与祈同,祈敬声相近也。《少牢礼》'主人羞肵俎'注:'肵,敬也。'《士虞记》'用专肤为折俎'注:'今文字为折俎,而说以为肵俎,亦甚诬矣。'据郑所言,知当时固有作肵字者,许君不收肵字,疑亦以折俎当肵俎,但意与郑又不同耳。折从斤亦当有祈音。"(《十驾斋养新录》卷二,《续修四库全书》1151册,116页,上海古籍出版社,2002年)

④ 注:"为尸有肵俎。"

⑤ 此乃郊用辛日之辛。

## 雩

或训"远",如《礼记·月令》"大雩帝"疏引服虔云:"雩,远也,远为百谷祈膏雨。"《左传·桓公五年》"龙见而雩"注:"雩,远也,远为百谷求膏雨。"①疏:"雩之言远也,远为百谷祈膏雨,远者,豫为秋收言,意深远也。"

或训"吁",如《礼记·祭法》"雩宗,祭水旱也"注:"雩之言吁嗟也。"②疏引《考异邮》:"雩,呼吁嗟哭泣。"《礼记·月令》"大雩帝"注:"雩,吁嗟求雨之祭也。"《周礼·春官·女巫》"凡邦之大灾,歌哭而请"疏引董仲舒曰:"雩,求雨之术,呼嗟之。"("呼"盖"吁"之误)《周礼·春官·司巫》"帅巫而舞雩"疏引《考异邮》:"雩者,呼嗟求雨之祭。"《公羊传·桓公五年》"大雩者何？旱祭也"注:"使童男女各八人舞而呼雩,故谓之雩。"《尔雅·释训》"舞,雩也"注:"雩之祭,舞者吁嗟而请雨。"《论语·先进》"浴乎沂,风乎舞雩"皇侃义疏:"请雨祭谓之雩,雩,吁也,民不得雨,故吁嗟也。"

## 祧

《礼记·祭法》"远庙为祧"注:"祧之言超也,超上去意也。"

## 祖

《风俗通·祀典篇》:"礼传:'共工之子曰修,好远游,舟车所至,足迹所达,靡不穷览,故祀以为祖神。'祖者,徂也。"

## 礿

或训"约",如《春秋繁露·祭义篇》:"夏约,故曰礿。"

或训"汋",如《公羊传·桓公八年》"夏曰礿"注:"荐尚麦鱼,始熟可礿,故曰礿("礿"通"汋")。"《诗·小雅·天保》"禴祠烝尝"疏引《尔雅·释天》"夏祭曰礿"孙炎注:"礿,新菜可汋。"《尔雅·释天》"夏祭曰礿"注:"礿,新菜可汋。"

或训"薄",如《礼记·王制》"春曰礿"疏引皇氏云:"礿,薄也,春物未成,其祭品鲜薄也。"《后汉书·明帝纪》"太常其以礿祭之日"注:"《礼记》曰:'夏祭曰礿。'音药,礿,薄也,夏物未成,祭尚薄。"按:"汋"《说文·鬲部》作"䰞",云:"内肉及菜汤中薄出之。"段玉裁云:"薄音博,迫也,纳肉及菜于涫汤中而迫出之。"似较"祭品鲜薄"之训可信。

---

① "雩,远也"三字今本杜注无,据《后汉书·安帝纪》"京师大雩"注引增,《论语·先进》"风乎舞雩"正义引杜注云:"雩之言远也,远为百谷祈膏雨也。"

② 疏:"言吁嗟哭泣以求雨也。"《左传·桓公五年》疏:"郑玄礼注云:'雩之言吁也。'言吁嗟哭泣以求雨也。"

## 禘

《礼记·王制》"夏曰禘"疏引皇氏云:"禘者,次第也,夏时物虽未成,宜依时次第而祭之。"

## 祼

《诗·大雅·文王》"祼将于京"传:"祼,灌鬯也。"疏:"祼者,以鬯酒灌尸。"《说文·示部》:"祼,灌祭也。"《周礼·天官·小宰》"祼将之事"注:"赞王酌郁鬯以献尸谓之祼,祼之言灌也。"《周礼·春官·大宗伯》"以肆献祼享先王"注:"祼之言灌,灌以郁鬯,谓始献尸求神时也。"《国语·周语上》"王祼鬯"韦昭注:"祼,灌也。"《孔子家语·冠颂篇》"以祼享之礼以将之"王肃注:"祼,灌鬯也。"《左传·襄公九年》"君冠必以祼享之礼行之"注:"祼,谓灌鬯酒也。"《尚书·洛诰》"王入太室祼"疏:"祼者,灌也。王以圭瓒酌郁鬯之酒以献尸,尸受祭而灌于地,因奠不饮,谓之祼。"《汉书·刘向传》"祼将于京"注:"祼,灌鬯也。"

## 禋

《周礼·春官·大宗伯》"以禋祀祀昊天上帝"注:"禋之言烟,周人尚臭,烟,气之臭闻者。"①《后汉书·祭祀志》"谓六宗者"刘昭注引太学博士吴商曰:"禋之言烟也。"《诗·大雅·生民》"克禋克祀"疏引袁准曰:"禋者,烟气烟煴也,天之体远不可得,就圣人思尽其心而不知所由,故因烟气之上,以致其诚,故外传曰'精意以享禋',此之谓也。"《周礼·秋官·大司寇》"若禋祀五帝"疏:"禋之言烟。"《山堂考索前集》卷三十五引《三礼义宗》:"《尚书》:'禋于六宗。'禋有三义:禋者,烟也,洁也,精也,烟者,燔柴升烟于天,以气闻达;洁取净洁,以表无秽之理;精者,取祭者精勤之意。"

## 禖

《礼记·月令》"太牢祠于高禖"注:"高辛氏之世,玄鸟遗卵,娀简吞之而生契,后王以为媒官嘉祥而立其祠焉,变媒言禖,神之也。"②《诗·大雅·生民》"克禋克祀"传"以大牢祠于郊禖"疏引蔡邕《月令章句》:"高禖,祀名,高犹尊也,禖犹媒也。"

## 禂

或训"祷",如《周礼·春官·甸祝》"禂牲禂马"注引杜子春云:"禂,祷也,为马祷无疾,为田祷多获禽牲。"《说文·示部》:"禂,祷牲马祭也。"

---

① 孙诒让正义:"禋、烟声类同,故升烟以祭谓之禋祀。"《周礼正义》卷三十三,《续修四库全书》83册,143页,上海古籍出版社,2002年)

② 疏:"禖,媒字从女,今从示旁,为之示,是神明告示之义,故云'变媒言禖神之也'。"

或训"侏",如《周礼·春官·甸祝》"禂牲禂马"郑玄注:"禂读如伏诛之诛,今侏大字也,为牲祭求肥充,为马祭求肥健。"①

### 瘞薶②

《尔雅·释天》"祭地曰瘞薶"疏引孙炎云:"瘞者,翳也,既祭翳藏地中。"

### 布

《尔雅·释天》"祭星曰布"疏引李巡云:"祭星者,以祭布露地,故曰布。"孙炎云:"既祭,布散于地,似星布列也。"《裨雅》卷二十引《释名》:"祭星曰布,……布,取其象之布也。"

### 桃梗

《风俗通义·祀典》:"桃梗,梗者,更也,岁终更始受介祉也。"《古微书·春秋内事》:"周人木德,以桃为梗,言气相更也。……桃梗,今之桃符也。"《御览》卷九百六十七引《续汉书·礼仪志》曰:"仲夏之月,阴气萌作,以朱索施门户,各以所尚为饰,周人木德,以桃为梗,言气相更也。"

### 方相

《周礼·夏官·叙官》"方相氏"注:"方相,犹言放想,可畏怖之貌。"疏:"郑云'方相犹言放想'者,汉时有此语,是可畏怖之貌,故云'方相'也。"

### 祲

或训"侵",如《周礼·春官·视祲》"视祲掌十辉之法,以观妖祥,辨吉凶。一曰祲,二曰象,三曰鑴,四曰监,五曰暗,六曰瞢,七曰弥,八曰叙,九曰隮,十曰想"注引郑司农云:"祲,阴阳气相侵也。"《周礼·春官·序官》"视祲"注:"祲,阴阳气相侵渐成祥者。"《释名·释天》:"祲,侵也,赤黑之气相侵也。"《诗·大雅·灵台·序》"灵台,民始附也"笺"天子有灵台者,所以观祲象察气之妖祥也。"释文:"阴阳气相侵渐成祥。"《左传·昭公十五年》"吾见赤黑之祲"疏:"祲是阴阳之气相侵之名。"《汉书·匡衡传》"精祲有以相荡"注:"祲,谓阴阳气相浸渐以成灾祥者也。"《后汉书·安帝纪》"彼日而微,遂祲天路"注:"祲,阴阳相侵之气也。"《荀子·王制篇》"占祲兆"注:"祲,阴阳相侵之气。"

或训"浸",如《汉学堂丛书·感精符》"天有十辉,以观祥妖,辨吉凶、审世道也。一曰祲,二曰象,三曰觿,四曰监,五曰暗,六曰瞢,七曰弥,八曰序,

---

① 段玉裁云:"郑以上文既有'表貉'释为'祷气势之十百而多获',不当禂牲,又云'祷多获禽牲',故必易为'侏大'而后安。"(《说文解字注》,7页,上海古籍出版社,1988年)

② 《尔雅·释天》"祭地曰瘞薶"疏引李巡云:"祭地,以玉埋地中曰瘞埋。"疏:"云'祭地曰瘞薶'者,祭地名瘞薶,《祭法》云:'瘗埋于泰圻,祭地也。'然则祭神州地祇于北郊,瘞缯埋牲,因名祭地曰'瘞埋'。"

九曰隮,十曰想"宋均注:"祲,谓阴阳五色之气祲淫相互浸。"《说文·示部》徐锴《系传》:"祲之言侵也,又浸也,浸浸然将作也。"

## 鑴

《周礼·春官·视祲》"视祲掌十辉之法,以观妖祥辨吉凶。一曰祲,二曰象,三曰鑴,四曰监,五曰暗,六曰瞢,七曰弥,八曰叙,九曰隮,十曰想"注:"玄谓鑴读如童子佩觿之觿,谓日旁气刺日也。"《汉学堂丛书·感精符》"天有十辉,以观祥妖,辨吉凶、审世道也。一曰祲,二曰象,三曰觿,四曰监,五曰暗,六曰瞢,七曰弥,八曰序,九曰隮,十曰想"宋均注:"觿,谓日旁刺气,如童子所佩之觿也。"

## 监

《周礼·春官·视祲》"视祲掌十辉之法,以观妖祥辨吉凶。一曰祲,二曰象,三曰鑴,四曰监,五曰暗,六曰瞢,七曰弥,八曰叙,九曰隮,十曰想"注引郑司农云:"监,云气临日也。"《汉学堂丛书·感精符》"天有十辉,以观祥妖,辨吉凶、审世道也。一曰祲,二曰象,三曰觿,四曰监,五曰暗,六曰瞢,七曰弥,八曰序,九曰隮,十曰想"宋均注:"监,谓云临在日上也。"

## 瞢

《周礼·春官·视祲》"视祲掌十辉之法,以观妖祥辨吉凶。一曰祲,二曰象,三曰鑴,四曰监,五曰暗,六曰瞢,七曰弥,八曰叙,九曰隮,十曰想"注引郑司农云:"瞢,日月瞢瞢无光也。"①

## 弥

《周礼·春官·视祲》"视祲掌十辉之法,以观妖祥辨吉凶。一曰祲,二曰象,三曰鑴,四曰监,五曰暗,六曰瞢,七曰弥,八曰叙,九曰隮,十曰想"注引郑司农云:"弥者,白虹弥天也。"《汉学堂丛书·感精符》"天有十辉,以观祥妖,辨吉凶、审世道也。一曰祲,二曰象,三曰觿,四曰监,五曰暗,六曰瞢,七曰弥,八曰序,九曰隮,十曰想"宋均注:"弥,谓白虹弥天而贯日也。"

## 叙

《周礼·春官·视祲》"视祲掌十辉之法,以观妖祥辨吉凶。一曰祲,二曰象,三曰鑴,四曰监,五曰暗,六曰瞢,七曰弥,八曰叙,九曰隮,十曰想"注引郑司农云:"叙者,云有次序,如山在日上也。"②

---

① 《汉学堂丛书·感精符》"天有十辉,以观祥妖,辨吉凶、审世道也。一曰祲,二曰象,三曰觿,四曰监,五曰暗,六曰瞢,七曰弥,八曰序,九曰隮,十曰想"宋均注:"瞢,不明也。"

② 《汉学堂丛书·感精符》"天有十辉,以观祥妖,辨吉凶、审世道也。一曰祲,二曰象,三曰觿,四曰监,五曰暗,六曰瞢,七曰弥,八曰序,九曰隮,十曰想"宋均注:"序,谓气如山而在日上也。"

## 想

《周礼·春官·视祲》"视祲掌十辉之法,以观妖祥辨吉凶。一曰祲,二曰象,三曰镌,四曰监,五曰暗,六曰瞢,七曰弥,八曰叙,九曰隮,十曰想"注:"想,杂气有似可形想。"《汉学堂丛书·感精符》"天有十辉,以观祥妖,辨吉凶、审世道也。一曰祲,二曰象,三曰觿,四曰监,五曰暗,六曰瞢,七曰弥,八曰序,九曰隮,十曰想"宋均注:"想谓五色有形想也。"

## 释丧制第二十四

### 肆

《礼记·檀弓下》"肆诸市朝"注:"肆,陈尸也。"《论语·宪问》"肆诸市朝"集解引郑注:"有罪既刑,陈其尸曰肆也。"皇侃疏:"肆者,杀而陈尸也。"《文选·责躬诗》"暴之朝肆"注:"杀人陈其尸曰肆。"

### 戕

或训"枪",如《说文·戈部》:"戕,枪也。"①

或训"伤",如《易·丰卦》"窥其户,阒其无人,自藏也""藏"释文引郑本作"戕",郑云"伤也"。《国语·晋语一》"可以小戕而不能丧国"注:"害在内为戕,戕犹伤也。"

### 物故

《通典》卷八十三引高堂隆曰:"闻之先师,物,无也;故,事也。言无复能于事者也。"

### 殉

《诗·秦风·黄鸟·序》"黄鸟,哀三良也,国人刺穆公以人从死而作是诗也"疏引文公六年《左传》"秦伯任好卒,以子车氏之三子奄息、仲行、针虎为殉"服虔注:"杀人以葬,璇环其左右曰殉。"

### 殡

《礼记·檀弓上》:"周人殡于西阶之上,则犹宾之也。"《说文·歹部》云:"殡,死在棺,将迁葬柩,宾遇之。"②《释名·释丧制》:"于西壁下涂之曰殡,殡,宾也,宾客遇之,言稍远也。"

---

① 段玉裁云:"枪者,歫也,歫谓相抵为害。"(《说文解字注》,631页,上海古籍出版社,1988年)
② 段玉裁以为当作"尸在棺,殡于西阶,宾遇之"。(《说文·歹部·殡》注)

## 考

或训"成",如《礼记·曲礼下》"父曰皇考,母曰皇妣"注:"考,成也,言其德行之成也。"《左传·襄公十三年》"所以从先君于祢庙者"疏:"《曲礼》云:'生曰父,死曰考'考,成也,言有成德也。"《礼记·祭法》"曰考庙"疏:"父庙曰考,考,成也,谓父有成德之美也。"

"成"之外或训"槁",如《释名·释丧制》:"父死曰考,考,成也,亦言槁也,槁于义为成,凡五材胶漆陶冶皮革,干槁乃成也。"

## 妣

或训"媲",如《礼记·曲礼下》"父曰皇考,母曰皇妣"注:"妣之言媲也,媲于考也。"

或训"比",如《释名·释丧制》:"母死曰妣,妣,比也,比之于父亦然也。"

## 铭

《周礼·春官·小祝》"设熬置铭"注引郑司农云:"铭,书死者名于旌。"

## 桑

《御览》卷五百三十一引《五经要义》:"主者,神象也。凡虞主用桑,桑,犹丧也,丧礼取其名。练主用栗,栗者,敬也,祭礼取其恭。"《汉书·五行志》:"《书序》曰:'伊陟相太戊,亳有祥,桑谷共生。'……刘向以为,……桑犹丧也,谷犹生也。"《仪礼·士丧礼》"簪笲用桑"注:"桑之为言丧也,用为笲,取其名也。"《谷梁传·文公二年》"丧主于虞"注"其主用桑"疏:"虞主用桑者,桑犹丧也,取其名与其麤悕,所以副孝子之心。"

## 缞(衰)

《三礼图集注》卷十五引贾云:"衰之言摧也,衰当心者,明孝子有哀摧之志也。"《释名·释丧制》:"缞,摧也,言伤摧也。"《仪礼·丧服》"斩衰"释文:"缞之言摧也,所以表其中心摧痛。"《左传·襄公十七年》"苴绖带"疏:"衰之言摧也,绖之言实也,明孝子之心实摧痛,故制此服。"《仪礼·丧服》"衰长六寸,博四寸"疏:"衰之言摧,孝子有哀摧之志。"《孝经·丧亲章》"丧不过三年"疏:"缞之言摧也,绖之言实也,孝子服之,明其心实摧痛也。"《庄子·天道篇》:"哭泣衰绖"成玄英疏:"衰,摧也。"《后汉书·郭丹传》"衰绖尽哀"注:"绖之言实,衰之言摧,明中实摧痛也。"

## 锡缞

《周礼·春官·司服》"王为三公六卿,锡缞"郑玄注引郑司农云:"锡麻之滑易者。"《仪礼·丧服传》:"谓之锡者,治其布使之滑易也。不锡者不治其缕,哀在内也;缌者不治其布,哀在外。"《释名·释丧制》:"锡缞,锡,易也,治其麻,使滑易也。"

## 疑衰

《周礼·春官·司服》"凡丧:王为三公六卿,锡衰;为诸侯,缌衰;为大夫、士,疑衰"注引郑司农云:"疑之言'拟'也,拟于吉。"郑玄云:"玄谓'疑之言拟也,拟于吉'者,以其吉服十五升,今疑衰十四升,少一升而已,故云'拟于吉'者也。"

## 绖

《礼记·檀弓上》:"绖也者,实也。"《仪礼·丧服》"苴绖杖绞带"注:"麻在首在要皆曰绖,绖之言实也,明孝子有忠实之心。"《仪礼·士丧礼》"苴绖大鬲"注:"绖之言实也。"《释名·释丧制》:"绖,实也,伤摧之实也。"《庄子·天道篇》"哭泣衰绖"成玄英疏:"绖者,实也。"《左传·襄公十七年》"苴绖带"疏:"衰之言摧也,绖之言实也,明孝子之心实摧痛,故制此服。"《孝经·丧亲章》"丧不过三年"疏:"缞之言摧也,绖之言实也,孝子服之,明其心实摧痛也。"《后汉书·郭丹传》"衰绖尽哀"注:"绖之言实,衰之言摧,明中实摧痛也。"

## 缌

《仪礼·丧服传》"缌者十五升抽其半"注:"谓之缌者,治其缕细如丝也。"《释名·释丧制》:"三月曰缌麻,缌,丝也,绩麻细如丝也。"

## 蜃车

《周礼·地官·遂师》"共丘笼及蜃车之役"注:"蜃车,柩路也,柩路载柳,四轮迫地而行,有似于蜃,因取名焉。"

## 龙輴

《礼记·檀弓上》"天子之殡也,菆涂龙輴以椁"注:"天子殡以輴车,画辕为龙。"

## 唅(含)

《御览》卷五百四十九引《说题辞》:"口实曰唅,……天子以珠,诸侯以玉,大夫以璧,唅之为言含也。"《释名·释丧制》:"含,以珠贝含其口中也。"

## 墓①

《周礼·春官·序官》"墓大夫"注:"墓,冢茔之地,孝子所思慕之处。"

---

① 《说文·土部·墓》段注:"墓之言规模也。"(《说文解字注》,692页,上海古籍出版社,1988年)桂馥云:"谓之墓者,言其幽暗当昏暮也。"(《〈说文解字〉义证》,1213页,中华书局,1987年)王念孙云:"墓之言模也,规模其地而为之,故谓之墓。"(《〈广雅〉疏证》,300页,中华书局,2004年)

《释名·释丧制》:"墓,慕也,孝子思慕之处也。"《方言》卷十三"凡葬而无坟谓之墓"郭璞注:"墓犹慕也。"

冢[①]

或训"种",如《水经注》卷十九《渭水》:"秦名天子冢曰山,汉曰陵……《说题辞》曰:'丘者,墓也。冢者,种也;种,墓也,罗倚于山,分卑尊之名者也。'"

或训"冢",如《周礼·春官·叙官》"冢人"注:"冢,封土为丘珑,象冢而为之。"

或训"肿",如《释名·释丧制》:"冢,肿也,象山顶之高肿起也。"

---

[①] 《周礼·春官·叙官》"冢人"孙诒让正义:"冢本义为山顶,山顶必高起,凡丘墓封土高起为垄,与山顶相似,故亦通谓之冢也。"(《周礼正义》卷三十二,《续修四库全书》83册,124页,上海古籍出版社,2002年)

# 参考文献

## 专 著 类

安居香山撰、田人隆译《纬书与中国神秘思想》,河北人民出版社,1991年。
安居香山、中村璋八辑《纬书集成》,河北人民出版社,1994年。
白居易辑《白氏六帖》(1933年张芹伯影印南宋绍兴刻本),见董志安主编《唐代四大类书》,清华大学出版社,2003年。
班固辑《白虎通》,(乾隆四十九年抱经堂丛书本),艺文印书馆,1966年。
班固辑《白虎通德论》(元大德九年刊本),上海古籍出版社,1990年。
班固辑《白虎通德论》(元小字本),国家图书馆出版社,2007年。
班固撰《汉书》,中华书局,1962年。
本田成之撰、孙俍工译《中国经学史》,中华书局,1935年。
蔡邕《独断》,文渊阁《四库全书》,156册,台湾商务印书馆,1986年。
陈汉生撰、周云之等译,《中国古代的语言和逻辑》,社会科学文献出版社,1998年。
陈建初撰《〈释名〉考论》,湖南师范大学出版社,2007年。
陈澧撰《东塾读书记》,上海古籍出版社,2012年。
陈立撰《〈白虎通〉疏证》,光绪十四年《皇清经解续编》本。
陈槃撰《谶纬释名》,中华书局,2009年。
陈彭年撰《巨宋广韵》(宋乾道五年建宁府刻本),上海古籍出版社,1983年。
陈乔枞撰《今文〈尚书〉经说考》(清左海续集本)《续修四库全书》,49册,上海古籍出版社,2002年。
陈寿撰《三国志》,中华书局,1982年。
陈寿祺撰《五经异义疏证》,上海古籍出版社,2012年。
陈寿祺、陈乔枞撰《三家〈诗〉遗说考》(左海续集本),《续修四库全书》,76册。
陈祥道撰《礼书》(宋庆元年间刊、元至正七年福州路儒学修补、明递修本),《域外汉籍珍本文库》(第二辑,五至六册)西南师范大学出版社、人民出版社,2011年。
陈子展撰《〈诗经〉直解》,复旦大学出版社,1983年。
程树德撰《〈论语〉集释》,中华书局,1990年。
崔瑞德、鲁惟一编、杨品泉等译《剑桥中国秦汉史》,中国社会科学出版社,1992年。

# 参考文献

崔枢华撰《〈说文解字〉声训研究》,北京师范大学出版社,2000年。
杜台卿辑《玉烛宝典》(光绪十年古逸丛书本),《续修四库全书》,885册。
段玉裁撰《古文〈尚书〉撰异》(道光间经韵楼丛书本),《续修四库全书》,46册。
段玉裁撰《说文解字注》(嘉庆二十年经韵楼刻本),上海古籍出版社,1988年。
恩斯特·卡希尔撰、于晓等译《语言与神话》,生活·读书·新知三联书店,1988年。
恩斯特·卡西尔撰、张国忠译《国家的神话》,浙江人民出版社,1988年。
范晔撰《后汉书》,中华书局,1965年。
房玄龄等撰《晋书》,中华书局,1974年。
费尔迪南·德·索绪尔撰、高名凯译《普通语言学教程》,商务印书馆,1980年。
冯应京辑、戴任增释《〈月令〉广义》(万历二十九年陈邦泰刻本),《四库存目丛书》史部第164—165册,齐鲁书社,1997年。
冯友兰撰《中国哲学史》,华东师范大学,2000年。
干宝撰、胡怀琛标点《搜神记》,商务印书馆,1957年。
高名凯、王安石主编《语言学概论》,中华书局,1963年。
葛兆光撰《中国思想史》,复旦大学出版社,2001年。
龚鹏程撰《汉代思潮》,商务印书馆,2005年。
顾颉刚撰《中国上古史研究讲义》,中华书局,1988年。
顾颉刚撰《三皇考》,《顾颉刚全集·二》,中华书局,2010年。
顾颉刚撰《秦汉的方士与儒生》,《顾颉刚全集·二》,中华书局,2010年。
顾颉刚撰《五德终始说下的政治和历史》,《顾颉刚全集·二》,中华书局,2010年。
顾颉刚、刘启釪撰《〈尚书〉校释译论》,中华书局,2005年。
顾南原撰《隶辨》,北京市中国书店,1982年。
顾炎武、黄汝成集释《〈日知录〉集释(外七种)》(道光十四年嘉定黄氏西溪草庐重刊定本),上海古籍出版社,1985年。
顾野王撰《玉篇》(残卷)(日本昭和八年东方文化丛书本),《续修四库全书》,第228册。
管子撰、黎翔凤校注《〈管子〉校注》,中华书局,2004年。
桂馥撰《〈说文解字〉义证》(同治三年崇文书局刻本),中华书局,1987年。
郭沫若撰《十批判书》,见《中国古代社会研究》(外二种),河北教育出版社,2000年。
郭锡良编《汉字古音手册》,北京大学出版社,1986年。
海德格尔撰、孙周兴译《荷尔德林诗的阐释》,商务印书馆,2000年。
郝懿行撰《〈尔雅〉郭注义疏》(同治四年家刻本),《续修四库全书》,187册。
何九盈撰《中国古代语言学史》,北京大学出版社,2006年。
贺麟撰《文化与人生》,上海人民出版社,2011年。
侯外庐、赵纪彬、杜国庠、邱汉生主编《中国思想通史》,人民出版社,1957年。
洪亮吉撰《汉魏音》(乾隆五十年刻本),《续修四库全书》,245册。
洪兴祖撰《〈楚辞〉补注》,中华书局,1983年。
洪颐煊撰《读书丛录》(道光二年富文斋刻本),《续修四库全书》,1157册。
胡奇光撰《中国小学史》,上海人民出版社,2005年。
胡朴安撰《中国训诂学史》,商务印书馆,1998年。
胡适撰《中国哲学史大纲》,东方出版社,1996年。

胡适撰《先秦名学史》,学林出版社,1983年。

桓宽撰、王利器校注《〈盐铁论〉校注》,中华书局,1992年。

桓谭撰、朱谦之辑校《新论》,中华书局,2009年。

黄侃述、黄焯编《文字声韵训诂笔记》,上海古籍出版社,1983年。

黄侃撰《黄侃论学杂著》,中华书局,1964年。

黄生撰、黄承吉按《字诂义府合按》,中华书局,1984年。

黄以周撰《礼书通故》(光绪十九年黄氏试馆刻本),《续修四库全书》,111—112册。

慧琳撰《一切经音义》,《中华大藏经》,第57—59册,中华书局,2004年。

贾谊撰、阎振益、钟夏校注《〈新书〉校注》,中华书局,2000年。

江永撰《群经补义》,《皇清经解》本,咸丰十一年(1861)。

蒋庆撰《公羊学引论》,辽宁教育出版社,1995年。

焦竑撰《焦氏笔乘》(万历三十四年谢与栋刻本),《续修四库全书》,1129册。

焦循撰《〈孟子〉正义》,中华书局,1987年。

焦循撰《〈易〉通释》(嘉庆二十二年江都焦氏刻本),《续修四库全书》,27册。

焦循撰《〈易〉图略》(嘉庆二十二年江都焦氏刻本),《续修四库全书》,27册。

焦循撰《〈易〉章句》(嘉庆二十二年江都焦氏刻本),《续修四库全书》,27册。

焦循撰《〈周易〉补疏》(道光六年半九书塾六经补疏本),《续修四库全书》,27册。

金春峰撰《汉代思想史》(增补第三版),中国社会科学出版社,2006年。

金克木撰,周锡山编《文化卮言》,中国人民大学出版社,2009年。

卡普拉撰、灌耕编译《现代物理学与东方神秘主义》,四川人民出版社,1983年。

孔广森撰《〈春秋〉公羊经传通义》(嘉庆间㜇轩孔氏所著书本),《续修四库全书》,129册。

孔广森撰《〈大戴礼记〉补注》(嘉庆间㜇轩孔氏所著书本),《续修四库全书》,107册。

冷德熙撰《超越神话——纬书政治神话研究》,东方出版社,1996年。

李步嘉撰《〈越绝书〉校释》,中华书局,2013年。

李道平撰《〈周易〉集解纂疏》,中华书局,1994年。

李昉等辑《太平御览》(1935年商务印书馆影印宋本),中华书局,1960年。

李世萍撰《郑玄毛诗笺研究》,知识产权出版社,2010年。

李泽厚撰《中国古代思想史论》,人民出版社,1986年。

李中华撰《神秘文化的启示——纬书与汉代文化》,新华出版社,1993年。

廖平撰、孙宗泽订《重订谷梁〈春秋〉经传古义疏》(民国二十年渭南严氏孝义家塾丛书本),《续修四库全书》,133册。

刘安撰、何宁集释《〈淮南子〉集释》,中华书局,1998年。

刘安撰、刘文典集解《〈淮南鸿烈〉集解》,中华书局,1989年。

刘宝楠撰《〈论语〉正义》,中华书局,1990年。

刘国忠撰《〈五行大义〉研究》,辽宁教育出版社,1999年。

刘润清撰《西方语言学流派》,外语教学与研究出版社,2013年。

刘师培撰《刘申叔遗书》(民国二十五年宁武南氏校印本),凤凰出版社,1997年。

刘熙撰、毕沅疏、王先谦补《〈释名疏证〉补》(光绪二十二年思贤书局刻本),《续修四库全书》,190册。

刘向撰、向宗鲁校证《〈说苑〉校证》,中华书局,1987年。

# 参考文献

刘勰撰、范文澜注《〈文心雕龙〉注》,人民文学出版社,1958年。
刘小枫撰《个体信仰与文化理论》,四川人民出版社,1997年。
刘义庆撰、余嘉锡笺疏《〈世说新语〉笺疏》,上海古籍出版社,1993年。
刘又辛、李茂康撰《训诂学新论》,巴蜀书社,1995年。
刘知几撰《史通》上海古籍出版,2008年。
凌曙撰《〈春秋公羊〉问答》(道光元年蕙云阁刻本),《续修四库全书》,129册。
卢文弨撰《抱经堂文集》,(乾隆四十九年抱经堂丛书本),艺文印书馆,1966年。
陆德明撰《经典释文》(清通志堂本经解本),中华书局,1983年。
陆贾撰、王利器校注《〈新语〉校注》,中华书局,1986年。
陆宗达撰《训诂简论》,北京出版社,1980年。
陆宗达、王宁撰《训诂与训诂学》,山西教育出版社,1994年。
罗常培、周祖谟撰《汉魏晋南北朝韵部演变研究》,中华书局,2007年。
罗福颐编《汉印文字征》,文物出版社,1978年。
罗兰·巴尔特撰、李幼蒸译《符号学原理》,生活·读书·新知三联书店,1988年。
罗振玉辑《昭代经师手简》,华东师范大学出版社,2014年。
吕不韦撰、陈奇猷校释《〈吕氏春秋〉新校释》,上海古籍出版社,2002年。
马端临撰《文献通考》,中华书局,1986年。
马国翰辑《玉函山房辑佚书》(光绪九年娜嬛仙馆本),上海古籍出版社,1990年。
马瑞辰撰《毛〈诗〉传笺通释》(道光十五年马氏学古堂刻本),《续修四库全书》68册。
马宗霍《中国经学史》,上海书店,1984年。
麦克斯·缪勒撰、金泽译《比较神话学》,上海文艺出版社,1989年。
聂崇义撰《三礼图集注》,文渊阁《四库全书》,129册,台湾商务印书馆,1986年。
欧阳询辑《艺文类聚》(1959年中华书局影印南宋绍兴刻本),见董志安主编《唐代四大类书》,清华大学出版社,2003年。
皮锡瑞撰《今文〈尚书〉考证》,中华书局,1989年。
皮锡瑞撰《经学历史》,中华书局,2004年。
皮锡瑞撰《经学通论》,中华书局,1954年。
皮锡瑞撰《〈尚书大传〉疏证》(光绪二十二年师伏堂刊本),《续修四库全书》,55册。
濮之珍撰《中国语言学史》,上海古籍出版社,2002年。
齐佩瑢撰《训诂学概论》,中华书局,1984年。
钱大昕撰《十驾斋养新录》(嘉庆刻本),《续修四库全书》1151册。
钱穆撰《两汉经学今古文平议》,商务印书馆,2001年。
钱穆撰《中国史学名著》,生活·读书·新知三联书店,2000年。
钱穆撰《中国学术思想史论丛》,台北联经出版事业股份有限公司,1998年。
钱玄撰《三礼通论》,南京师范大学出版社,1996年。
钱玄、钱兴奇编《三礼词典》,江苏古籍出版社,1998年。
秦公编《碑别字新编》,文物出版社,1985年。
瞿昙悉达撰,李克和校点《开元占经》,岳麓书社,1994年。
任继昉撰《汉语语源学》,重庆出版社,2004年。
任继愈主编《中国哲学史》,人民出版社,1963年。

任蜜林撰《汉代内学——纬书思想通论》，巴蜀书社，2011年。
阮元校刊《十三经注疏》(嘉庆二十一年南昌府学刻本)，中华书局，1980年。
邵晋涵撰《〈尔雅〉正义》(乾隆五十三年面水层轩刻本)，《续修四库全书》，187册。
申小龙撰《中国古代语言学史》，复旦大学出版社，2013年。
沈兼士撰《沈兼士学术论文集》，中华书局，1986年。
沈涛《十经斋文集》(道光二十四年刻本)，《清代诗文集汇编》，578册，上海古籍出版社，2011年。
尸佼撰、汪继培辑校《尸子》(嘉庆十七年刻本)，《续修四库全书》，1121册。
司马迁撰《史记》，中华书局，1982年。
斯大林撰《马克思主义与语言学问题》，人民出版社，1953年。
苏舆撰《〈春秋繁露〉义证》(宣统二年刻本)，《续修四库全书》，150册。
孙钦善撰《中国古代文献学史》，中华书局，1994年。
孙星衍《〈尚书〉今古文注疏》(嘉庆二十年平津馆丛书本)《续修四库全书》，46册。
孙希旦撰《〈礼记〉集解》(同治七年孙锵鸣刻本)，《续修四库全书》，103—104册。
孙诒让撰《〈白虎通〉校补》，《籀廎遗著辑存》，齐鲁书社，1987年。
孙诒让撰《札迻》(光绪二十年籀廎刻二十一年正修本)，《续修四库全书》，1164册。
孙诒让撰《〈周礼〉正义》(宣统楚学社民国二十年湖北篴湖精舍递刻本)，《续修四库全书》，82—84册。
孙诒让撰《籀廎述林》(民国五年刻本)，《续修四库全书》，1164册。
孙雍长撰《训诂原理》，高等教育出版社，2009年。
孙志祖撰《读书脞录》(嘉庆四年刻本)，《续修四库全书》，1152册。
唐文编《郑玄词典》，语文出版社，2004年。
汪荣祖撰《史传通说中西史学之比较》，中华书局，2003年。
王步贵撰《神秘文化——谶纬文化新探》，中国社会科学出版社，1993年。
王充撰、黄晖校释《〈论衡〉校释》，中华书局，1990年。
王符撰、汪继培笺、彭铎校正《〈潜夫论〉笺》，中华书局，1979年。
王闿运撰《〈尚书大传〉补注》(民国十二年王湘绮先生全集本)，《续修四库全书》，55册。
王力撰《同源字典》，商务印书馆，1982年。
王力撰《中国语言学史》，山西人民出版社，1981年。
王鸣盛撰《十七史商榷》(乾隆十二年洞泾草堂刻本)，《续修四库全书》，453册。
王念孙撰《读书杂志》(道光十一年刻本)，江苏古籍出版社，1985年。
王念孙撰《〈广雅〉疏证》(嘉庆元年刻本)，中华书局，1983年。
王宁撰《训诂学原理》，中国国际广播出版社，1997年。
王素撰《唐写本〈论语〉郑氏注及其研究》，文物出版社，1991年。
王先谦撰《〈诗〉三家义集疏》(民国四年虚受堂刻后印本)，《续修四库全书》，77册。
王引之撰《经义述闻》(道光七年刊本)，江苏古籍出版社，2000年。
王应麟辑《〈周易〉郑注》(嘉庆二十四年湖海楼丛书本)，《续修四库全书》，1册。
闻一多撰《诗编上、下》，见《闻一多全集》3、4册，湖北人民出版社，1993年。
吴锤撰《〈释名〉声训研究》，民族出版社，2010年。
无名氏撰、郝懿行笺疏《〈山海经〉笺疏》(光绪十二年刻本)，中国书店，1991年。

# 参考文献

无名氏撰,牛兵占等通释《黄帝内经》,河北科学技术出版社,1994年。
希麟撰《续一切经音义》,《中华大藏经》,第59册,中华书局,2004年。
萧统辑、李善注《〈文选〉注》(嘉庆十四年胡克家刻本),中华书局,1977年。
徐复观撰《〈公孙龙子〉讲疏》,学生书局,1984年。
徐复观撰《两汉思想史》,九州出版社,2014年。
徐复观撰《中国思想史论集》,上海书店出版社,2004年。
徐坚辑《初学记》(光绪九年孔广陶刻本),见董志安主编《唐代四大类书》,清华大学出版社,2003年。
徐锴撰《〈说文解字〉系传》(道光十九年祁寯藻刻本),中华书局,1987年。
徐通锵撰《语言论》,东北师范大学出版社,1997年。
徐兴无撰《谶纬文献与汉代文化构建》,中华书局,2003年。
徐元诰撰《〈国语〉集解》,中华书局,2002年。
许国璋撰《许国璋论语言》,外语教学与研究出版社,1991年。
许慎撰《说文解字》(同治十二年陈昌治刻本),中华书局,1963年。
许维遹撰《〈韩诗外传〉集释》,中华书局,1980年。
颜之推撰、王利器集解《〈颜氏家训〉集解》,上海古籍出版社,1980年。
扬雄撰、汪荣宝义疏《〈法言〉义疏》,中华书局,1987年。
杨光荣撰《词源观念史》,巴蜀书社,2008年。
杨树达撰《汉代婚丧礼俗考》,上海古籍出版社,2000年。
殷寄明撰《语源学概论》,上海教育出版社,2000年。
阴法鲁、许树安主编《中国古代文化史》,北京大学出版社,1991年。
应劭撰、王利器校注《〈风俗通义〉校注》,中华书局,2012年。
俞樾撰《群经评议》(光绪二十五年春在堂全书本),《续修四库全书》,178册。
余英时撰《中国思想传统的现代诠释》,联经出版事业公司,1987年。
余英时撰、侯旭东等译《东汉生死观》,上海古籍出版社,2005年。
于首奎撰《两汉哲学新探》,四川人民出版社,1988年。
虞世南辑《北堂书钞》(光绪十四年孔广陶刻本),见董志安主编《唐代四大类书》,清华大学出版社,2003年。
臧琳撰《经义杂记》(嘉庆四年拜经堂刻本),《续修四库全书》,172册。
张尔田撰、黄曙辉点校《史微》,上海书店出版社,2006年。
张金吾辑《演〈释名〉》(嘉庆二十一年爱日精庐刻本),《续修四库全书》,190册。
张荣明撰《中国的国教——从上古到东汉》,中国社会科学出版社,2001年。
张舜徽撰《清代扬州学记》,华中师范大学出版社,2005年。
张舜徽撰《清人笔记条辨》,华中师范大学出版社,2004年。
张舜徽编《郑学丛著》,齐鲁书社,1984年。
张涛撰《经学与汉代社会》,河北人民出版社,2001年。
章炳麟撰《章氏丛书》,世界书局,1982年。
章学诚撰、叶瑛校注《〈文史通义〉校注》,中华书局,1985年。
赵翼撰《廿二史札记》(嘉庆五年湛贻堂刻本),《续修四库全书》,453册。
赵在翰辑,钟肇鹏、萧文郁点校《七纬》,中华书局,2012年。

钟文烝撰《〈春秋〉谷梁经传补注》(光绪二年信美室刻本),《续修四库全书》,132册。
钟肇鹏撰《谶纬论略》,辽宁教育出版社,1991年。
周予同撰、朱维铮编《周予同经学史论著选集》,上海人民出版社,1996年。
朱骏声撰《〈说文〉通训定声》(道光二十八年临啸阁版),武汉古籍出版社,1983年。
朱希祖、钱玄同、周树人记录《章太炎〈说文解字〉授课笔记》,中华书局,2010年。
朱熹撰、黄干、杨复订补《〈仪礼〉经传通解、〈仪礼〉集传集注、〈仪礼〉经传通解续》(宋嘉定十年南康道院刊本、嘉定十六年南康道院刊、元明递修本),《域外汉籍珍本文库》(第二辑,二至五册)西南师范大学出版社、人民出版社,2011年。
朱一新撰《无邪堂答问》(光绪二十一年广雅书局刻本),《续修四库全书》,1164册。
庄述祖撰《五经小学述》(道光十六年庄氏刻本),《续修四库全书》,173册。
宗福邦主编《故训汇纂》,商务印书馆,2005年。

# 论 文 类

陈建生《讳名——原始语言崇拜之二》,《化石》,1991年第2期。
方光华《思想与皇权的协调——论孝观念从孔孟到〈白虎通义〉的转变》,《学术研究》,2008年第5期。
方向东《声训起源初探》,《安庆师范学院学报》,1988年第4期。
方朝晖《是谁误解了"三纲"》,《复旦学报》,2003年第1期。
冯蒸《〈说文〉声训型同源词研究》,《首都师范大学学报》,1989年第1期。
顾颉刚、谭其骧《关于汉武帝的十三州问题讨论》,《复旦学报》,1980年第3期。
郭贵春《科学隐喻的方法论意义》,《中国社会科学》,2004年第2期。
郭晓敏《汉民俗中的语言崇拜现象之管窥》,《语文学刊》,2007年第12期。
侯外庐《汉代白虎观宗教会议与神学法典〈白虎通义〉——兼论王充对白虎观神学的批判》,《历史研究》,1956年第5期。
怀特撰、顾晓鸣译《象征》,见庄锡昌等编《多维视野中的文化理论》,浙江人民出版社,1987年。
黄丽丽《说声训》,《中国语文》,1995年第1期。
黄朴民《〈白虎通义〉对董仲舒新儒学的部分发展》,《社会科学辑刊》,1989年第6期。
贾雯鹤《论〈山海经〉专名研究的理论与方法》,《天府新论》2007年第1期。
寇占民《〈史记〉与〈释名〉声训比较研究》,《北方论丛》,2008年第2期。
匡钊《〈白虎通〉与中国哲学传统》,《兰州大学学报》,2000年第1期。
李葆嘉《荀子的王者制名论与约定俗成说》,《徐州师范学院学报》,1986年第4期。
李开《〈释名〉论》,《南京大学学报》,1989年第6期。
李醒民《隐喻:科学概念变革的助产士》,《自然辩证法通讯》,2004年第1期。
林继富、李丽《藏族语言崇拜剖析》,《西藏艺术研究》,1996年第4期。
林丽雪《〈白虎通〉"三纲"说与儒法之辩》,《中国哲学史研究》,1984年第4期。
刘萍《从民俗看汉族的语言崇拜》,《沈阳师范大学学报》,2006年第1期。
刘兴均《从〈释名〉声训看汉代人的思维特征及其文化背景》,《广西师范大学学报》,2002

年第1期。

龙宇纯《荀子正名篇重要语言理论阐述——从学术背景说明"名无固宜"说之由来及"名有固善"说之积极意义》,见《荀子论集》,台湾学生书局,1987年。

龙宇纯《论声训》,见《丝竹轩小学论集》,中华书局,2009年。

龙宇纯《正名主义之语言与训诂》,见《丝竹轩小学论集》,中华书局,2009年。

卢烈红《〈白虎通〉对训诂学的贡献》,《武汉大学学报》,1992年第5期。

卢烈红《〈释名〉声训的文化内涵》,《中州学刊》,1991年第5期。

卢烈红《〈释名〉语言学价值新论》,《武汉大学学报》,1991年第2期。

钱慧真《郑玄的语源学思想探析》,《绥化学院学报》,2007年第2期。

任芬《〈白虎通义〉与封建礼教的产生》,《中华女子学院学报》,1994年第2期。

苏志宏《〈白虎通〉的礼乐教化观》,《四川师范大学学报》,1990年第5期。

孙雍长《论声训的性质》,《徐州师范大学学报》,2001年第2期。

孙雍长《论声训源流》,《辞书研究》,2002年第3期。

汤一介《论"天人合一"》,《中国哲学史》,2005年第2期。

汤一介《能否创建中国的"解释学"》,《学人》,1998年第13期。

汤一介《三论创建中国解释学问题》,《中国文化研究》,2000年夏之卷。

汤一介《四论创建中国解释学问题——关于僧肇注〈道德经〉问题》,《学术月刊》,2000年7月。

汤一介《再论创建中国的解释学》,《中国社会科学》,2000年第1期。

王宁、黄易青《词源意义与词汇意义论析》,《北京师范大学学报》,2002年第2期。

王闰吉《论〈荀子〉对释名的影响》,《淮北煤炭师范学院学报》,2007年第4期。

王闰吉《浅论〈荀子〉中的声训》,《丽水学院学报》,2006年第1期。

王闰吉《音训的修辞学解读》,《淮北煤炭师范学院学报》,2005年第5期。

王四达《论〈白虎通义〉的天道观及其内在矛盾》,《燕山大学学报》,2001年第3期。

王四达《试论〈白虎通义〉的总体特征》,《中山大学学报》,2001年第4期。

王四达《五十年来中国大陆有关〈白虎通义〉的研究状况述评》,《华侨大学学报》,2001年第1期。

王玉堂《声训琐议》,《古汉语论集》(第一辑),湖南教育出版社,1985年。

吴承学《论谣谶与诗谶》,《文学评论》,1996年第2期。

吴承学、何诗海《从章句之学到文章之学》,《文学评论》,2008年第5期。

许艾琼《荀子正名理论的符号学意义》,《湖北大学学报》,1993年第6期。

杨宽《〈月令〉考》,《齐鲁学报》,1941年第2期。

姚小平《Logos与"道"——中西古代语言哲学观同异谈》,《外语教学与研究》,1992年第1期。

叶方石、王丽俊《〈白虎通义〉声训对词语理据分析的类型与特征》,《武汉船舶职业技术学院学报》,2008年第3期。

叶蓬《三纲六纪的伦理反思》,《河北师院学报》,1997年第3期。

尹铁超《"语言图腾"初探》,《学术交流》,1991年第3期。

俞士玲《论清代科举中辞赋的地位与作用》,《学术月刊》,2000年第3期。

张长明《从符号学观点看孔子"正名"的意义》,《长沙电力学院学报》,2003年第4期。

张其昀《声训之源流及声训在〈广雅疏证〉中的运用》,《湖南文理学院学报》,2009年第4期。
张以仁《声训的发展与儒家的关系》,见《中国语文学论集》,东升出版事业公司,1981年。
张运生《从〈白虎通〉看汉人眼中的儒家思想》,《牡丹江大学学报》,2008年第1期。
赵代根《试论〈孟子章句〉中的声训》,《安徽大学学报》,1997年第4期。
赵金铭《谐音与文化》,《语言教学与研究》,1987年第1期。
赵中方《声训与先秦名学思想》,《扬州大学学报》,2003年第4期。
曾昭聪《汉语词源研究的现状与展望》,《暨南学报》,2003年第4期。
郑婷《忌讳崇拜与谐音》,《浙江教育学院学报》,2004年第3期。
钟肇鹏《〈白虎通义〉的哲学和神学思想》,《中国史研究》,1990年第4期。
朱惠仙《〈说文解字〉声训研究述论》,《浙江工业大学学报》,2003年第2期。
祝敏彻《〈释名〉声训与汉代音系》,《湖北大学学报》,1988年第1期。

# 后　　记

　　本书是在我的博士论文《〈白虎通〉义理声训研究》的基础上修订而成的。2011年从北京师范大学毕业后，我来到河北大学工作。工作之余，用了几年的时间对《白虎通》一书进行了全面整理，形成了《〈白虎通义〉校释》的初稿。在此基础上，对博士论文进行了大幅度地补充与修订，并申报了2013年河北省社会科学基金项目。在此过程中，再次根据业师王宁先生的指导做了理论上的系统梳理与补充。王老师常说，继承传统的方式有两种，一种是批判地继承，一种是学习理解地继承，我们是后者：对于正确的要去吸收，对于不正确的看作历史，而不是一概否定。《白虎通》声训自20世纪中后期以来广受批判，这需要系统地研究来澄清。出于这个目的，多年前，王宁先生与邹晓丽先生曾经整理过《白虎通》声训，但由于种种原因，未能继续。后来，就由我勉承先生之命，将这项工作继续下去。我做的是"经义述闻"的工作，如有一得，完全出自本师的教导；如无所长，则是资质所限，此天意而不可抗衡者。本书虽号称"研究"，实际上只是做了基本的"了解"工作。至于雌黄古人，则是万万不敢的。

　　在论文形成过程中，张文轩教授审阅了全稿，并提出了宝贵的指导意见。论文答辩会上，刘家和、华学诚、胡敕瑞、韩格平、黄易青、齐元涛诸位教授从各自专业出发，规以绳墨，示以津梁。其后，国家社科基金后期资助项目的匿名评审专家从不同角度摘讹指谬，意在完善。好友邵正春、李琴师姐亦多所諟正。诸位师友的教导，都一一吸收到了本书中，并在此表示感谢。同时也感谢杨宝忠教授带领的河北大学现代汉字研究中心为我们提供了安稳的学习和工作环境，使我能够足不出户，在燕南赵北之间的这座小城，心无旁骛地做点不违初衷的事。

刘青松　
2016年11月13日